완역 한서 ❸ 지志 1

완역 ③
한서 漢書 지 志 1

漢書

반고 지음 • 이한우 옮김

21세기북스

【 옮긴이의 말 】

우선 중국 한(漢)나라의 역사서인 반고(班固)의 『한서(漢書)』를 우리말로 옮겨 세상에 내놓는다.

편년체(編年體)와는 구별되는 기전체(紀傳體)로 사마천(司馬遷)의 『사기(史記)』는 이미 여러 사람들에 의해 국내에 번역이 돼 있는데 아직 어떤 번역본도 대표 번역의 지위를 얻지 못하고 있다. 아마도 번역상의 문제 때문일 것이다.

고대에서부터 한나라 무제(武帝)까지를 범위로 하는 『사기』와 달리 『한서』는 오직 한나라만을 대상 범위로 하고 있어 흔히 단대사(斷代史)의 효시로 불리기도 한다. 서(書)란 곧 사(史)다. 『서경(書經)』도 그렇지만 적어도 『한서(漢書)』와 『당서(唐書)』의 이름에서 보듯이 중국의 오래된 역사서 서술 방식인 기전체라는 것은 본기와 열전(列傳)으로 돼 있다는 뜻인데, 그밖에도 표(表)와 지(志)가 포함돼 있다. 서(書)란 곧 사(史)였다.

『당서』 편찬에 참여했던 당(唐)나라 역사학자 유지기(劉知幾)는 중국 역사학의 전통을 체계적으로 정리한 『사통(史通)』에서 옛날부터 그가 살았던 당나라 때까지의 역사서를 여섯 유파로 분류했다.

첫째가 상서가(尙書家)다. 『상서(尙書)』란 바로 육경(六經)의 하나인 『서경(書經)』을 가리킨다.

둘째는 춘추가(春秋家)다. 공자가 지은 『춘추(春秋)』를 가리킨다. 편년체 역사의 원조다.

셋째는 좌전가(左傳家)다. 좌구명(左丘明)이 『춘추』를 기반으로 해서 역사적 사실을 보충한 것이다.

넷째는 국어가(國語家)다. 『국어(國語)』는 좌구명이 『좌씨전(左氏傳)』을 쓰기 위해 각국의 역사를 모아 찬술(撰述)한 것으로, 주어(周語) 3권, 노어(魯語) 2권, 제어(齊語) 1권, 진어(晋語) 9권, 정어(鄭語) 1권, 초어(楚語) 2권, 오어(吳語) 1권, 월어(越語) 2권으로 돼 있다. 주로 노(魯)나라에 대해 기술한 『좌씨전』을 '내전(內傳)'이라 하는 데 비해 이를 '외전(外傳)'이라고 한다. 사마천이 좌구명을 무식꾼으로 몰았다 하여 '맹사(盲史)'라고도 한다. 또 당나라 유종원(柳宗元)이 『비국어(非國語)』를 지어 이 책을 비난하자 송(宋)나라의 강단례(江端禮)가 『비비국어(非非國語)』를 지어 이를 반박하는 등, 그후로도 학자들의 논쟁이 끊이지 않았다.

다섯째는 사기가(史記家)다. 사마천의『사기』를 가리킨다. 이 책은 기전체(紀傳體)의 효시로 불린다. 그러나 지나치게 문장의 꾸밈에 치중하고 사실의 비중을 낮췄다는 비판이 줄곧 제기됐다.

여섯째는 한서가(漢書家)다. 반고의 단대사『한서』를 말한다.

그런데 유지기는 책의 결론에서 "상서가 등 4가의 체례는 이미 오래전에 폐기되었다. 본받아 따를 만한 것으로는 단지『좌전』과『한서』 2가만 있을 뿐이다"라고 단정 지었다. 즉, 편년체는『좌씨전』, 기전체는『한서』만이 표준이 될 만하다는 것이다. 그후에 사마광(司馬光)은『좌씨전』의 전통에 서서『자치통감(資治通鑑)』을 편찬했고, 나머지 중국의 대표적 역사서들은 한결같이『한서』를 모범으로 삼아 단대기전(斷代紀傳)의 전통을 따랐다. 참고로 사마천의『사기』는 통고기전(通古紀傳)이라고 한다.

그후에도 중국 역사학계에서는 편년체와 기전체 중에 어느 것이 좋은 역사 서술이냐를 놓고서 지속적인 논쟁이 이어졌고, 동시에 사마천과 반고 중 누가 더 뛰어난 역사가인지를 두고서도 지속적인 논쟁이 이어졌다. 편년체와 기전체의 우열 논쟁은 조선 세종 때 고려의 역사를 정리하는 문제를 두고도 치열하게 진행됐다. 결국 세종은 어느 한쪽의 손을 들어주지 않은 채 기전체 『고려사(高麗史)』와 편년체 『고려사절요(高麗史節要)』를 다 편찬하도록 했다. 그만큼 쉽지 않은 문제인 것이다.

그러면 중국에서 『한서』와 『사기』의 우열 논쟁은 어떻게 진행돼왔는가? 이에 대해서는 옮긴이의 생각보다는 『반고평전(班固評傳)』(진기태·조영춘 지음, 정명기 옮김, 다른생각)에 있는 내용을 간략히 정리하는 것으로 대신하고자 한다. 그에 앞서 『논어(論語)』 「옹야(雍也)」 편에 나온 공자의 말을 읽어둘 필요가 있다.

"바탕이 꾸밈을 이기면 거칠고 꾸밈이 바탕을 이기면 번지레하니, 바탕과 꾸밈이 잘 어우러진 뒤에야 군자답다[質勝文則野 文勝質則史 文質彬彬 君子]."

『후한서(後漢書)』를 지은 범엽(范曄)은 이미 사마천과 반고를 비교해 이렇게 말한 바 있다.

"사마천의 글은 직설적이어서 역사적 사실들이 숨김없이 드러나며, 반고의 글은 풍부한 내용을 담고 있어서 역사적 사실들을 상세하게 서술하고 있다."

송나라 작가 양만리(楊萬里)는 또 더욱 운치 있는 말을 남겼다.
"이백(李白)의 시는 신선과 검객들의 말이며, 두보(杜甫)의 시는 전아(典雅)한 선비와 문사(文士)의 말이라고 할 수 있다. 이들을 문장에 비유하자면 이백은 곧 『사기』이며, 두보는 곧 『한서』다."

『반고평전』은 『한서』가 후한 초에 발간된 이래 지식인들의 필독서가 된 과정을 이렇게 요약한다.
"『한서』는 동한 시기에 조정 당국과 학자들 사이에서 매우 높은 지위를 차지했다. 이후 반고를 추종하고 『한서』에 주석을 다는 사람들이 끊임없이 증가하여 『한서』의 지위가 계속 높아지자 전문적으로 『한서』를 가르치고 배우는 데까지 이르렀으며, 마침내 오경(五經)에 버금하게 됐다."

남북조(南北朝)시대를 거쳐 당나라에 이르면 『한서』에 주석을 단 저작들이 20여 종에 이른다. 당나라 안사고(顏師古)는 '한서서례(漢書敍例)'라는 글에서 3국, 양진(兩晉), 남북조시대까지 『한서』를 주석한 사람들로 복건(服虔), 응소(應劭), 진작(晉灼), 신찬(臣瓚) 등 23명의 학자들을 열거하고 있다. 이는 곧 이때에 이미 『한서』가 『사기』에 비해 훨씬 더 중시되고 있었음을 보여준다. 물론 여기에는 『한서』의 경우 고문자(古文字)를 많이 사용한 데 반해 『사기』는 고문자를 별로 사용하지 않고, 그나마 인용된 고문자조차 당시에 사용하던 문자로 번역했기 때문에 많은 주석이 필요치 않은 이유도 작용했다.

그리고 안사고가 주석을 단 이후에 『한서』는 비로소 더 이상 배우기 어려운 책이 아닌 것으로 인식됐고 주석도 거의 사라졌다.

당나라 때 『사기』를 연구해 『사기색은(史記索隱)』을 지은 사마정(司馬貞)은 "『사기』는 반고의 『한서』에 비해 예스럽고 질박한 느낌이 적기 때문에 한나라와 진(晉)나라의 명현(名賢)들은 『사기』를 중시하지 않았다"고 말했다. 이런 흐름은 명(明)나라 때까지 이어져 학자 호응린(胡應麟)은 "두 저작에 대한 논의가 분분해 정설은 없었지만, 반고를 높게 평가하는 사람이 대략 열에 일곱은 됐다"고 말했다.

물론 사마천의 손을 들어주는 학자도 있었다. 진(晉)나라의 장보(張輔)는 이렇게 말했다. "세상 사람들은 대부분 반고가 뛰어나다고 말한다. 하지만 나는 이것이 잘못이라고 본다. 사마천의 저술은 말을 아껴 역사적 사실들을 거론해 3,000년 동안에 있었던 일을 서술하면서 단지 50만 자로 표현해냈다. 그러나 반고는 200년 동안에 있었던 일을 80만 자로 서술했으니, 말의 번거로움과 간략함이 같지 않다."

　이런 흐름 속에서 반고의 편을 드는 갑반을마(甲班乙馬)라는 말도 생겨났고, 열고우천(劣固優遷)이라는 말도 생겨났다.

　그러나 우리의 입장에서는 굳이 이런 우열 논쟁에 깊이 관여할 이유는 없다. 장단점을 보고서 취할 것은 취하고 버릴 것은 버리면 그만이다. 송나라 때의 학자 범조우(范祖禹)는 사마광의 『자치통감』 편찬에도 조수로 참여한 인물이었는데, 그의 말이 우리의 척도라 할 만하다.

　"사마천과 반고는 뛰어난 역사가의 인재로서 박학다식하고 사건 서술에 능하여 근거 없이 찬미하거나 나쁜 점을 감추지 않았다. 그러므로 그들의 저서는 1,000년 이상을 전해오면서 사라지지 않았다."

『한서』 번역은 그저 개인의 취향 때문에 고른 작업이 아니다. 그것은 지금 우리가 처해 있는 상황과 깊은 관련이 있다.

　첫째, 중국의 눈부신 성장이다. 그것은 곧 우리에게 위험과 기회를 동시에 가져다준다는 점에서 말 그대로 위기(危機)이다. 기회로 만드는 길은 분명하다. 중국을 정확히 알고서 그에 맞게 대처해가는 것이다. 중국을 정확히 아는 작업은 크게 두 가지 방향에서 이뤄질 수밖에 없다. 지금 당장 일어나고 있는 중국의 정치, 경제, 문화, 사회의 변동을 깊고 넓게 파악하는 것이다. 이것은 어느 한 사람의 노력으로 될 일이 아니며, 우리 사회의 전반적인 정보 및 지식의 종합 대응력을 높이는 데 달려 있다. 또 하나는 중국의 역사를 깊이 들어가서 정확하게 아는 일이다. 옮긴이의 이 작업은 바로 그 방향으로 나아가기 위한 첫걸음이라 여긴다.

　둘째, 우리의 역사적 안목과 현실을 보는 시야를 깊고 넓게 하는 데 『한서』가 크게 기여한다고 보았기 때문이다. 그것이 중국의 역사라는 점과는 별개로, 오래전에 이와 같은 치밀하고 수준 높은 역사를 저술할 능력을 갖췄던 반고의 식견은 지금도 여전히 우리에게 절실히 필요한 안목이다. 역사에서 중요한 것은 무엇을 취하고 무엇을 버리느냐에 달려 있는데, 그런 점에서 반고는 여전히 우리의 스승이 될 수 있다.

셋째, 우리에게 필요한 고전의 목록에 반드시 『한서』를 포함시키고 싶은 욕심이 있었다. 서양의 역사 고전은 읽으면서 우리가 속한 동양의 고전을 소홀히 여겨서는 안 된다. 사실 그렇게 된 이유 중의 하나는 이 분야에 대한 제대로 된 번역서가 없기 때문이기도 하다. 그래서 우리 다음 세대들은 중국에 대한 단편적인 지식보다는 이 같은 정사(正史), 특히 저들의 제국 건설의 역사를 깊이 파고듦으로써 중국 혹은 중국인을 그 깊은 속내에서 읽어내주기를 바라는 바람으로 이 작업에 혼신의 힘을 다했다.

넷째, 다소 부차적인 이유가 되겠지만, 일본에는 『한서』가 완역돼 있는데 우리는 열전의 일부만이 편집된 채 번역된 것이 전부라는 지적 현실에 대한 부끄러움이 이 작업을 서두르게 한 원동력의 하나가 됐다는 점을 말하고 싶다.

이 책이 나오게 되기까지 많은 분들의 도움과 성원이 있었다. 21세기북스 김영곤 대표의 결단이 없었다면 이 책은 세상에 나오지 못했을 것이다. 이 자리를 빌려 깊이 감사드린다. 그리고 함께 공부하는 즐거움을 누리고 있는 우리 논어등반학교 대원들에게 진심으로 고맙다는 말을 전하고 싶다.

22년 동안 재직한 조선일보의 방상훈 사장님을 비롯해 선후배님들에게도 깊은 고마움을 전한다. 또 2016년 조선일보를 그만두고 강의와 저술에 뛰어든 이래로 물심양면의 지원을 아끼지 않으시는 LS그룹 구자열 회장님께 진심으로 감사드린다.

아마도 이 책의 출간을 가장 기뻐해주셨을 분은 돌아가신 아버님과 장인어른, 그리고 고 김충렬 선생님이신데 아쉽다. 하늘나라에서나마 축하해주시리라 믿는다. 학문적 기초를 닦게 해주신 이기상 교수님께도 감사드린다. 그리고 내 글쓰기의 든든한 원동력인 가족에게 고마움을 전한다.

2020년 4월 상도동 보심서실(普心書室)에서

탄주(灘舟) 이한우(李翰雨) 삼가 쓰다

【 차례 】

옮긴이의 말 · · · · · · · · · · · · ·   4

권21   율력지(律曆志) (상) · · · · · · · · · · 17

권21   율력지(律曆志) (하) · · · · · · · · · · 79

권22   예악지(禮樂志) · · · · · · · · · · · 139

권23   형법지(刑法志) · · · · · · · · · · · 203

권24	식화지(食貨志) (상) · · · · · · · · · · · · 251
권24	식화지(食貨志) (하) · · · · · · · · · · · · 289
권25	교사지(郊祀志) (상) · · · · · · · · · · · · 339
권25	교사지(郊祀志) (하) · · · · · · · · · · · · 403
권26	천문지(天文志) · · · · · · · · · · · · 449

| 일러두기 |

1. 『한서(漢書)』에는 안사고(顏師古)를 비롯한 많은 학자들의 원주가 붙어 있다. 아주 사소하거나 지금의 맥락에서 중요성이 떨어지는 것 외에는 가능한 한 원주를 다 옮겼다(원주는 해당 본문에 회색 글자로 〔○ 〕 처리해 넣었다). 그리고 인물과 역사적 배경이 중요하기 때문에 문맥에서 필요한 범위 내에서 충실하게 역주(譯註)를 달았다.

2. 간혹 역사적 흐름에 대한 설명이 필요한 경우 간략한 내용을 주로 달았다. 그러나 독자들의 해석과 평가에 영향을 미치지 않도록 최소한의 범위에서만 언급했다. 단어 수준의 풀이가 필요한 경우에는 별도의 역주로 처리하지 않고 괄호 안에 짧게 언급했다.

3. 『논어(論語)』를 비롯해 동양의 고전들을 인용한 경우가 많은데, 기존의 번역에서는 출전을 거의 밝히지 않았다. 그러나 『한서(漢書)』의 경우 특히 열전(列傳)에서 인물들을 평가할 때 『논어』를 비롯한 유가의 경전들을 빈번하게 인용하기 때문에 그 속에 중국 고전들이 얼마나 자연스럽게 녹아 있는지를 살피는 것이 중요하다. 그래서 확인 가능한 고전 인용의 경우 주를 통해 그 전거를 밝혔다.

4. 분량이 워낙 방대하기 때문에 설사 앞서 주를 통해 언급한 바 있더라도 다시 찾아보는 번거로움을 덜기 위해 중복이 되더라도 다시 주를 단 경우가 있음을 밝혀둔다.

5. 한자는 대부분 우리말로 풀어쓰고 대괄호([ ]) 안에 독음과 함께 한자를 표기했다. 그래서 '천명(天命)'이라고 표기한 경우도 있지만 대부분 '하늘의 명[天命]'이라는 방식으로 표기했다. 또한 한자 단어의 경우 독음을 붙여쓰기로 표기하여 한문 문장을 이해하는 데 도움이 되도록 했다.

권 21

율력지
律曆志

【상】

● 사고(師古)가 말했다. "지(志)란 적는 것[記]인데, 어떤 일을 쌓아가며 적는 것[積記]이다. 『춘추좌씨전(春秋左氏傳)』('노나라 성공(成公) 15년')에 '옛 기록[前志]에 이런 말이 있다'고 한 것이 그것이다."

(『서경(書經)』) 「우서(虞書)」에 이르기를 "마침내 율(律)과 도(度)와 양(量)과 형(衡)을 똑같이 했다"라고 했으니〔○ 사고(師古)가 말했다. "'순전(舜典)'에 나오는 말로, 중앙과 지방이 모두 (도량형을) 가지런하게 통일시켰다는 말이다."〕, 이는 먼 곳과 가까운 곳을 다 같이해[齊=同]¹ 백성들의 신뢰를 얻게 된 까닭이다. 복희(伏羲)가 8괘(卦)를 그려 그것으로 말미암아 수많은 경우의 수들을 세운 이래 황제(黃帝), 요(堯)임금, 순(舜)임금에 이르면서 크게 갖춰졌다. 삼대(三代)는 옛날을 고찰하며[稽古][○ 사고(師古)가 말했다. "삼대란 하(夏)·은(殷)·주(周)이며, 계(稽)란 고찰한다[考]는 뜻이다. 즉, 옛일[古事]을 모범으로 삼기 위해 고찰하는 것을 말한다."] 법과 제도[法度]를 더욱 밝혔다. 주(周)나라가 쇠퇴해 관(官)이 본령을 잃게 되자 공자(孔子)는 후세의 임금다운 임금을 위한 모범[後王之法]을 진술해

---

1 표준화했다는 말이다.

말했다.

"저울질과 계량을 신중하게 하고[謹權量], 법도를 깊이 살피며[審法度], 없어진 관직을 잘 복원하고[修廢官], 숨어 지내는 선비들을 들어 쓰면[擧逸民] 사방의 정치는 잘 행해질 것이다〔○ 사고(師古)가 말했다. "이는 『논어(論語)』「요왈(堯曰)」편에 실려 있는 공자의 말로, 옛날 제왕의 정치를 서술함으로써 후세에게 모범을 보여준 것이다. 권(權)은 저울질하는 것이고 양(量)은 되와 말이다. 법도란 장척(丈尺)이다. 일민(逸民)이란 다움을 갖고서 숨어 지내는 사람이다."〕. 한(漢)나라가 일어나자 북평후(北平侯) 장창(張蒼)이 율력(律曆)[2]의 일을 처음으로 정했고[首=始定], 효무제 때 악관(樂官)이 이를 상고해 바로잡았다[考正]〔○ 사고(師古)가 말했다. "다시 그 일을 질정(質正)했다는 뜻이다."〕. (평제의) 원시(元始) 연간에 이르러 왕망(王莽)이 정권을 올라타[乘政] 명예를 높이고자 해 천하에서 종률(鐘律)에 능통한 자 100여 명을 불러들여 희화(羲和)[3] 유흠(劉歆) 등을 시켜 세부 사항들을 정리해 아뢰게 하니, 이는 율력에 관해 말한 것들 중에서 가장 상세했다. 그래서 그중에서 거짓된 말들[僞辭]은 깎아내고[刪=削] 바른 뜻[正義]은 취해 이 편에 드러내었다〔○ 사고(師古)가 말했다. "반씨(班氏-반고)는 스스로 유흠(劉歆)의 뜻을 취해 이 지(志)를 지었다고 말하고 있는 것이다."〕. (이하는 유흠의 설이다.)

---

2 원문은 율력(律歷)으로 돼 있는데 역(歷)은 역(曆)과 통한다. 음률과 역법을 가리킨다.
3 이는 원래 요(堯)임금이 천문 관찰을 위해 두었던 관직인데 평제 때 왕망에 의해 다시 설치됐다. 작질은 2,000석 관리였다.

첫째는 수를 갖추는 것[備數]이고, 둘째는 소리를 조화시키는 것[和聲]이고, 셋째는 잣대를 잘 살피는 것[審度]이고, 넷째는 계량을 바로 하는 것[嘉量=正量]이고, 다섯째는 저울추와 저울대를 바르게 하는 것[權衡]이다. 3으로 세고 5로 세어 바꾸며 그 수를 섞고 종합해[參五以變 錯綜其數][4] 그것을 옛일과 지금의 일에 비추어 상고하고, 그것을 24가지 기운과 만물[氣物]에 비추어 징험하며, 그것을 마음과 귀에 조화시키고, 그것을 경전(經傳)에 비추어 고찰하면 모두 그 실상을 얻게 돼 서로 화합하지 않는 바가 없게 된다.

수(數)란 일·십·백·천·만이며, 산가지[筭]로 사물을 세는 것이고, 본성과 명[性命]의 이치에 고분고분하는[順] 것이다. 서(書)에 이르기를 "그 산명(筭命)을 앞세워라"고 했다〔○ 사고(師古)가 말했다. "서(書)란 일서(逸書-잃어버린 책)다. 이는 임금다운 임금의 과업을 말하는 것으로 먼저 산수(筭數)를 세움으로써 온갖 일들을 명하라는 말이다."〕. 본래 황종(黃鐘)의 수에서 일어나 (자(子)의 수인) 1에서 시작해 그것에 (축(丑)의 수인) 3을 태우고[乘][5] 3에 3을 태워 그것을 쌓아가〔○ 맹강(孟康)이 말했다. "황종(黃鐘)은 자(子)의 율(律)이며, 자의 수는 1이다. 태극(泰極) 원기(元氣)는 3

---

[4] 이는 『주역(周易)』에 실린 공자의 「계사전(繫辭傳)」 상(上)에 나오는 말이다. 이는 시초점을 쳐서 괘를 구하는 방법이다.

[5] 곱한다는 뜻이다.

을 머금어 1이 되기 때문에 1이라는 수는 변해 3이 되는 것이다.")[6] 십이진(十二辰-십이지)의 수를 쌓아[歷=積算] 17만 7,147을 얻게 돼 오행의 수[五數]가 갖춰진다〔○ 맹강(孟康)이 말했다. "처음에는 자의 수 1에 축의 수 3을 곱했고 그 나머지는 돌아가면서 계속 3을 곱해 모두 십이진이 돼 이 수를 얻은 것이다. 음양오행의 변화의 수는 여기에 다 갖춰지게 된다."〕[7] 이 산법(算法-筭法)을 쓰는 대나무는 지름[徑]이 1분(分),[8] 길이가 6촌(寸)으로 271개를 쓰면 6각형[六觚]을 이뤄 하나의 모양이 된다.

대나무의 지름은 건율(乾律)의 황종(黃鐘)의 1을 본뜬 것[象]이고, 길이는 곤려(坤呂)의 임종(林鐘)의 길이를 본뜬 것이다〔○ 장안(張晏)이 말했다. "임종의 길이는 6촌이다." 위소(韋昭)가 말했다. "황종의 관(管)은 9촌으로 촌의 10분의 1이면 그 1분을 얻는다."〕. 그 수는 『주역(周易)』에 있는 "대연(大衍)의 수가 50이나 그 쓰는 바는 49다"[9]라는 것을 갖고서 양(陽)의 6

---

6 율려는 12율의 양률(陽律)과 음려(陰呂)를 통틀어 일컫는 말이다. 12율은 1옥타브의 음정을 12개의 반음으로 나눈 것을 말하므로 1개의 율은 1개의 반음을 가리킨다. 2율은 황종 대려(大呂), 협종(夾鐘), 태주 중려(仲呂), 고선 이칙(夷則), 유빈 임종(林鐘), 무역 응종(應鐘), 남려(南呂) 등이다. 양률 혹은 건율(乾律)은 한 옥타브를 12반음으로 나누며, 그 12율의 홀수 음들, 황종·태주·고선·유빈·이칙·무역 음을 양률이라고 한다. 나머지는 음률 혹은 곤율(坤律)이 된다.

7 1 2 3 4 5 6 7 8 9 10 11 12 1×3=3 ×3=9 ×3=27 ×3=81 ×3=243 ×3=729 ×3=2,187 ×3=6,561 ×3=19,683 ×3=59,049 ×3=177,147

12진 → 1   2   3   4   5   6   7   8   9   10   11   12
곱셈수 1 × 3 × 3 × 3 × 3 × 3 × 3 × 3 × 3 × 3 × 3 × 3 = 합계 177,147
       기본수   오수비(五數備) : 3×3이 5개

8 1촌의 10분의 1이다.

9 이는 『주역(周易)』에 실린 공자의 「계사전(繫辭傳)」 상(上)에 나오는 말이다. 이에 대해 주희는

효(爻)를 이루고 주위를 떠도는[周流] 6허(六虛)[10]의 상(象)을 얻는 것이다〔○ 맹강(孟康)이 말했다. "49로 양 6효를 이뤄 건(乾)이 되고, 건의 책수(策數)가 216이니 이로써 6효가 이뤄져 이는 주위를 떠도는 6허의 상이 된다."〕. 무릇 역(歷)으로 미루어 헤아려 율(律)을 만들어냈으니〔○ 장안(張晏)이 말했다. "역 12진(辰)을 미루어 헤아림으로써 율려(律呂)를 만들어낸 것이다."〕 기물[器=器物]을 만들고, 그림쇠로 원형을 그리고, 곱자로 사각형을 그려내며[規圜矩方], 저울로 무게를 달고, 저울대로 수평을 잡으며[權重衡平], 먹줄[繩]로 수직과 직선을 바로 재어, 깊은 곳을 파고들어 숨은 것을 찾아내[探賾索隱]〔○ 사고(師古)가 말했다. "색(賾) 또한 깊은 곳[深]이다. 색(索)은 찾는 것[求]이다."〕 깊은 곳에 있는 것을 갈고리로 끌어내고, 먼 곳까지 다다르게 돼 쓰이지 않는 곳이 없다. (이리하여) 길고 짧은 것을 잴[度] 때면 가는 털오라기[毫氂]〔○ 맹강(孟康)이 말했다. "호(毫)는 토끼털[兎毫]이고, 10호(毫)가 1리(氂)가 된다."〕 하나도 놓치지 않고, 많고 적은 것을 잴[量] 때면 극소량[圭撮][11]이라도 놓치지 않으며, 가볍고 무거운 것을 잴[權] 때면 지극히 가벼운 것[黍絫][12]이라도 놓치지 않는다. 일에서 실마

이렇게 풀이했다. "대연의 수가 50이라는 것은 하도(河圖)의 중궁(中宮)에 있는 천수(天數) 5를 가지고 지수(地數) 10을 곱해[乘] 얻은 것이요, 점을 치는 데 씀에 있어서는 다만 49를 쓰니 이는 이치와 형세의 그러함에서 나온 것이요, 사람이 지혜와 힘으로 덜고 더할 수 있는 것[損益]이 아니다."

10 「계사전(繫辭傳)」 하(下)에 나오는 말로 6효나 6위(位)와 같은 말이다.
11 용량의 단위다. 기장[黍] 64알이 1규(圭)이며, 4규가 1촬(撮)이다. 그것은 손가락 3개 정도의 양이다.
12 이 경우 絫를 맹강(孟康)은 려(蠡)로 읽어야 한다고 했고, 사고(師古)는 앞서의 경우와 마찬가지

리가 일어나고[紀], 십에서 합쳐지며[協], 백에서 길어지고[長], 천에서 커지며[大], 만에서 늘어지니[衍], 그 법칙은 산술(算術)에 있다. 이를 천하에 널리 퍼뜨려 어릴 때부터 배우도록 했다. 그 직은 태사(太史)에 있으며 희화(羲和)가 그 일을 담당했다.[13]

소리[聲]란 궁(宮)·상(商)·각(角)·치(徵)·우(羽)다. 음악[樂]을 짓는 까닭은 여덟 가지 악기[八音]를 서로 어울리도록 해[諧=和] 사람들의 간사한 뜻[邪意]을 깨끗이 씻어내 그 바른 본성[正性]을 온전히 함으로써 기풍을 (좋은 쪽으로) 옮기고 습속을 바꾸기 위함[移風易俗]이다. 여덟 가지 악기란 흙으로 만든 것은 훈(塤-질나발)〔○ 사고(師古)가 말했다. "흙을 구워 만드는데, 그 모양은 위는 뾰족하고 아래는 평평하며 6개의 구멍을 내 그것을 분다."〕이라 하고, 박(匏)으로 만든 것은 생황(笙)이라 하고, 가죽[皮]으로 만든 것은 북[鼓]이라 하고, 대나무로 만든 것은 관(管-피리)이라 하고, 실로 만든 것은 현(絃)이라 하고, 돌로 만든 것은 경(磬-경쇠)이라 하고, 쇠로 만든 것은 종(鐘)이라 하고, 나무로 만든 것은 축(柷)〔○ 사고(師古)가 말했다. "축은 숙(俶)과 같은 것인데 숙은 처음이라는 뜻이다. 장차 음악을 연주하려 할 때 가장 먼저 그것을 두드려야 하기 때문에 그것을 축(柷)이라 한 것이다. 모양은 칠통(漆桶)과 같고, 가운데 방망이[椎]가 있으며, 바닥에 늘어놓고 이를 쳤는데, 좌우에 영을 내려 치게 했다."〕이라 한다. 다섯

로 루(壘)로 읽어야 한다고 했다. 여기서는 그냥 본래의 음인 류로 읽었다. 10서(黍)가 1류(絫)이며, 10류가 1수(銖-1냥의 24분의 1)다. 모두 무게 단위다.
13 삼대(三代) 때 태사는 사관과 역관(曆官)의 장이었고, 희화는 역상(曆象)을 담당하는 관리였다.

가지 소리가 화합하고 여덟 가지 악기가 어울림으로써 음악은 이루어진다[成].¹⁴ (여기서) 상(商)의 뜻은 장(章)이니 사물이 무르익어[成熟] 훤히 헤아릴 수 있다[章度]¹⁵는 것이다. 각(角)은 촉(觸)이니 사물이 땅에 닿아[觸] 까끄라기가 머리 위로 밀고 올라오는 것과 같다. 궁(宮)은 중(中)이니 중앙에 머물면서 사방으로 통하고 노래[唱]가 처음으로 베풀어져 생겨나니[施生] 사성(四聲)의 벼리[綱]가 된다. 치(徵)는 지(祉-복록)이니 사물이 크게 성대해져 복(福)이 번성하는 것이다. 우(羽)는 우(宇-집)이니 사물이 집에 모이게 돼 그것을 비축하고 덮어두는 것이다. 무릇 소리란 궁 한가운데 머물고 각에서 닿으며, 치에서 복을 이루고, 상에서 널리 퍼지고, 우에서 집처럼 지내게 되니 그 때문에 사성(四聲)은 궁의 실마리[紀]가 되는 것이다. 그것을 오행(五行)에 합치시켜보면 각은 목(木)이 되고, 오상(五常)¹⁶에서는 어짊[仁]이 되며, 오사(五事)¹⁷에서는 용모[貌]가 된다. 상은 (오행에서는) 금(金)이 되고, (오상에서는) 의로움[義]이 되며, (오사에서는) 언동[言]이 된다. 치는 화(火)가 되고, 예 갖춤[禮]이 되며, 보는 것[視]이 된다. 우는 수(水)가 되며, 사람의 일을 아는 것[智]이 되며, 듣는 것[聽]이 된다. 궁은 토(土)가 되며, 믿음[信]이 되며 생각이 깊음[思]이 된다. 이를 임금, 신하,

---

14 성(成)은 공자에게 있어 음악과 밀접하게 연결돼 있다. 공자는 인간의 완성도 성어악(成於樂), 즉 음악에서 이루어진다고 보았다.

15 상(商)에는 헤아리다, 미리 짐작해 알다라는 뜻이 있으니 헤아린다는 도(度)와도 통한다.

16 인(仁)·의(義)·예(禮)·지(智)·신(信) 다섯 가지를 말한다.

17 모(貌)·언(言)·시(視)·청(聽)·사(思) 다섯 가지를 말한다.

백성, 일, 사물[君臣民事物]에 적용해 말할 경우 궁은 임금이 되고, 상은 신하가 되고, 각은 백성이 되고, 치는 일이 되고, 우는 사물이 된다. 이것들이 서로 조화를 이뤄 노래하면 일정한 모습[象]을 갖추게 되니, 그 때문에 음악은 임금과 신하의 지위와 일의 본질을 말하게 되는 것이다.[18]

다섯 가지 소리의 뿌리는 황종(黃鐘)[19]의 음률[律]에서 생겨난다. (그 관(管)의 길이) 9촌(寸)을 궁(宮)으로 삼고 (그것을 기준으로 삼아) 혹은 덜고 혹은 더해 상·각·치·우를 정한다. 구륙(九六)은 상생해 음과 양이 서로 조응한다. 율은 12개인데, 양(陽) 6개는 율(律)이 되고 음(陰) 6개는 여(呂)가 된다.[20] 그리하여 (양의) 율은 기운을 통할해 사물을 구별하는데

---

18 궁·상·각·치·우를 임금·신하·백성·일·사물에 조응시킨 것은 『예기(禮記)』 「악기(樂記)」 편에 나오는 내용이다. 거기에는 다음과 같은 말이 이어진다. "궁음이 어지러우면 음악이 거칠어지는데 그것은 그 임금이 교만하기 때문이며, 상음이 어지러우면 음악이 균형을 잃게 되는데 그것은 그 신하가 맡은 바를 다하지 못하기 때문이며, 각음이 어지러우면 음악에 근심이 생겨나는데 그것은 백성이 원망하기 때문이며, 치음이 어지러우면 음악에 슬픈 감이 돌게 되는데 그것은 부역이 많아 백성들이 고통을 받기 때문이며, 우음이 어지러우면 음악이 위급한 느낌이 드는데 그것은 나라의 재정이 궁핍하기 때문이다." 이상의 내용은 한 나라의 음악이 어떻게 그 나라의 정치를 반영하게 되는지를 말하는 것이다. 그래서 공자는 어떤 나라에 가면 그 나라의 음악을 먼저 듣고서 그 나라의 정치가 어떤 수준인지를 판단할 수 있다고 여겼던 것이다.

19 중국 고대 음악에서 음률(音律)의 기본이 되는 12율(十二律=육률(六律)과 육궁(六宮)) 가운데 가장 긴 것으로 육률(六律)의 첫째 음이다.

20 12율 중에서 황종(黃鐘)·태주(太簇)·고선(姑洗)·유빈(蕤)·이칙(夷則)·무역(亡射)을 양율(陽律) 또는 웅성(雄聲)이라 하고, 대려(大呂)·협종(夾鐘)·중려(中呂)·임종(林鐘)·남려(南呂)·응종(應鐘)을 음려(陰呂) 또는 자성(雌聲)이라고 한다. 즉, "12율이 돌아가며 각각 궁(宮), 곧 중심 음이 되고, 또 12율이 각각 5조(調), 즉 다섯 선법을 가졌으므로 모두 60조가 된다"고 채원정(蔡元定)의 『율려신서(律呂新書)』에 전한다.

[統氣類物] 1을 황종(黃鐘), 2를 태주(太族), 3을 고선(姑洗), 4를 유빈(蕤賓), 5를 이칙(夷則), 6을 무역(亡射)이라 한다. 여는 양을 도와 기운을 퍼뜨리는데[旅陽宣氣] 1을 임종(林鐘), 2를 남려(南呂), 3을 응종(應鐘), 4를 대려(大呂), 5를 협종(夾鐘), 6을 중려(中呂)라 한다. 여기에는 3통(三統)[21]의 뜻이 담겨 있다. 전하는 바에 따를 것 같으면 이는 황제(黃帝)가 지은 것이라고 한다. 황제가 (악사) 영륜(泠綸)을 시켜 대하(大夏)〔○ 응소(應劭)가 말했다. "대하는 서융(西戎)의 한 나라다."〕의 서쪽에 있는 곤륜(昆崙-산) 북쪽[陰]의 해곡(解谷-계곡 이름)에서 나는 대나무를 얻어 구멍과 두께를 균일하게 해 양쪽 마디를 끊어내고서 그것을 불어 황종의 궁 소리를 냈다〔○ 사고(師古)가 말했다. "황종의 궁은 율 중에서 가장 긴 음이다."〕.

12개의 대통[筩=竹管]을 만들어 봉황의 울음소리를 듣고서 그 수컷의 울음소리[雄鳴] 여섯 가지를 만들고, 암컷의 울음소리[雌鳴] 여섯 가지도 만들어 황종의 궁과 합치되게 함[比=合]으로써 위아래가 서로 생겨날 수 있게 했으니[可以生之][22] 이것이 음률의 뿌리다. 지극한 다스림이 이뤄진 세상[至治之世]에서는 하늘과 땅의 기운이 합쳐져 바람을 만들어내고, 이 같은 하늘과 땅이 빚어내는 바람과 기운[風氣]이 바르게 되면 12음률이 정해지게 된다〔○ 신찬(臣瓚)이 말했다. "바람과 기운이 바르게 되면 열두 달의 기운이 각각 그 율에 조응하게 돼 그 차례를 잃지 않게 된

---

21 하늘이 은혜를 베풀어주고, 땅이 길러주고, 사람의 일에 기강이 있는 것을 일러 3통이라 한다. 뒤에 나온다.

22 이 부분은 사고(師古)의 풀이에 따라 옮겼다.

다."). 황종(黃鐘)이라 할 때 황(黃)은 정중앙[中]의 색이고, 임금의 복색이며, 종(鐘)은 종(種)이다.[23] 하늘의 한가운데 있는 수[中數]는 5이며,[24] (그래서) 5를 소리로 삼고,[25] 소리는 궁이 높으니 다섯 소리 중에서 이보다 큰 것은 없다. 땅의 한가운데 수는 6이며, (그래서) 6을 음률[律]로 삼는데 율에는 형태가 있고, 색깔이 있어 색은 노랑[黃]이 높으니 다섯 색깔[五色][26] 중에서 이보다 성대한 것은 없다. 그래서 양기(陽氣)는 황천(黃泉-땅 속의 샘)에 종(種)을 베풀어 만물이 자라고 생겨나게 해 여섯 가지 기운의 으뜸[六氣元][27]이 된다. 황색으로 원기(元氣)의 율의 이름을 지은 까닭은 궁(宮) 소리를 훤히 드러내기[著] 위함이다. 궁 소리는 9로써 6에 창화(唱和)하는데〔○ 맹강(孟康)이 말했다. "황종은 양구(陽九)이고 임종은 음육(陰六)이니 양이 소리치면 음이 화답한다[陽唱陰和]는 말이다."〕 변동하며 머물러 있지 않고 육허(六虛)의 주위를 떠돌게 된다[周流]. (12지로 보자면) 자(子)에서 시작하고 (1년 열두 달로 보자면) 11월에 있는 것이다. 대려(大呂)라고 할 때 려(呂)는 여(旅-돕다)인데 음(陰)이 크다는 말로 여(旅)는 황

---

23 바로 뒤에 나오듯이 양기(陽氣)는 종(種-씨앗이나 혈통)을 황천에 베풀어 만물을 생겨나게 해 준다는 뜻이다.

24 『주역(周易)』「계사전(繫辭傳)」상(上)에 "천(天) 1, 지(地) 2, 천 3, 지 4, 천 5, 지 6, 천 7, 지 8, 천 9, 지 10이다"라고 했으니 5는 하늘의 한가운데가 되고, 6은 땅의 한가운데가 된다. 그래서 위 소(韋昭)는 "1, 3은 (5보다) 위에 있고 7, 9는 아래에 있다"고 풀이했다.

25 궁·상·각·치·우 다섯 소리를 가리킨다.

26 청색·적색·황색·백색·흑색의 다섯 가지 색을 말한다.

27 천지간(天地間)의 여섯 가지 기운(氣運)으로 풍(風)·한(寒)·서(暑)·습(濕)·조(燥)·화(火) 혹은 음(陰)·양(陽)·풍(風)·우(雨)·회(晦-어둠)·명(明)을 가리킨다.

종을 도와 (사방으로) 기운을 퍼뜨려[宣氣: 선기] 만물을 싹트게 한다[牙=芽: 아 아]. 축(丑)에 해당하며 12월에 있다. 태주(太族)라고 할 때 주(族)란 주(奏-나아가다)인데 양의 기운이 크다는 말로 땅에 나아가[奏=進: 주 진] 만물에 이르는 것[達物: 달물]이다. 인(寅)에 해당하며 정월(正月)에 있다. 협종(夾鐘)은 음(陰)이 태주를 부축하고[夾: 협] 도와 사방의 기운을 퍼뜨려 만물의 씨앗[種: 종]을 퍼뜨린다. 묘(卯)에 해당하며 2월에 있다. 고선(姑洗)이라고 할 때 선(洗)은 깨끗이 하다[絜=潔: 결 결]인데 양의 기운이 만물의 허물을 씻어 반드시[辜=必: 고 필] 그것을 깨끗이 한다는 말이다. 진(辰)에 해당하며 3월에 있다. 중려(中呂)는 작은 음[微陰: 미음]이 처음으로 일어났지만 아직 성숙하지 못한 채 그 가운데에서 조금씩 드러내 고선을 도와[旅助: 여조] 기운을 퍼뜨려 만물을 가지런히 한다[齊物: 제물]는 말이다. 사(巳)에 해당하며 4월에 있다. 유빈(蕤賓)이라고 할 때 유(蕤)는 잇다[繼: 계]는 것이고 빈(賓)은 이끈다[導: 도]인데 양이 비로소 음의 기운을 이끌어 만물을 잇고 길러주게 한다[繼養: 계양]는 말이다. 오(吳)에 해당하며 5월에 있다. 임종(林鐘)이라고 할 때 임(林)은 다스리다[君: 군]인데 음의 기운이 임무[任: 임]를 받고서 유빈을 도와 만물의 씨앗들에게 다스리는 주인[君主: 군주]으로서 장대하고 무성하게 해준다는 말이다. 미(未)에 해당하며 6월에 있다. 이칙(夷則)이라고 할 때 칙(則)은 모범이나 법도[法: 법]인데 양의 기운이 법도를 바로잡아 음의 기운으로 하여금 상처 입은 사물들을 쓰다듬어준다[夷=傷: 이 상]는 말이다. 신(申)에 해당하며 7월에 있다. 남려(南呂)라고 할 때 남(南)은 맡다[任: 임]인데 음기가 이칙을 도와서 만물을 맡아 이루어지게 해준다는 말이다. 유(酉)에 해당하며 8월에 있다. 무역(亡射)이라고 할 때 역(射)은 흡족하다[厭=足: 염 족]인데 양기가 만물을 다 규명해 음기로 하여금 만물이 다 벗겨지고 떨어지게[剝落] 만들어 끝내 다시 시작하게 해 흡족함이 없을[亡射] 뿐이라는 말이다. 술(戌)에 해당하며 9월에 있다. 응종(應鐘)은 음기로 무역에 응해 온갖 만물을 저장하고 양기를 흐리게 해 씨앗을 감춘다[閡種]²⁸는 말이다. 해(亥)에 해당하며 10월에 있다.

삼통(三統)이란 하늘이 은혜를 베풀어주고[天施] 땅이 길러주고[地化] 사람의 일에 기강이 있는 것[人事之紀]이다. 11월은 건(乾)괘(䷀)의 초구(初九)²⁹로 양의 기운이 땅 아래에 숨어 있으며 맨 처음으로 드러나 1³⁰이 되고 만물이 싹을 틔우며 움직이고 태음(-10월)에서 종에 이르게 되니[鐘=應鐘], 그 때문에 황종이 천통(天統)³¹이 되고 율관[律=律管]의 길이가 9촌(寸)인 것이다. 9 혹은 구(九)란 지극한 표준을 추구해 화합됨에 적중하는 것[究極中和]이기 때문에 만물의 으뜸[元]이 된다. (그래서)『주역(周易)』에 이르기를 "하늘의 도리[天之道]를 세우는 것을 일러 음과 양이라 한다"³²

---

28 밖에서 잠근다[閡=外閉]는 것은 곧 만물을 위한 씨앗을 저장해둔다는 말이다.

29 초(初)란 여섯 효 중에서 가장 아래에 있는 것으로 붙은 효는 9(九), 끊어진 효는 6(六)이라 한다.

30 만물의 처음이라는 뜻이다.

31 하늘의 기강이자 하늘이 은혜를 베풀어주는 것[天施]이다.

32 이 말은 「설괘전(說卦傳)」에 나오는 말이다. "옛날에 빼어난 이가 역(易)을 지은 것은 장차 본성과 명[性命]의 이치를 고분고분하게 하려고 해서였다. 이리하여 하늘의 도리[天之道]를 세우는 것을 일러 음과 양이라 하고, 땅의 도리[地之道]를 세우는 것을 일러 유(柔-부드러움)와 강(剛-굳셈)이라 하며, 사람의 도리[人之道]를 세우는 것을 일러 인(仁-어짊)과 의(義-의로움)라고 했으니 이 삼재(三才-천·지·인)를 겸해 두 번 했기 때문에 역이 여섯 번 그어[六畫] 괘가 이루어졌고, 음으로 나뉘고 양으로 나뉘며 유(柔)와 강(剛)을 차례로 쓰니 그 때문에 여섯 자리[六位]에 그 펴짐[章]이 이루어졌다."

라고 했다. 6월은 곤(坤)괘(☷)의 초육(初六)으로 음의 기운이 태양(太陽)에게서 임무를 받아[受任], 잇고 기르고 변화시키고 부드럽게 해[繼養化柔], 만물을 생장시켜 미래[未=未來]를 향해 만물들이 무성하도록 힘써 씨앗[種]으로 하여금 굳세고 강대하게 만들어주니, 그 때문에 임종(林鐘)이 지통(地統)이 되고 율관의 길이가 6촌인 것이다. 6 혹은 육(六)이란 양(陽)을 베푸는 것을 담고 있기 때문에 육합(六合)³³의 안에서 강(剛)과 유(柔)가 본체[體]를 가질 수 있도록 해준다.³⁴ (그래서『주역(周易)』에 이르기를) "땅의 도리[地之道]를 세우는 것을 일러 유(柔-부드러움)와 강(剛-굳셈)이라 한다"라고 했고, "건(乾)은 태시(太始-가장 처음)를 알고 곤(坤)은 완성된 일[成物]을 빚어낸다"³⁵라고 했다. 정월은 건괘의 구삼(九三)³⁶으로 (양의 기운이) 만물에 미치고 통해[棣通=逮通], 인(寅)에서 태주(太族)가 나오며, 사람들이 그것을 받들어 이루어주며, 어짊으로써 그것을 길러주고, 의로움으로써 그것을 행하니, 일과 사물로 하여금 각각 그에 맞는 이치를 얻도록 해준다. (오행의 설에서) 인(寅)은 목(木-나무)이니 인(仁)이 되고 그 소리는 상(商)이니 의(義)가 된다. 그 때문에 태주가 인통(人統)이 되고 율관의 길이가 8촌이며 8괘를 상(象-본뜸)으로 삼아 복희씨(宓羲氏)〔○ 사고(師古)가 말했다. "복(宓)은 伏(복)과 소리가 같다."〕가 하늘과 땅에 고분고

---

33 하늘과 땅, 그리고 동·서·남·북 사방을 가리킨다.

34 강과 유의 내용을 갖춰준다는 뜻이다.

35 이는「계사전(繫辭傳)」에 나오는 말이다.

36 아래에서 세 번째 붙은 효.

분해[順] 신명과 통하며 만물의 실상[情]을 분류한 까닭이다.[37] (그래서 『주역(周易)』에 이르기를) "사람의 도리[人之道]를 세우는 것을 일러 인(仁-어짊)과 의(義-의로움)라고 한다"라고 했고, "하늘에서는 상(象-상징)이 이루어지고 땅에서는 형(形-형체)이 이루어진다"[38]라고 했으며, "(태(泰)괘(䷊)의 상(象)이란 하늘과 땅이 서로 사귐이 태(泰)이니) 후(后)가 있어서 하늘과 땅의 도리를 마름질하고 이루어내며 하늘과 땅의 마땅함[天地之宜]을 보필해 백성들을 돕는다[左右=助]"〔○ 사고(師古)가 말했다. "이는 태(泰)괘(䷊)의 상(象)에 대한 풀이다. 후(后)는 임금[君]이다."〕"라고 했다. 이상은 세 음률[律]을 가리키는데 이것이 바로 삼통(三統)이다.

이를 삼정(三正)[39]에서 보면 황종이 자(子)를 천정(天正)으로 삼았고 임종이 미(未)와 마주 대하게 되는 축(丑)을 지정(地正)으로 삼았으며 태주가 인(寅)을 천정(天正)으로 삼았다. 삼정은 처음[始]을 바르게 하는 것이니 이 때문에 지정은 그 처음을 조정해[適] 양(陽)에 매어두고 동북의 축(丑)의 방위를 쓴다. 『주역(周易)』에 이르기를 "동북(東北)이 벗을 잃었으니 마

---

37 8괘 이하는 복희씨가 8괘를 만든 이유를 설명하고 있다.

38 이는 「계사전(繫辭傳)」에 나오는 말이다. 그 말에 이어 "변(變)과 화(化)가 나타나게 된다"고 했다.

39 옛날 중국의 하(夏)·은(殷)·주(周) 등 삼대(三代)에서 정한 역법(曆法)에 나타난 세 가지의 정월(正月)을 합해 이르는 말이다. 하나라에서는 지금의 음력 정월인 인월(寅月)을 정월로 삼았으며 인정(人正) 혹은 인통(人統)이라 하고, 은나라에서는 지금의 음력 12월인 축월(丑月)을 정월로 삼았으며 지정(地正) 혹은 지통(地統)이라 하고, 주나라에서는 지금의 음력 11월인 자월(子月)을 정월로 삼았으며 천정(天正) 혹은 천통(天統)이라 한다. 그래서 삼통(三統)을 삼정과 같은 의미로 사용하기도 한다.

침내 경사(慶事)가 있게 된다〔○ 맹강(孟康)이 말했다. "아직 서남(西南-음이다)에 있지 않으니 양이고 음이면서 양으로 들어갔으니 그 동류를 잃게 된다는 것이다." 사고(師古)가 말했다. "이는 곤(坤)괘 단사(彖辭)에 나오는 말이다."〕"⁴⁰고 했으니 그것에 응답하는 도리가 있다는 말이다. 또 황종(의 율)을 궁(宮)으로 하면 태주·고세·임종·남려는 모두 정성(正聲)으로 호응하고 털끝만큼의 작은 음[忽微]도 (끼어듦이) 없이 다른 음률에 영향을 받지 않는다는 것은 마음을 똑같이 해 하나로 통일시켰다는 뜻이다. 황종이 아닌 다른 음률은 설사 그 달이 돼 궁으로부터 시작한다 해도 그 화응(和應)하는 음률에는 쓸데없이 털끝만큼의 작은 음들이 끼어들어 그 바름[正=正聲]을 얻을 수가 없다. 이는 황종이 (율려 중에서는) 지존이며 그와 어깨를 나란히 할[與竝] 수 있는 음률은 없기 때문이다.

『주역(周易)』에 이르기를 "하늘을 삼(參)으로 하고 땅을 이[兩]로 해 수(數)를 세웠다[倚=立=起]〔○ 사고(師古)가 말했다. "이 말은 「설괘전(說卦傳)」에 나오는 말이다. 삼(參)은 홀수[奇=奇數]이고 이[兩]는 짝수다. 7과 9는 양수이고 6과 8은 음수다."〕"라고 했으니 하늘의 수[天之數]는 1에서 시작해서 25에서 끝난다.⁴¹ 그 뜻은 삼(參)으로 하늘의 기강을 세우기 때문에 1을 두어 3을 얻고, 또 25분의 6을 생각해 모두 25배를 하게 되면 결

---

40 정이천(程伊川)은 풀이에서 "동북은 양의 방위이니 그 동류를 떠나는 것은 벗을 잃는 것이다. 하지만 그 동류를 떠나 양을 따르면 물건을 낳게 되는 공을 이룰 수가 있어 마침내는 길한 경사가 있게 된다"라고 했다.

41 홀수인 1, 3, 5, 7, 9를 합치면 25다.

국 하늘의 수[天之數] 81을 얻게 되고,[42] 이리하여 하늘과 땅의 다섯 자리[五位][43]가 다 갖춰져 결국 10이 되고,[44] 그것에 81을 곱하면[乘] 810분이 돼 역(曆)의 1통(統)〔○ 맹강(孟康)이 말했다. "19년이 1장(章)이고 1통은 모두 81장(章)이다."〕에 대응해 1,539년[45]의 장수(章數)가 되는데 이것이 황종의 값[實]이다. 이 뜻으로 말미암아 12율의 (구멍의) 둘레[周]와 직경[徑]을 이끌어낸다〔○ 맹강(孟康)이 말했다. "율관[律=律管]의 구멍의 직경은 3분(分)이며 하늘의 수 3이다. 둘레[圍] 9분은 결국 하늘의 수다."〕. 땅의 수[地之數]는 2에서 시작해 30에서 끝난다.[46] 그 뜻은 이[兩]로 땅의 기강을 세우기 때문에 1을 두어 2를 얻고 모두 30이 되고, 결국 땅의 수는 60을 얻게 되는데,[47] 그것에 땅의 중수(中數)[48]인 6을 곱하게 되면 360분이 돼 1년[期=年]의 날수와 맞아떨어져 임종(林鐘)의 값이 된다〔○ 맹강(孟康)이 말했다. "임종의 길이는 6촌이고 둘레는 6분이다. 둘레로 길이를 곱하고 (10배) 쌓아서 360분을 얻는다."〕. 사람[人]이란 하늘을 잇고 땅에 고분고분해[繼天順地] 기운을 펴서 만물을 이루어내고[序氣成物], 8괘(八卦)를 통

---

42 이는 (3×25)+(25분의 6×25)=75+6=81이다. 어떤 이유로 25분의 6을 설정했는지는 알 수가 없다.

43 동·남·중앙·서·북 다섯 자리다.

44 하늘 다섯과 땅 다섯을 합쳐 10이 된다는 말이다.

45 19×81=1,539다.

46 짝수인 2, 4, 6, 8, 10을 합치면 30이다.

47 30×2=60이다.

48 2, 4, 6, 8, 10의 가운데인 6을 가리킨다.

할해 팔풍(八風)⁴⁹을 조절하고 팔정(八政)⁵⁰을 다스리며, 여덟 절후[八節]⁵¹를 바로잡고 팔음(八音)⁵²을 잘 어울리게 하며, 팔일(八佾)⁵³을 춤추고 팔방(八方)을 감독하며 팔황(八荒-전 세계)에 미치도록[被=及] 해 하늘과 땅의 공(功-공업)을 마치게 되니 그 때문에 8×8은 64가 된다. 그 뜻은 하늘과 땅의 변화를 지극히 함으로써 하늘과 땅의 다섯 자리가 합쳐져 마침내 거기에 10을 곱하게 돼 640분이 돼 (『주역(周易)』의) 64괘(卦)에 대응하면서 태주(太族)의 값이 된다〔○ 맹강(孟康)이 말했다. "태주는 길이가 8촌이고 둘레가 8분이며 이를 (10배) 쌓아 640분이 된다."〕.『서경(書經)』에 이르기를 "하늘의 일[功=工]을 사람이 대신하는 것입니다〔○ 사고(師古)가 말했다. 「우서(虞書)」 '고요모(皐陶謨)' 편에 나오는 말이다. 빼어난 이는 하늘로부터 조화(造化)의 공업을 이어받아 하늘을 대신해서 그것을 행한다는 말이다."〕라고 했다. 하늘은 땅을 겸하고 사람은 하늘을 본받으니[則=法] 그래서 다섯 자리[五位]의 합(合)으로 거기에 올라타면 오직 하늘만이 크고 오직 요(堯)임금만이 그것을 본받는〔○ 사고(師古)가 말했다. "『논어(論

---

49 팔풍은 서풍(西風)의 창개풍(風), 서북풍(西北風)의 불주풍(不周風), 남풍(南風)의 경풍(景風), 동풍(東風)의 명서풍(明庶風), 동북풍(東北風)의 융풍(融風), 서남풍(西南風)의 양풍(涼風), 북풍(北風)의 광막풍(廣莫風), 그리고 동남풍(東南風)의 청명풍(清明風)이다.

50 나라 정사(政事)의 여덟 가지 일로 곧 식(食-식생활)·화(貨-재화)·사(祠-제사)·사공(司空-주거지나 농지 개간)·사도(司徒-교육)·사구(司寇-치안)·빈(賓-외교)·사(師-국방)를 가리킨다.『서경書經)』「주서(周書)」 '홍범(洪範)' 편에 나오는 말이다.

51 1년을 8개 기후로 나눈 것이다. 입춘·춘분·입하·하지·입추·추분·입동·동지가 그것이다.

52 앞서 본 여덟 가지 악기를 말한다.

53 천자의 춤은 팔일무, 제후의 춤은 육일무다.

語)』「태백(泰伯)」편에서 오직 요임금만이 능히 하늘을 본받아 그것을 행하여 백성들을 교화시킨 것을 칭송한 것이다.") 상(象)인 것이다. 땅이 그 중수(中數-6)로 올라탄 것은 음의 도리가 안을 다스리고 중궤(中饋)에 있는 상(象)인 것이다[○ 사고(師古)가 말했다. "궤(饋)는 궤(饋)와 같은 글자다. 『주역(周易)』 가인(家人)괘(䷤) 육이(六二)효[54]에 대한 풀이에서 '이루는 바는 없고 집 안에서 음식을 장만한다[中饋]'라고 했으니 이는 부인의 도리를 말하는 것으로, 음(陰)에서 상(象)을 취해 반드시 이루는 바는 없겠지만 일단 집 안에 머물면서 음식 만드는 일을 주관할 뿐이라고 했으니 그 때문에 이렇게 말한 것이다."]. 삼통(三統)이 서로 통하기 때문에 황종·임종·태주의 율의 길이는 모두 온전한 촌[全寸]이어서 조금도 남는 분(分)이 없다.[55]

하늘의 중수는 5, 땅의 중수는 6이고 이 둘(-곧 음과 양)은 합쳐진다[爲合]. 6은 허(虛)가 되고 5는 소리[聲]가 돼 육허(六虛)[56]의 주위를 떠돌게 된다[周流]. 허(虛)란 저 음과 양의 12율을 변동시켜 오르내리고 운행하면서 열(列)을 지어 12가 되고 율려가 조화된다. 태극(太極)의 원기(元氣)는 (천·지·인) 셋을 포함해 하나가 된다[○ 맹강(孟康)이 말했다. "원기는 자(子)에서 처음으로 일어나며 아직 나눠지지 않은 때이고, 하늘과 땅과 사람이 뒤섞여 하나가 되기 때문에 자수(子數)는 오직 1뿐이다."]. 극(極)이

---

54 아래에서 두 번째 떨어진 효.

55 각각 9촌, 8촌, 6촌으로 딱 맞아떨어져 자투리가 없다는 뜻이다.

56 천지와 사방을 합쳐 육허라고 하며, 육합(合)도 같은 뜻이다.

란 한가운데[中]다. 원(元)은 처음[始]이다. 12진(辰)(혹은 12지)에서 행해질 경우에는 비로소 자(子)에서 움직이기 시작한다. 그것을 축(丑)에서 세 번 하게 되면[57] 3을 얻는다. 또 그것을 인(寅)에서 세 번 하게 되면 9를 얻는다. 또 묘(卯)에서 세 번 하게 되면 27을 얻는다. 또 진(辰)에서 세 번 하게 되면 81을 얻는다. 또 그것을 사(巳)에서 세 번 하게 되면 243을 얻는다. 또 그것을 오(午)에서 세 번 하게 되면 729를 얻는다. 또 그것을 미(未)에서 세 번 하게 되면 2,187을 얻는다. 또 그것을 신(申)에서 세 번 하게 되면 6,561을 얻는다. 또 그것을 유(酉)에서 세 번 하게 되면 1만 9,683을 얻는다. 또 그것을 술(戌)에서 세 번 하게 되면 5만 9,049를 얻는다. 또 그것을 해(亥)에서 세 번 하게 되면 17만 7,147을 얻는다. 이것이 음과 양의 다움[德]을 합친 것이며 기운이 자(子)에서 종을 울려 만물을 길러준[化生] 것이다. 그래서 자(子)에서 새끼를 낳고, 싹을 틔우고[孳萌],[58] 축(丑)에서 움이 올라오며[紐牙],[59] 인(寅)에서 위로 올라오고[引達],[60] 묘(卯)에서 싹이 우거지며[冒茆],[61] 진(辰)에서 아름다움을 떨치고[振美],[62] 사(巳)에서 이미 성대해

---

57 3을 곱한다는 말이다.

58 11월에 양의 기운이 비로소 움직이기 시작해 땅 밑에서 만물이 생겨난다는 말이다.

59 12월에 양의 기운이 한기(寒氣) 속에서 움직임을 본격화한다는 말이다.

60 정월에 양의 기운이 황천(黃泉)을 떠난다는 말이다.

61 2월에 만물이 지면을 뚫고 올라 우거지게[叢生] 된다는 말이다.

62 3월에 양의 기운이 성대해진다는 말이다.

지며[已盛],⁶³ 오(午)에서 거슬러 퍼지고[咢布],⁶⁴ 미(未)에서 어두워져 가려지며[昧薆=昧蔽],⁶⁵ 신(申)에서 몸이 펴졌다 오그라들었다 하고[申堅],⁶⁶ 유(酉)에서 점차 무르익어가며[留孰],⁶⁷ 술(戌)에서 마침내 (땅으로) 들어가고[畢入],⁶⁸ 해(亥)에서 모두 닫는다[該閡].⁶⁹ 갑(甲)에서 만물은 씨의 껍질을 부수고 나오고[出甲], 을(乙)에서 만물은 새싹이 마치 을(乙) 자처럼 굽은 모양으로 위로 올라오며[奮軋], 병(丙)에서 만물이 찬란하게[炳然] 빛나고, 정(丁)에서 초목이 크고 무성해지며[大盛], 무(戊)에서 더욱 풍성해지고[豐楙], 기(己)에서 모든 모습이 갖춰져 그 형태를 제대로 알 수가 있으며[理紀], 경(庚)에서 다시 거둬들이고[斂更], 신(辛)에서 모든 것이 새로워지며[悉新], 임(壬)에서 음양이 사귀어 회임을 하고[懷壬=懷妊] 계(癸)에서 만물이 생겨나 흙을 뚫고서 나온다[陳揆]. 그래서 음과 양이 만물에 베풀어져 화육이 일어나고[施化], 만물에는 끝과 시작[終始]이 있게 되며, 이미 율려(律呂)에도 두루 영향을 미치고 또한 일월성신[日辰]을 거쳐 변화하는 실상을 볼 수가 있는 것이다.

---

63 4월에는 양의 기운이 계속 성대하다는 말이다.
64 5월에는 꽃이 활짝 피기는 했지만, 실은 음기가 아래에서 생겨서 위로 양을 거스른다는 말이다.
65 6월에는 나무의 가지와 잎이 무거워진다는 말이다.
66 7월에는 음의 기운이 본격화되기 시작한다는 말이다.
67 8월에는 곡식이 익어 술을 빚을 수 있을 정도가 된다는 말이다.
68 9월에는 양의 기운이 미미해지면서 만물이 모두 성숙하게 된다는 말이다.
69 10월에는 양의 기운을 모두 수장(收藏)해 씨앗[種] 속에 집어넣는다는 말이다.

옥형(玉衡)[70]과 표건(杓建)[71]은 하늘의 큰 벼리[綱]이고〔○ 맹강(孟康)이 말했다. "북두칠성[斗]은 하늘의 중앙에 있고 두루 사방을 통제하니 마치 궁성(宮聲)이 한가운데 있으면서 다른 네 소리[四聲]에게 큰 벼리가 되는 것과 같다."〕 해와 달은 최초의 별자리[初躔]로 별들의 작은 벼리[紀]다〔○ 맹강(孟康)이 말했다. "28수(宿)가 사방에 벌어져 있는데 해와 달이 운행하면서 성기(星紀)[72]에서 일어나고 또 그것을 주위로 돌게 되니 이는 마치 네 소리가 궁성의 작은 벼리가 되는 것과 같다."〕. 큰 벼리와 작은 벼리의 교합[交]은 근원적인 시작[原始]으로써 (다른 것들을) 빚어내고 베풀어[造設] 합악(合樂)[73]이 그것을 쓰게 된다. (예를 들면) 율려는 창화(唱和)함으로써 만물을 낳아주고 성장시키는데[育生成化], 노래를 부르거나 악기를 연주할 때[歌奏] 그것을 쓴다. 손가락으로 가리키고 주변을 돌아보아[指顧] 상(象)을 취한 연후에야 음양 만물은 조목조목 빼곡하게[條鬯] 모

---

70 북두칠성의 제1성에서 제4성을 선기(璿璣)라 하고 제5성에서 제7성을 옥형(玉衡)이라 해 선기옥형이라고도 한다.

71 북두칠성의 자루 부분을 지칭한다. 따라서 옥형, 표건은 모두 북두칠성을 가리키는 말이다.

72 고대 중국의 천문학에서는 태양이 지나가는 황도(黃道)상에 위치한 항성(恒星)을 28개의 별자리로 나누어 이를 28수(宿)라고 했다. 그리고 태양이 어떤 항성의 위치를 지나고 있는가를 관측해 계절의 변화와 날짜를 알았다. 28수는 황도 360도 위에 흩어져 있는데 이것을 다시 30도씩으로 나누어 12궁(宮)으로 했다. 고대에는 이 12궁의 차례와 위치로 지상의 분야를 나누었다. 12궁의 명칭은 수성(壽星)·대화(大火)·석목(析木)·성기(星紀)·현효(玄枵)·취자(娶訾)·항루(降婁)·대량(大梁)·실침(實沈)·순수(鶉首)·순화(鶉火)·순미(鶉尾)이다. 이것을 다시 중국 전역으로 방위에 따라 나누어 각각의 분야를 정했다.

73 악인들이 노래하고 여러 악기들이 합주해 조화를 빚어내는 것을 말한다.

두 다 이뤄지지 않는 바가 없게 된다. 그렇기 때문에 이룸의 수[成之數]로 해(該)의 쌓임을 나누어[忖=除]〔○ 맹강(孟康)이 말했다. "이룸의 수란 황종의 법수(法數)를 가리킨다. 해의 쌓임은 황종이 바뀌어 생겨난 것으로 실(實)의 수-17만 7,147-다. 이 말은 법수-1만 9,683-로 쌓임을 나누어 9촌, 즉 황종의 길이를 얻었다는 것이다. 해(該)라고 말한 것은 여러 율들의 수를 다 합쳤다는 뜻이다."〕황종(黃鐘)의 길이-9촌-를 얻는다. 그것을 3분해 (그중) 하나를 덜어내면[損] 아래로[下] 임종(林鐘)-6촌-이 생겨난다〔○ 장안(張晏)이 말했다. "황종의 길이는 9촌이니 거기에 2를 곱하면 18을 얻고 그것을 3으로 나누면 그중 하나가 임종 6촌이 된다. 그 나머지로 이를 미루어 헤아려 계산해가면 다 풀리게 된다." 진작(晉灼)이 말했다. "채옹율력기(蔡邕律歷記)에 이르기를 '양이 음을 낳는 것을 하(下)라 하고 음이 양을 낳는 것을 상(上)이라 한다'고 했다."〕. 임종을 3분해 하나를 더하면[益] 위로[上] 태주(太族)가 생겨난다. 태주를 3분해 하나를 덜어내면 아래로 남려(南呂)가 생겨난다. 남려는 3분해 하나를 더하면 위로 고선(姑洗)이 생겨난다. 고선을 3분해 하나를 덜어내면 아래로 응종(應鐘)이 생겨난다. 응종을 3분해 하나를 더하면 위로 유빈(蕤賓)이 생겨난다. 유빈을 3분해 하나를 덜어내면 아래로 대려(大呂)가 생겨난다. 대려를 3분해 하나를 더하면 위로 이칙(夷則)이 생겨난다. 이칙을 3분해 하나를 덜어내면 아래로 협종(夾鐘)이 생겨난다. 협종을 3분해 하나를 더하면 위로 무역(亡射)이 생겨난다. 무역을 3분해 하나를 덜어내면 아래로 중려(中呂)가 생겨난다.[74]

---

74 이상을 삼분손익법(三分損益法)이라 한다.

음과 양이 서로를 생겨나게 해주고[陰陽相生], 황종에서 시작해 왼쪽으로 돌아서 8×8이 같은 무리[伍=耦]를 이룬다〔○ 맹강(孟康)이 말했다. "자(子)에서 미(未)까지 8을 얻어 아래로 임종을 생겨나게 해준다. 미(未)에서 인(寅)까지 8을 얻어 위로 태주를 생겨나게 해준다. 율(律)은 서로를 생겨나게 해주며 모두 다 이 비율을 따른다. 8×8은 같은 무리다."〕. 그 법(法)[75]은 모두 동(銅)을 쓴다. 그 직분은 태악(太樂)에 있고 태상(太常)이 그들을 관장한다.

도(度)란 분(分-푼)·촌(寸)·척(尺-자)·장(丈-길)·인(引)인데 길고 짧은 것을 헤아리는 것이다. 본래 황종의 길이에서 생겨났다.[76] 자곡(子穀)인 검은 기장[秬黍]〔○ 맹강(孟康)이 말했다. "자(子)는 북쪽이고 북쪽은 검은색이기 때문에 검은 기장[黑黍]을 말한다." 사고(師古)가 말했다. "이 설은 틀렸다. 자곡은 오히려 곡자(穀子-곡식)를 말할 뿐이다. 거(秬-찰기장)가 곧 검은 기장이고 북쪽에서 그 뜻을 취한 것이 아니다."〕[77]의 중간 크기[中][78] 한 알을 갖고서 기장 한 알의 폭을 기준으로 삼아 90을 헤아려 황종의 길이를 얻었다. 한 알은 1분이 되고, 10분은 1촌이 되고, 10촌은 1척이 되고, 10척은 1장이 되고, 10장은 1인이 돼 이 다섯 가지 도(度)는 길이를 재는

---

75 도량형 전반을 가리킨다.

76 이하에서는 도량형(度量衡) 모두의 표준이 황종에서 생겨났다고 풀이하고 있다.

77 조선 세종 때 독자적으로 음악의 표준을 복원하려는 작업을 했다. 1425년(세종 7년) 황해도 해주(海州)에서 거서가 생산됐다고 보고됐다. 1433년(세종 15년) 박연(朴堧)은 해주산(海州産) 거서 한 알의 길이를 1푼으로 삼고 10개를 1촌(寸)으로 삼아 황종율관(9촌)을 제작했다.

78 크지도 작지도 않은 것을 말한다.

데 자세하다[審]. 그 법은 동(銅)을 사용하는데 높이(두께) 1촌, 넓이 2촌, 길이 1장이 되면 그것이 분·촌·척·장을 밝혀주게 된다. 인(引)의 경우에는 대나무를 쓰는데 높이가 1분, 넓이가 6분, 길이가 10장으로 그것이 방형(方形)일 경우에는 구(矩-방형을 그리는 곱자)에 활용되며 높이와 넓이의 수는 음과 양의 상(象)이다〔○ 맹강(孟康)이 말했다. "높이는 1분, 넓이는 6분이라 했다. 1은 양, 6은 음이다."〕. 분(分)은 삼미(三微)[79]에서부터 드러나기 시작해 형체를 이루며 분별하는 것이 가능하게 된다. 촌(寸)은 쪼개어 헤아리는 것[忖]이다. 척(尺)은 재는 것[蒦]이다. 장(丈)은 늘이는 것[張]이다. 인(引)은 쫙 펴는 것[信=伸]이다. 무릇 도(度)란 분에서 분별하고, 촌에서 쪼개어 헤아리며, 척에서 재고, 장에서 늘이고, 인에서 쫙 편다. 인(引)이란 천하를 믿게 하는 것이다. 직분은 내관(內官)[80]에 있고 정위(廷尉)가 그들을 관장한다.[81]

양(量)이란 약(龠)·합(合-홉)·승(升-되)·두(斗-말)·곡(斛-휘)인데 많고 적음을 헤아리는 것이다. 본래 황종의 작은 피리[龠]에서 생겨난 것인데 도수(度數)를 써서 그 용량[容]을 자세히 잰다. 자곡인 검은 기장의 중간 크기 1,200개를 그 피리에 채워 넣어 우물물을 수평으로 맞추듯이 평미

---

79 천(天)·지(地)·인(人) 삼정(三正)의 처음을 말한다. 그 처음에는 만물이 모두 미세하기 때문에 이르는 말이다.

80 경사(京師)에 있는 관직을 가리킨다. 「백관표(百官表)」에 이르기를 "처음에 내관은 소부에 속했는데, 중간에 주작(主爵)에 속했고, 뒤에는 종정(宗正)에 속했다"라고 했다.

81 도(度)는 법과 관련된다 해서 정위가 맡도록 한 것이다.

레[槪]⁸²질을 해 수평으로 만든다[○ 맹강(孟康)이 말했다. "평미레는 곧아야 하기 때문에 그것을 수평으로 하는 것이다. 우물물은 맑고 맑으면 평평하다."]. 10약은 1합(合)이 되고, 10합은 1승(升)이 되고, 10승은 1두(斗)가 되고, 10두는 1곡(斛)이 돼 다섯 가지는 양을 재는 데 좋다[嘉=善]. 그 법은 동(銅)을 사용하는데 1척 4방으로 돼 있으며⁸³ 그 바깥쪽을 둥글게 하고, 주변 테두리[旁]에는 우묵하게 들어간 곳[庣=不滿]⁸⁴이 있다. 그 위에 곡이 있고 그 아래에 두(斗)가 있다[○ 맹강(孟康)이 말했다. "그 위는 앙곡(仰斛)을 가리키는데 1곡을 받고, 그 아래는 복곡(覆斛)을 가리키는데 1두를 받는다는 말이다."]. 왼쪽 귀[左耳] 1개에서 1승(升)을 받고 오른쪽 귀[右耳]는 2개로 약(龠)과 합쳐서 받는다. 그 모양은 작(爵-술잔)과 비슷해 그것으로 작위와 봉록을 나눠준다[麋=散]. 위는 3이고 아래는 2이니 홀수는 하늘에서 취하고, 짝수는 땅에서 취했고, 원형이면서도 안쪽에는 방형(方形)의 함(函)을 이루는 것이고, 좌는 1이고 우는 2이니 음과 양의 상(象)이다. 그 원형은 규(規-원을 그리는 자)와 비슷하고, 그 무게는 2균(鈞)이며, 24 기운[氣]과 만물을 합하면 모두 1만 1,520이 된다.⁸⁵ 소리는 황종에 딱 맞아떨어지고[中] 황종(의 궁음)에서 시작해 이를 반복(反覆)하고[○ 맹강(孟康)이 말했다. "반곡(反斛)의 소리가 황종에 딱 맞아떨어지고 복곡

---

82 말이나 되에 곡식을 담고 그 위를 평평하게 밀어 고르게 하는 데 쓰는 도구다.

83 한나라의 곡(斛)은 원통형이며 입구 지름[口徑]은 1척이다.

84 꽉 다 차지 않은 곳을 가리킨다.

85 무게는 24수(銖)가 1냥(兩)이고, 14냥이 1근(斤)이며, 30근이 1균(鈞)이다. 1균은 1만 1,520수다.

(覆斛)도 역시 황종의 궁음과 맞아떨어지는데 궁(宮)은 군(君)이 된다." 신찬(臣瓚)이 말했다. "앙곡(仰斛)은 1곡을 받고 복곡(覆斛)은 1두를 받기 때문에 반복(反覆)이라 한 것이다."〕 군(君)은 그릇의 모양을 본떴다. 약(龠)은 황종율(黃鐘律)의 실질[實]이며 지극히 미미한 것을 뛰어오르게 만들어 기운을 움직여서[躍微動氣] 만물이 살아나게[生物] 한다. 합(合)은 여러 약을 합친[合龠] 양이다. 승(升)은 합을 올라가는[登合] 양이다. 두(斗)는 승을 불러 모은[聚升] 양이다. 곡(斛)은 두(斗)의 표준[平]의 많고 적음을 비교하는[角] 양이다. 무릇 양(量)이란 약에서 뛰어오르고 합에서 합치며 승에서 올라가고 두에서 불러 모으며 곡에서 비교한다. 직분은 태창(太倉)에 있고〔○ 사고(師古)가 말했다. "쌀이나 곡식을 재는 것이기 때문에 태창에 있는 것이다."〕 대사농(大司農)이 그들을 관장한다.

형권(衡權)이라고 할 때 형(衡-저울대)은 수평[平]이고 권(權-저울추)은 무거움이다. 형(衡)은 권에 맡겨서 물건과의 균형을 찾아내 가벼움과 무거움을 가려내는 것이다. 그 방법은 평평한 바닥돌[底=底石=平石]로 수준기[準]의 바름[正]과 먹줄[繩]의 곧음[直]을 보는 것과 같고, 왼쪽으로 돌아서는 규(規)를 보고 오른쪽으로 꺾어서는 구(矩)를 보는 것과 같다. 그것이 하늘에 있어서는 선기(旋機)[86]를 돕고 북두칠성의 자루[斗柄]가 가리키는 방향을 짐작해[87] 칠정(七政)〔○ 사고(師古)가 말했다. "칠정이란 해와

---

[86] 별의 이름이다. 북두칠성의 제1별에서 제4별까지의 네 별을 가리키는 두괴(斗魁)를 말한다.

[87] 저울질해 취할 것은 취하고 버릴 것은 버린다는 뜻이다.

달, 그리고 다섯 별을 가리킨다.")을 가지런히 하기 때문에 옥형(玉衡)[88]이라 부른다. 『논어(論語)』에 이르기를 "일어서면 그것이 앞에 참여함을 볼 수 있고, 수레에 있으면 그것이 (수레 앞의) 가름대[衡=橫木]에 기대고 있음을 볼 수 있어야 하니"[89]라고 했고, 또 "예로써 백성들을 가지런하게 한다"[90]라고 했으니 이는 형(衡)이 앞쪽에 있고 또 남쪽에 있다는 뜻이다.

권(權)이란 수(銖)·양(兩-냥)·척(尺)·균(鈞)·석(石)인데, 물건을 저울에 달아[稱] 평평함을 베풀어 그 가볍고 무거움을 알아내는 것이다. 본래 황종의 무게[重]에서 생겨난 것이다. 하나의 피리[龠]에 기장 1,200알을 담으면 그 무게가 12수(銖)가 되고, 그것을 두 배로 하면 1냥[兩]이 되며, 16냥은 1근(斤)이 된다. 30근은 1균(鈞)이 되고, 4균은 1석(石)이 된다. 이를 헤아려보면[忖=度] 18이 되는데 이는 『주역(周易)』의 18변(變)의 상(象)이다〔○ 맹강(孟康)이 말했다. "황종·약·수·냥·균·근·석이 모두 일곱 가지이고, 아래에 나오는 11개의 상을 합치면 18이다."〕.[91] 다섯 가지 권(權)의 제도는 뜻[義]으로 그것을 세우고[立], 물건으로 그것을 고르게 해[鈞], 그밖

---

88 별의 이름이다. 북두칠성의 제5별에서 제7별까지 세 별을 가리키는 두표(斗杓)를 말한다. 두병(斗柄)이라고도 한다. 『서경(書經)』 「우서(虞書)」 '순전(舜典)' 편에서 "선기(璿璣)와 옥형(玉衡)이 있어 그것으로 칠정을 가지런히 했다"고 말한다.

89 「위령공(衛靈公)」 편에 나오는 말이다.

90 「위정(爲政)」 편에 나오는 말이다. 예는 오행설에 있어 화(火)에 해당하고 화는 남쪽에 해당한다. 가지런하게 한다[齊]는 것은 평평하게 하는 것이니 형(衡)이 된다.

91 1균은 1만 1,520인데 이를 괘의 수 64로 나누면 180이 돼 18이라는 수를 얻게 된다고 볼 수도 있다. 『주역(周易)』의 점법에서는 3변(變)해 1개의 효를 얻기 때문에 6효로 이뤄진 1개의 괘를 얻으려면 18변(變)해야 한다.

의 다른 크고 작은 차이는 가볍고 무거움을 마땅함[宜]으로 삼는다.⁹² 추의 모양을 고리[環]처럼 만들고, 몸통[肉=體]인 추는 구멍[好=孔]의 두 배가 되게 했으니, 두루 돌면서[周旋] 끝이 없고, 끝나면 다시 시작해 끝이 없다. 수(銖-기장 100알)란 사물이 흔들려 문득 미미하게 시작해 이루어져 나타나게 됨에 이르러서는 전혀 다르다[殊異].⁹³ 양(兩)이란 황종률 2개의 무게다〔○ 이기(李奇)가 말했다. "황종의 관(管)은 무게가 12수이고 이를 두 배로 하면 24라는 수를 얻게 된다."〕. 24수가 1양이 되게 한 것은 24절기[氣]의 상(象)이다. 근(斤)이란 밝음 혹은 밝힘[明]⁹⁴이니 384수(銖)⁹⁵이고, 『주역(周易)』두 편의 효(爻)이며,⁹⁶ 음과 양이 변하고 움직이는[變動] 상(象)이다. 16양이 1근이 되는 것은 4계절에 사방(四方)을 곱한[乘] 상(象)이다. 균(鈞)이란 고르게 함[均]이니 양(陽)이 그 기운을 베풀고 음(陰)이 그 사물을 바뀌게 하는 것은 모두 그 평평하고 고름[平均]을 이루어내는 것이다. 권(權)과 물건이 고르게 돼 무게가 1만 1,520수⁹⁷가 되는 것은 만물의 상(象)에 해당한다. 480양은 육순(六旬-60일)에 여덟 절후[八節]가 행해진 상(象)이다〔○ 맹강(孟康)이 말했다. "육갑(六甲)이 육순이고 1년은

---

92 무게를 척도로 크기를 가려낸다는 말이다.

93 그래서 1수를 시발점으로 하지 않고 12수를 시발점으로 삼은 것도 12달을 한 바퀴로 해서 완성된다는 의미를 담고 있다.

94 근(斤)에는 나무를 쪼갠다는 분석(分析-나누어 밝히다)의 뜻이 있다.

95 24수×16(양)=1근(斤)이다.

96 64괘×6효=386이다.

97 384수×30(근)=1균(鈞)이다.

여덟 절후(-입춘, 춘분, 입하, 하지, 입추, 추분, 입동, 동지)가 있으니 육갑을 두루 행하면 60일이 되고 여기에 8절을 곱해 그것(480수)을 얻었다."]. 30근이 1균이 되는 것은 한 달의 상(象)이다. 석(石)이란 크다[大]는 것이니 권(權)이 큰 것이다. 수에서 시작하고, 양에서 거듭하며, 근에서 밝아지고, 균에서 고르게 되면, 석에서 마치니, 물건은 석의 큼[大]에서 끝난다. 4균이 1석(石)이 되는 것은 사계절의 상(象)이다. 무게 120근[98]은 열두 달의 상(象)이다. 열두 번째 진[十二辰][99]에서 마치고 자(子)[100]에서 다시 시작하는 것은 황종의 상(象)이다〔○ 맹강(孟康)이 말했다. "이는 수(數)가 수(銖)에서 시작해 석(石)에서 마친다는 뜻이다. 석의 무게는 120근이고 상(象)은 12월이다. 수의 무게는 본래 자(子)에서 취했다. 율(律)로 보면 황종 1약(龠)은 기장 1,200알을 담을 수 있고 12수가 되기 때문에 자(子)에서 다시 시작하는 것은 황종의 상이라 한 것이다."〕. 1,920양(兩)[101]은 음양의 수(數)다. (그리고 그것은) 384효(爻)와 오행의 상(象)이다.[102] 4만 6,080수(銖)[103]는 1만 1,520의 만물이 사계절을 거쳐가는[歷] 상(象)이다. 그리고 한 해의 공(功)을 이루어 나감[成就]이니 다섯 가지 권[五權]은 삼가지 않을 수 없

---

98 30근×4(근)=1석(石)이다.

99 음력 10월로 해월(亥月)이다.

100 음력 11월로 자월(子月)을 가리킨다.

101 16냥×30근×4=1석이다.

102 384×5=1,920이다.

103 24수×1,920양=1석이다.

는 것이다.

저울추[權]는 (저울에 다는) 물건과 평평하게 돼 형평[衡]을 만들어내고, 저울대[衡]는 수평으로 이동해 (원을 그리는) 규(規)를 만들어내며, 규는 원을 그려 (방형을 그리는) 구(矩)를 만들어내고, 구가 방형을 그려 먹줄[繩]을 만들어내고, 먹줄을 세워 수준기[準]를 만들어내니 수준기가 바르면 저울대를 평평하게 만들어 저울추가 균등하게 된다. 이것이 다섯 가지 표준[五則]이다.[104] 규(規)란 원형[圜]을 그리는 기구로 그와 같은 유형의 것들을 얻게 해주는 것이다. 구(矩)란 방형(方形)을 그리는 기구로 그 형태를 잃지 않게 해주는 것이다. 규와 구가 서로를 필요로 해 음과 양이 그 위치를 차례로 갖게 돼 원형과 방형이 이에 이루어진다. 준(準)이란 수평을 헤아려[揆] 바름[正]을 취하는 것이다. 승(繩)이란 위아래가 곧게 뻗어내려 날줄과 씨줄[經緯]로 사방으로 통하는 것이다. 준과 승은 몸체를 연결하고[連體] 형과 권은 다움을 합쳐[合德] 백공(百工)이 그것을 써서[繇=用] 법식(法式)으로 정하고 보필하는 신하는 옥(玉)을 쥐고서[105] 천자를 돕는다[翼=助]. 『시경(詩經)』에 이르기를 "윤씨(尹氏) 태사(太師)는 저 주나라의 근본이라 나라의 공평함[鈞]을 쥐고서 사방을 잘 유지하며 천자를 도와[毘=助] 백성들을 혼란에 빠지지 말게[不迷] 해야 하거늘〔○ 사고(師古)가 말했다. "「소아(小雅)」 '절남산(節南山)' 편에 나오는 구절이다. 윤씨가

---

104 규(規)·구(矩)·권(權)·형(衡)·승(繩)이 그것이다.

105 일본어판은 옥(玉)이 시(是)의 잘못이라고 보았다. 그러나 옥(玉)은 선비의 상징이라는 점에서 표준의 비유로 볼 수 있기 때문에 굳이 잘못이라 할 수 없다.

태자의 자리에 있으면서 나라의 권세[權量]를 잡아 쥐고 사방을 잘 제어하며 천자를 도와 아래로 백성들을 미혹시키지 말아야 한다는 뜻이다.")"이라고 했으니 모두 다섯 가지 상(象)을 갖고 있지만[106] 그 뜻은 결국 하나다. 음양(陰陽)(의 설)으로 그것을 말하자면 태음(太陰)은 북쪽[北方]이다. 북쪽은 숨는 것[伏]이니 양의 기운이 아래에 숨어 있어 계절로는 겨울이다. 겨울은 마침[終]이니 사물은 끝으로 저장돼 마침내 일컬을 수가 있게 된다[可稱]. 물은 아래로 스며든다. 지(知)란 지모[謀]이고 지모는 무거우니 그래서 저울추[權]가 된다. 태양(太陽)은 남쪽[南方]이다. 남쪽은 떠맡는 것[任]이니 양의 기운이 만물을 떠맡아 길러 계절로는 여름이다. 여름은 커지는 것[假]이니 만물을 크게 키워내 마침내 널리 공평하게 펴지게 된다[宣平]. 불은 위로 타오른다. 예(禮)란 가지런히 함[齊]이고,, 가지런히 한다는 것은 평평하니[平] 그래서 저울대[衡]가 된다. 소음(少陰)은 서쪽[西方]이다. 서쪽은 옮겨가는 것[遷]이니 음의 기운이 만물을 옮겨 떨어뜨려 계절로는 가을이다. 가을은 거둬들이는 것[收]이니 만물을 거두고 단속하게 해 마침내 이루어지고 무르익는다[成熟]. 쇠는 가죽[革=變革]을 따르니[107] 고치고 바꿀 수가 있다[改更]. 의(義)는 이룸[成]이고 이룸은 방(方-방향)이니 그래서 (방형을 그리는) 구(矩)가 된다. 소양(少陽)은 동쪽[東方]이다. 동쪽은 움직임[動]이니 양의 기운이 만물을 움직이게 해 계절로는 봄이다. 봄은 생명체를 꿈틀거리게 해[蠢] 비로소[迺=始] 움직여 나아간다. 나무

---

106 원문에는 "저 주나라의 근본이라" 부분이 빠져 있다. 그것을 포함하면 다섯 가지가 된다.
107 『서경(書經)』 「주서(周書)」 '홍범구주(洪範九疇)' 편에 나오는 말이다.

는 구부러지거나 곧게 자란다. 인(仁)은 생겨남[生]이고 생겨남은 순환[圜]이니 그래서 (원형을 그리는) 규(規)가 된다. 가운데[中央]는 음과 양의 안쪽[內]이고, 사방의 중심이며, 날줄과 씨줄로 통달하고, 비로소 단정할 수가 있어 계절로는 사계(四季)다. 흙은 농사를 짓게 해주고 번식시켜준다. 신(信)은 열렬함[誠]이고, 열렬함은 곧음[直]이니 그래서 승(繩)이 된다. 다섯 가지 표준으로 만물을 헤아려 가볍고 무거움, 원형과 방형, 수평과 수직[平直]이 있는 것은 음과 양의 뜻이며 사방 사시의 본체이고 오상(五常) 오행의 상(象)이다. 그 법에는 품등[品]이 있어 각각 그 방향에 고분고분하고 그 행로에 응한다. 직분은 대행(大行)에 있고 홍려(鴻臚)가 그들을 관장한다〔○ 사고(師古)가 말했다. "멀고 가까운 것을 하나로 가지런하게 하기 때문에 홍려가 맡는 것이다."〕.

『서경(書經)』에 이르기를 "나는 육률(六律)·오성(五聲)·팔음(八音)·칠시(七始)의 영(詠)을 들어 그것들로 오언(五言)을 출납코자 하니 너는 잘 들으라〔○ 사고(師古)가 말했다. "「우서(虞書)」 '익직(益稷)' 편에 실려 있는 순(舜)임금과 우(禹)의 대화 중 일부다."〕"고 했다. 나란 순임금이다. 이는 율려로 다섯 소리[五聲]의 조화를 이루고 그것을 (악기의) 팔음에 베풀며 그것을 화합시켜 음악을 이루는 것[成樂]을 말한다. 칠(七)은 하늘과 땅과 사계절, 그리고 사람의 시작을 말한다.[108] 고분고분함[順]으로 오상(五常)의 말을 노래해[歌詠] 그것을 듣게 되면 하늘과 땅에 고분고분해지고, 사계절

---

108 여기서는 칠시영(七始詠)이라 했는데, 원래 『서경(書經)』에는 그 구절이 "다스려짐과 다스려지지 않음에 있어[在治忽]"로 돼 있고, 『사기(史記)』에는 내시활(來始滑)로 돼 있다.

에 순서가 잡히며, 인륜에 호응하게 되고, 음양에 뿌리를 두며, 본래의 감정과 본성[情性]에 근원을 두어, 다움[德]으로 풍속을 바로잡고, 음악으로 감화시켜〔○ 사고(師古)가 말했다. "다움으로 교화시키고 음악으로 움직이게 한다는 것이다. 『시경(詩經)』서문에 '위는 풍(風)으로 아래를 바꾼다[化]'고 했다."〕일치되지 않는 바가 없게 된다. 오직 빼어난 이[聖人]만이 능히 천하의 뜻을 하나로 합치시킬 수가 있으니 그 때문에 순임금이 그것을 듣고 싶어 했던 것이다.

지금 널리 여러 유자(儒者)들을 불러서 계책을 넓히고 도리를 강구해 옛 서적 혹은 전거[舊典]들을 갈고 닦아 밝혀서 음률을 통일하고[同律], 도(度)를 정밀하게 하며, 양(量)을 바르게 하고, 형(衡)을 공평하게 하며, 권(權)을 고르게 하고, 준(準)을 바로 하며, 승(繩)을 곧게 해 다섯 가지 표준[五則]을 세우고, 수(數)를 잘 갖춰 소리를 조화시킴으로써 백성들[兆民]을 이롭게 해 천하를 하나로 바로잡아[貞=正] 온 나라[海內]가 귀결하는 바를 동일하게 해야 한다〔○ 사고(師古)가 말했다. "『주역(周易)』「계사전(繫辭傳)」하(下)에 이르기를 '천하의 움직임은 바르기 때문에 한결같다'라고 했으니 이는 모두 한결같음[一]이 바른 것[正]임을 말한다. 또 이르기를 '천하는 같은 데로 돌아가지만 가는 길은 다르며 이치는 하나이지만 생각은 백 가지다'라고 했으니 이는 길은 설사 각기 다를지라도 그 귀결점은 같고, 생각은 설사 백 가지라도 그 이르게 되는 곳은 하나라는 말이다. 지(志)는 그것을 끌어와 말한 것일 뿐이다."〕. 율(律), 도(度), 양(兩), 형(衡) 모두 동(銅)을 쓰는 것은 그 자체의 명칭을 이름으로 삼은 것으로〔○ 사고(師古)가 말했다. "동(銅)의 명칭을 취해 하나 됨[同]에 부합하려는 것이다."〕천하를 똑같이 해 풍속을 가지런하게 하기 위함이다. 동(銅)은 사물들 중에서 지극히 정밀해[至精] 건조함과 습함, 추위와 더위에 의해 그 절도[節]가 바뀌지 않고 바람과 비에 그대로 노출돼도 그 형태[形]가 바뀌지 않아 굳건하게 일정함을 유지하고 선비나 군자[士君子]의 행실과 비슷해 이 때문에 동을 쓰는 것이다. 대나무를 써서 인(引)을 나타내는 이유는 사안의 성격상 그럴 수밖에 없기[事之宜] 때문이다〔○ 이기(李奇)가 말했다. "인(引)은 길이 10장, 높이(두께) 1분, 넓이 6분으로 된 대나무 중에서도 멸(篾-대나무 종류)만이 부드러우면서도 견고해 그에 적합할 뿐이다."〕. (이상은 유흠의 설이다.)

역수(曆數)[109]가 생겨난 것은 아주 오래됐다. 전해오는 바에 따르면 전욱(顓頊)[110]이 남정중(南正重)에게 명해 하늘을 관장하고[司天] 화정려(火正黎)에게 명해 땅을 관장하게 했는데[司地]〔○ 신찬(臣瓚)이 말했다. "남정(南正)이 하늘을 관장했다면 북정(北正)이 마땅히 땅을 관장해야 하기 때문에 화정(火正)이 땅을 관장했다고 말할 수 없다. 옛 글자에서 화(火)는 북(北)과 서로 비슷했기 때문에 (북을 화로) 잘못 쓴 것일 뿐이다." 사고(師古)가 말했다. "신찬의 설은 잘못이다. 반고는 유통부(幽通賦)에서 '현려(玄黎)가 고신(高辛)보다 순후하고 빛났도다'라고 했으니 이를 보면 여(黎)는

---

109 일월과 한서(寒暑)가 철 따라 돌아가는 순서를 말한다. 역은 기수(紀數)의 서(書)를, 수는 추보(推步)의 법을 뜻하는 것으로 역서(曆書)와 그 추산법을 말한다.

110 전설에 나오는 중국의 다섯 성군인 오제(五帝) 가운데 한 사람으로 황제(黃帝)의 손자이고 창의(昌意)의 아들이며 우왕(禹王)의 할아버지라고도 하는데, 천하를 잘 다스려 명군(明君)으로 이름이 높다.

곧 화정이다."] 그후에 삼묘(三苗)가 다움을 어지럽혀[亂德] (중(重)과 여(黎)의) 두 관직을 모두 없애자〔○ 사고(師古)가 말했다. "삼묘는 나라 이음이고 진운씨(縉雲氏)의 후손이 제후가 됐으니 곧 도철(饕餮)이다. 두 관직이란 중(重)과 여(黎)다."] 윤달[閏]이 별의 12차(次)와 어긋나게 되고 정월[孟陬=正月]이 세수(歲首)에 맞지 않게 돼 섭제(攝提)가 방향을 잃었다.[111] 요(堯)임금은 다시 중(重)과 여(黎)의 후손을 키워주어 그들이 하던 일을 잇도록 했으니, 그래서 『서경(書經)』에 이르기를 "이에[迺=乃] 희(羲)와 화(和)에게 명해 저 하늘에 삼가 고분고분해[若=順] 해와 달과 별들을 책력으로 기록하고 그 형상들을 잘 관찰해[曆象] 백성들의 농사철[民時]을 삼가 내려주었다"라고 했고, 또 "한 해[歲=朞]는 366일이니 윤달을 써서[以=用] 사계절을 정하고 한 해를 이루어 진실로 백공(百工)을 다스려[釐=理] 여러 공적들[衆功=庶績]이 다 아름다울 것이다"라고 했다〔○ 사고(師古)가 말했다. "두 인용은 모두 「우서(虞書)」 '요전(堯典)' 편에 나오는 구절이다."]. 그후에 제위를 순(舜)에게 주면서 말하기를 "아! 너 순아, 하늘의 역수(歷數 혹은 曆數)가 네 몸에 있구나"라고 했고, "순도 같은 말로 우(禹)에게 명했다"〔○ 사고(師古)가 말했다. "이 말들은 『논어(論語)』 「요왈(堯曰)」 편에 보인다."]라고 했고, 주나라 무왕(武王)에 이르러서는 기자(箕子)를 찾아가니 기자는 큰 법도[大法] 9장(章)을 말하고 오기(五紀)〔○ 맹강(孟康)이 말했다. "세(歲-1년), 월(月), 일(日), 성신(星辰), 역수를 일러 오기라고 한다." 사

---

111 섭제(攝提)라는 별이 혼란돼 절기와 기후가 상규(常規)를 벗어나게 됐다는 말이다. 그래서 봄 3월에는 마땅히 진(辰)을 가리켜야 하는데 사(巳)를 가리키게 돼 방향을 잃었다는 뜻이다.

고(師古)가 말했다. "큰 법도 9장이란 곧 홍범구주(洪範九疇)를 가리킨다. 그 네 번째에 이르기를 '화합해 오기를 쓴다[協用五紀]'고 했다."〕로 역법(歷法)을 밝혀주었다. 그래서 은나라와 주나라가 모두 창업해 제도를 고친 이래 다 역기(歷紀)를 바로잡고서 복색(服色)도 그것을 따르게 하고 그때의 기운[時氣]에 고분고분함으로써 하늘의 도리[天道]에 응했다. 삼대(三代-하·은·주)가 이미 몰락하고 나자 (전국시대) 오패(五伯)[112]의 말기에 사관의 기록이 끊어지고 가업으로 대대손손 이어가며 천문학을 전하던 사람[疇人][113]의 자제들도 뿔뿔이 흩어져 어떤 경우에는 오랑캐의 땅[夷狄]에 가 있기도 했다. 그래서 그들이 기록한 것 중에 황제(黃帝), 전욱(顓頊), 하(夏), 은(殷), 주(周), 그리고 노(魯)나라의 역법이 들어 있었다. 전국시대의 어지러움을 제거하고[擾攘] 진(秦)나라가 천하를 차지했지만 아직은 뭔가를 할 겨를[皇暇=遑暇]이 없어 그저 오행상승(五行相勝)[114]을 잘 이어받아 스스로 물의 덕[水德]을 갖고 있다고 여기고〔○ 맹강(孟康)이 말했다. "진나라는 주나라가 불의 덕[火德]을 가졌다고 여기고 물을 써서 그것을 이겼다고 생각했다."〕마침내 10월을 한 해의 첫 달[正=歲首]로 하고 색은 검은색을 높였다〔○ 사고(師古)가 말했다. "물의 덕을 얻었다는 것은 곧 흑룡(黑龍)의 상서로움[瑞]을 갖고 있다는 말이다."〕.

---

112 이때 伯은 패(覇)로 읽는다.

113 여순(如淳)은 주(疇)를 가업으로 대대손손 서로 전해준다는 뜻으로 풀었고, 사고(師古)도 이 견해가 옳다고 해 풀어서 옮겼다.

114 오행설에 따르면 물·불·쇠·나무·흙은 서로 상극(相剋)이라 물은 불을 이기고, 불은 쇠를 이기고, 흙은 물을 이긴다고 했다.

한(漢)나라가 일어났을 때 바야흐로 강기(綱紀)는 크게 기반을 다져야 했으나 대부분의 일들이 초창기여서 진나라의 정삭(正朔)[115]을 이어받았다[襲=襲用]. 북평후(北平侯) 장창(張蒼)의 말을 받아들여 전욱력(顓頊歷)을 썼는데 여섯 가지 역법[六歷]과 비교해볼 때 간략하고 엉성하기는 했어도 그나마 그것이 실제에 가장 가까웠다. 그러나 정삭과 복색은 아직 제대로 자신들만의 것이 드러나지 않았고 초하루와 그믐에 달이 나타나도 초승달[弦月]이나 보름달[望月]의 꽉 차거나 이지러짐[滿虧]이 정확하지 않는 경우가 많았다.

무제(武帝) 원봉(元封) 7년[116]이 되자 한나라가 일어난 지 102년이 됐는데 태중대부(大中大夫) 공손경(公孫卿) 호수(壺遂), 태사령(太史令) 사마천(司馬遷) 등이 "역기(歷紀)가 무너지고 낡았으니 마땅히 정삭을 고쳐야 한다"라고 말했다. 이때 어사대부(御史大夫) 아관(兒寬)이 경술(經術-경학)에 밝아 상(上-무제)은 곧바로 관에게 조서를 내려 말했다.

'박사들과 함께 지금 당장 무엇을 정삭으로 삼을 것인지, 복색은 어떤 색을 높일 것인지를 토의하도록 하라.'

관이 박사 사(賜) 등과 토의한 결과 모두 이렇게 말했다.

"제왕이 반드시 정삭을 고치고 복색을 바꾸는 것은 하늘로부터 명을

---

115 정월(正月)과 삭일(朔日)로 곧 음력 정월 초하루를 가리킨다. 고대 중국에서는 왕조가 바뀌면 정삭을 달리 정했는데 하(夏)는 정삭이 음력 정월, 은(殷)은 12월, 주(周)는 11월, 진(秦)과 한(漢)은 10월이었다.

116 기원전 104년이다. 이때 역법을 개정해 태초력(太初曆)을 만들었기 때문에 이 해는 공식적으로 원봉 7년이 아니라 태초 원년이다.

받았다는 것을 밝히기 위함입니다. 창업해 모든 것을 바꾸고 고치며 제도는 전대(前代)를 반복하지 않고 새로운 실마리[序文]를 후대에 전하고자 한다면 지금은 하나라의 때[夏時]입니다. 신 등이 듣고 배운 바가 좁고 낮아[褊陋] 이를 능히 설명할 수는 없습니다. 폐하께서 몸소 빼어남을 갖추시고[躬聖] 정삭이 아직 정해지지 못함을 근심하시어[發憤]¹¹⁷ 하늘과 땅을 밝게 안배하려 하시니,¹¹⁸ 신들의 어리석음으로 생각해볼 때 삼통(三統)¹¹⁹의 제도는 뒤의 빼어난 이가 앞의 빼어난 이를 다시 배우는 것이므로 (은나라와 주나라) 2대가 (우리) 앞에 있습니다. 지금 2대의 통이 끊어져 차례가 없으니 오직 폐하께서 빼어난 다움[聖德]을 발휘하시어 마땅히 하늘과 땅과 사계절의 지극한 표준[極]을 살피신다면 음과 양에 고분고분하게 돼 크고 밝은 제도를 정할 수 있게 됨으로써 만세의 법도[則]가 될 것입니다."

이에 마침내 어사에게 조(詔)하여 말했다.

"이번에[迺者] 유사(有司)에서 말하기를 역법이 아직 정해지지 않았기 때문에 널리 받아들이고 마땅히 물어 별들의 운행 도수[星度]를 고찰했지만 아직 딱 맞는 답[讎=相當]을 얻지 못했다. 대개 듣건대 옛날에 황제(黃帝)는 그 빼어난 다움이 신령과 맞아떨어져[合] (신선이 돼) 죽지 않았고, 역법을 만들어 태양이 여름에 남쪽에서 나타나 겨울에 북쪽으로 돌아가

---

117 이는 사고(師古)의 풀이에 따라 옮긴 것이다. 상당한 의역이 들어간 셈이다.
118 새로운 정삭을 만들려는 시도를 가리킨다.
119 하나라의 천통, 은나라의 지통, 주나라의 인통을 가리킨다.

는 것[發斂]을 이름 짓고 관찰했으며, 율성(律聲)의 맑음과 흐림[淸濁]을 정했고, 오부(五部)¹²⁰를 일으켰으며, 24절기와 만물의 분수를 세웠다고 했다. 그렇다면 그 유래는 위로 한참 올라간다. (그런데) 기록은 빠져 있고 음악은 폐기돼 전하질 않으니 짐은 이를 아주 곤란하게 여긴다. 거듭 생각하지 않고서는 그것을 능히 닦고 밝혀낼 수 없을 것이다. 이에 그 (원봉) 7년으로 (태초) 원년을 삼노라."

드디어 경(卿), 수(遂), 천(遷)에게 조하여 시랑 존(尊), 대전성(大典星) 사성(射姓)〔○ 사고(師古)가 말했다. "사(射)가 성이고 성(姓)은 이름이다."〕 등과 함께 한력(漢歷)을 만드는 일을 토의하도록 했다. 이에 동과 서를 정하고 구의(晷儀)¹²¹를 세웠으며 누각(漏刻)¹²²을 내려주어 이것들을 갖고서 28수(宿)를 추적해 사방에서 서로의 거리[相距]를 재며 결과를 모아 초하루와 그믐, 춘분·추분·동지·하지[分至], 해와 달의 운행 경로와 거리[躔離] 및 초승달과 보름달[弦望]을 정했다. 마침내 이렇게 해서 기존의 역법의 상원태초(上元泰初)¹²³에서부터 4,617년을 지나 원봉 7년(태초 원년)에 이르러 다시 알봉섭제격(閼逢攝提格)¹²⁴의 해를 얻어 중동(中冬 혹은 仲冬) 11

---

120 금(金), 목(木), 수(水), 화(火), 토(土)를 말한다. 즉, 오행(五行)을 가리킨다.

121 해의 경도(經度)를 재는 기둥으로 초보적인 해시계의 일종이다.

122 물시계다.

123 상원은 달력을 만들 때의 기산점[曆元]이라는 뜻이다. 태초는 첫 출발이라는 뜻이다. 1통(統)은 1,539년이고 1원(3통)은 4,617년이다.

124 알봉은 고갑자(古甲子)로 갑(甲)이다. 섭제격은 고갑자로 인(寅)이다. 즉, 갑인(甲寅)을 말한다.

월 갑자일 삭단(朔旦-초하루 아침) 동지에 해와 달이 건성(建星)[125]에 있고 태세(太歲-목성)가 자(子)[126]에 있어 이미 태초의 본래 성도(星度)가 새롭게 바로잡혔다. 성(姓)〔○ 사고(師古)가 말했다. "성(姓)은 곧 사성(射姓)이다."〕 등이 아뢰기를 자신들은 이를 계산할 수가 없으니 바라건대 역학(曆學)에 능통한 자들을 불러모아 다시 정밀한 것을 만들고 이런저런 형태로 증감(增減)을 함으로써 한나라의 태초력(太初曆)을 만들 수 있다고 했다. 이에 역학에 능한[治歷] 등평(鄧平)과 장락사마(長樂司馬) 가(可), 주천군(酒泉郡)의 후(候)[127] 의군(宜君), 의랑 준, 그리고 민간인으로 역학에 능한 자 등 모두 28명을 뽑았고, 방사(方士-술사) 당도(唐都)와 파군(巴郡)의 낙하굉(落下閎)〔○ 사고(師古)가 말했다. "낙하가 성이고 굉은 이름이다."〕도 참여했다. 도(都)는 하늘 쪽을 나눴고〔○ 맹강(孟康)이 말했다. "하늘을 28수의 구역으로 나눠 그 분도(分度)의 거리를 정했다는 말이다."〕, 굉(閎)은 운산(運算-연산)해 별이 지나가는 도수(度數)를 계산해냈다. 그 방법은 율(律)로써 (일법(日法)을 81로 하는) 역(歷)을 만들어가는 것이기 때문에[128] 이렇게 말하고 있다.

"율은 피리 1개를 채울 수 있는 용량으로 적(積) 81을 얻으면〔○ 맹강(孟

---

125 두수(斗宿)에 있는 별자리다. 이기(李奇)는 "옛날에는 건성을 삼았고, 지금은 견우(牽牛)를 수로 삼는다"고 말했다.

126 일본어판은 인(寅)의 잘못으로 보았다.

127 이는 작위 후(侯)가 아니라 관직명 후(候)다.

128 이 말을 통해 우리는 「율력지(律曆志)」라고 이름 지은 까닭을 알 수 있다. 율은 길이 9촌의 황종률을 말한다.

康)이 말했다. "황종률의 길이는 9촌이고 둘레는 9분이기 때문에 둘레로 길이를 곱하면 81촌을 얻는다."〕 하루를 81분 하는 하루의 분(分)이다. 율의 길이와 함께 서로 끝나는 것이다. 171분을 곱해[129](1,539-통법(統法)-를 얻어) 끝나면 처음으로 다시 돌아간다. 이를 세 차례 반복해 갑자(甲子)를 얻는다.[130] 무릇 율이란 음양(陰陽) 구륙(九六)으로[131] (『주역(周易)』의) 효사(爻辭)와 상사(象辭)에 의해 나온 것이다.[132] 그래서 황종은 만물의 근본이 되는 기운[元氣]을 대표하며 이를 일러 율(律)이라 한다. 율은 법(法)이니 법을 받아들이지 않으면 안 된다."

이는 등평이 해낸 방법과 똑같았다. 이에 모두가 새로운 성도(星度) 및 해와 달의 운행을 관찰해 다시 추산해보니 굉과 평이 해낸 방법과 (그 결과가) 같았다. 그 방법에 따르면 1개월의 날수는 29일과 81분의 43일이었다. 미리 반일(半日)을 감안한 것을 이름해 양력(陽曆)이라 하고 반일을 감안하지 않는 것을 이름해 음력(陰曆)이라 했다. 이른바 양력이란 초하루에 앞서 월(月)이 생겨나고 음력이란 초하루 이후에 월(月)이 마침내 생겨난다. 평이 말했다.

"양력의 초하루는 모두 아침에 먼저 월이 생겨나기 때문에 제후왕이나

---

129 1장(章)은 19년이기 때문에 여기에 9를 곱하면 171이 된다. 일본어판 역주는 이렇게 풀이하고 있다. "전국시대 이래 태음력은 19년 7윤달의 법으로 이 19년을 1장(章)으로 한다."

130 이것이 초하루 아침에[朔旦] 해와 달이 건성에 있어 태세(太歲)가 자(子)에 있게 되는 주기(週期)다.

131 12율은 육률과 육려로, 육률은 양, 육려는 음이다. 9는 양의 수고 6은 음의 수다.

132 효는 일과 사물의 변동을 나타내고 상은 일과 사물의 형태를 형상화한 것이다.

여러 신하들을 조회에 참여토록 하는 데 편리합니다."

이에 천(-사마천)에게 조하여 등평이 만든 81분의 율력(律曆)을 쓰도록 하고 이와는 더욱 거리가 멀었던 17가(家)를 없애도록 했으며, 또한 (새로운) 역률(曆律)에 어둡고 밝은 정도를 가려내도록 했다. 환관 순우능거(淳于陵渠)가 다시 태초력을 손보아 그믐날과 초하루, 초승달과 보름달이 모두 다 아주 정밀해지니 (태초(太初) 상원갑자(上元甲子) 야반삭단(夜半朔旦) 동지 때의) 해와 달은 둥근 벽옥(碧玉)을 맞춘 것[合璧]과 같았고 다섯 별은 연이어진 구슬들[連珠]과 같았다.〔○ 사고(師古)가 말했다. "실상과 딱 맞아떨어져 조금의 어긋남도 없었다[不差]는 말이다."〕. 능거가 문서[狀]로 아뢰자 마침내 등평력(鄧平曆)을 쓰고 평을 태사승(太史丞)[133]으로 삼았다.

그로부터 27년 후인 (소제(昭帝) 때인) 원봉(元鳳) 3년(기원전 78년)에 대사령 장수왕(張壽王)이 글을 올려 말했다.

'역(歷 혹은 曆)이란 하늘과 땅의 가장 큰 틀[大紀]인지라 상제(上帝)께서 행하시는 것입니다. 황제(黃帝)의 조율력(調律曆)[134]을 이어받아 한나라의 원년 이래로 그것을 사용해왔습니다. (그런데) 지금 음양이 조화를 이루지 못하니 마땅히 역법의 잘못을 고쳐야[更=改] 할 것입니다.'

주력사자(主曆使者) 선우망인(鮮于妄人)에게 조서를 내려 그 연유를 힐문하도록 했는데 수왕은 승복하지 않았다. (이에) 망인은 역법을 관장하

---

133 구경(九卿)의 하나인 태상(太常)에 속하는 태사(太史)의 관직으로 영과 승이 있었다. 사마천은 당시 태사령(太史令)이었다.

134 조력(調曆)이라고도 한다. 『사기(史記)』「역서(曆書)」 색인에 "황제가 사관 용성(容成)을 시켜 일월·성신·율려·갑자·산술을 종합해 역법을 만들도록 했다"고 돼 있다.

는 대사농 중승 마광(麻光) 등 20여 명과 공동으로 해와 달, 그믐과 초하루, 초생달과 보름달, 여덟 절후[八節]_{팔절}, 24절기를 종합적으로 관찰해[雜候]_{잡후} 여러 역법이 쓰이고 있는 실상을 비교할 수 있게 해달라고 청했다. 주청을 받아들였다. 조(詔)가 내려져 승상 어사 대장군 우장군과 그들의 사(史) 각 한 명이 상림원 청대(淸臺)[135]에서 종합적으로 관찰해 여러 역법의 엉성함과 정밀함[疏密]_{소밀}을 평가하니 모두 11가(家)였다. 원봉 3년 11월 초하루 아침 동지부터 5년 12월까지 남김 없이 관찰한 결과 차이가 있었다. 수왕의 안이 엉성하고 실상과 동떨어졌다[疏遠]_{소원}. 살펴본 결과 한나라 원년에 황제의 조력을 쓰지 않았고 수왕이 한력(漢曆-태초력)을 비난한 것은 하늘의 도리를 거스르고 결코 해서는 안 되는 말이었기에 대불경(大不敬)이었다. (그러나) 죄를 묻지 말라는 조서가 있었다. 다시 관찰해 6년이 지나갔다. 태초력이 (역법들 중에서) 제1등이었고 (산동의) 즉묵(卽墨-지명)의 서만차(徐萬且), 장안의 서우(徐禹)가 태초력을 시험해보아도[治]_치 역시 제일이었다. 수왕과 대조(待詔) 이신(李信)은 황제(黃帝)의 조력(調歷)을 시험해보았지만 결과는 둘 다 엉성하고 거칠었으며[疏闊]_{소활}, 또 (변명해) 말하기를 황제에서 원봉 3년에 이르기까지 6,000여 년이 있기 때문이라고 했다. 승상의 속관 보(寶), 장안의 선안국(單安國), 안릉(安陵)의 배육(桮育)은 「종시(終始)」[136]를 시험해보고서 말하기를 황제 이래로 3,629년이라고 해 수왕

---

135 천문을 관측하던 곳이다.

136 천문서다. 「예문지(藝文志)」에 따르면 음양가(陰陽家)에게는 공도생(公檮生)의 「종시(終始)」 14편과 추자(鄒子)의 「종시」 56편이 있다.

의 말과 합치하지 않았다. 수왕은 다시 「제왕록(帝王錄)」을 제시했지만 순(舜)임금과 우왕(禹王)의 나이가 사람의 나이[人年]와 맞지 않았다. (이에) 수왕은 말하기를 화익(化益)〔○ 사고(師古)가 말했다. "화익은 곧 백익(伯益)이다."〕[137]이 천자가 돼 우왕을 대신했고 여산(驪山)의 여인도 또한 천자가 됐다고 했지만 은과 주나라 사이의 일은 모두 경술(經術)과 합치되지 않았다. 수왕의 역법은 곧 태사관(太史官)의 은나라 역법[殷曆]이다. 수왕은 그것을 함부로 왜곡해[猥=曲] 어찌 오가(五家)의 역법을 얻었겠는가라고 말했고 또 태초력은 4분의 3일(日)을 덜어내 적어도 소여(小餘) 705분을 없앴기 때문에[138] 음양이 조화를 잃었으니 이를 일러 어지러운 세상[亂世]이라 한다고 망언을 했다. (해당 부서에서는) 수왕이 800석 관리(-태사령)에 있으면서 옛날에 대부였던 자가 유학자의 옷을 입고 상서롭지 못한[不詳=不祥] 말을 해대고 요상한 말을 지어내 제도를 어지럽히려 했으니, 부도(不道)의 죄에 해당한다고 탄핵했다. 상주한 것을 재가했다. 수왕은 친체를 관측하는 일에 있으면서 3년이 되도록 열악한 성과밖에 내지 못했음에도 끝내 굴복하지 않았다. 다시 사형에 해당하는 죄로 탄핵했으나 고쳐서 사면하고 죄를 묻지 않았다. (하지만) 끝내 말을 고치지 않고 비방이 더욱 심해졌기 때문에 결국 감옥에 내려졌다. 그래서 역본(曆本)을 검증하는 일은 하늘에 있는 것일 뿐이고 한력(漢曆)이 처음에 성립돼 원봉(元鳳) 6년에 이

---

137 우왕이 죽으면서 그 아들 계(啓)를 두고 백익에게 임금 자리를 전했으나 백성들은 우왕의 다움을 사모해 계를 구가(謳歌)하며 따랐다. 결국 왕위는 계가 이었다.

138 사분력(四分曆)은 940을 일법(日法)으로 삼는다. 그래서 1개월은 29일과 940분의 499다. 940의 4분의 3은 705다. 소여란 11월 초하루의 시각으로 940을 분모로 하는 날의 단수(端數)다.

르기까지 모두 36년[139]인데 이 사이에 옳고 그름이 분명하게 정해졌다.

효성제의 시대에 이르러 유향(劉向)이 여섯 가지의 역법을 총괄해 그 옳고 그름을 나열하고서「오기론(五紀論)」을 지었다. 향의 아들 흠(歆)은 그 작고 세세한데[微眇=微細]까지 탐구해「삼통력(三統曆)」과「보(譜)」를 지어 그것으로『춘추(春秋)』(의 역년)를 설명했는데 그 미루어 헤아리는 방법[推法]이 치밀하고 긴요해 아래에 싣는다〔○ 사고(師古)가 말했다. "여기서부터는 모두 반씨(班氏-반고)가 유흠의 설을 서술한 것이다."〕.

무릇 역(曆)의 춘추(春秋-시간)란 하늘의 때[天時]이고『춘추(春秋)』는 사람의 일[人事]을 나열하면서 하늘의 때로 그것을 확정한다. 전(傳)에 이르기를 "사람[民=人]은 하늘과 땅의 적중한 기운[中]을 받아 태어나니 이를 일러 명(命)이라 한다. 이 때문에 예의와 동작과 몸가짐[威儀] 등의 법도가 있어 그 명을 안정시키는 것이다. 유능한 이는 이를 갖고서 스스로를 길러 복에 이르고 무능한 자는 이를 내팽개쳐[敗=棄] 화를 부른다"[140]라고 했다. 그래서 12공(公) 242년의 일[141]은 음과 양이 적중하는 도리[中]로 그 예(禮)를 제정한 것이다. 그래서 춘(春)은 양의 기운이 때에 적중한 것[陽中]이어서 그것에 의해 만물이 생겨나게 되고[生], 추(秋)는 음의 기운이 때에 적중한 것[陰中]이어서 그것에 의해 만물이 이루어진다[成]. 이 때

---

139 원봉(元封) 7년(기원전 104년)에서 원봉(元鳳) 6년까지는 30년이다. 착오로 보인다.
140『춘추좌씨전(春秋左氏傳)』'성공(成公) 13년'에 나오는 주(周)나라 대부 유강공(劉康公)의 말이다.
141『춘추(春秋)』는 주나라의 봉국인 노(魯)나라의 12공(公) 242년의 일을 기록한 편년체 역사서다.

문에 일은 그 적중한 도리를 갖게 되고, 예는 그 조화됨을 취하며, 역수(曆數)는 윤(閏)¹⁴²을 통해 하늘과 땅의 적중함을 바로잡음으로써 일을 이루어주고 삶을 두텁게 해주어[作事厚生] 이 모든 것들이 명을 안정시켜주는 까닭이 된다. 『주역(周易)』의 금(金)과 화(火)가 서로를 혁신하려는 괘(卦)에 이르기를 "탕왕과 무왕이 명을 바꿔 하늘에 고분고분하고 땅에 순순히 응했다[順乎天而應乎人][○ 사고(師古)가 말했다. "이(離 ☲)가 아래에 있고 태(兌 ☱)가 위에 있어 그 때문에 금과 화가 서로를 혁신한다고 했다. 이것은 혁(革)괘의 단사(彖辭)를 공자가 풀이한 단전(彖傳)이다."]"라고 했고, 또 이르기를 "역(曆)을 다스려 때를 밝혔다[治歷明時]"라고 했으니, 이는 사람의 도리[人道]와 조화를 이루는 까닭이 된다.

주나라의 도리가 이미 쇠퇴하고 유왕(幽王)¹⁴³도 이미 세상을 떠나자 천자는 정삭을 나눠줄[班朔] 수 없게 돼 노(魯)나라 역법이 바르지 못하게 되

---

142 여분의 날이나 달을 말한다.

143 선왕(宣王)의 아들이며 성격이 난폭하고 주색을 좋아했다. 어머니 강후(姜后)가 죽자 그의 전횡은 더욱 심해졌다. 어느 날 포사(褒姒)라는 여인을 만나면서 여색에 빠져 정사를 돌보지 않았다. 유왕은 웃지 않는 포사를 웃기기 위해 온갖 횡포를 저질렀다. 매일 비단 100필을 찢기도 했지만 포사가 웃지 않자 거짓으로 봉화(烽火)를 올리게 해 제후들을 모이도록 했다. 전시 상황인 줄 알고 허겁지겁 모여든 제후들을 보고 포사가 미소 짓자 유왕은 수시로 거짓 봉화를 올려 포사를 즐겁게 했다. 결국 유왕은 왕비인 신후(申后)와 태자 의구(宜臼)를 폐하고 포사와 그 아들 백복(伯服)을 왕비와 태자로 책봉했다. 이에 격분한 신후(申后)의 아버지 신후(申侯)는 서쪽 이민족인 견융(犬戎)을 끌어들여 주나라를 침공했다. 수도 호경이 포위되자 유왕은 이때 위급함을 알리는 봉화를 올렸으나 제후들 중 아무도 출동하지 않았으며, 유왕은 아들 백복과 함께 여산(驪山) 기슭에서 살해되고 포사는 납치돼 견융의 여자가 됐다. 그가 살해됨으로써 폐위됐던 아들 의구가 태자로 복위했고 평왕(平王)이 됐다. 이후 견융이 수도 호경으로 자주 침범하자 수도를 낙양(洛陽)으로 옮기게 됐고 결국 서주(西周)시대는 끝이 났다.

는 바람에 윤여(閏餘-윤달) 하나의 해를 갖고서 부수(蔀首)로 삼았다〔○ 맹강(孟康)이 말했다. "마땅히 윤으로 한 해를 다한 것을 부수로 삼아야 하는데 지금은 바름을 잃어 한 해를 다하지 않았는데도 편의상 부수로 삼았다는 말이다."〕.[144] 그래서 『춘추(春秋)』는 "11월 을해일(乙亥日) 초하루에 일식이 있었다"[145]라고 풍자하고 있다. 이에 진(辰)은 신(申)에 있었기 때문에 사력(司曆-역법 담당 관리)은 두병(斗柄)이 술(戌)을 가리킨다고 생각해 사서에 건해(建亥)[146]라고 기록한 것이다. (노나라) 애공(哀公) 12년에도 신(申) 쪽을 가리키는 유화(流火)의 달을 갖고서 해(亥)를 가리킨다고 했지만 땅 속에 있어야 할 황충이 다 밖으로 나와 괴이하게 여겼다〔○ 장안(張晏)이 말했다. "주나라의 12월은 하나라의 10월이다. 다시 윤달을 잃어 마땅히 8월에 유(酉) 쪽을 가리켜야 하는데 신(申) 쪽을 가리킨다고 했으니 잘못이다. 중니(仲尼-공자)는 '화성이 아직 서쪽에 있으니[火猶西流] 사력이 잘못한 것이다'
화 유 서 류
라고 했다. 유흠은 헛되이도 '7월유화(七月流火)'라는 시를 지어 풍자를 했는데 이는 8월에 화성이 아직 서쪽에 있는 것을 몰랐기 때문이다."〕. (노나라) 문공(文公)이 윤달을 고삭(告朔)하지[147] 못한 이래로 이때까지 100여 년이 됐지만 누구도 능히 역수를 바로잡을 수 없었다. 그래서 자공(子貢)은 고삭

---

144 부수란 1부(蔀) 76년의 기점을 말한다.

145 양공(襄公) 27년의 일이다. 『춘추좌씨전(春秋左氏傳)』에서는 "두병(斗柄), 즉 진(辰)이 신(申) 쪽을 가리켰으니 윤달을 두 번 빠뜨린 것이다"고 말하고 있다. 그런데 반고는 이를 공자가 일부러 틀린 사실을 기록해 노나라 역법이 그릇됨을 풍자한 것으로 보았다.

146 두병이 해(亥) 쪽을 가리킨다는 말이다.

147 제후는 천자에게 매년 초 받아온 정삭을 종묘에 고했는데 그것을 고삭이라 했다.

에 쓰는 희생양을 없애려 했지만 공자는 그 예를 아껴[148] 그 법도를 (이처럼) 『춘추(春秋)』에 드러낸 것이다. 경(經)에 이르기를 "겨울 10월 초하루에 일식이 있었다"라고 했는데 전(傳)에서 "그 날짜를 기록하지 않은 것은 사관이 빠뜨린 것이다. 천자에게는 일관(日官)이 있고 제후에게는 일어(日御)가 있으니 일관은 경(卿)의 자리에 있으면서 역법을 추산해 역을 만드는 것[底日=致日]이 예(禮)이고 일어는 매일의 간지를 빠뜨리지 않고 조정에서 그것을 알려주어야 한다"라고 했는데[149] 이는 고삭을 말하는 것이다. 원전(元典)[150]에서는 역(曆)의 시작을 원(元)이라 했다. 『춘추좌씨전(春秋左氏傳)』에 이르기를 "원(元)이란 선(善) 중에서도 으뜸[善之長]이다"[151] 라고 했고 세 가지 다움[三德]〔○ 맹강(孟康)이 말했다. "삼통(三統)의 은미한 기운이 만물에 베풀어져 그것들을 길러내는 것을 말한다."〕을 잘 길러내는 것이 선(善)이다. 또 이르기를 "원이란 체(體) 중에서도 으뜸이다"[152] 라고 했다. 세 가지 체[三體]를 합하면 원(原-근원)이 되기 때문에 원(元)이라 한 것이다. (『춘추(春秋)』에서) 봄의 석 달 동안에는 매달 왕(王)이라고

---

148 이 일은 『논어(論語)』 「팔일(八佾)」 편에 나온다. 자공이 초하룻날 태묘에 고삭하면서 바치는 희생양을 없애려 했다. 이에 공자는 말했다. "자공아! 너는 그 양을 아까워하느냐? 나는 그 예를 아까워한다."

149 여기서 경(經)은 공자가 편찬한 『춘추(春秋)』이고 전(傳)은 그것을 풀이한 『춘추좌씨전(春秋左氏傳)』을 가리킨다. 경문과 전문도 마찬가지다.

150 법전이나 예서를 가리키는 듯한데 알 수가 없다.

151 '소공(昭公) 12년'에 실린 혜백(惠伯)의 말이다.

152 '양공(襄公) 9년' 목강(穆康)의 말이다.

쓴 것^{153}은 원(元)이 삼통(三統)-천통·지통·인통-이기 때문이다. 삼통은 1원(元)에서 합쳐지기 때문에 원(元) 하나를 출발점으로 삼아 이를 3배해 3을 얻고, 이를 아홉 번 곱해 (1만 9,683을 얻어) 그것을 법수(法數)로 삼고, 열한 번을 곱해 (17만 7,147을 얻어) 12지(支)를 순환시켜 그것을 실수(實數)로 삼는다. 실수로 법수를 채워 넣어 1이라는 수를 얻는다. 황종의 초구(初九)^{154}는 육률의 우두머리이고 양효는 그 변화다. 이리하여 그것을 6배하고 9를 법수로 해 임종(林鐘)의 길이를 얻는다〔○ 맹강(孟康)이 말했다. "황종의 수 9에 6을 곱해 54를 얻는다."〕. 초륙(初六)은 육려의 우두머리이고 음효는 그 변화다. 모두 삼천양지(參天兩地)의 법이다.^{155} 상생(上生)은 6을 더해가고 하생(下生)은 6을 덜어가는데 어느 쪽이건 모두 9를 법수로 삼는다.^{156} 9와 6은 음양, 부부, 자모(子母)의 도리이다〔○ 맹강(孟康)이 말했다. "다른 부류로는 자모인데 이는 황종이 임종을 낳는 것을 가리킨다. 같은 부류로는 부부인데 이는 황종이 대려를 처로 삼는 것을 가리킨다."〕. 율(律)이 처를 맞아들이고〔○ 여순(如淳)이 말했다. "황종이 임종을 낳는 것이다."〕 여(呂)가 자식을 낳는 것〔○ 여순(如淳)이 말했다. "임종이 태주를

---

153 봄 3개월 동안은 춘왕(春王) 정월, 춘왕(春王) 2월, 춘왕(春王) 3월 식으로 쓴 것을 말한다. 이는 주나라를 높여 주나라 역법을 쓴다는 것을 나타낸 것이다.

154 6괘 중에 가장 아래에 있는 양효(陽爻)를 가리킨다. 여기서는 황종률이 12음률의 기본이 되는 최저음이라는 뜻이다. 이하의 초륙(初六)은 가장 아래에 있는 음효(陰爻)를 가리킨다.

155 하늘의 수 3에 3을 곱하면 9가 되고 땅의 수 2에 3을 곱하면 6이 된다는 말이다. 여기서 양과 음도 나온다.

156 상생은 9분의 12가 되고 하생은 9분의 6이 된다. 언제나 나누는 수는 9다.

낳는 것이다.")은 하늘과 땅의 마음[情]이다. 육률과 육려에서 12진(辰)이 성립한다. 오성(五聲)은 맑고 흐림에 따라 합쳐서 10일(日)이 된다. 전(傳)에 이르기를 "하늘은 6이고 땅은 5다"[157]라고 했으니 이는 수의 일정함[常]이다. 하늘에는 여섯 가지 기운[六氣]〔○ 장안(張晏)이 말했다. "음(陰)·양(陽)·풍(風)·우(雨)·회(晦-어둠)·명(明-밝음)이다."〕이 있는데 그것이 내려와 다섯 가지 맛[五味][158]을 낳는다. 무릇 5와 6은 하늘과 땅이 그 가운데서 합쳐지니[中合]〔○ 맹강(孟康)이 말했다. "하늘은 양수이고 홀수여서 1·3·5·7·9이고 5는 그 가운데다. 땅은 음수이고 짝수여서 2·4·6·8·10이고 6은 그 가운데다. 그래서 하늘과 땅이 중합(中合)했다고 말한 것이다."〕 사람은 그것을 받아 생겨나는 것이다.

그래서 날[日]에는 육갑(六甲)[159]이 있고 진(辰)에는 오자(五子)[160]가 있어 이 11개로 하늘과 땅의 도리를 다 마치니 끝나게 되면 다시 시작되는 것[終而復始][161]을 말한다. 태극(太極)은 중앙의 원기(元氣)이기 때문에 황종이 되고 황종률의 실(實-내용)은 피리 1개[一龠]로 그 길이-9촌-를 갖고 제곱[自乘]을 하기 때문에 81이 일법(日法)이 된다.[162] 이것이 권(權)·형(衡)

---

157 『국어(國語)』「주어(周語)」에 나오는 말이다.

158 산(酸-신맛)·함(鹹-짠맛)·신(辛-매운맛)·고(苦-쓴맛)·감(甘-단맛)이다.

159 갑자(甲子)·갑인(甲寅)·갑진(甲辰)·갑오(甲午)·갑신(甲申)·갑술(甲戌)을 말한다.

160 갑자(甲子)·병자(丙子)·무자(戊子)·경자(庚子)·임자(壬子)를 말한다. 육갑 중에서 오직 갑인만이 자(子)가 없어 오자다.

161 이런 주기적 순환 때문에 옛글에는 시종(始終)보다는 종시(終始)라는 표현을 즐겨 썼다.

162 태초력(혹은 81분력 혹은 등평력)에서는 1개월의 평균 일수가 29와 81분의 43이기 때문에 그

·도(度)·량(量)을 낮게 되는 까닭이며 예와 악도 그것으로 말미암아 생겨난다. 경(經)에서 원(元)은 1이며 그것으로 처음을 다스리며 『주역(周易)』에서의 태극의 첫머리다. 춘추(春秋)라고 하면 거기에는 2개의 계절만이 있지만 그것이 1년을 지칭하게 되는 것은 『주역(周易)』의 양의(兩儀-음과 양)(가 전체를 가리키기 때문)이다. 봄 3개월 동안 매달 왕(王)이라고 했던 것은 『주역(周易)』의 삼극(三極)-천·지·인-의 통어함[統]이다. 사계절에 설사 아무 일이 없어도 반드시 계절과 달을 기록했던 것은 『주역(周易)』의 사상(四象)-노양(老陽)·소양(少陽)·노음(老陰)·소음(少陰)-의 마디[節]다. 사계절과 12달을 기록하면서 춘분·추분·하지·동지·입춘·입하·입추·입동을 나눈 것은 『주역(周易)』의 팔괘의 위치이고 일의 성공과 실패를 따지는 것은 『주역(周易)』의 길흉(吉凶)의 효다. 조빙(朝聘-사신이 찾아오고 찾아가는 것)과 회맹(會盟)은 『주역(周易)』의 대업(大業)의 근본이다. 따라서 『주역(周易)』과 『춘추(春秋)』는 하늘과 사람의 도리[天人之道]다. 전(傳)에 이르기를 "거북점[龜]은 상(象-모양)으로 길흉을 보고, 시초점[筮]은 수(數)로 길흉을 보는 것입니다. 만물이 생긴 이후에 형상이 있고, 형상이 생긴 이후에 점점 많아졌으며, 점점 많아진 이후에 수가 생겨났습니다"[163]라고 했다.

이리하여 가장 처음[元初]에 상(象)이 있으니 1이고 춘추는 2이고 삼통은 3이고 사계절은 4이고 이것을 합하면 10이 돼 다섯 가지 몸체[五體]를

분모 81을 일법이라고 한다.

163 『춘추좌씨전(春秋左氏傳)』 '희공(僖公) 15년'에 실린 한간(韓簡)의 말이다.

갖게 된다. 5로 10을 곱하면 (50이 돼) 대연(大衍)의 수[164]가 되지만 도리는 그 1에 근거하고 그 나머지 49가 필요에 맞춰 써야 하는 수이기에 그래서 서죽(筮竹)의 수를 거기서 취한다. 양의(兩儀-음양)의 상으로 49에 2를 곱하고(이렇게 해서 98을 얻는다), 또 천지인(天地人)의 상으로 98에 3을 곱하고(이렇게 해서 294를 얻는다), 또 사계절의 상으로 294에 4를 곱하고(이렇게 해서 1,176을 얻고), 또 19년 7윤달 법에 따라 1을 19에 더한 다음 그 20을 1,176에 합하면 (1,196을 얻게 되니) 그것에 2를 곱해 (2,392를 얻어) 이것을 월법(月法)의 실(實-내용)로 삼는다. 일법과 마찬가지로 1을 얻으면 그것이 한 달의 일수이고 해·달·별 삼신(三辰)의 궤적이 서로 만나 교차하게 되면 이렇게 해 길흉이 생겨날 수 있게 된다. 그래서 『주역(周易)』에 이르기를 "하늘이 1, 땅이 2이고 하늘이 3, 땅이 4이고 하늘이 5, 땅이 6이고 하늘이 7, 땅이 8이고 하늘이 9, 땅이 10이다. 하늘의 수가 다섯이고 땅의 수가 다섯이니 다섯의 자리가 서로를 얻어 각각 합치함이 있다. 하늘의 수는 (합하면) 25이고 땅의 수는 30이니 하늘과 땅의 수는 모두 55라, 이것이 바로 변화를 이루고 귀신(의 작용)을 행하는 까닭이 된다."[165]라고 했다. 하늘의 끝수 9와 땅의 끝수 10을 합치면 19가 되는데 『주역(周易)』에 이르기를 "궁하면 변한다[窮則變]"라고 했으니 그것이 윤법(閏法)이 된다. 하늘의 수 9를 3배 하고 땅의 수 10을 2배 하면 (모두 합쳐 47이 되는데)

---

164 대연의 수란 『주역(周易)』「계사전(繫辭傳)」상(上)에 나오는 말로, 하도(河圖)의 중궁(中宮)에 있는 하늘의 수 5로 땅의 수 10을 곱해 얻은 수다.

165 『주역(周易)』「계사전(繫辭傳)」상(上)에 나오는 말이다.

이것을 회수(會數)¹⁶⁶라고 한다. 하늘의 수 25를 3배 하고 땅의 수 30을 2배 하면 (모두 합쳐 135가 되는데) 이것을 삭망지회(朔望之會-초하루와 보름의 만남)라고 한다. 회수로 이 만남의 수를 곱하면 (6,345가 되는데) 초하루 아침 동지에 한 바퀴 돌게 돼 이것을 회월(會月)이라고 한다. 회월을 9배 해 (5만 7,105를 얻어) 1원(元)이 끝나면 다시 처음으로 돌아가는데 이것이 황종 초구의 수다. 『춘추(春秋)』에서 비록 아무 일이 없었더라도 반드시 사계절과 달을 기록했던 까닭은 사계절은 열고 닫는 것[啓閉]¹⁶⁷을 기록하는 것이고 달은 분지(分至)¹⁶⁸를 가려주기 때문이다. 열고 닫는 것이란 마디[節]이고 분지란 (그 계절의 가장 계절다움에) 적중함[中]이다. 마디는 반드시 그 달 안에 있어야 하는 것이 아니지만 때에 적중함[時中]은 반드시 정해진 마디의 달에 있어야 한다. 그래서 전(傳)에 이르기를 "(이 해에 윤 3월을 넣었으니 예가 아니다.) 선왕(先王-옛날의 훌륭한 임금)이 때를 바로잡을[正時] 때에는 역(曆)의 실마리를 동지[始]에서부터 추산하고, [履=推算] 때에 적중함에서 달을 정했으며[正=定], 나머지는 연말[終]로 돌렸다. 실마리를 동지에서부터 하니 차례가 어긋나지 않았고, 적중함에서 달을 정하니 백성들이 의혹을 품지 않았으며, 나머지는 연말로 돌리니 일이 어그러지지 않았다."¹⁶⁹ 이는 빼어난 임금들[聖王]이 윤(閏)을 무겁게 여긴

---

166 점을 칠 때 쓰는 용어다.

167 입춘과 입하는 여는 것이고 입추와 입동은 닫는 것이다.

168 춘분·추분·하지·동지를 가리킨다.

169 『춘추좌씨전(春秋左氏傳)』 '문공(文公) 원년'에 나오는 말이다. 사계절이 제자리를 얻으면 일

까닭이다. 오위(五位)로 회수(47)를 곱하면 (235를 얻어) 초하루 아침 동지가 합치되니 이것을 장월(章月)이라고 한다. 월법(2,392)을 4로 나누고, (598을 얻어) 이것으로 장월(235)을 곱하면 (14만 530을 얻어) 이것을 중법(中法)이라고 한다. 윤법(19)을 3배 해 (57을 얻어) 주지(周至)가 되고, 이것으로 월법을 곱해 (13만 6,344를 얻어) 그것을 중법(14만 530)에서 빼며, (4,186을 얻어) 이것을 통법(598)으로 나누면 (7을 얻는다. 이 4,186은) 7륵(扐-손가락 사이)의 수이고, 한 달의 윤법(閏法)이며 그 나머지는 7분(分)으로,[170] 이것이 중삭상구(中朔相求)의 술(術)이다. 초하루[朔]가 적중함을 얻지 못하면[不得中] 이것을 윤달이라고 하는데, 이는 음양이 비록 교차하지만 적중함을 얻지 못하면 일어나지 않는다는 뜻이다. 그래서 일법(81)에 윤법(19)을 곱하면 (1,539를 얻어) 이것을 통세(統歲)[171]라고 한다. 삼통(三統)-4617년-을 일러 원세(元歲)라고 한다. 1원세 중에 (홍수나 가뭄 같은) 음양의 재앙이 있으니 그 (재앙이 있는) 연수는 윤법의 3배로 57이다.[172] 양구(陽九)[173]의 액(戹-재앙)에서는 최초로 원세에 들어간 106년 중에 가

에 혼란스러움이 없다는 뜻이다.

170 19년 7윤(閏)에서 1년의 윤[歲閏]은 19분의 7이고 한 달의 윤[月閏]은 228분의 7이다. 19년 228개월에 7윤달을 더한 235개월[章月]에서 228을 뺀 차이가 7이라는 말이다.

171 1장(章)은 19년이니 81장 1,539년을 1통(統)이라 한다.

172 4,617년 중에 보통의 해[經歲=常年]는 4,560년이고 윤에 해당하는 재앙의 해[災歲=厄年]는 57년이라는 말이다. 이는 곧 본문에 나온다.

173 원문은 易九(역구)로 돼 있는데, 이것을 오류로 본 일본어판 번역자의 의견을 따라 양구로 옮겼다.

뭄의 재해가 있는 해가 9이고, 그다음으로 374년 중에 홍수의 재해가 있는 해가 9이며, 그다음으로 480년 중에 가뭄의 재해가 있는 해가 9이고, 그다음으로 720년 중에 홍수의 재해가 있는 해가 7이고, 그다음으로 720년 중에 가뭄의 재해가 있는 해가 7이고, 그다음으로 600년 중에 홍수의 재해가 있는 해가 5이고, 그다음으로 600년 중에 가뭄의 재해가 있는 해가 5이고, 그다음으로 480년 중에 홍수의 재해가 있는 해가 3이고, 그다음으로 480년 중에 가뭄의 재해가 있는 해가 3이다. 모두 합쳐 4,617년을 1원(元)으로 하고 끝난다. 보통의 해[經歲=常年]는 4,560년이고 윤에 해당하는 재앙의 해[災歲=厄年]는 57년이라는 말이다. 이 때문에 춘추(春秋)[174]에서는 "적중함에서 달을 정했으며[擧正於中]"라고 했고 또 이르기를 "윤달에 (종묘에) 고삭(告朔)하지 않았으니 예가 아니다. 윤달로 때를 바로잡고, 때로 일을 하고(혹은 농사를 짓고)[作事], 이로써 (백성들의) 생활을 두텁게 하는 것이니 백성을 살게 해주는 도리[生民之道]가 여기에 있다. 그런데 윤달에 삭을 고하지 않았으니 때를 바로잡는 정사[時正=時政]를 내버린 것이므로 무엇으로써 백성들을 다스리겠는가[爲民]?"라고 했던 것이다. 그래서 노나라 희공(僖公) "5년 봄 춘왕(春王) 정월 신해일 초하루에 동지가 되자[南至][175] 희공이 이미 삭을 고하고서[視朔=告朔] 드디어 관대에 올라 구름의 기운과 재변[雲物]을 관망한 다음 기록했으니 이는 예(禮)(에 맞는)다. 분지(分至)와 계폐(啓閉)에 반드시 구름의 기운과 재변을 기록하

---

174 『춘추좌씨전(春秋左氏傳)』을 가리킨다.

175 태양이 남쪽의 극점에 이르렀으니 동지인 것이다.

니 이는 재해에 대비하기 위함이다"[176]라며 희공을 높이 평가했다. 소공(昭公) 20년 2월 기축일에 해가 이르러 남쪽 극점에 이르렀는데 윤(閏)을 잘못 정하는 바람에 그 달-주나라 역으로 정월- 안에 있지 않았다. (사관) 재신(梓愼)이 기운을 관찰하고서[望氣] 그것을 바로잡지 않고 역(曆)의 실마리를 동지[始]에서부터 추산하지 않았다. 그래서 전(傳)에서는 동지(冬至)라고 말하지 않고 남쪽 극점에 이르렀다고 말한 것이다. 동지에는 태양이 견우 자리의 초도(初度)의 극점에 있게 되니 정오의 시각[日中]에 해의 그림자가 가장 길어져, 이 때문에 태양이 남쪽 극점에 이르렀다는 것을 알게 되는 것이다. 두강(斗綱)[177]의 끝이 영실(營室)을 연이어 관통하고, 직녀성의 끝이 견우 자리의 초도를 가리킬 때, 해와 달이 서로 만나게 되기 때문에[紀=交會] 이를 성기(星紀)라고 한다. (수성·금성·화성·목성·토성의) 다섯 행성[五星]은 성기의 초도[178]에서 일어나고 해와 달은 그 중간 15도에서 일어나니 모두 합쳐 12차(次)[179]가 있다. 태양이 차(次)의 초도에 이르는 것을 절(節)이라고 했고, 그 중간에 이르면 두건(斗建)의 아래를 12진(辰)-12지(支)-이라고 했다. 그 세워지는 것[建]을 보고서 그다음을 알았다. 그래서 말하기를 "(주나라가 천하를 다스릴 때는) 예를 제정하되 천자

---

176 『춘추좌씨전(春秋左氏傳)』에 나온다.

177 북두칠성의 자루 부분으로 두표(斗杓)와 같은 말이다.

178 두수(斗宿)의 12도다.

179 고대 중국 천문학에서는 적도를 12등분해 12차(次) 또는 12궁(宮)이라 하고 적도 부근에 28개의 별자리를 만들어 28수(宿)라고 했다.

가 내려주는 하사품은 12를 넘지 않았으니 그것은 하늘의 큰 수[大數]이기 때문이다"[180]라고 했다. 경(經)에 이르기를 춘왕(春王) 정월(正月)이라 했고, 전(傳)에 이르기를 "화성이 나타나는 때는 하나라 역법에서는 3월이고, 상나라 역법에서는 4월이고, 주나라 역법에서는 5월인데, 하나라의 역수가 하늘의 때를 얻었다"라고 했으니 사계절의 바름[正]을 얻은 것이다. 삼대(三代)는 각각 하나의 통(統)에 근거해 삼통을 밝혀 늘 합치되게 했으며, 순차적으로[迭=互] 첫머리[首]가 돼 삼통의 첫머리를 오르내리며 오행의 도리를 빙빙 돌았던 것이다. 그래서 3과 5는 서로를 포섭하며 낳아주었다. 천통(天統)의 정월-주나라 역법-을 낳아 처음으로 자(子)의 가운데에서 베풀었고 태양의 싹을 틔워주는 색은 적(赤)이다. 지통(地統)-은나라 역법-은 정월을 축(丑)의 처음에서 받아 태양은 비로소 바뀌어 황색이 됐으며, 축의 가운데에 이르러 태양은 어금니로 바뀌어[牙化] 백(白)이 된다. 인통(人統)-하나라 역법-은 정월을 인(寅)의 처음에서 받아 태양이 절정을 지나면서[成] 흑색이 됐다가 인의 가운데에 이르러 태양은 (새롭게) 생성돼 청(靑)이 된다.

 하늘의 베풂[天施]은 자(子)에서 반복되고 땅의 길러줌[地化]은 축(丑)에서 시작해 진(辰)에서 마치고 사람의 삶[人生]은 인(寅)에서 시작해 신(申)에서 이루어진다. 그래서 역수와 삼통에서 천통은 갑자를[○ 이기(李奇)가 말했다. "갑자는 하나라의 정월 초하루다."], 지통은 갑진을[○ 위소(韋昭)가 말했다. "갑진은 은나라의 정월 초하루다."], 인통은 갑신을[○ 이

---

180 『춘추좌씨전(春秋左氏傳)』 '애공(哀公) 7년'에 나오는 말이다.

기(李奇)가 말했다. "갑신은 주나라의 정월 초하루다."] 첫머리로 한다. 맹(孟), 중(仲), 계(季)를 번갈아 쓰는 일이 통(統)의 첫머리가 된다. 삼미(三微)[181]의 통이 이미 드러나고[著] 오행은 청색에서 시작해 그 순서도 그와 같다. 오행과 삼통은 서로 섞인다[錯]. 전(傳)에 이르기를 "하늘에는 삼신(三辰-해·달·별)이 있고 땅에는 오행(五行)이 있다"라고 했으니, 그렇다면 삼통과 오성(五星)을 얼마든지 알 수 있는 것이다. 『주역(周易)』에 이르기를 "3으로 세고 5로 세어 변하며 그 상수(象數)를 서로 뒤섞어 종합한다. 그 변화에 정통하면 드디어 천하의 문(文)을 이루고 그 수를 지극히 하면 드디어 천하의 상(象)을 정하게 된다"[182]라고 했다. 태극은 삼신과 오성을 위에서 부린다[運]. 그리고 원기는 삼통과 오행을 아래에서 돌아가게 한다. 사람의 경우에는 황극(皇極-최고의 표준)이 삼덕(三德)과 오사(五事)를 통할한다.[183]

그래서 삼신이 삼통에 합치될 때 해가 천통에 합치되고 달은 지통에 합치되고 북두칠성은 인통에 합치된다. 오성이 오행에 합치될 때 물은 진성(辰星-수성)에 합치되고, 불은 형혹성(熒惑星-화성)에 합치되고, 쇠는 태백(太白-금성)에 합치되고, 나무는 세성(歲星-목성)에 합치되고, 흙은 전성

---

181 5일이 1미(微)가 되고 3미 15일은 저(著-드러남)가 된다. 그래서 5일에 1후(候)가 있고 1년에 72후가 있게 되며 15일에 1기(氣)가 있어 24절기가 있게 된다.

182 『주역(周易)』「계사전(繫辭傳)」 상(上)에 나오는 말이다.

183 황극은 『서경(書經)』「주서(周書)」 '홍범(洪範)' 편에 나오는 세상을 다스리는 요체로 대중지정(大中至正)이라는 뜻을 갖고 있다. 삼덕이란 정직(正直)·강극(剛克)·유극(柔克)이고, 오사란 용모·말·시각·듣기·생각이다.

(塡星-토성)에 합치된다. 삼신과 오성은 서로 날줄과 씨줄[經緯]이 된다.

하늘은 1로써 물을 만들고, 땅은 2로써 불을 만들고, 하늘은 3으로써 나무를 만들고, 땅은 4로써 쇠를 만들고, 하늘은 5로써 흙을 만든다. 오승(五勝)[184]은 서로 올라타[相乘] 작은 회전[小周]을 낳고 건곤(乾坤-하늘과 땅)의 수[策=數]를 올라타 큰 회전[大周]을 이룬다. 음양은 서로 비슷해 나란히 섞이면서 함께 이루어가기 때문에 9와 6의 변화는 6효[六體]를 오르내린다. 3미(혹은 삼미)에서 저(著)가 되고, 3저(三著)에서 상(象-9)을 이루며, 2상에서 18이 변화해 괘(卦)를 이루고, 18을 4배 해 역(易)을 이뤄 72가 되는데, 이는 삼통을 3배 한 9와 사계절을 2배 한 8을 곱한 수다. 이것-72-을 3배 하면 건(乾)의 수-216-를 얻고, 2배 하면 곤(坤)의 수-144-를 얻는다. 양구(陽九)로 이것을 9배 하면 648이 되고, 음육(陰六)으로 이것을 6배 하면 432가 돼 모두 합하면 1,080이며, 이것이 음과 양 각각의 한 괘의 미산(微算)하는 수다. 거기에 다시 8을 곱하면 8,640이 돼 8괘에서 소성(小成-작은 이룸)이 된다. 이를 끌어당겨 펼 경우 다시 그것을 8배 하면 6만 9,120이 되고 하늘과 땅으로 그것을 2배 하면 13만 8,240이 되는데 그런 연후에 대성(大成-큰 이룸)이 된다. 오성이 서로 만나 끝나고 무리들끼리 접촉해 그것이 길어져 이를 갖고서 장세(章歲)를 곱하면 262만 6,560이 돼 해와 달과 서로 만나게 된다. 이런 만남을 세 차례 갖게 되면 787만 9,680이 돼 삼통과 만나게 된다. 이를 3배 하면 2,363만 9,040이 돼

---

184 오행의 상승(相勝)관계를 말한다. 물은 불에 이기고, 불은 쇠에 이기고, 쇠는 나무에 이기고, 나무는 흙에 이기고, 흙은 물에 이긴다.

태극의 상원(上元)[185]으로 다시 돌아간다. 9장세(章歲-171)를 6배 해 (1,026을 얻어) 이를 나누는 수[除數]로 삼아 나뉘는 수[被除數]를 나누는 수로 나눠 그 하나-2만 3,040-를 얻어 음과 양은 각각 (그 절반인) 1만 1,520을 얻게 돼 그것을 만물의 기운과 몸체[氣體]에 적용한다면[當] 천하의 모든 일을 (파악하는 일은) 능히 끝마칠 수 있다.

---

185 태극은 천지가 처음으로 열리는 개벽의 순간이다. 모든 만물이 거기에서 비롯되는 갑자(甲子)다. 상원이란 해와 달과 오성의 위치를 추산하는 실마리다. 삼통상원은 31원(93통) 14만 3,127년 이전의 때를 말한다. 오성세수(五星歲數)의 최소공배수(-오성회종(五星會終)) 13만 8,240에 장세(章歲-19)를 곱해 262만 6,560을 얻어 다시 이것을 9배 해서 2,363만 9,040을 얻는다.

권 21

율력지
律曆志

【하】

통모(統母)[1]

　일법(日法)은 81〔○ 맹강(孟康)이 말했다. "하루를 나눠 81등분해서 삼통(三統)의 어머니로 삼은 것이다."〕. 원시(元始)에 황종과 초구(初九) 9를 자승해 피리 1개의 수의 일법을 얻는다.

　윤법(閏法)은 19. 이것을 장세(章歲)로 한다. 하늘과 땅의 끝수(각각 9와 10)를 합해 윤법을 얻는다.

　통법(統法)은 1,539. 윤법으로 일법을 곱해 통법을 얻는다.

　원법(元法)은 4,617. 통법을 3배 해 원법을 얻는다.

　회수(會數)는 47. 하늘의 수 9를 3배 하고 땅의 수 10을 2배 해 (둘을

---

[1] 고대 역술(曆術)의 수법(數法)이다. 통모·기모(紀母)·오보(五步)·통술(統術)·기술(紀術)·세술(歲術)·세경(世經)은 역술의 항목이다. 아래에 항목별로 다 소개된다.

합쳐) 회수를 얻는다.[2]

장월(章月)은 235. 오위(五位)[3]와 회수를 곱해 장월을 얻는다.

월법(月法)은 2,392. 대연(大衍)의 상(象)으로부터 추산해 월법을 얻는다.[4]

통법(通法)은 598. 월법을 4로 나눠 통법을 얻는다.

중법(中法)은 14만 530. 장월과 통법을 곱해 중법을 얻는다.

주천(周天)은 56만 2,120.[5] 장월과 월법을 곱해 주천을 얻는다.

세중(歲中)은 12. 삼통과 사계절을 곱해 세중을 얻는다.

월주(月周)는 254. 장월과 윤법을 더해(235+19) 월주를 얻는다.

삭망지회(朔望之會)[6]는 135. 하늘의 수 25를 3배 하고 땅의 수 30을 2배 해 합쳐서 삭망지회를 얻는다.

회월(會月)은 6,345. 회수와 삭망지회를 곱해 회월을 얻는다.

통월(統月)[7]은 1만 9,035. 회월을 3배 해 통월을 얻는다.

원월(元月)[8]은 5만 7,105. 통월을 3배 해 원월을 얻는다.

---

2 1회(會)는 27장(章)이고 1장은 19년이다.

3 하늘과 땅의 수는 각각 5개다.

4 1개월의 일수로 1개월은 29와 81분의 43인데 이를 분수로 표시하면 81분의 2,392가 된다.

5 이는 1통(統) 1,539년의 일수다.

6 일식을 계산할 때 필요하다.

7 1통(統)의 월수다.

8 1원(元) 4,617년의 월수다.

장중(章中)은 228. 윤법과 세중을 곱해 장중을 얻는다.⁹

통중(統中)은 1만 8,468. 일법과 장중을 곱해 통중을 얻는다.¹⁰

원중(元中)은 5만 5,404. 통중을 3배 해 원중을 얻는다.¹¹

책여(策餘)는 8,080. 원중을 10배 해 주천(56만 2,120)에서 빼면 책여를 얻는다.

주지(周至)는 57. 윤법(19)을 3배 해 주지를 얻는다.

기모(紀母)

목(木)과 금(金)을 서로 곱하면 12가 되고,¹² 이것이 세성(歲星-목성)의 작은 회전[小周]이다.¹³ 소주(小周)에 곤(坤)의 수(144)를 곱하면 1,728이 되는데 이것이 세성의 세수(歲數)다.

견중분(見中分)은 2만 736. 적중(積中)은 13, 중여(中餘)는 157.

견중법(見中法)은 1,583. 견수(見數)다.

---

9 장월(章月)(235)에서 세윤(歲閏)(7)을 빼면 같은 수를 얻는다.
10 1통(統)(1,539)으로 세중(歲中)(12)을 곱하면 같은 수를 얻는다.
11 1원(元)으로 세중(歲中)을 곱해 같은 수를 얻는다.
12 하늘은 3으로 나무를 낳고 땅은 4로 쇠를 낳는다고 했다.
13 목성의 공전주기가 약 12년이다.

견윤분(見閏分)[14]은 1만 2,096.

적월(積月)은 13, 월여(月餘)는 1만 5,079.[15]

견월법(見月法)은 3만 77.

견중일법(見中日法)은 730만 8,711.[16]

견월일법(見月日法)은 243만 6,237.[17]

금(金)과 화(火)를 서로 곱하면 8이 되고[18] 다시 화로 그것을 곱하면 16이 돼 조금 회복한다[小復]. 소복(小復)에 건(乾)의 수(216)를 곱하면 3,456이 되는데 이것이 태백(太白-금성)의 세수(歲數)다.

견중분(見中分)은 4만 1,172.[19]

적중(積中)은 19, 중여(中餘)는 413.

견중법(見中法)은 2,161. 복수(複數).

견윤분(見閏分)은 2만 4,192.

적월(積月)은 19, 월여(月餘)는 3만 2,029.

---

14 세수(歲數)가 쌓였을 때의 윤분(閏分)이다. 세수에 세윤(歲閏)(7)을 곱해서 얻는다.

15 장중(章中)에 세수(歲數)를 곱해 39만 3,984를 얻어 거기에 견윤분(1만 2,096)을 더하고 견월법(見月法)(3만 77)으로 나누면 13과 3만 77분의 1만 5,079를 얻게 되는데, 이때 정수 13이 적월이 되고 분자 1만 5,079가 월여가 된다.

16 회합주기 일수의 끝수 분모를 말한다. 원법(4,617)과 견중법(1,583)을 곱해 얻는다.

17 견월법(3만 77)과 일법(81)을 곱한 수다.

18 땅은 4로 쇠를 낳고 2로 불을 낳는다.

19 세수(歲數)의 12배다.

견월법(見月法)은 4만 1,059.[20]

신중분(晨中分)은 2만 3,328.[21]

(신견(晨見)의) 적중(積中)은 7, 중여(中餘)는 1,718.[22]

석중분(夕中分)은 1만 8,144.[23]

(석견(夕見)의) 적중(積中)은 8, 중여(中餘)는 856.[24]

신윤분(晨閏分)은 1만 3,608.[25]

(신견(晨見)의) 적월(積月)은 11, 월여(月餘)는 5,191.[26]

석윤분(夕閏分)은 1만 584.[27]

(석견(夕見)의) 적월(積月)은 8, 월여(月餘)는 2만 6,848.[28]

견중일법(見中日法)은 997만 7,337.[29]

---

20 윤법은 19이기 때문에 견중법(2,161)을 19배 해서 얻는다.

21 9로 견중분(4만 1,172)를 곱해 그것을 16으로 나눠서 얻는다.

22 견중법으로 신중분을 나눠 얻는다. 정수를 제외한 분수는 2,161분의 1,718이다. 일본어판은 적중을 10이라 했다.

23 견중분을 7배 해 16으로 나눠서 얻는다.

24 견중법으로 석중분을 나눠서 얻는다. 정수를 제외한 분수는 2,161분의 856이다.

25 견윤분을 9배 해 16으로 나눠서 얻는다.

26 장중(章中)에 신(晨)의 세수(歲數) 1,944를 곱해 신윤분을 더해 45만 6,840을 얻고, 그것을 견월법으로 나눠 11을 얻고, 그 나머지 4만 1,059분의 5,191에서 분자가 월여가 된다.

27 견윤분을 7배 해 16으로 나눠서 얻는다.

28 장중(章中)에 석견의 세수(歲數)를 곱하고 석윤분을 더해 35만 5,320을 얻어, 견월법으로 그것을 나눠, 8과 4만 1,059분의 2만 6,848을 얻어, 그 분자를 취한 것이다.

29 원법(元法)과 견중법을 곱해 얻는다.

견월일법(見月日法)은 332만 5,779.[30]

토(土)와 목(木)을 서로 곱해[31] 경위(經緯)(2)를 곱하면 30이 되는데 이것이 전성(塡星-토성)의 소주(小周)가 된다. 소주에 곤(坤)의 수(144)를 곱하면 4,320이 되는데, 이것이 전성의 세수(歲數)다.

견중분(見中分)은 5만 1,840.

적중(積中)은 20, 중여(中餘)는 1,740.

견중법(見中法)은 4,175. 견수(見數)다.

견윤분(見閏分)은 3만 240.[32]

적월(積月)은 12, 월여(月餘)는 6만 3,300.

견월법(見月法)은 7만 9,325.[33]

견중일법(見中日法)은 1927만 5,975.[34]

견월일법(見月日法)은 642만 5,325.[35]

---

30 일법과 견월법을 곱해 얻는다.

31 하늘은 5로 땅을 낳고 3으로 나무를 낳는다.

32 세수(歲數)에 윤분을 곱해 얻는다.

33 견중법을 19배 해 얻는다.

34 원법과 견중법을 곱해 얻는다.

35 일법과 견월법을 곱해 얻는다.

화성의 운행 경로[火經]는 특별하게 이루어지기 때문에 2년 만에 주천[初=周天]36을 지나가고, 이것을 32바퀴 돌면 64년이 되는데, 이것이 소주(小周)다. 소주에 건(乾)의 수(216)를 곱하면 태양(太陽)의 대주(大周)로 1만 3,824년이 돼 이것이 형혹(熒惑-화성)의 세수(歲數)다.

견중분(見中分)은 16만 5,888.

적중(積中)은 25, 중여(中餘)는 4,163.

견중법(見中法)은 6,460. 견수(見數)다.

견윤분(見閏分)은 9만 6,768.

적월(積月)은 26, 월여(月餘)는 5만 2,954.

견월법(見月法)은 12만 2,911.

견중일법(見中日法)은 2,986만 7,373.

견월일법(見月日法)은 995만 5,791.

수성의 운행 경로는 특별하게 이루어지기 때문에 1년 만에 주천에 이르고 64년 만에 이것을 소복(小復)한다. 소복에 곤(坤)의 수를 곱하면 태음(太陰)의 대주(大周)로 9,216이 돼 이것이 진성(辰星-수성)의 세수(歲數)다.

견중분(見中分)은 11만 592.

---

36 주천(周天)이란 천체가 궤도를 따라 하늘을 한 바퀴 도는 것을 말한다.

적중(積中)은 3, 중여(中餘)는 2만 2,469.

견중법(見中法)은 2만 9,041. 복수(複數)다.

견윤분(見閏分)은 6만 4,512.

적월(積月)은 3, 월여(月餘)는 51만 423.

견월법(見月法)은 55만 1,779.

신중분(晨中分)은 6만 2,208.

(신견(晨見)의) 적중(積中)은 2, 중여(中餘)는 4,126.

석중분(夕中分)은 4만 8,384.

(석견(夕見)의) 적중(積中)은 2, 중여(中餘)는 4,126.

신윤분(晨閏分)은 3만 6,288.

(신견(晨見)의) 적월(積月)은 2, 월여(月餘)는 11만 4,682.

석윤분(夕閏分)은 2만 8,224.

(석견(夕見)의) 적월(積月)은 1, 월여(月餘)는 39만 5,741.

견중일법(見中日法)은 1억 3,408만 2,297.

견월일법(見月日法)은 4,469만 4,099.

태음(太陰)과 태양(太陽)의 세수(歲數)를 합해 그것을 중분(中分)하면 각각 1만 1,520이다. 양(陽)은 그 기운을 베풀고 음(陰)은 그 일과 사물을 이루어낸다.

성행률(星行率)을 세수에서 빼면 그 나머지는 견수(見數)다.
동구(東九)와 서칠(西七)에 세수를 곱해 구칠(九七)을 합쳐(16) 법으로 삼고, 16분의 9나 16분의 7을 얻어[得一] 금성과 수성의 신석(晨夕)의 세수(歲數)로 삼는다.

세중(歲中)(12)으로 세수(歲數)를 곱하면 이것이 별의 견중분(見中分)이 된다.

별의 견수(見數), 이를 견중법(見中法)으로 삼는다.

세윤(歲閏)(7)으로 세수(歲數)를 곱하면 이것이 별의 견윤분(見閏分)이 된다.

장세(章歲)로 견수(見數)를 곱하면 이것이 견월법(見月法)이 된다.

원법(元法)으로 견수(見數)를 곱하면 이것이 견중일법(見中日法)이 된다.

통법(統法)으로 견수(見數)를 곱하면 이것이 견월일법(見月日法)이 된다.

오보(五步)[37]

목성[木]은 새벽[晨]에 처음으로 보이고 해를 지나가는 도수(度數)[去日]는 반차(半次)[38]다. 순(順)의 경우 일행(日行)은 11분의 2도, 일수(日

---

[37] 오성추보(五星推步)의 줄임말이다. 오성(목·금·토·화·수)의 운행에 있어 서에서 동으로 이동하는 순(順), 동에서 서로 이동하는 역(逆), 느림과 빠름[遲疾], 하늘에 근접해 보이지 않게 되는 복(伏), 마치 정지한 듯이 보이는 유(留)를 추산하는 셈법이다. 보(步)란 천문을 살펴 일월성신의 운행을 미루어 헤아린다는 뜻이다.

[38] 복(伏) 30일(도(度)) 730만 8,711분의 333만 4,737에서 행성(行星) 3도 730만 8,711분의 167만 3,451을 빼 30도 730만 8,711분의 166만 1,286을 얻어 이를 1차(次)라고 한다. 그 절반 15도 730만 8,711분의 83만 643을 반차라고 한다. 차(次)란 도수를 수로 표시하는 것이다. 일수(日

數)는 121일이다. 처음에 유(留)는 25일이고 이어 선회한다[旋].³⁹ 역(逆)의 경우 일행은 7분의 1도이고 일수는 84일이다. 다시 머무는 복류(復留)는 24일 3분⁴⁰이고 이어 선회한다. 다시 순(順)으로 돌아올 경우 일행은 11분의 2도이고, 일수는 11일 하고도 182만 8,362이며, 이때 복(伏)한다. 모두 보이게 되는 것은 365일 하고도 182만 8,365분이며, 여기서 역행(의 성행 12도)을 빼서 행성의 도수를 정해 30도 166만 1,286분(1차)을 얻는다. 그래서 모두 보이는 1년에 행(行) 1차가 되고 그다음에 복(伏)한다. (복(伏)의) 일행(日行)은 11분의 1도를 넘지 않는다. 복하는 것은 33일 333만 4,737분이고 그 행성의 도수는 3도 167만 3,451분이다. 한 번 다 보려면[一見] 398일 516만 3,102분, 행성의 실행도수(實行度數)는 33도 333만 4,737분이다. 이것을 견중일법으로 통산 평균하니 그 때문에 일행 1,728분의 145도라고 하는 것이다.

금성[金]은 새벽에 처음으로 보이고 해를 지나가는 도수(度數)는 반차(半次)다. 역(逆)의 운행을 해 일행(日行)은 2분의 1도이고 일수(日數)는 6일이다. 처음에 유(留)는 8일이고 이어 선회한다. 처음에 순(順)의 운행을 해 (느려져) 일행은 46분의 33도이고 일수는 46일이다. 순행(順行)은 빨라

　　數) 혹은 도수(度數)의 끝수의 분모인 730만 8,711분은 목성의 견중일법(見中日法)이고 이하에서는 분모를 생략하고 분자만 표기한다. 예를 들면 15도는 83만 643이라고 하는 식이다.

39　순(順)은 선(旋)을 거쳐 역(逆)으로 간다.

40　여기서 3분이란 분자로 분모인 730만 8,711분은 생략했다.

져[疾] 일행은 1도 92분의 15이고 184일에서 복(伏)한다. 모두 보이게 되는 것은 244일이고 여기서 역행(의 성행 3도)을 빼서 행성의 도수를 정해 244도를 얻는다. 복(伏)의 경우 일행은 1도 92분의 33 유기(有奇)다. 복(伏) 83일이고 그 행성의 도수는 113도 436만 5,220분이다. 모두 새벽에 보이게 되는 것은 복(伏) 327일이고 그 행성은 357도 436만 5,220이다. 저녁에 처음으로 보이고 해를 지나가는 도수(度數)는 반차(半次)다. 순(順)의 운행을 해 일행은 1도 92분의 15이고 일수는 181일 7분의 45다. 순행은 느려져 [遲] 일행은 46분의 33도이고 일수는 46일이다. 처음으로 유(留)에 있으면서 7일 107분의 62이고 이어 선회한다. 역행은 일행이 2분의 1도이고 6일이 되면 복(伏)한다. 모두 보이게 되는 것은 241일이고 역행(3도)을 빼서 행성의 도수를 정해 241도를 얻는다. 복(伏)은 역행해 그 일행이 8분의 7도(度) 유기(有奇)다. 복(伏) 16일 129만 5,352분이고 그 행성의 도수는 14도 306만 9,868분이다. 하루 저녁에 견복(見伏)은 257일 129만 5,351분이고 그 행성은 226도 690만 7,469분이다. 일복(一復)의 일분(日分)은 584일 129만 5,352분이다. 그 행성의 도수도 똑같이 가니 그 때문에 일행은 1도(度)라고 하는 것이다.

토성[土]은 새벽에 처음으로 보이고 해를 지나가는 도수(度數)는 반차(半次)다. 순(順)의 운행을 해 일행이 15분의 1도이고 일수는 87일이다. 처음에 유(留)는 34일이고 이어 선회한다. 역(逆)의 운행을 해 일행은 81분의 5도이고 일수는 101일이다. 다시 머물러[留] 30일 86만 2,455분에서 선회한다. 다시 순의 운행을 해 일행은 15분의 1도이고, 일수는 85일이며, 이어 복(伏)한다. 모두 보이게 되는 것은 340일 86만 2,455분이고 역행의 도수(6도 81분의 19)를 빼서 행성의 도수를 정해 5도 447만 3,930분을 얻는다. 복(伏)은 일행이 15분의 3도에 미치지 못한다. 일수가 37일 1,717만 170분이고 행성의 도수는 7도 873만 6,570분이다. 일견(一見)의 일수(日數)는 377일 1,803만 2,625분이고 행성의 도수는 12도 1,321만 500분이다. 이것을 견중법(見中法)으로 통산 평균하니 그 때문에 일행은 4,320분의 145라고 하는 것이다.

화성[火]은 새벽에 처음으로 보이고 해를 지나가는 도수(度數)는 반차(牛次)다. 순(順)의 운행을 해 일행이 92분의 53도이고 일수는 276일이다. 처음에 유(留)는 10일이고 이어 선회한다. 역(逆)의 운행을 해 일행은 62분의 70도이고 일수는 62일이다. 다시 머물러[留] 10일에서 선회한다. 다시 순의 운행을 해 일행은 19분의 53도이고 일수는 276일이며 이어 복(伏)한다. 모두 보이게 되는 것은 634일이고 역행의 도수를 빼서 행성의 도수를 정해 301도를 얻는다. 복(伏)은 일행이 92분의 73도에 미치지 못하고 복하는 것은 146일 1,568만 9,700분이고 행성의 도수는 114도 821만 8,005분이다. 일견(一見)의 일수(日數)는 780일 1,568만 9,070분이고 행성의 실행도수를 모두 합하면 415도 821만 8,005분이다. 이것을 견중일법(見中日法)으로 통산 평균하니 그 때문에 일행은 1만 3,824분의 7,355라고 하는 것이다.

수성[水]은 새벽에 처음으로 보이고 해를 지나가는 도수(度數)는 반차(牛次)다. 역(逆)의 운행을 해 일행이 2도이고 일수는 1일이다. 처음에 유

(留)는 2일이고 이어 선회한다. 순(順)의 운행을 해 일행은 10분의 6도이고 일수는 17일이다. 순의 운행은 빨라져 일행은 1도 3분의 1이고 일수는 18일이며 이어 복(伏)한다. 모두 보이게 되는 것은 28일이고 역행의 도수를 빼서 행성의 도수를 정해 28도를 얻는다. 복(伏)은 일행이 1도 9분의 7 유기(有奇)이고 일수는 37일 1억 2,202만 9,605분이며, 행성의 도수는 68도 4,661만 128분이다. 새벽에 모두 보이게 되는 것은 복(伏)은 65일 1억 2,202만 9,605분이고, 행성의 도수는 96도 4,661만 128분이다. 저녁에 처음으로 보이고 해를 지나가는 도수(度數)는 반차(半次)다. 순의 운행을 해 (빨라져) 일행은 1도 3분의 일이고 일수는 16일 2분의 1이다. 순의 운행을 해 느려져 일행은 7분의 6도이고 일수는 7일이다. 유(留)는 1일 2분의 1일이고 이어 선회한다. 역의 운행을 해 일행은 2도이고 일수는 1일이며 이어 복(伏)한다. 모두 보이게 되는 것은 26일이고 역의 운행의 도수를 빼서 행성의 도수를 정해 26도를 얻는다. 복(伏)에서는 역의 운행을 해 일행이 15분의 4도 유기(有奇)이고 일수는 24일이며 행성의 도수는 6도 5,866만 2,820분이다. 저녁에 모두 보이게 되는 것은 복(伏)은 50일이고 행성의 도수는 19도 7,541만 9,477분이다. 일복(一復)은 115일 1억 2,202만 9,605분이다. 그 행성의 도수도 똑같이 가니 그 때문에 일행은 1도(度)라고 하는 것이다.

통술(統術)

해와 달의 원법(元法)과 통법(統法)을 추산하려면 태극(太極) 상원(上

元) 이래의 연수(年數)[41]를 두어 구하려고 하는 연수를 계산하는 것이기 때문에 1원(元)(4,617년)을 넘게 되면 이것을 나눠 그 나머지 중에서 1통(統)(1,539년)을 넘지 않는 것이 곧 천통(天統) 갑자(甲子)[42] 이래의 연수다. 1통을 넘게 되면 그것을 나눠 그 나머지가 곧 지통(地統) 갑진(甲辰)[43] 이래의 연수다. 또 1통을 넘게 되면 그것을 나눠 그 나머지가 인통(人統) 갑신(甲申)[44] 이래의 연수다. 각각은 그 통의 첫날[統首]을 근간[紀]으로 삼는다.

천정(天正)을 추산하려면[45] 장월(章月)을 통(統)에 들어 있는 세수(歲數)와 곱해서 장세(章歲)에 넘치면 1을 얻어 그것을 적월(積月)이라 하고 넘치지 못한 것을 윤여(閏餘)라고 한다. 이미 윤여가 20 이상이면 1년 안에 윤월이 있게 된다. 지정(地正)을 구하려면[46] 적월에 1을 더하고 인정(人正)을 구하려면[47] 2를 더한다.

정월 초하루[朔日]를 추산하려면 월법(月法)(2,392)으로 적월(積月)을 곱해서 일법(日法)에 넘치면 1을 얻어 그것을 적일(積日)이라 하고 넘치지 못한 것을 소여(小餘)라고 한다. 만약에 (전달의) 소여가 38 이상이면 그다음

---

41 2,363만 9,040년이다.

42 천통 이전 11월 초하루의 간지가 갑자가 된다.

43 지통 이전 11월 초하루의 간지가 갑진이 된다.

44 인통 이전 11월 초하루의 간지가 갑신이 된다.

45 하나라 책력으로 11월 초하루 아침을 추산하는 것이다.

46 하나라 책력으로 12월 초하루 아침을 추산하는 것이다.

47 하나라 책력으로 정월 초하루 아침을 추산하는 것이다.

달은 큰 달[大]이다.⁴⁸ 적일이 60을 넘치면 그것을 나누고 넘치지 못한 것을 대여(大餘)라고 한다. 그 통의 첫날[統首]부터 날을 세어 1일을 더하면 곧 초하루다.

그다음 달[次月]을 구하려면 대여에 29, 소여에 43을 더한다. 소여가 일법을 넘치면 1을 얻어 대여를 따르고 대여 60을 넘치면 법수로 나눈다. 초승달[弦]을 구하려면 대여에 7을, 소여에 31을 더한다. 보름달[望月=滿月]을 구하려면 초승달을 2배 한다.

윤여(閏餘)가 있는 곳을 추산하려면 12로 윤여를 곱해서 7을 더해 1을 얻는다. 장중(章中)(228)을 넘치면 얻은 것을 세어 동짓달부터 기산(起算)해 1을 더하면 곧 중(中)은 종(終)에 이르게 돼 윤(閏)이 넘치게 된다.⁴⁹ 중기(中氣)⁵⁰가 초하루나 2일에 있으면 이는 그 전달이 윤달이다.

동지를 추산하려면 산여(筭餘) 혹은 책여(策餘)(8,080)⁵¹로 인통(人統)의 세수(歲數)를 곱해 그것이 통법을 넘쳐 1을 얻으면 그것을 대여(大餘)라 하고 넘치지 못하면 소여(小餘)라고 한다. 그래서 법(수)에 따라 그 수를 나

---

48 한 달의 소여는 81분의 43이기 때문에 만일 전달의 소여가 38이 되면 다음 날의 소여 43과 합쳐서 일법을 넘겨 (새로운) 1일이 된다.

49 이렇게 되면 윤여가 있는 곳을 알게 된다.

50 동지에서 기산해 다음 동지까지의 기간을 12등분한 구분점이다. 예를 들면 동지(冬至), 대한(大寒), 우수(雨水), 춘분(春分), 곡우(穀雨), 소만(小滿), 하지(夏至), 대서(大暑), 처서(處暑), 추분(秋分), 상강(霜降), 소설(小雪)을 말한다.

51 1통(統)의 일수(日數-주천(周天)를 1통의 중수(中數-통중(統中))로 나눠 30과 1만 8,468분의 8,080을 얻는데 그 분자가 산여 혹은 책여다.

누면 얻게 되는 것이 동짓날이다.

팔절(八節)을 구하려면 대여에 45, 소여에 1,010을 더한다. 24절기를 구하려면 그 소여를 3분해 대여에 15, 소여에 1,010을 더한다. 중기(中氣)와 절기(節氣)의 24를 추산하려면 모두 원법으로 법수-분모-를 삼는다.

오행(五行)[52]을 추산하려면 그 사행(四行)은 각각 73일과 통세(統歲)분의 77이다. 중앙은 각각 18일과 통법(統法)분의 404다. 동지 후에 중앙은 27일 606분이 된다.

해와 달이 서로 만날 때[合晨] 있게 되는 별을 추산하려면 적일(積日)을 두고 통법으로 그것을 곱하고 또 19로 소여(小餘)를 곱해 이 둘을 합친다. 그것이 주천(周天)을 넘치면 이를 제거하고 넘치지 않는 것은 통법을 넘치게 해서 1도(度)를 얻는다. 견우에서 기산(起算)해 1도를 더하면 해와 달이 만나게 될 때 거기에 들어가는 별의 도분(度分)이 된다.

해와 달이 만나는[合朔][53] 날의 한밤중에 있게 되는 별을 추산하려면 장세(章歲)로 달의 소여(小餘)를 곱하고 그것을 해와 달의 만남[合晨]의 도수에서 뺀다. 소여가 부족하면 1도를 1,539분으로 해 여기에서 뺀다.

그 달의 한밤중에 있게 되는 별을 추산하려면 월주(月周)(254)로 달의 소여를 곱해 통법을 넘치면 1도를 얻어 그것으로 해와 달의 만남의 도수에서 뺀다.

---

52 음양가(陰陽家)는 오행을 사시(四時)에 배치해 봄을 목왕(木旺-나무의 왕성함), 여름을 화왕(火旺), 가을을 금왕(金旺), 겨울을 수왕(水旺)으로 보았고, 가운데에는 토왕(土旺)을 두었다.

53 달이 해와 지구(地球) 사이에 있어 일직선(一直線)을 이룬 때를 말한다.

여러 가지 가시(加時)⁵⁴를 추산하려면 12를 소여(小餘)에 곱해서 그것을 실수(實數)로 하고 각각 분모에 넘치는 것을 법수로 해 자(子)에서 기산해 1을 더하면 곧 그때의 시각이다.

월식(月食 혹은 月蝕)을 추산하려면 회여세적월(會餘歲積月)⁵⁵을 두고 그것에 23을 곱해 월률(月率) 135를 넘치면 이를 제거한다. 넘치지 않으면 여기에 23을 더해 1월을 얻고 135를 넘치면 얻은 것을 헤아린다. 그 회수(回數)란 천정(天正)-하나라 역법 11월-에서 기산한 임의의 달수를 더한 것이기 때문에 여기에 1개월을 더한 것이 기점에서 센 식월(食月)이다. 가시는 보름달과 해가 일치하는 시각에 있다.

기술(紀術)⁵⁶

오성(五星)의 견복(見復)을 추산하려면 태극(太極)·상원(上元)·이래(以來)를 두고 구하고자 하는 해를 잘 계획해 대종(大終)⁵⁷의 복견의 수를 곱해 세수(歲數)를 넘치게 해 1을 얻으면 이것이 곧 정견복(定見復)의 수다. 넘치지 못

---

54 바로 그 시각이라는 뜻으로서, 예컨대 동지가시일전(冬至加時日躔)이면 태양이 동지점(冬至點)을 지나는 바로 그 순간에서의 위치를 말한다.

55 기점(起點)(음력 11월)에서 수를 센 임의의 달수에서 회월(會月)(6,345월)을 뺀 나머지를 말한다.

56 기모(紀母)의 항에 보이는 법수를 써서 오성의 견복(見復)을 추산하는 방법이다.

57 오성의 성분일종(星分一終)의 세수 사이에 보이는 견복수(見復數)의 총합이다.

한 것을 견복여(見復餘)라고 한다. 견복여가 그 견복의 수에 넘치게 해 1 이상이 되면 견(見)은 지난해[往年]에 있게 되고, 2 이상이 되면 또 전전해[前往年]에 있게 되고, 넘치지 못한 것은 금년에 있는 것이다.

별이 보이는 중(中)과 차(次)를 추산하려면 견중분(見中分)으로 정견복(定見復)의 수를 곱해 견중법(見中法)에 넘쳐 1을 얻으면 그것이 곧 적중(積中)이다. 넘치지 못한 것을 중여(中餘)라고 한다. 원중(元中)으로 적중(積中)을 나눠 그 나머지가 중원(中元)의 여(餘)다. 장중(章中)으로 그것을 나눠 남는 것이 있으면 장중(章中)에 들어가 수를 센다. 12로 이것을 나눠 그 나머지가 별이 보이는 중과 차이다. 중수(中數)는 동지에서 기산해, 차수(次數)는 성기(星紀)에서 기산해 1일을 더하면 곧 별이 보이는 중(中)과 차(次)다.

별이 보이는 달을 추산하려면 윤분(閏分)으로 정견(定見)을 곱하고, 장세(章歲)로 중여(中餘)(157)를 곱해 여기에 붙이고, 견월법(見月法)을 넘쳐 1을 얻어 적중(積中)에 합치면 곧 그것이 적월(積月)이다. 넘치지 못한 것을 월중여(月中餘)라고 한다. 원월(元月)로 적월(積月)을 나눠 남는 부분을 월원여(月元餘)라고 한다. 장월(章月)로 월원여를 나눠 얻은 수가 장(章)에 들어가는 월수(月數)다. 12로 이를 나누어 윤(閏)에 있는 세(歲)에 이르러 13으로 나눠 장(章)에 들어간다. 3년에 1윤(閏), 6년에 2윤, 9년에 3윤, 11년에 4윤, 14년에 5윤, 17년에 6윤, 19년에 7윤이다. 넘치지 못하는 것은 천정(天正)에서 기산해 1을 더하면 곧 별이 보이는 달이다.

지일(至日)[58]을 추산하려면 중법(中法)(14만 530)으로 중원여(中元餘) (2,020)를 곱해 원법(元法)을 넘치면 1을 얻어 이것을 적일(積日)이라 하고 넘치지 못하면 소여(小餘)라고 한다. 소여가 2,597을 넘게 되면 중대(中大) (31일)이다. 셈해 적일을 나누는 것을 법대로 해 1일을 더하면 동지이다.

삭일(朔日-초하룻날)을 추산하려면 월법(月法)과 월원여(月元餘)를 곱해 일법(日法)을 넘치면 1을 얻어 이것을 적일(積日)이라 하고 남는 것은 소여 (小餘)라고 한다. 소여 38 이상은 달이 크다. 셈해 적일을 나누는 것을 법대로 해 1일을 더하면 별이 달에 보이는 초하룻날이다.

중차(中次)에 들어가는 해의 도수(度數)를 추산하려면 중법(中法)으로 중여(中餘)를 곱하고 견중법(見中法)으로 그 소여(小餘)를 곱해 이를 합쳐서 견중일법(見中日法)을 넘치게 해 1을 얻으면 중(中)에 들어가는 날, 차(次)에 들어가는 도수이다. 중(中)은 지일로 세고 차(次)는 차의 처음으로 세어 1일을 더하면 별이 나타나는 혹은 해가 머물고 있는 도수다. 석견(夕見)을 구하려면 일후(日後) 15도에 있다.

달과 해에 들어가는 수를 추산하려면 월법(月法)과 월여(月餘)를 곱하고 견월법(見月法)과 그 소여(小餘)를 곱해 이를 합쳐서 견월일법(見月日法)을 넘치게 해 1을 얻으면 해와 달에 들어가는 수이다. 그것을 대여(大餘)에 합쳐서 셈해 나누는 것을 법대로 하면 견일(見日)이다.

후견중(後見中)을 추산하려면 적월(積月)을 중원여(中元餘)에 더하고 후여(後餘)를 중여(中餘)에 더해 그 법을 넘치게 해 1을 얻고 중원여(中元餘)

---

58 동지, 하지 등을 말한다.

를 따라 셈해 나누는 것을 법대로 하면 견중(見中)이다.

후견월(後見月)을 추산하려면 적월을 월원여(月元餘)에 더하고 후월여(後月餘)를 월여에 더해 그 법을 넘치게 해 1을 얻고 월원여를 따라 셈해 나누는 것을 법대로 하면 후견월(後見月)이다.

지일(至日)과 중차(中次)에 들어가는 도수를 추산하려면 위에 있는 법대로 하면 된다.

삭일(朔日)과 달에 들어가는 수를 추산하려면 위에 있는 법대로 하면 된다.

신견(晨見)에 석견(夕見)을 더하고 석견에 신견을 더하는 것을 추산하려면 위에 있는 법대로 하면 된다.

오보(五步)를 추산하려면 시견(始見) 이래(以來)의 날수[日數]를 두고서 구하려는 날에 이르러 각각 그 행도수(行度數)로 그것을 곱한다. 그 별이 만약에 해[日]에 나뉘져 있는 경우에는 분자(分子)와 정수(整數)[全]를 곱해 실수(實數)로 하고 분모를 법수(法數)로 한다. 또 그 해와 별의 양방향으로 나뉘져 있는 경우 분모와 분도(分度)의 수로 정수를 곱해, 분자는 이를 따르게 하고, 서로 곱해 실수로 하고, 분모를 서로 곱해 법수로 한다. 그리고 실수를 법대로 계산해 1을 얻고 이를 적도(積度)라 한다. 별이 맨 처음 보이는 곳의 수도(宿度-별자리 도수)에서 기산해 1일을 더하면 곧 별이 있는 곳의 수도(宿度)다.

세술(歲術)

  세성(歲星-목성)이 있는 곳을 추산하려면 상원(上元) 이래(以來)의 연수를 두어 구하려는 해[年]는 제쳐두고서 세수(歲數)를 넘치면 이를 제거해 없애고 넘치지 않으면 거기에 145를 곱해 법수(法數)로 삼고 법수로 나눠 1을 얻어 이것을 적차(積次)라 하고 넘치지 않는 것을 차여(次餘)라고 한다. 적차가 12를 넘치면 이를 제거해 없애고 넘치지 않으면 정차(定次)라고 한다. 성기(星紀)에서 기산해 셈을 해서 1을 더하면 곧 세성이 있는 곳의 차(次)다. 태세(太歲)[59]를 알려고 하면 60으로 적차(積次)를 나누고 나머지 넘치지 않는 것은 병자(丙子)에서 기산해 셈해 1을 더하면 곧 태세가 있는 곳이다.

  영축(嬴縮).[60] 전(傳)에 이르기를 "세성이 그 차(次)를 버리고 다음 해의 차에 가 있어[旅] 조탕(鳥帑)을 해쳤으니 주(周)나라와 초(楚)나라가 그 해를 입게 될 것이다"[61]라고 했다. 오성(五星)의 영축은 여기에 지나지 않는

---

59 목성의 다른 이름이기도 하다. 고대 중국 천문학에서는 이 별이 2년에 한 번 하늘을 일주(一週)하는데, 옛날 그 운행으로 연(年)을 기록하고 태세가 갑(甲)에 있을 때를 알봉(閼逢), 인(寅)에 있을 때를 섭제격(攝提格) 등으로 일컬었다.

60 나아가고 펼치는 것이 영(嬴)이고, 물러나고 움츠러드는 것이 축(縮)이다.

61 『춘추좌씨전(春秋左氏傳)』'양공(襄公) 28년'에 나오는 말이다. 여(旅)는 나그네로 가 있다는 말이다. 세성이 금년의 위차인 성기(星紀)를 버리고, 다음 해의 위차인 현효(玄枵)에 나그네로 가서 있다는 말이다. 세성이 있는 곳에는 그 나라에 복이 있는 것인데 지금 위차를 잃고 북쪽에 가 있기 때문에 화의 닥침이 남방에 있다. 남방은 주조(朱鳥)의 분야다. 주조란 정(井)·귀(鬼)·유(柳)·성(星)·장(張)·익(翼)·진(軫) 등 7개 별자리의 총칭이다. 이 주조의 꼬리에 있는 별을

다. 차(次)를 지나가는 것은 재앙이 크고, 사(舍)를 지나가는 것은 재앙이 적고, 아예 지나가지 않는 것은 허물이 없다[亡咎=無咎]. 차도(次度), 육물(六物)이란 세(歲)·시(時)·일(日)·월(月)·성(星)·신(辰)이다.[62] 신(辰)이란 해와 달이 만나는 것이고 북두칠성의 두병(斗柄-자루)이 가리키는 곳이다.

성기(星紀)[63]는 시작이 두(斗)자리 12도로 대설(大雪)이다. 가운데가 견우(牽牛)자리 초도(初度)로 동지(冬至)다. 하(夏)나라에서는 11월이고, 상(商)나라에서는 12월이고, 주(周)나라에서는 정월이다. 무녀(婺女)자리 7도에서 마친다.

현효(玄枵)는 시작이 무녀(婺女)자리 8도로 소설(小雪)이다. 가운데가 위(危)자리 초도(初度)로 대한(大寒)이다. 하(夏)나라에서는 12월이고, 상(商)나라에서는 정월이고, 주(周)나라에서는 2월이다. 위(危)자리 15도에서 마친다.

추자(諏訾)는 시작이 위(危)자리 16도로 입춘(立春)이다. 가운데가 영실(營室) 자리 14도로 경칩(驚蟄)이다. 지금은 우수(雨水)라고 하는데 하(夏)나라에서는 정월이고 상(商)나라에서는 2월이고 주(周)나라에서는 3월이다. 규(奎)자리 4도에서 마친다.

강루(降婁)는 시작이 규(奎)자리 5도로 우수(雨水)다. 지금은 경칩이라

탕(帑)이라 한다. 유(柳)·성(星)·장(張)은 주나라의 분야이고, 익(翼)·진(軫)은 초나라의 분야이기 때문에 이 두 나라가 화를 입게 될 것이라고 한 것이다.

62　시(時)와 일(日) 사이에 수(數)가 있는데 그것은 불필요한 말이다.

63　성기 이하 12가지는 12차(次)의 이름이다. 각수(角宿) 이하 28가지는 28수(宿)의 이름이다.

한다. 가운데가 누(婁)자리 4도로 춘분(春分)이다. 하(夏)나라에서는 2월이고, 상(商)나라에서는 3월이고, 주(周)나라에서는 4월이다. 위(胃)자리 6도에서 마친다.

대량(大梁)은 시작이 위(胃)자리 7도로 곡우(穀雨)다. 지금은 청명(淸明)이라 한다. 가운데가 묘(昴)자리 8도로 청명이다. 지금은 곡우라 한다. 하(夏)나라에서는 3월이고, 상(商)나라에서는 4월이고, 주(周)나라에서는 5월이다. 필(畢)자리 11도에서 마친다.

실침(實沈)은 시작이 필(畢)자리 12도이고 입하(立夏)다. 가운데가 정(井)자리 초도이고 소만(小滿)이다. 하(夏)나라에서는 4월이고, 상(商)나라에서는 5월이고, 주(周)나라에서는 6월이다. 정(井) 15도에서 마친다.

순수(鶉首)는 시작이 정(井) 16도이고 망종(芒種)이다. 가운데가 정(井)자리 31도로 하지(夏至)다. 하(夏)나라에서는 5월이고, 상(商)나라에서는 6월이고, 주(周)나라에서는 7월이다. 유(柳) 8도에서 마친다.

순화(鶉火)는 시작이 유(柳) 9도이고 소서(小暑)다. 가운데가 장(張)자리 3도로 대서(大暑)다. 하(夏)나라에서는 6월이고, 상(商)나라에서는 7월이고, 주(周)나라에서는 8월이다. 장(張) 17도에서 마친다.

순미(鶉尾)는 시작이 장(張) 18도이고 입추(立秋)다. 가운데가 익(翼)자리 15도로 처서(處暑)다. 하(夏)나라에서는 7월이고, 상(商)나라에서는 8월이고, 주(周)나라에서는 9월이다. 진(軫) 11도에서 마친다.

수성(壽星)은 시작이 진(軫) 12도이고 백로(白露)다. 가운데가 각(角)자리 10도로 추분(秋分)이다. 하(夏)나라에서는 8월이고, 상(商)나라에서는 9월이고, 주(周)나라에서는 10월이다. 저(氐) 4도에서 마친다.

대화(大火)는 시작이 저(氐) 5도이고 한로(寒露)다. 가운데가 방(房)자리 5도로 상강(霜降)이다. 하(夏)나라에서는 9월이고, 상(商)나라에서는 10월이고, 주(周)나라에서는 11월이다. 미(尾) 9도에서 마친다.

석목(析木)은 시작이 미(尾) 10도이고 입동(立冬)이다. 가운데가 기(箕)자리 7도로 소설(小雪)이다. 하(夏)나라에서는 10월이고, 상(商)나라에서는 11월이고, 주(周)나라에서는 12월이다. 두(斗)자리의 11도에서 마친다.

각수(角宿-각자리)는 12도. 항수(亢宿)는 9도. 저수(氐宿)는 15도. 방수(房宿)는 5도. 심수(心宿)는 5도. 미수(尾宿)는 18도. 기수(箕宿)는 11도. 동방수(東方宿) 75도.[64]

두수(斗宿)는 26도. 우수(牛宿-견우)는 8도. 여수(女宿-무녀)는 12도. 허수(虛宿)는 10도. 위수(危宿)는 17도. 영실수(營室宿)는 16도. 벽수(壁宿)는 9도. 북방수(北方宿)는 98도.[65]

규수(奎宿)는 16도. 누수(婁宿)는 12도. 위수(胃宿)는 14도. 앙수(昂宿)는 11도. 필수(畢宿)는 16도. 자수(觜宿)는 2도. 참수(參宿)는 9도. 서방수(西方宿)는 80도.[66]

정수(井宿)는 33도. 귀수(鬼宿)는 4도. 유수(柳宿)는 15도. 성수(星宿)는 7도. 장수(張宿)는 18도. 익수(翼宿)는 18도. 진수(軫宿)는 17도. 남방수(南

---

64 동방청룡이라고도 부르며, 이 7개의 별자리에 모두 32개의 별이 있다.

65 북방현무라고도 부르며, 이 7개의 별자리에 모두 35개의 별이 있다.

66 서방백호라고도 부르며, 이 7개의 별자리에 모두 51개의 별이 있다.

方宿)는 112도.[67]

　구장세(九章歲)는 171년이고 구도(九道)[68]가 작게 한 번 마친다[小終].
아홉 번 마쳐[九終] 1,539년에 크게 한 번 마친다. 이것을 세 번 마쳐[三終]
1원(元)으로 마친다. 견우(牽牛)자리의 앞 4도 5분에서 나아가고 물러난다.
(1원은) 9회(會)다.[69] 양(陽)은 9로 마치기 때문에 해를 일러 구도(九道)라
고 한다. 음(陰)은 겸해 이것을 이루니(10으로 마친다) 그래서 달에는 19도
(道)가 있다. 양(陽)은 공을 이룬다[成功]고 하기 때문에 9회에서 마치게 된
다. 4영(營)해 역(易)을 이루니 그래서 사세(四歲-4년)에 중여(中餘) 1,[70] 사
장(四章)에 삭여(朔餘)가 1이 돼 그것이 편(篇)머리가 되고,[71] 81장(章)에서
1통(統)을 마친다.

67　남방주작이라고도 부르며, 이 7개의 별자리에 모두 64개의 별이 있다.

68　해가 운행하는 길을 중도(中道) 혹은 황도(黃道)라고 한다. 구도란 달이 운행하는 아홉 가지 길
　　이다. 구행(九行)이라고도 한다.

69　1회는 27장(章) 513년이다.

70　1세는 365와 1,539분의 385이니 4세는 1,460과 1,539분의 1,540이니 이것은 곧 1,461과 1,539
　　분의 1이다. 그래서 4세에는 중여가 1이 되는 것이다.

71　1장(章)은 6,939와 81분의 61이니 4장은 2만 7,759와 81분의 1이 돼 삭여가 1이다. 편머리란 사
　　장의 처음이다.

장수(章首) 간지표[72]

장(章)	원수(元首) 제1통수(統首)	제2통수	제3통수
1장	갑자(甲子)[73] 한(漢) 태초 원년(太初元年)(기원전 104년)	갑진(甲辰)	갑신(甲申)
2장	계묘(癸卯)[74]	계미(癸未)	계해(癸亥)
3장	계미(癸未)	계해(癸亥)	계묘(癸卯)
4장	계해(癸亥) 초원(初元) 2년(기원전 47년)	계묘(癸卯)	계미(癸未)
5장	계묘(癸卯) 하평(河平) 원년(기원전 28년)	계미(癸未)	계해(癸亥)
6장	임오(壬午)	임술(壬戌)	임인(壬寅)
7장	임술(壬戌) 시건국(始建國) 3년(서기 9년)	임인(壬寅)	임오(壬午)
8장	임인(壬寅)	임오(壬午)	임술(壬戌)
9장	임오(壬午)	임술(壬戌)	임인(壬寅)
10장	신유(辛酉)	신축(辛丑)	신사(辛巳)
11장	신축(辛丑)	신사(辛巳)	신유(辛酉)
12장	신사(辛巳)	신유(辛酉)	신축(辛丑)
13장	신유(辛酉)	신축(辛丑)	신사(辛巳)
14장	경자(庚子)	경진(庚辰)	경신(庚申)
15장	경진(庚辰)	경신(庚申)	경자(庚子)
16장	경신(庚申)	경자(庚子)	경진(庚辰)

---

72 『한서(漢書)』「율력지」의 표기 방식은 나열식이어서 산만해 눈에 들어오지 않는다. 일본어판은 일부 오류를 수정해 그것을 위와 같은 표로 정리했기에 그것을 따랐다.

73 제1통 제1장 첫 초하루 아침 동짓날을 나타낸다. 제2, 제3통의 경우에는 갑진(甲辰)과 갑신(甲申)은 각각 같은 역할을 한다.

74 제1통 제2장 첫 초하루 아침 동짓날을 나타낸다. 나머지도 이에 준한다.

장(章)	원수(元首) 제1통수(統首)	제2통수	제3통수
17장	경자(庚子)	경진(庚辰)	경신(庚申)
18장	기묘(己卯)	기미(己未)	기해(己亥)
19장	기미(己未)	기해(己亥)	기묘(己卯)
20장	기해(己亥)	기묘(己卯)	기미(己未)
21장	기묘(己卯)	기미(己未)	기해(己亥)
22장	무오(戊午)	무술(戊戌)	무인(戊寅)
23장	무술(戊戌)	무인(戊寅)	무오(戊午)
24장	무인(戊寅)	무오(戊午)	무술(戊戌)
25장	무오(戊午)	무술(戊戌)	무인(戊寅)
26장	정유(丁酉)	정축(丁丑)	정사(丁巳)
27장	정축(丁丑)	정사(丁巳)	정유(丁酉)
28장	정사(丁巳)	정유(丁酉)	정축(丁丑) 문왕(文王) 42년(기원전 1130년경)
29장	정유(丁酉)	정축(丁丑)	정사(丁巳) 주공(周公) 5년[75]
30장	병자(丙子)	병진(丙辰)	병신(丙申)
31장	병진(丙辰)	병신(丙申)	병자(丙子)
32장	병신(丙申)	병자(丙子)	병진(丙辰)
33장	병자(丙子)	병진(丙辰)	병신(丙申) 양(煬) 24년[76]
34장	을묘(乙卯)	을미(乙未)	을해(乙亥)
35장	을미(乙未)	을해(乙亥)	을묘(乙卯)
36장	을해(乙亥)	을묘(乙卯)	을미(乙未)
37장	을묘(乙卯)	을미(乙未)	을해(乙亥) 미(微) 26년[77]

---

75 주공 섭정(攝政) 5년(기원전 1111년)이다.

76 노나라 양공(煬公) 24년(기원전 1035년)이다.

77 노나라 미공(微公) 혹은 위공(魏公) 26년(기원전 959년)이다.

장(章)	원수(元首) 제1통수(統首)	제2통수	제3통수
38장	갑오(甲午)	갑술(甲戌)	갑인(甲寅)
39장	갑술(甲戌)	갑인(甲寅)	갑오(甲午)
40장	갑인(甲寅)	갑오(甲午)	갑술(甲戌)
41장	갑오(甲午)	갑술(甲戌)	갑인(甲寅) 헌(獻) 15년[78]
42장	계유(癸酉)	계축(癸丑)	계사(癸巳)
43장	계축(癸丑)	계사(癸巳)	계유(癸酉)
44장	계사(癸巳)	계유(癸酉)	계축(癸丑)
45장	계유(癸酉)	계축(癸丑)	계사(癸巳) 의(懿) 9년[79]
46장	임자(壬子)	임진(壬辰)	임신(壬申)
47장	임진(壬辰)	임신(壬申)	임자(壬子)
48장	임신(壬申)	임자(壬子)	임진(壬辰)
49장	임자(壬子)	임진(壬辰)	임신(壬申) 혜(惠) 38년[80]
50장	신묘(辛卯)	신미(辛未)	신해(辛亥)
51장	신미(辛未)	신해(辛亥)	신묘(辛卯)
52장	신해(辛亥)	신묘(辛卯)	신미(辛未)
53장	신묘(辛卯)	신미(辛未)	신해(辛亥) 희(僖) 5년[81]
54장	경오(庚午)	경술(庚戌)	경인(庚寅)
55장	경술(庚戌)	경인(庚寅)	경오(庚午)
56장	경인(庚寅)	경오(庚午)	경술(庚戌)
57장	경오(庚午)	경술(庚戌)	경인(庚寅) 성(成) 12년[82]
58장	기유(己酉)	기축(己丑)	기사(己巳)

---

78 노나라 혜공(惠公) 38년(기원전 731년)이다.

79 노나라 희공(僖公) 5년(기원전 655년)이다.

80 노나라 성공(成公) 12년(기원전 579년)이다.

81 노나라 정공(定公) 7년(기원전 503년)이다.

82 노나라 원공(元公) 4년(기원전 427년)이다.

장(章)	원수(元首) 제1통수(統首)	제2통수	제3통수
59장	기축(己丑)	기사(己巳)	기유(己酉)
60장	기사(己巳)	기유(己酉)	기축(己丑)
61장	기유(己酉)	기축(己丑)	기사(己巳) 정(定) 7년[83]
62장	무자(戊子)	무진(戊辰)	무신(戊申)
63장	무진(戊辰)	무신(戊申)	무자(戊子)
64장	무신(戊申)	무자(戊子)	무진(戊辰)
65장	무자(戊子)	무진(戊辰)	무신(戊申) 원(元) 4년[84]
66장	정묘(丁卯)	정미(丁未)	정해(丁亥)
67장	정미(丁未)	정해(丁亥)	정묘(丁卯)
68장	정해(丁亥)	정묘(丁卯)	정미(丁未)
69장	정묘(丁卯)	정미(丁未)	정해(丁亥) 강(康) 4년[85]
70장	병오(丙午)	병술(丙戌)	병인(丙寅)
71장	병술(丙戌)	병인(丙寅)	병오(丙午)
72장	병인(丙寅)	병오(丙午)	병술(丙戌)
73장	병오(丙午) 중(中)[86]	병술(丙戌) 계(季)[87]	병인(丙寅) 맹(孟),[88] 민(愍) 22년[89]
74장	을유(乙酉) 중(中)	을축(乙丑) 계(季)	을사(乙巳) 맹(孟)
75장	을축(乙丑) 중(中)	을사(乙巳) 계(季)	을유(乙酉) 맹(孟)

---

83 노나라 강공(康公) 4년(기원전 351년)이다.

84 삼통(三統) 중에서 갑자통을 중통(中統)으로 한다는 뜻이다.

85 갑진통을 계통(季統-마지막 통)으로 한다는 뜻이다

86 갑신통을 맹통(孟統-첫 번째 통)으로 한다는 뜻이다.

87 노나라 민공(愍公) 22년(기원전 275년)이다.

88 은나라 두 번째 왕 태갑(탕왕의 손자) 원년(기원전 1753년)이다.

89 초왕 유교(劉交-유방의 동생) 3년(기원전 199년)이다.

장(章)	원수(元首) 제1통수(統首)	제2통수	제3통수
76장	을사(乙巳) 중(中)	을유(乙酉) 계(季)	을축(乙丑) 맹(孟)
77장	을유(乙酉) 중(中)	을축(乙丑) 계(季) 상(商) 태갑(太甲) 원년[90]	을사(乙巳) 맹(孟) 초원(楚元) 3년[91]
78장	갑자(甲子) 중(中)	갑진(甲辰) 계(季)	갑신(甲申) 맹(孟)
79장	갑진(甲辰) 중(中)	갑신(甲申) 계(季)	갑자(甲子) 맹(孟)
80장	갑신(甲申) 중(中)	갑자(甲子) 계(季)	갑진(甲辰) 맹(孟)
81장	갑자(甲子) 중(中)	갑진(甲辰) 계(季)	갑신(甲申) 맹(孟) 원삭(元朔) 6년(기원전 123년)

장수(章首) 초하루 아침 동짓날을 추산하려면 대여(大餘) 39와 소여(小餘) 61을 두고 셈해 나누는 방식으로 해서 각각 그 통수(統首)에서 기산한다. 그 후장(後章)을 구하려면 마땅히 대여에 39, 소여에 61을 더해 각각 그 81장을 다하는[盡] 것이다.

편(篇)[92]을 추산하려면 대여(大餘)도 또한 그렇게 하고 소여(小餘)에 1을 더한다. 주지(周至)를 구하려면 대여에 50, 소여에 21을 더한다.

---

90 은나라 두 번째 왕 태갑(탕왕의 손자) 원년(기원전 1753년)이다.

91 초왕 유교(劉交-유방의 동생) 3년(기원전 199년)이다.

92 4장(章)을 말한다. 삼통력(三統曆)에서는 별다른 의미를 갖지 않는다.

세경(世經)[93]

『춘추(春秋)』 소공(昭公) 17년(가을)에 "담자(郯子-담나라 임금)가 (노나라에) 와서 조현했다"라고 했고 전(傳)[94]에 이르기를 "소자(昭子)[95]가 (담자에게) 묻기를 '소호씨(少昊氏)는 새의 이름으로 관직을 삼았는데 어째서인가'라고 하니 담자가 '(소호씨는) 내 조상이어서 나는 그 까닭을 압니다. 옛날에 황제씨(黃帝氏)는 구름으로 일을 기록했기 때문에 관직명에 운(雲)을 썼고, 염제씨(炎帝氏-신농씨)는 불로 일을 기록했기 때문에 관직명에 화(火)를 썼으며, 공공씨(共工氏)는 물로 일을 기록했기 때문에 관직명에 수(水)를 썼고, 태호씨(太昊氏-복희씨)는 용(龍)으로 일을 기록했기 때문에 관직명에 용(龍)을 썼습니다. 나의 고조(高祖) 소호 지(摯)께서 즉위하실 때 봉황새가 마침 날아왔기 때문에 새로 일을 기록하고 새를 모범으로 삼아 관직명에 조(鳥)를 썼던 것입니다'라고 했다." 이는 담자가 소호씨에 근거를 두고서 황제로부터 받고, 황제는 염제로부터 받고, 염제는 공공으로부터 받고, 공공은 태호로부터 받아 그 때문에 먼저 황제를 말하고, 위로 태호에까지 이른 것이다. 이를 『주역(周易)』에서 고찰해보면 포희(炮犧),[96] 신농(神農), 황제(黃帝)가 서로 시대를 이었다는 것을 알 수 있다.

---

93 태고에서 한나라에 이르는 세대 혹은 시대의 변천을 기록한 것이다.
94 『춘추좌씨전(春秋左氏傳)』을 가리킨다.
95 노나라 대부 숙손소자(叔孫昭子)다.
96 복희(伏犧)를 가리킨다. 포희(包犧)라고도 한다.

태호제(太昊帝). 『주역(周易)』에 이르기를 "포희씨(炮犧氏)가 천하의 왕이 됐을 때"[97]라는 것은 포희가 하늘을 이어받아[繼天][98] 왕 노릇을 하면서[王] 백왕(百王-수많은 제후들)의 우두머리가 돼 그 뛰어난 다움[首德=聖德]이 나무[木]에서 비롯됐기 때문에 제(帝) 태호(太昊)가 됐다는 뜻이다. 새그물과 낚시그물[罔]을 만들어 사냥을 하고 물고기를 잡아 (제사에 쓸) 희생(犧牲)을 얻었기 때문에 천하의 이름 짓기를 포희씨(炮犧氏)[99]라고 한 것이다. 제전(祭典)[100]에 이르기를 "공공씨(共工氏)가 구역(九域)[101]을 지배했다[伯=覇][102]"라고 한 것은 비록 (공공이) 수덕(水德)을 갖추고 있었지만 화(火)와 목(木) 사이에 있었기 때문에 자신의 차례가 올 수 없었다는 말이다. 지혜와 형법[知刑]에 맡겨 강력해졌기[彊=力] 때문에 패자(覇者)가 될 수는 있었어도 임금다운 임금 노릇은 하지 못했다[伯而不王]. 이는 진(秦)나라가 수덕(水德)을 갖추고 있었지만 주(周)나라와 한(漢)나라의 목(木)과 화(火) 사이에 있었던 것과 같다〔○ 사고(師古)가 말했다. "진나라는 윤위(閏位-정통성이 없는 자리)였으니 이는 마치 공공이 오덕의 차례에 맞

---

97 「계사전(繫辭傳)」 하(下)에 실려 있다.

98 천명을 받았다는 뜻이다.

99 포(炮)는 섶을 태워 하늘에 제사를 지낸다는 뜻이다.

100 『예기(禮記)』 「제법(祭法)」 편을 말한다.

101 구주(九州)와 같은 말로 중국 전역을 가리킨다.

102 패(伯)는 왕(王)과 대비돼 제대로 왕위에 오르지 못했고 그냥 실질적인 지배자 노릇을 했다는 말이다. 왕도(王道)와 패도(覇道)의 대비를 염두에 둔 것이다. 이런 뜻일 경우 패(伯)를 패(覇)라고 읽는다.

지 않는 것과 같다는 말이다."]. 주나라 사람들은 공공을 오제의 다음의 서열에 있지 않다고 여겨 그를 『주역(周易)』에 싣지 않았던 것이다.

염제(炎帝). 『주역(周易)』에 이르기를 "포희씨가 세상을 떠나자[沒] 신농씨(神農氏)가 일어났다[作]"¹⁰³라고 한 것은 공공이 지배는 했지만 임금다운 임금 노릇을 하지 못했고 비록 수덕(水德)을 갖추고 있었지만 자신의 차례가 올 수 없었다는 말이다. 그래서 화(火)가 목(木)을 이겼기 때문에 염제(炎帝)라고 한 것이다. 백성들에게 농사짓는 법을 가르쳤기 때문에 천하는 이름 짓기를 신농씨(神農氏)라고 한 것이다.

황제(黃帝). 『주역(周易)』에 이르기를 "신농씨가 세상을 떠나자 황제씨(黃帝氏)가 일어났다"¹⁰⁴고 한 것은 화(火)가 토(土)를 낳기 때문에 토덕(土德)이 되는 것이다. 염제의 후손과 판천(阪泉)¹⁰⁵에서 싸워 드디어 천하에 임금 노릇을 했다[王天下]. 처음으로 의상(衣裳)을 드리웠고,¹⁰⁶ 헌거(軒車)에 올라타고 면복(冕服)을 입었기 때문에 천하는 이름 짓기를 헌원씨(軒轅氏)라고 한 것이다.

---

103 「계사전(繫辭傳)」 하(下)에 실려 있다.
104 「계사전(繫辭傳)」 하(下)에 실려 있다.
105 하북(河北) 탁록(涿鹿)의 동쪽에 있는 샘의 이름이다.
106 임금의 공식 의복을 갖췄다는 말이다.

소호제(少昊帝). 『고덕(考德)』[○ 사고(師古)가 말했다. "오제(五帝)의 다음을 고찰한 책의 이름이다."]에 이르기를 소호를 청(淸)이라고 했다. 청(淸)이란 황제의 아들 청양(淸陽)이니 이는 그의 자손 중에서 지(摯)라는 자가 자리에 올랐다는 말이다. 토(土)는 금(金)을 낳으니 금덕(金德)이 되는 것이다. 그래서 천하는 이름 짓기를 금천씨(金天氏)라고 한 것이다. 주(周)에서는 그가 음악을 즐겼기 때문에 『주역(周易)』에 싣지 않았지만 오제의 오행의 차례에는 맞았다[序於行].

전욱제(顓頊帝). 『춘추외전(春秋外傳)』[107]에 이르기를 소호가 쇠퇴하자 구려(九黎)가 다움을 어지럽혔기[亂德] 때문에 전욱(顓頊)이 제위를 이어받아 이에 (남정(南正)) 중(重)과 (화정(火正)) 여(黎)[108]에게 각각 하늘과 땅을 담당하도록 명을 내렸다. 창림(蒼林)의 창의(昌意)[109]의 아들이다. 금(金)은 수(水)를 낳으니 수덕(水德)이 되는 것이다. 천하는 이름 짓기를 고양씨(高陽氏)라고 했다. 주(周)에서는 그가 음악을 즐겼기 때문에 『주역(周易)』에 싣지 않았지만 오제의 오행의 차례에는 맞았다.

제곡(帝嚳). 『춘추외전(春秋外傳)』에 이르기를 전욱이 세운 것을 제곡이 이어받았다고 했다. 청양(淸陽)의 현효(玄囂)의 손자다. 수(水)는 목(木)을

---

107 『국어(國語)』의 별칭이다.

108 일설에는 중려(重黎)를 한 사람으로 보기도 한다.

109 현효(玄囂)와 함께 황제의 아들이다.

낳으니 목덕(木德)이 되는 것이다. 천하는 이름 짓기를 고신씨(高辛氏)라고 했다. 제(帝) 지(摯)가 이어받았으나 그 세대의 수는 알 수가 없다. 주(周)에서는 그가 음악을 즐겼기 때문에 『주역(周易)』에 싣지 않았지만 주나라 사람들은 그에게 체제사를 지냈다[禘].[110]

당제(唐帝). 『제계(帝系)』[111]에 이르기를 제곡의 네 왕비 중 하나인 진풍(陳豐)이 제요(帝堯)를 낳으니 당(唐)에 봉해주었다. 대략 고신씨(高辛氏)가 쇠퇴하자 천하(의 인심)가 그에게로 돌아온 듯하다. 목(木)은 화(火)를 낳으니 화덕(火德)이 되는 것이다. 천하는 이름 짓기를 도당씨(陶唐氏)라고 했다. 우(虞)에게 천하를 선양(禪讓)하고 자기 아들 주(朱)는 단연(丹淵)에 머물게 해 제후로 삼았다. 자리에 있은 지 70년[載]이었다.

우제(虞帝). 『제계(帝系)』에 이르기를 전욱은 궁선(窮蟬)을 낳고 5세(世)를 거쳐 고수(瞽叟)를 낳았으며 고수는 제순(帝舜)을 낳아 그를 우(虞)의 규수(嬀水)의 예(汭)에 살게 했는데 요(堯)가 그에게 천하를 물려주었다[嬗=禪讓]. 화(火)는 토(土)를 낳으니 토덕(土德)이 되는 것이다. 천하는 이름 짓기를 유우씨(有虞氏)라고 했다. 우(禹)에게 천하를 선양(禪讓)하고 자기 아들 상균(商均)을 제후로 삼았으며 자리에 있은 지 50년이었다.

---

110 체(禘)제사를 지냈다는 것은 제왕에 준해 제사를 지냈다는 말이다.

111 책 이름인데 전하지 않는다.

백우(伯禹). 『제계(帝系)』에 이르기를 전욱으로부터 5세에 곤(鯀)을 낳았고 곤은 우를 낳았으며 우순(虞舜)이 천하를 (우에게) 물려주었다. 토(土)는 금(金)을 낳으니 금덕(金德)이 되는 것이다. 천하는 이름 짓기를 하후씨(夏后氏)라고 했다. 대를 이어 17왕(王)이 있었고 (하나라의 존속 기간은) 432년에 이르렀다.

성탕(成湯). 『서경(書經)』「탕서(湯誓)」는 탕(湯)이 하나라 걸왕(桀王)을 정벌하는 내용이다. 금(金)은 수(水)를 낳으니 수덕(水德)이 되는 것이다. 천하는 이름 짓기를 상(商)이라 했고 뒤에 은(殷)이라 했다〔○ 맹강(孟康)이 말했다. "처음에는 설(契)이 상(商)에 봉해졌고 탕(湯)은 은(殷)에 살다가 명을 받았으므로 이름이 2개다."〕.

삼통(三統) 상원(上元)[112]부터 걸(桀)을 정벌하던 해까지 14만 1,480년으로 세성(歲星)은 대화방(大火房)[113] 5도에 있었다. 그래서 전(傳)에 이르기를 "대화(大火)는 알백(閼伯)[114]의 별로 사실상 상나라를 주관한다"라고 했다. 그 후예가 성탕이며 바야흐로 자리에 올라 붕몰(崩沒)할 때까지 천자가 돼 정치를 한 지[用事] 13년이다. 상(商)의 12월 을축일 초하루 아침

---

112 삼통 상원의 해는 태초(太初) 원년부터 역산해 14만 3,127년 전이다.

113 대화는 12차(次)의 하나로 심성(心星)과 같다. 방(房)은 별의 이름으로 28수 중의 하나다.

114 도당씨(陶唐氏)의 화정(火正)이다. 그는 대화의 제사를 주관하고 별자리의 들고 남을 관측해 불을 출납하는 시절을 기록했다.

동지였기 때문에『서경(書經)』의 머리말에서 "성탕이 이미 몰하니 태갑(太甲) 원년에 이윤(伊尹)으로 하여금 이훈(伊訓)을 짓게 했다"라고 말한 것이다. 「이훈(伊訓)」편에 이르기를 "태갑 원년 12월 을축일 초하루에 이윤이 선왕에게 삼가 제사를 올릴 때 '태어나실 때부터 백성을 다스릴 수 있는 눈 밝은 지혜[方明]를 가지셨다'[115]라고 말했다"라고 했는데 이는 비록 성탕(成湯) 태정(太丁) 외병(外丙)의 상(喪)이 있기는 했지만 동지에 불(茀)을 뛰어넘어[116] 선왕을 방명에 제사해 그들을 상제에게 배사(配祀)한 것은 초하루 아침 동지의 해였기 때문이다. 그후 95년이 지난 상(商) 12월 갑신일 초하루 아침 동지에 여분(餘分)이 없어 이를 맹통(孟統)[117]으로 삼았다. 탕왕이 걸왕을 정벌한 이래 주나라 무왕(武王)이 (은나라) 주왕(紂王)을 정벌할 때까지 629년이고 그래서 전(傳)에서 은나라는 "그 햇수[載祀][118]가 600이다"라고 했던 것이다.

은력(殷曆)에 따르면 성탕이 바야흐로 즉위해 정사를 맡아 한 지 13년째 되던 그 해는 원수(元首)에 해당돼[119] 11월 갑자 초하루 아침 동지이다.

---

115 방명이란 신명의 상(象)인데 나무로 만들었으며, 사방 4척으로 여섯 가지 색을 칠했다. 동쪽은 청색, 서쪽은 백색, 남쪽은 적색, 북쪽은 흑색, 위는 검은색[玄], 아래는 황색이다. 제후가 천자를 알현할 때 12단의 단을 만드는데 그 위에 지혜를 상징하는 방명(方明)을 놓았다. 기존의『서경(書經)』에 이 부분은 원문에 없다.

116 이는 상중이라도 하늘과 땅의 사직(社稷)신에게 제사를 지내는 것을 말한다. 원래는 상중에 예를 행하지 않는 것이 예이지만 큰 제사는 대사가 있다고 해서 폐기할 수 없다.

117 첫 번째 통이라는 말이다. 기원전 1643년에 시작해 104년에 끝나는 1,539년간의 기간이다.

118 재(載)나 사(祀) 모두 여기서는 연(年) 혹은 세(歲)라는 뜻이다.

119 은력에서는 개벽에서 탕왕의 붕어 때까지 적년(積年)이 275만 8,800년이고 이것을 1원(元)인

6부수(蔀首)[120]를 마쳐 주공(周公) 섭정 5년에 이르면 탕왕이 걸왕을 정벌한 해와의 시간 거리[距]는 458년이기 때문에 171년이 모자라 600년을 채우지 못한다. 또한 하(夏)나라 때의 을축일을 갑자일로 해 그 해를 계산하면 곧 맹통(孟統) 후의 5장(95년)인 계해일 초하루 아침 동지이다. 그것으로 갑자부수(甲子蔀首)를 삼는 것은 모두 정확하지가 않다. 모든 은나라의 시대는 대를 이은 것이 31왕(王)이고 629년이다.

사분력(四分曆)에서는 상원(上元)으로부터 걸왕을 정벌할 때까지 13만 2,113년으로 그 88기(紀)의 갑자부수(甲子蔀首)에는 걸왕을 정벌한 해보다 127년 후에 들어간다.[121]

춘추력(春秋曆)[122]에서는 주나라 문왕(文王)의 42년 12월 정축일 초하루 아침 동지가 맹통(孟統)의 제2회수(會首)[123]이다. 그 8년 후에 무왕(武王)이 주왕(紂王)을 정벌했다.

무왕(武王). 『서경(書經)』「목서(牧誓)」편에 무왕이 상(商)나라 주왕(紂

4,560년으로 나누면 605를 얻어 여분(餘分)이 없다. 그래서 그 해는 11월 갑자 초하루 아침 동지를 원수(元首)로 하는 것이다.

120 사분력(四分曆)에서 1부(蔀)는 4장(章)으로 76년이고 일수(日數)의 단수(端數-끝수)가 없게 돼 기삭(氣朔)이 같은 날 같은 시각에 돌아오게 되는 연수(年數)다.

121 1기(紀)는 1,520년이고 87기는 13만 2,240년이고 제88기의 갑자부수는 13만 2,241년이다. 걸왕을 정벌한 해에서 127년을 지난 해의 다음 해가 된다.

122 사분력의 하나인 노력(魯曆)이다.

123 1회(會)는 27장, 513년이다.

王)을 정벌했다고 했다. 수(水)는 목(木)을 낳으니 목덕(木德)이 되는 것이다. 천하는 이름 짓기를 주실(周室-주나라 왕실)이라고 했다.

　삼통(三統) 상원(上元)에서부터 주왕(紂王)을 정벌하던 때까지 14만 2,109년으로 세성(歲星)은 순화(鶉火)의 장(張) 13도에 있었다.[124] 문왕(文王)은 천명을 받고서 9년 만에 붕(崩)했고 3년의 상중에[再期]재기 대상(大祥)[125]이 있을 때 주왕을 정벌했는데, 그래서『서경(書經)』머리말에 이르기를 "아! 11년에 무왕이 주왕을 정벌하고「태서(太誓)」를 지었다"라고 했고 800 제후들이 회합을 했다.

　(회합에서) 돌아와 2년이 되자 마침내 주왕을 정벌하고 은나라를 이기자 기자(箕子)[126]를 돌아오게 한 것이 13년이었다. 그래서『서경(書經)』머리말에 이르기를 "무왕이 은나라를 이기자 기자를 돌아오게 해「홍범(洪範)」을 짓게 했다"라고 했고,「홍범(洪範)」편에 이르기를 "13번째 제사[祀]사[127] 때 왕이 기자를 방문했다"라고 했다. 문왕이 천명을 받은 때부

124　순화는 12차(次)의 하나이고 장은 별의 이름으로 28수 중의 하나이다.

125　장례 후의 제사로 25개월 되는 때 지낸다. 3년상은 25개월 만에 끝난다. 재기(再期), 대기(大期) 등도 같은 말이다.

126　중국 상(商)나라의 군주인 문정(文丁)의 아들로 주왕(紂王)의 숙부(叔父)다. 주왕의 폭정(暴政)에 대해 간언(諫言)을 하다 받아들여지지 않자 미친 척을 해 유폐됐다. 상(商)이 멸망한 뒤 석방됐으나 유민(遺民)들을 이끌고 주(周)를 벗어나 북(北)으로 이주했다. 이때 기자조선을 세웠다는 설도 있다. 비간(比干), 미자(微子)와 함께 상(商) 말기의 세 명의 어진 사람[三仁]삼인으로 꼽힌다.

127　무왕 13년째다. 해마다 한 번씩 제사를 지냈기 때문이다.

터 이 13년째에 이르기까지 세상도 순화(鶉火)에 있었기 때문에 전(傳)[128]에 이르기를 "세성(歲星)이 순화에 있으면 이는 곳 주(周)의 분야이다"라고 했다. 정벌군이 처음에 출병한 것은 은(殷)의 11월 무자일(戊子日)로 태양이 석목(析木)[129]의 기(箕)자리 7도에 있었기 때문에 그래서 전(傳)에 이르기를 "해가 석목에 있었다"라고 한 것이다. 이날 저녁에 달은 방(房)자리 5도에 있었다. 방(房)은 천사(天駟)다. 그래서 전에 이르기를 "달은 천사에 있었다"라고 한 것이다. 3일 후에 주(周)의 정월 신묘일 초하루를 얻어 해와 달이 만난 것[合辰=合晨]은 두(斗)자리의 1도 앞에 있어 두병(斗柄)에 해당됐기 때문에 그래서 전(傳)에 이르기를 "신(辰)은 두병에 있었다"라고 한 것이다. 다음 날 임진일(壬辰日)에 신성(晨星-새벽별, 수성)이 처음으로 보였다. 계사일(癸巳日)에 무왕이 처음으로 출발해 병오일(丙午日)에 군대를 돌렸고 무오일(戊午日)에 맹진(孟津)[130]을 건넜다. 맹진은 주(周)[131]에서의 거리가 900리로 군대의 하루 행군[師行]이 30리였기 때문에 31일 만에 건넜다. 다음 날 기미일(己未日) 동짓날에 신성(晨星)과 무녀(婺女)가 숨었고[伏], 건성(建星)[132]과 견우(牽牛)를 거쳐 무녀와 천원(天黿)[133]의 머리[首]

---

128 『국어(國語)』「주어(周語)」에 나오는 말이다. 이하도 똑같다.

129 12차(次)의 하나로 기(箕)와 두(斗) 두 별자리의 사이에 해당한다.

130 하남(河南) 맹현(孟縣)의 남쪽에 있는 나루다. 무왕이 제후들과 여기에서 회맹했기 때문에 맹진이라고 했다.

131 주나라 수도 호경(鎬京)이다.

132 북두칠성의 위(북)쪽에 있는 제6성이다.

133 12차(次)의 하나로 현효(玄枵)와 같다. 무녀8도에서 위(危)15도까지를 말한다.

에 이르렀기 때문에, 그래서 전(傳)에 이르기를 "별이 천원에 있었다"라고 했고, 『서경(書經)』의 「주서(周書)」 '무성(武成)' 편에 이르기를 "1월 임진일(壬辰日) 방사패(旁死覇)¹³⁴ 다음 날인 계사일(癸巳日)에 무왕은 마침내 아침에 주(周-호경)로부터 내달려 가서 주왕을 정벌했다"라고 했고, 머리말에 이르기를 "1월 무오일(戊午日)에 군대가 맹진을 건넜다"라고 말하고 있다. 경진일(庚辰日)에 이르자 2월 초하룻날이었다. 4일 계해일(癸亥日)에 목야(牧野)에 이르러 밤에 진을 쳤으며 갑자일(甲子日) 날이 밝기 전에[未明]미명 교전했다[合=交戰].합 교전 그래서 외전(外傳)에 이르기를 "왕이 2월 계해일 밤에 진을 쳤다"라고 했고, '무성' 편에 이르기를 "여기에 왔을 때는 3월 이미 초하루[死覇]였고 5일 갑자일(甲子日)에 모두 상왕(商王) 주(紂)를 죽였다[劉=殺]사패 유 살 〔○ 사고(師古)가 말했다. "금문상서(今文尙書)에 나오는 말이다."〕"라고 했다. 이 해는 윤수여(閏數餘)-윤여(閏餘)-18이며 마침 12월 중기(中氣)의 대한(大寒)으로 주(周)의 2월 기축일 그믐날이었다. 다음 날은 윤월(閏月) 경인일 초하루였다. 3월 2일 경신일이 경칩(驚蟄)이었다. 4월 기축일 초하루는 사패(死覇)다. 사패는 초하루[朔]이고 생패(生覇)는 보름날[望]이다.¹³⁵삭 망 이달은 갑신일이 보름-16일-이고 을사일은 거기에 가깝다[旁=近]. 그래서방 근 '무성' 편에 이르기를 "4월에 이미 방생패(旁生覇-17일)에서 6일째인 경술일에 이르러[粤=於] 무왕은 주묘(周廟-주나라 종묘) 마당에 불을 붙여 하월 어

---

134 방(旁)은 다음 날이라는 뜻이다. 사패(死覇) 혹은 사백(死魄)이 초하루이니 둘째 날이 된다. 임진일이 1월 2일이었다는 말이다.

135 달의 모양을 두고서 다 죽었다고 해서 사패, 다 살았다고 해서 생패라고 했다.

늘에 제사를 지냈다[燎]. 다음 날 신해일에 하늘의 영실(營室)[天位]¹³⁶에
제사를 지냈다[祀]. 5일째인 을묘일에 이르러 마침내 여러 나라들과 함께
주묘에서 제사를 올렸다[祀饎][○ 사고(師古)가 말했다. "사괵(祀饎)은 종묘
에 제물을 바치고 고사(告祀)를 지내는 것이다."]라고 했다. 문왕은 15세
때 무왕을 낳았고, 천명을 받고서 9년 만에 붕했으며, 붕한 지 4년 만에
무왕이 은나라를 꺾었다[克]. 은나라를 꺾은 해는 86이고 그후 7년 만에
붕했다. 그래서 『예기(禮記)』「문왕세자(文王世子)」편에 이르기를 "문왕은
97에서 마쳤고 무왕은 93에서 마쳤다"라고 한 것이다.

　모두 해서 무왕은 자리에 11년간 있었고, 주공의 섭정은 5년이며, 그 정
월 정사일 초하루 동지가 은력(殷曆)으로 6년 무오(戊午)로 양공(煬公)과의
시간 거리가 76년 되던 때에 맹통(孟統) 29장수(章首-장의 첫머리)에 들
어간 것이다.¹³⁷ 그로부터 2년 후인 주공 7년에 아들-무왕의 아들 성왕(成
王)-에게 다시 정권[明辟]¹³⁸을 돌려줄 수 있는 해가 됐다. 이 해 2월 을해
일 초하룻날 경인일(庚寅日)은 보름으로 그후 6일째 되는 날이 을미일(乙未
日)이었기 때문에 그래서 (『서경(書經)』의)「소조(召詔)」에 이르기를 "2월에

136　일본어판 번역자는 원문은 '천위(天位)를 살리고 사(祀)를 오르다[卽]'로 의역해 '천자의 자
　　리에 올랐다'고 번역해놓고 역주에서는 천위를 천실(天室)의 잘못으로 추정했다.

137　노(魯)나라 고공(考公)에 이어 그의 동생 양공(煬公) 희(熙)가 즉위했다. 그의 24년(기원전
　　1035년) 정월 병신일(丙申日) 초하루 아침 동지는 은력(殷曆)으로 정유년(丁酉年)이고 재위 기
　　간은 60년이다. 아들 유공(幽公)(재위 14년) 다음으로 그의 동생 미공(微公)이 즉위했는데 그
　　의 26년에 정유(丁酉-양공 24년)에서 76년 떨어져 있다. 맹통이 기원전 1643년이니 주공 섭
　　정 5년에 맹통의 28장(532년)을 마치기 때문에 양공 26년에 29장의 첫머리에 들어간 것이다.

138　명벽(明辟)은 밝은 임금 혹은 밝은 법도를 뜻하니 정권을 말한다.

이미 보름에 6일째의 을미일에 이르렀다"라고 했다. 또 그 3월 갑진일은 초하루, 3일은 병오일이었기 때문에 그래서 「소조(召詔)」에 이르기를 "3월 병오일은 3일째 된 초승달[朏]이다"라고 한 것이다. 이 해 12월 무진일 그믐날에 주공은 정권을 (성왕에게) 돌려주었기 때문에 (『서경(書經)』의) 「낙고(洛誥)」 편에 이르기를 "무진일에 왕은 신읍(新邑-새 도읍)에 있으면서 해마다 증제(蒸祭)[139]를 올렸고 명해 책서(策書)를 짓게 하니 그 내용은 주공에게 문왕과 무왕이 받았던 천명을 지켜주기를 7년 동안 했다는 것이었다"[140]라고 했다.

성왕(成王) 원년 정월 기사일 초하루, 이는 명을 내려 백금(伯禽)[141]을 노나라의 후(侯)로 삼은 해다. 그후 성왕 30년 4월 경술일 초하루에 처음[哉=始] 병이 들었고[生霸], 15일 갑자일에 병이 심해졌기 때문에, 그래서 (『서경(書經)』의) 「고명(顧命)」에 이르기를 "4월에 처음 병이 들어 왕이 질환이 심해지자 기분이 안 좋았고[不豫=不懌], 갑자일에 왕은 이에 물로 손과 얼굴을 씻었다"라고 했고 그리고 고명(顧命-임금의 유언)을 짓게 했다. 다음 날 을축일에 성왕은 붕했다. 강왕(康王) 12년 6월 무진일 초하루, 3일은 경오일(庚午日)이었기 때문에 「필명풍형(畢命豐刑)」〔○ 맹강(孟康)이 말했다. "일서(逸書-전하지 않는 책)의 편 이름이다."〕[142]에 이르기를 "12년 6월 경

---

139 천자가 천지에 지내는 겨울 제사다. 봄 제사는 체(禘), 가을 제사는 상(嘗)이라고 한다.

140 일본어판은 이 7년을 성왕 즉위 7년째라고 보고 별도의 문장으로 풀었는데 잘못으로 보인다.

141 주공(周公)의 아들이다.

142 기존의 『서경(書經)』에는 「주서(周書)」 '필명(畢命)' 편만 전한다. 여기에는 그런 내용이 실려 있

오일에 3일째 된 초승달[朏]이 뜨자 왕은 명을 내려 풍형(豐刑)이라는 책
                                                                           비
을 쓰게 했다"라고 했다.

 춘추력(春秋曆)¹⁴³과 은력(殷曆)은 모두 은나라와 노나라의 기년(紀年)
에 바탕을 두다 보니 주(周)나라 소왕(昭王) 이하에 대해서는 그 연수(年
數)를 빠뜨렸기 때문에 (춘추력(春秋曆)은) 주공과 백금(伯禽) 이하를 근거
로 삼아 기년(紀年)을 써가고 있다. 노나라 임금 백금은 즉위해 미루어 헤
아려볼 때 46년이었고, 강왕(康王) 16년에 이르러 훙(薨)했기¹⁴⁴ 때문에 그
래서 전(傳)에 이르기를 "섭보(燮父)와 금보(禽父)는 나란히[並] 강왕을 섬
                                                           병
겼다"¹⁴⁵라고 했는데, 이 말은 진(晉)나라 후 섭(燮)과 노나라 공 백금이 함
께[俱] 강왕을 섬겼다는 뜻이다. (백금의) 아들 고공(考公) 취(就) 혹은 추
  구
(酋)가 뒤를 이어 즉위했다. 고공은 『사기(史記)』의 「세가(世家)」에 따르면
자리에 있은 지 4년이고 형제끼리 이어[及]¹⁴⁶ 그의 동생 양공(煬公) 희(熙)
                                   급
가 즉위하기에 이른다. 양공 24년 정월 병신일 초하루 아침 동지는 은력
(殷曆)으로는 정유년(丁酉年)이고 미공(微公)과의 시간거리는 76년이다.

 「세가(世家)」에 따르면 양공은 재위기간[卽位] 60년이고¹⁴⁷ 아들 유공(幽
                                        즉위

 지 않다.

143 이는 곧 노력(魯曆)을 가리킨다.

144 제후이기 때문에 붕(崩)이라고 하지 않고 훙(薨)이라고 했다.

145 『춘추좌씨전(春秋左氏傳)』'소공(昭公) 12년'에 나오는 말이다. 이때 父는 보(甫)로 읽으며 남자
    에 대한 미칭이다. 섭보는 진(晉)의 당숙우(唐叔虞)로 성왕의 동생이고 금보는 백금이다.

146 부자 계승이 아니라 형제 계승일 때 급(及)이라 한다. 이하에서도 용례는 같다.

147 원문은 16년으로 돼 있다. 그런데 앞서 본문에서도 양공 24년의 일이 언급되는 등의 사례로

공) 재(宰)가 뒤이어 섰다[立]. 유공은 「세가」에 따르면 재위기간 14년이고 형제끼리 이어[及] 미공(微公) 불(茀)이 뒤이어 섰다. 미공 26년 정월 을해일 초하루 아침 동지는 은력으로 병자년(丙子年)이고 헌공(獻公)과의 시간거리는 76년이다.

「세가(世家)」에 따르면 미공(微公)은 재위기간 50년이고 아들 여공(厲公) 적(翟) 혹은 탁(擢)이 뒤이어 섰다. 여공은 「세가」에 따르면 재위기간 37년이고 형제끼리 이어 헌공(獻公) 구(具)가 뒤이어 섰다. 헌공 15년 정월 갑진일 초하루 아침 동지는 은력으로 을묘년(乙卯年)이고 의공(懿公)과의 시간거리는 76년이다.

「세가(世家)」에 따르면 헌공(獻公)은 재위기간 50년이고 아들 신공(愼公) 예(埶) 혹은 비(嚊)가 뒤이어 섰다. 신공은 「세가」에 따르면 재위기간 30년이고 형제끼리 이어 무공(武公) 오(敖)가 뒤이어 섰다. 무공은 「세가」에 따르면 재위기간 2년이고 아들 의공(懿公) 피(被) 혹은 희(戲)가 뒤이어 섰다. 희공 9년 정월 계사일 초하루 아침 동지는 은력으로 갑오년(甲午年)이고 혜공(惠公)과의 시간거리는 76년이다.

「세가(世家)」에 따르면 의공(懿公)은 재위기간 9년이고 형의 아들 백어(柏御)가 뒤이어 섰다. 백어는 「세가」에 따르면 재위기간 11년이고 숙부 효공(孝公) 칭(稱)이 뒤이어 섰다. 효공은 「세가」에 따르면 재위기간 27년이고 아들 혜공(惠公) 황(皇)이 뒤이어 섰다. 혜공 38년 정월 임신일 초하루 아침 동지는 은력으로 계유년(癸酉年)이며 희공(釐公)〔○ 사고(師古)가 말했

보아 16년은 아닌 듯하다. 그래서 일본어판을 따라 16년이 아닌 60년 설을 따랐다.

다. "釐는 (원래는 리/이이지만) 희(僖)로 읽는다. 이하도 똑같다."]과의 시간 거리는 76년이다.

「세가(世家)」에 따르면 혜공(惠公)은 재위기간 46년이고 아들 은공(隱公) 식(息)이 뒤이어 섰다.[148]

백금에서 『춘추(春秋)』[149]에 이르기까지 모두 386년이다.

춘추시대 때 은공(隱公)은 『춘추(春秋)』에 따르면 재위기간 11년이고 형제끼리 이어 환공(桓公) 궤(軌)가 뒤이어 섰다. 이 (은공) 원년은 위로 주왕을 정벌한 때로부터 시간거리가 400년이다.

환공(桓公)은 『춘추(春秋)』에 따르면 재위기간 18년이고 아들 장공(莊公) 동(同)이 뒤이어 섰다.

장공(莊公)은 『춘추(春秋)』에 따르면 재위기간 32년이고 아들 민공(愍公) 계방(啓方)이 뒤이어 섰다.

민공(愍公)은 『춘추(春秋)』에 따르면 재위기간 2년이고 형제끼리 이어 희공(釐公) 신(申)이 뒤이어 섰다. 희공 5년 정월 신해일 초하루 아침 동지는 은력(殷曆)으로 임자년(壬子年)이고 성공(成公)과의 시간거리는 76년이다.

이 해는 상원(上元)과의 시간거리가 14만 2,577년으로 맹통(孟統) 53장수(章首)를 얻었기 때문에 그래서 전(傳)에 이르기를 "5년 봄 왕(王) 정월 신해일 초하루에 동지가 들었다[南至]"라고 했고, "8월 갑오일에 진나라
남지

---

148 『춘추(春秋)』는 바로 이 은공에서 시작한다.

149 『춘추(春秋)』가 시작하는 해(기원전 722년)를 가리킨다. 『춘추』는 기원전 722부터 481년까지 총 242년간의 편년체 역사서다.

후[晉侯]가 상양(上陽)을 포위했다"라고 했다.¹⁵⁰ 동요(童謠)에 노래하기를 "병자일 새벽[辰=晨] 용미성(龍尾星)이 태양 가까이에 있어[辰] 보이지 않을[伏] 때,¹⁵¹ 군복[袀服=戎服]을 씩씩하게 차려입고 괵(虢)나라의 깃발[旂=旗]을 빼앗았네. 순화성(鶉火星)은 새의 깃처럼 활짝 빛나고 천책성(天策星)은 빛을 잃어 화성이 남쪽 하늘에 뜰 때[南中] 군대가 공을 이루니 괵공(虢公)은 달아나네"라고 했다. 복언(卜偃)¹⁵²은 (이에 대해) 말하기를 "(이렇게 이기는 것은) 아마도 9월이나 10월 사이일 것입니다. 병자일 아침 해는 미성(尾星)에 있고 달은 천책성에 있고 순화성은 남쪽 하늘에 뜨니, 반드시 이때일 것입니다"라고 했다. 겨울 12월 병자일에 (진나라는) 괵나라를 멸망시켰다. 역(曆)을 말하는 사람은 하(夏)나라의 역법을 써서 말한 것이기 때문에 주나라의 12월이 하나라의 10월에 해당한다. 이 해에 세성은 대화(大火)¹⁵³에 있었다. 그래서 전(傳)에서는 진나라 후가 사인(寺人-환관) 피(披)를 시켜 포(蒲) 땅¹⁵⁴을 정벌케 하니 중이(重耳)가 적(狄-제나라 읍)으로 달아났다고 했다.¹⁵⁵ (진나라 사관인) 동인(董因)은 "군(君-중이)이 달아

---

150 둘 다 『춘추좌씨전(春秋左氏傳)』 '희공(僖公) 5년'에 나오는 구절이다. 이어지는 동요도 같은 곳에 실려 있다.

151 해와 달이 만나는 곳을 신(辰)이라 한다. 해가 미성(尾星)의 위치에 있기 때문에 미성이 빛을 발하지 못해 보이지 않는 것이다.

152 진(晉)나라의 점쟁이다. 진나라 후의 질문에 복언이 동요를 들어 답한 것이다.

153 별의 이름이며 심(心)자리에 있는 크게 붉은 별이다.

154 진나라의 읍으로 중이가 있던 곳이다.

155 『춘추좌씨전(春秋左氏傳)』 '희공(僖公) 23년'에 나오는 내용이다. 진나라 헌공(獻公)이 여희(麗

났을 때 세성이 대화에 있었다"라고 말했다. 그로부터 12년 후인 희공(釐公) 16년에 세성은 수성(壽星)[156]에 있었다. 그래서 전(傳)에서는 중이가 12년 동안 적에 머물다가 길을 떠나 위(衛)나라를 지날 때 (위나라 문공(文公)이 제대로 예우해주지 않자) 오록(五鹿-위나라 땅)으로 나와 들판의 사람에게 먹을 것을 구걸하니 그 사람이 흙덩이[塊]를 주었다. (이때 중이가 그 사람을 채찍으로 내려치려 하자) 자범(子犯)[157]이 "하늘이 내려준 것이니 12년 후에는 반드시 이 땅을 차지하게 될 것입니다"라고 말했다. 그 8년 후는 희공 24년인데 세성이 실침(實沈)에 있었고 진나라 임금[秦伯]은 중이를 받아주었다. 그래서 전(傳)에서는 동인(董因)이 "군(君-중이)은 신(辰)으로 인해 (진(晉)나라를) 달아났다가 삼(參)으로 인해 (진(秦)나라에) 들어갔으니 제후가 될 것이다"[158]라고 말했던 것이다.

『춘추(春秋)』에 따르면 희공(釐公)은 재위기간 33년으로 아들 문공(文公) 흥(興)이 뒤이어 섰다. 문공 원년은 신해일 초하루 아침 동지와 시간거리가 29년이다. 이 해의 윤여(閏餘)는 13으로 정확히 소설(小雪)이고 윤월(閏月)은 11월의 뒤에 해당하는데 3월에 있었기 때문에 전(傳)에 이르기를

姬)의 참소를 들어주어 파로 하여금 (아들인) 중이를 치게 하니, 중이는 죄를 입게 되는 것이 두려워 달아난 것이다. 이 내용은 『국어(國語)』에도 실려 있다.

156　12차(次)의 하나로 이 별이 나타날 때에는 국가가 편안해지고 왕의 수명이 연장되는 반면 보이지 않게 될 때에는 전란이 일어난다고 믿었다.

157　중이의 외숙부다.

158　『국어(國語)』「진어(晉語)」에 나오는 말이다.

"예가 아니다[非禮]"¹⁵⁹라고 했던 것이다. 5년 후 윤여(閏餘)는 10으로 이 해는 윤월(閏月)이 없는데도 윤월을 두었다. 윤(閏)은 중삭(中朔)을 바로잡아주는 것이기 때문이다. 윤월이 없는데도 윤월을 두고서 심지어 고삭(告朔)을 하지 않았기 때문에 경(經)에 이르기를 "윤월에 고삭하지 않았다"라고 했으니 이는 이 달은 (사실상) 없다는 말이다. 전(傳)에 이르기를 "고삭하지 않는 것은 예가 아니다"라고 했다.

『춘추(春秋)』에 따르면 문공(文公)은 재위기간 18년으로 아들 선공(宣公) 왜(倭)가 뒤이어 섰다.

선공(宣公)은 『춘추(春秋)』에 따르면 재위기간 18년으로 아들 성공(成公) 흑굉(黑肱)이 뒤이어 섰다. 성공 12년 정월 경인일 초하루 아침 동지는 은력(殷曆)으로 신묘년(辛卯年)이고, 정공(定公) 7년과의 시간거리는 76년이다.

『춘추(春秋)』에 따르면 성공(成公)은 재위기간 18년으로 아들 양공(襄公) 오(午)가 뒤이어 섰다. 양공 27년은 신해일(辛亥日)¹⁶⁰과의 시간거리가 109년이다. 9월 을해일 초하루는 건신(建申)¹⁶¹의 달이다. 노(魯)의 역사서¹⁶²에 이르기를 "12월 을해일 초하루에 일식이 있었다"라고 했고 전(傳)에 이르기를 "겨울 11월 을해일 초하루에 일식이 있었다. 그날 북두가 신(申)의 방향

---

159 이는 이치에 맞지 않다는 뜻이다.

160 희공(僖公) 5년 정월 신해일이다.

161 북두칠성의 두병(斗柄)이 신(申)의 방위(서남서)를 가리키는 것이다.

162 『춘추(春秋)』를 가리킨다.

을 가리켰고, 사력(司曆-역법 담당)이 잘못해 두 번이나 윤달을 두었다"[163] 라고 했는데 이는 당시 실제로 운행한 것이 11월이었는데 북두가 가리키는 방향을 관찰하지 못하는 바람에 하늘에서 그것을 제대로 살피지 못한 때문이다. 양공 28년은 신해와의 시간거리가 110년으로 세성은 성기(星紀)[164]에 있었다. 그래서 경(經)에 이르기를 "봄에 얼음이 얼지 않았다"라고 했고 전(傳)에서는 "세성이 성기에 있었는데 차례를 잃고 현효(玄枵)[165]에까지 나아갔다"라고 한 것이다. 30년에는 세성이 추자(娵訾)[166]에 있었고 31년에는 강루(降婁)[167]에 있었다. 이 해(양공 30년)는 신해와의 시간거리가 112년[168]으로, 2월에 계미(癸未)가 있고, 위로는 문공(文公) 11년 승광(承匡)에서 만나는 해이며, 하(夏-하나라 역법)의 정월 갑자일 초하루와 시간거리는 대략 445 갑자(甲子)[169]와 나머지 20일로 일수(日數)로 하면 2만 6,640일이다.[170] 그래서 전(傳)에서 강현(絳縣)의 노인은 "신(臣)이 태어난 해의 정월 초하루가 갑자일이며 그 이후 445번째 갑자입니다. 마지막 갑자를 지

---

163 문공(文公) 원년과 6년 두 번이다.

164 12차의 하나로 두(斗)자리와 견우(牽牛)자리에 해당한다.

165 12차의 하나로 허(虛)와 위(危) 두 자리에 해당한다.

166 12차의 하나로 실(室)과 벽(壁) 두 자리에 해당한다.

167 12차의 하나로 규(奎)와 루(婁) 두 자리에 해당한다.

168 원문은 113년으로 돼 있는데 일본어판을 따라 112년으로 옮겼다.

169 1갑자는 60년이다.

170 정월 갑자 초하루는 445 갑자에 들어갔기 때문에 그것을 제외하고 444×60을 하면 2만 6,640이 나온다.

난 지가 지금 겨우 3분의 1(20일)입니다"라고 말했고 사광(師曠)은 "극성자(郄成子)가 승광(承匡)에서 만났던 해로 이미 73년이 지났습니다"라고 말했으며 사조(史趙)는 "해(亥)라는 글자는 二(이)가 머리이고 六(육)이 몸이니 위에 있는 二를 아래로 내려 몸의 3개의 六(육)과 같이 배열하면 바로 그 살아온 날수가 된다"라고 말했고 사문백(士文伯)은 "그렇다면 2만 6,640일이다"라고 말했다.[171]

『춘추(春秋)』에 따르면 양공(襄公)은 재위기간 31년으로 아들 소공(昭公) 조(稠)가 뒤이어 섰다. 소공 8년에 세성은 석목(析木)에 있었고 10년에 세성은 전욱(顓頊)의 허(虛),[172] 곧 현효(玄枵)에 있었다. 18년은 신해(辛亥)와의 거리가 131년으로, 그 해 5월에 병자·무인·임오가 있고, 화성이 처음으로 저녁에 보였으며, 송(宋)·위(衛)·진(陳)·정(鄭)나라에 화재가 있었다. 20년 봄 왕(王) 정월은 신해와의 거리가 133년으로 이는 신해 후의 8장수(章首)다. 정월 기축일 초하루 아침 동지에 윤월이 잘못됐기 때문에 전(傳)에 이르기를 "2월 기축일에 해가 남쪽 끝에 이르렀다[南至]"[173]라고 한 것이다. 32년에 세성은 성기(星紀)에 있었고 신해와의 거리는 145년으로 1차(次)를 넘쳤다[盈]. 그래서 전(傳)에 이르기를 "세성이 월(越)나라의 분야에 왔기 때문에 오(吳)나라가 월을 쳤다면 오는 반드시 그 허물을 덮어썼을 것이다"라고 했다.

---

171 『춘추좌씨전(春秋左氏傳)』 '양공(襄公) 30년'에 나오는 대화들이다.

172 허(虛)자리를 가리킨다.

173 동지였다는 말이다.

『춘추(春秋)』에 따르면 소공(昭公)은 재위기간 32년이고 형제끼리 이어 정공(定公) 송(宋)이 뒤이어 섰다. 정공 7년 정월 기사일 초하루 아침 동지는 은력(殷曆)으로 경오년(庚午年)이며 원공(元公)과의 시간거리는 76년이다.

『춘추(春秋)』에 따르면 정공(定公)은 재위기간 15년이고 아들 애공(哀公) 장(將)이 뒤이어 섰다. 애공 12년 겨울 12월에 유화(流火)[174]가 있었고 건술(建戌)의 달-9월-이 아니었다. 이런 달에는 황충이 나오기 때문에 전(傳)에 이르기를 "(공자는) 화성이 숨고 난 뒤에는 곤충들이 모두 땅 속으로 들어가 숨는다고 하는데 지금 화성이 아직 서쪽 하늘에 보이니 사력(司曆)이 잘못 계산한 것이다"라고 했고 『시경(詩經)』에는 "7월에 유화(流火)가 있구나"라고 했다. 『춘추(春秋)』에 따르면 애공은 재위기간 27년이다. 『춘추(春秋)』의 시작부터 애공 14년까지 다 해서 모두 242년이다.

6국(國). 『6국춘추(六國春秋)』에 따르면 애공은 그로부터 13년 후-애공 27년-에 주(邾)로 물러났고 아들 도공(悼公) 만(曼) 혹은 영(寧)이 뒤이어 섰다. 도공은 「세가(世家)」에 따르면 재위기간 37년이고 아들 원공(元公) 가(嘉)가 뒤이어 섰다. 원공 4년 정월 무신일 초하루 아침 동지는 은력(殷曆)으로 기유년(己酉年)이고 강공(康公)과의 시간거리는 76년이다. 원공(元公)은 「세가(世家)」에 따르면 재위기간 21년이고 아들 목공(穆公) 연(衍) 혹은 현(顯)이 뒤이어 섰다. 목공(穆公)은 「세가(世家)」에 따르면 재위기간 33년

---

174 심성(心星-화성)이 7월 저녁에 이르러 서쪽으로 흘러가는 것을 말한다.

이고 아들 공공(恭公) 분(奮)이 뒤이어 섰다. 공공(恭公)은 「세가(世家)」에 따르면 재위기간 22년이고 아들 강공(康公) 모(毛)가 뒤이어 섰다. 강공 4년 정월 정해일 초하루 아침 동지는 은력(殷曆)으로 무자년(戊子年)이고 민공(緡公)〔○ 사고(師古)가 말했다. "민공(緡公)은 곧 민공(愍公)이다. 이하에서도 같다."〕과의 시간거리는 76년이다. 강공(康公)은 「세가(世家)」에 따르면 재위기간 9년이고 아들 경공(景公) 언(偃)이 뒤이어 섰다. 경공(景公)은 「세가(世家)」에 따르면 재위기간 29년이고 아들 평공(平公) 여(旅)가 뒤이어 섰다. 평공(平公)은 「세가(世家)」에 따르면 재위기간 20년이고 아들 민공(緡公) 가(賈)가 뒤이어 섰다. 민공 22년 정월 병인일 초하루 아침 동지는 은력(殷曆)으로 정묘년(丁卯年)이고 (한나라의) 초(楚) 원왕(元王)과의 시간거리는 76년이다. 민공(緡公)은 「세가(世家)」에 따르면 재위기간 23년이고 아들 경공(頃公) 수(讎)가 뒤이어 섰다. 경공(頃公)은 표(表)[175]에 따르면 그 18년이 진(秦)나라 소왕(昭王)의 51년에 해당하며 진나라가 비로소 주(周)나라를 멸망시켰다. 주나라는 모두 36왕(王)이고 (존속기간은) 867년이었다.

　진백(秦伯) 소왕(昭王) 때 「본기(本紀)」[176]에 따르면 5년 동안은 천자가 없었다. 효문왕(孝文王)은 「본기(本紀)」에 따르면 재위기간 2년이었다. 원년에 초(楚)나라 고열왕(考烈王)이 노나라 경공을 멸하고서 가인(家人)으로 삼았는데 이는 주나라가 멸망한 지 6년째 되던 해였다. 장양왕(莊襄王)은 「본기(本紀)」에 따르면 재위기간 3년이었다. 시황(始皇)은 「본기(本紀)」에 따

---

175 『사기(史記)』 「육국표(六國表)」를 가리킨다.

176 『사기(史記)』 「진본기(秦本紀)」를 가리킨다.

르면 재위기간 37년이었다. 2세(황제)는 「본기(本紀)」에 따르면 재위기간 3년이었다. 진백(秦伯)은 모두 5세(世)이고 (존속기간은) 49년이었다.

한(漢) 고조(高祖) 황제(皇帝)는 「본기(本紀)」에 따르면 진나라를 정벌하고 주나라를 계승했다. 목(木)은 화(火)를 낳으니 화덕(火德)이 되는 것이다. 천하는 이름 짓기를 한(漢)이라 했다. 상원(上元)과의 시간거리는 14만 3,025년이고 세성은 대체(大棣)[177]의 동쪽, 정(井) 22도, 순수(鶉首) 6도에 있었다. 그래서 한지(漢志)[178]에는 세성이 대체에 있는 것을 이름해 돈장(敦牂)[179]이라 했고 태세(太歲)는 오(午)에 있다고 했다. 8년 11월 을사일 초하루 아침 동지는 초(楚) 원왕(元王) 3년이다. 그래서 은력(殷曆)으로 병오년(丙午年)이고 원삭(元朔)과의 시간거리는 76년이다. 「본기(本紀)」[180]에 따르면 고제(高帝)는 재위기간이 12년이다.

혜제(惠帝)는 「본기(本紀)」[181]에 따르면 재위기간 7년이다.

고후(高后)는 「본기(本紀)」[182]에 따르면 재위기간 8년이다.

문제(文帝)는 전(前) 16년, 후(後) 7년으로 「본기(本紀)」[183]에 따르면 재위기간 23년이다.

---

177 정(井)자리 22도에서 서쪽에 있는 별자리 이름이다.

178 『한서(漢書)』의 10지(志)를 통칭한 것이다.

179 12지의 오(午)의 별칭이다.

180 『사기(史記)』 「고조본기(高祖本紀)」를 가리킨다.

181 『사기(史記)』 「여후본기(呂后本紀)」를 가리킨다.

182 『사기(史記)』 「여후본기(呂后本紀)」를 가리킨다.

183 『사기(史記)』 「효문본기(孝文本紀)」를 가리킨다.

경제(景帝)는 전(前) 7년, 중(中) 6년, 후(後) 3년으로 「본기(本紀)」[184]에 따르면 재위기간 16년이다.

무제(武帝)는 건원(建元)·원광(元光)·원삭(元朔)이 각 6년이고 원삭 6년 11월 갑신일 초하루 아침 동지는 은력(殷曆)으로 을유년(乙酉年)이며 초원(初元)(원년)과의 시간거리는 76년이다. 원수(元狩)·원정(元鼎)·원봉(元封)이 각 6년이다. 한력(漢曆)에 따르면 태초(太初) 원년은 상원(上元)과의 시간거리가 14만 3,127년이다. 전년도 11월 갑자일 초하루 아침 동지에 세성은 성기(星紀)의 무녀(婺女) 6도에 있었기 때문에 그래서 한지(漢志)에 이르기를 그 해의 이름을 곤돈(困頓)[185]이라 했고 정월에 세성이 무녀를 나왔다고 했다. 태초(太初)·천한(天漢)·태시(太始)·정화(征和)가 각 4년이고 후원(後元) 2년으로 「본기(本紀)」[186]에 따르면 재위기간 54년이다.

소제(昭帝)는 시원(始元)·원봉(元鳳) 각 6년이고 원평(元平) 1년으로 「본기(本紀)」에 따르면 재위기간 13년이다.

선제(宣帝)는 본시(本始)·지절(地節)·원강(元康)·신작(神爵)·오봉(五鳳)·감로(甘露) 각 4년이고 황룡(黃龍) 1년으로 「본기(本紀)」에 따르면 재위기간 25년이다.

원제(元帝) 초원(初元) 2년 11월 계해일 초하루 아침 동지는 은력(殷曆)

---

184 『사기(史記)』「효경본기(孝景本紀)」를 가리킨다.

185 12지의 자(子)의 별칭이다.

186 『한서(漢書)』「소제기(昭帝紀)」를 가리킨다.

으로 갑자년(甲子年)이고 그것을 기수(紀首)로 한다.[187] (그런데) 이 해는 10월에 일식이 있었고 해와 달이 만나지 않기 때문에 기수(紀首)가 될 수 없었다. 건무(建武)[188]의 시간거리는 76년이다.

성제(成帝)는 건시(建始)·하평(河平)·양삭(陽朔)·홍가(鴻嘉)·영시(永始)·원연(元延) 각 4년이고 수화(綏和) 2년으로「본기(本紀)」에 따르면 재위기간 26년이다.

애제(哀帝)는 건평(建平) 4년과 원수(元壽) 2년으로「본기(本紀)」에 따르면 재위기간 6년이다.

평제(平帝)는「본기(本紀)」에 따르면 재위기간은 원시(元始) 5년간으로 선제(宣帝)의 현손 영(嬰)이 후사로 세워진 것이며 이를 유자(孺子)라 불렀다. 유자는「본기(本紀)」에 따르면 신도후(新都侯) 왕망(王莽)의 거섭(居攝) 3년 동안 왕망이 섭정을 했고[居攝] 제위(帝位)를 훔쳐 참칭하면서 신실(新室)이라 불렀다. 시건국(始建國) 5년, 천봉(天鳳) 6년, 지황(地皇) 3년으로「본기(本紀)」에 따르면 지위를 도둑질한 기간은 14년이다. 경시제(更始帝)[189]는「본기(本紀)」에 따르면 한나라 종실(宗室)로서 왕망을 멸하고 2년간 재위했다. 적미(赤眉)의 봉기 세력이 종실 사람 유분자(劉盆子)를 세워 경시제를 멸했다. 한(漢)의 원년부터 경시 2년에 이르기까지는 모두 230년이다.

---

187 기(紀)는 80장(章) 1,520년으로 초원 2년은 천기(天紀)를 끝내고 지기(地紀)의 첫머리가 되는 해다.

188 후한 광무제의 연호다.

189 경제(景帝)의 아들 장사(長沙) 정왕(定王)의 후예로 광무제에 의해 회양왕(淮陽王)에 봉해졌다.

광무(光武)황제는 「본기(本紀)」[190]에 따르면 경제(景帝)의 후손으로 고조의 9세손이며, 천명을 받아 한나라를 중흥시켜 다시 일으켰고, 연호를 고쳐 건무(建武)라 했는데, 세성이 순미(鶉尾)의 장(張)자리 도(度)에 있었다. 건무 31년, 중원(中元) 2년으로 재위기간은 33년이다.

---

190 『후한서(後漢書)』 「광무기(光武紀)」를 가리킨다.

권
◆
22

예악지
禮樂志

육경(六經)〔○ 사고(師古)가 말했다. "육경이란 『주역』·『시경』·『서경』·
『춘추』·『예기』·『악기』를 말한다."〕의 도리는 같은 곳으로 귀결되지만 (그
중에서도) 예와 악의 쓰임은 긴요하다[爲急]. 몸을 다스리는 자가 잠
깐이라도[斯須=須臾] 예를 잊는다면 사납고 거만함[暴慢]이 몸에 들
어오고 나라를 다스리는 자가 하루아침에 예를 잃는다면 거칠고 어지
러움[荒亂]이 나라에 미치게 된다. 사람은 하늘과 땅, 음과 양의 기운
을 머금고 있어 기뻐하고 성내고 슬퍼하고 즐거워하는[喜怒哀樂] 정(情)
을 갖고 있다. 하늘은 사람의 본성을 내려주었지만 그 마디를 갖춰줄
[節] 수는 없고, 빼어난 이[聖人]는 능히 그 마디를 갖춰주었지만 (나
쁜 점들을) 온전히 끊어낼 수는 없다. 그래서 하늘과 땅을 본떠[象=
法] 예와 악을 제정한 까닭은 (하늘과 땅의) 신명(神明)과 통하고, 인륜
을 세우며, 본성과 정감을 바로잡고, 만사에 마디를 갖춰주기 위함이다.
　사람의 본성에는 남자와 여자의 정과 질투하며 시기하는[妬忌] 차별

이 있어 그 때문에 혼인의 예를 만들고, 서로 만나고 위와 아래가 사귀는 질서가 있어 그 때문에 향음(鄕飮)의 예를 만들며, 죽음을 슬퍼하고 먼 선조를 그리워하는 정이 있어 상제(喪祭)의 예를 만들고, 윗사람을 높이고 임금을 높이 공경하는 마음이 있어 조근(朝覲)[1]의 예를 만든다. 슬픔에는 곡을 하고 발을 굴리는[哭踊] 절도가 있고, 악(樂)에는 노래와 춤의 용모가 있어 바른 사람[正人]은 그것으로 열렬함을 충분히 드러내고, 간사한 사람[邪人]은 그것으로 자신의 잘못이나 허물을 충분히 막아낸다.

그래서 혼인의 예가 폐기되면 부부의 도리는 힘들어지고 음란하고 편벽된 죄는 많아진다. 향음(鄕飮)의 예가 폐기되면 윗사람과 아랫사람[長幼]의 차례는 어지러워져 서로 다투고 싸우는 소송 사태가 많아진다. 상제(喪祭)의 예가 폐기되면 혈육[骨肉] 간의 은혜는 엷어지고, 죽은 자를 배반하고, 선조를 잊어버리는 사람이 많아진다. 조빙(朝聘)의 예가 폐기되면 임금과 신하의 (각자에 맞는) 자리를 잃게 돼 위를 넘보고 능멸하는 자가 점점 늘어나게 된다. 그래서 공자는 말하기를 "위를 편안케 하고 백성을 다스리는 데 예보다 좋은 것이 없고 기풍을 바꾸고 풍속을 교화하는 데[移風易俗] 악보다 좋은 것이 없다〔○ 사고(師古)가 말했다. "이는 『효경(孝經)』에 실려 있는 공자의 말이다."〕"라고 한 것이다. 예는 백성들의 마음을 절제시키고[禮節民心], 악은 백성들의 소리를 조화시키며[樂和民聲], 정치로 백성들(의 선행)을 행하게 하고, 형벌로 백성들(의 악행)을 막는다. 예와 악과 정치와 형벌[禮樂政刑]이 사방에 이르게 돼[四通] 어그러짐이 없

---

1 조현(朝見)하는 것을 말한다.

게 되면[不詩=不乖] 임금다운 통치의 도리[王道]는 갖춰진 것이다.

　악은 그것으로 안을 다스려 조화로움을 이뤄내고[同=和樂] 예는 그것으로 밖을 닦아 높고 낮음[尊卑]을 구별한다. 조화로움을 이뤄내면 어우러져 서로를 제 몸과 같이 여기게 되고[和親] 높고 낮음을 구별하게 되면 두려워하고 삼가게 된다[畏敬]. 어우러져 서로를 제 몸과 같이 여기게 되면 원망함이 없게 되고[無怨] 두려워하고 삼가게 되면 다툼이 없게 된다[不爭]. 서로 공손히 절하며 양보해[揖讓] 천하가 다스려지는 것, 그것이 바로 예악이 지향하는 바다. 이 둘은 나란히 가다가 합쳐서 한 몸이 된다. 삼감의 뜻을 (겉으로) 드러내기는 어려우나 예를 올리고[享獻], 사양하며 받거나[辭受], 당(堂)을 오르내리고, 무릎 꿇고 절하는[跪拜] 가운데서 드러나게 된다. 또 어우러짐의 기쁨을 (겉으로) 드러내기는 어려우나 시가(詩歌)와 영언(詠言), 종석(鐘石)과 관현(管絃)[2]에서 드러나게 된다. 대개 그 삼가는 뜻[敬意]을 가상하게 여기더라도 그 재물에까지 미치지는 않으며 그 기뻐하는 마음[歡心]을 아름답게 여기더라도 소리에 탐닉하지는 않는 법이다. 그래서 공자는 말하기를 "예다 예다 하지만 그것이 옥과 비단을 이르는 것이겠는가? 악이다 악이다 하지만 그것이 종과 북을 이르는 것이겠는가?〔○ 사고(師古)가 말했다. "『논어(論語)』(「양화(陽貨)」편)에 실려 있는 공자의 말이다. 이는 예로써 사람을 절제시키는 것이 중요하고, 악으로써 사람을 어우러지는 게 근본적이라는 것이며, 옥과 비단과 종과 북은 곧 지엽적이라는 뜻이다.")라고 했던 것이니 이것이 바로 예악의 근본이

2　노래나 악기를 통해 드러나게 된다는 것이다.

다. 그래서 말하기를 "예악의 정(情)을 아는 사람이라야 능히 지을 수 있고[能作] 예악의 문(文)을 알고 있는 사람이라야 능히 풀어낼 수 있다[能述]. 짓는 사람은 빼어나다[聖]고 하고 풀어내는 사람은 일에 밝다[明]고 한다. 명성(明聖)이란 (따라서) 풀어내고 짓는다는 뜻이다"[3]라고 했다.

임금다운 임금[王者]은 반드시 선대의 (훌륭한) 임금들의 예를 이어받아 때에 맞게 마땅함을 베풀고[順時施宜], (현재의 상황에 맞도록) 덜어내고 더하는 바[所損益]가 있으며, 백성들의 마음에 맞춰[卽=就] 점차적으로[稍稍] 만들고 지어[制作], 태평성대에 이르도록 모든 것을 크게 갖춘다[大備=完備]. 주나라는 하나라와 은나라 2대(代)에 비추어 예제와 문화[禮文]를 점점 더 갖춰[4] 큰 일[事]에는 이 제(制)를 만들어냈고 작은 일[曲]에는 이 방(防)을 만들어냈다. 그래서 예경(禮經) 삼백, 위의(威儀) 삼천이라고 했던 것이다.[5] 이에 교화(敎化)가 구석구석 퍼져나가[浹洽=徹霑] 백성들은 그것을 통해 화목해졌고, 재해는 일어나지 않았으며, 화란(禍亂)이

---

3 『예기(禮記)』「악기(樂記)」편에 나오는 말이다. 이때 정(情)은 실상이나 근본을 뜻하고 문(文)은 그것의 무궁무진한 표현 방식을 뜻한다. 당연히 짓는 것[作]이 풀어내는 것[述]보다 윗길이다. 이런 맥락에서 『논어(論語)』 「술이(述而)」편에서 공자가 말한 술이부작(述而不作)의 의미도 풀어야 한다. 사고(師古)는 "작(作)이란 처음으로 창작해내는 바가 있는 것이고 술은 그 뜻을 명확하게 풀어내고 순조롭게 행하는 것"이라고 풀이했다.

4 주나라는 하, 은 두 나라를 보고서 덜어낼 것은 덜어내고 더할 것은 더했다는 말이다.

5 바로 앞의 문장과 연결된다. 제를 만들었다는 것은 예경 삼백을 만들었다는 것이고 방을 만들었다는 것은 위의 삼천을 만들었다는 것이다. 큰 예법과 세세한 예법을 만들어 그때마다의 일에 빈틈없이 임했다는 말이다. 『예기(禮記)』에서는 "경례(經禮) 삼백, 곡례(曲禮) 삼천"이라 했고 『중용(中庸)』에서는 "예의(禮儀) 삼백, 위의(威儀) 삼천"이라고 했다. 실은 『중용(中庸)』도 원래는 『예기(禮記)』에 있던 하나의 편이다.

생겨나지 않았고, 감옥[囹圄]은 40여 년 동안 텅 비었다. 공자는 이를 아름답게 여겨 말하기를 "찬란하도다! 문(文-열렬한 애씀)이여! 내 주나라를 따르리라"[6]고 했다. (그러나) 주나라가 쇠퇴기에 이르자 제후들은 법도를 마구 뛰어넘었고[踰越], 예제는 해악을 끼칠 뿐이라 해 증오의 대상이 됐으며, 그와 관련한 책들[篇籍]은 없애버렸다.[7] 진(秦)나라가 학문을 절멸시키는 때를 만나 드디어 어지러워지고 끊어지게 됐다.

한(漢)나라가 일어나 어지러움을 다스려[撥=治]〔○ 사고(師古)가 말했다. "발(撥)이란 어지러운 풍속을 제거해 바른 도리[正道]로 되돌려놓는다는 말이다."〕 바른 세상으로 돌아가니[反正] 날로 일이 늘어나 그것들을 제대로 처리하지를 못하자 또한 숙손통(叔孫通)에게 명해 예의(禮儀)를 제정해 임금과 신하의 지위를 바로잡게 했다. 고조(高祖)는 기뻐하며 감탄했다.

"내 오늘에야 천자라는 것의 귀함을 알게 됐도다!"

통(通)을 봉상(奉常)〔○ 사고(師古)가 말했다. "봉상은 곧 태상(太常)이다. 풀이는 「백관공경표(百官公卿表)」에 있다."〕으로 삼아 드디어 의법(儀法)을 제정했는데 아직 다 갖춰지지 않았는데 통이 죽었다.

문제(文帝) 때에 이르러 가의(賈誼)는 이렇게 생각했다[以爲].

'한나라는 진나라의 쇠퇴한 풍속[敗俗]을 이어받아 예의를 내팽개치고 염치를 내버려, 오늘날 그 심한 자는 아버지나 형제를 죽이고, 도둑은 종묘의 제기까지 훔치고 있는데도 대신(大臣)이란 사람은 그저[特=但] 문서

---

6 『논어(論語)』「팔일(八佾)」 편에 나오는 구절이다.

7 『맹자(孟子)』「만장장구(萬章章句)」에 나오는 말을 풀어쓴 것이다.

나 붙들고 1년에 한 차례씩 회계를 보고하는 것만을 큰 일로 삼고 있어, 풍속이 엉망이 돼도 마음 편하게 괘념치 않아 당연하게 여길 뿐이다. 무릇 풍습을 바꾸고 풍속을 고쳐 천하의 인심을 되돌려 도리로 향하게 하는 것[鄕道=嚮道]은 대개 범속한 관리[俗吏]가 해낼 수 있는 바가 아니다. 무릇 임금과 신하를 세우고, 위와 아래의 품등(品等)을 매기고, 기강에 질서가 있도록 하고, 육친(六親)[8]을 화목하게 하는 것, 이는 하늘이 하는 일이 아니라 사람이 베풀어야 하는 것이다. 사람이 베푸는 것은 짓지[爲=作] 않고서는 설 수가 없고 닦지 않으면 허물어진다. 한나라가 일어나 지금까지 20여 년이 됐으니 마땅히 제도를 정하고 예악을 일으킨 연후라야 제후들은 궤도를 따르고 백성들은 소박해지며 소송은 그치게 될 것이다.'

이에 초안을 잡아 그 의례[儀]를 갖춰 올리니 천자는 기뻐했다. 하지만 대신 주발(周勃)과 관영(灌嬰) 등은 그것을 나쁘게 여겨 결국 그 의견은 폐기되고 말았다[寢=廢].

무제(武帝)가 즉위하게 되자 걸출한 인재들[英儁]을 나아오게 해 썼고, 의견을 모아 명당(明堂)을 세웠으며, 예복(禮服)(의 색)을 제정해 태평성대를 일으켰다. (그러나) 마침[會] 두(竇)태후가 황로(黃老)[9]의 말을 좋아하고 유술(儒術=유학)을 좋아하지 않았기 때문에 그런 일들은 다시 폐기됐다. 후에 동중서(董仲舒)가 천자의 책문(策問)에 답해 말했다.

"임금다운 임금은[王者]은 뭔가 하고자 하는 바가 있다면 마땅히 하늘

---

8 광의의 친족들을 가리킨다.

9 황제와 노자의 사상으로 무위(無爲)를 강조했기 때문에 예악을 짓는 일에 부정적이었다.

에서 그 실마리를 구해야 할 것입니다. 하늘과도 같은 도리[天道]¹⁰ 가운데 가장 큰 것은 음양(陰陽)입니다. 양은 다움[德]이고 음은 형벌[刑]입니다. 형벌은 죽임[殺]을 주관하고 다움은 살림[生]을 주관합니다. 이 때문에 양은 항상 한여름[大夏]에 거하면서 만물의 생장과 양육을 그 임무로 삼고 있으며, 음은 항상 한겨울[大冬]에 거하면서 아무것도 하지 않고 텅 빈 상태를 지킬 뿐입니다. 이런 것을 볼 때 하늘은 다움의 힘을 빌려 활동할 뿐이요, 형벌의 힘을 빌려 움직이지 않는다는 것을 알 수 있습니다. 하늘은 음으로 하여금 아래에 잠입해 엎드려 있다가 때때로 나와서 양을 보좌하도록 했습니다. 따라서 양이 음의 도움을 얻지 못하면 양 또한 혼자서는 한 해의 일을 완성할[成歲] 수 없습니다. 그럼에도 불구하고 끝내 양을 갖고서 일년의 처음을 이름 지은 것은 바로 하늘의 뜻[天意]입니다.

임금다운 임금[王者]은 하늘의 뜻을 받들고 이어 정사를 행해야 합니다. 따라서 다움과 가르침[德教]을 (자신의 일로) 떠맡을 뿐 형벌을 자신의 주된 일로 여기지 않습니다[不任]. 형벌이라는 것은 세상을 다스리는 것을 자신의 주된 일로 여기지 않으니 이는 마치 음이 한 해의 일을 완성하는 것을 자신의 주된 일로 여기지 않는 것과 같습니다. 정치를 하면서 형벌을 떠맡는다는 것은 하늘에 순종하지 않는 것이기 때문에 선왕들께서는 이런 일을 하지 않으려 하셨던 것입니다. (그런데 폐하께서는) 지

---

10 송나라 학자이자 정치가 진덕수는 천리(天理)나 천도(天道)의 천(天)을 비유[喩]라고 본다. 옮긴이도 진덕수의 견해를 따른다. 다만 내용상 하늘이 강조될 때는 하늘과도 같은 도리나 이치가 아니라 그냥 하늘의 도리, 하늘의 이치로 옮겼다.

금 선왕들께서 만들어놓은 다움과 가르침을 맡는 관직은 폐기해 쓰지 않으시고 형벌을 담당하는 관리들만을 임용해 백성들을 다스리고 있으시니, 이것이 혹시라도 형벌의 힘을 빌려 나라를 다스리는 뜻이 아니겠습니까? 공자가 말하기를 '백성을 가르치지 않고서 죽게 만드는 것을 일러 학정[虐]이라 한다'[11]라고 했으니, 학정이 아래 백성들에게 쓰이고 있는데도 다움과 가르침이 온 나라에 널리 퍼지기를 바라시니, 이는 이루어지기 어려운 일입니다.

그래서 옛날의 임금다운 임금들은 이 점에 대해 밝았기 때문에 남면(南面)하고서 천하를 다스릴 때 교화를 가장 큰 일[大務]로 삼지 않은 분이 아무도 없었던 것입니다. (그래서) 도읍에는 태학을 세워 교육을 시행했고, 읍에는 학교[庠序]를 설립해 백성을 교화시켰습니다. 교화가 이미 밝게 시행되고 풍속이 새롭게 만들어지자 천하에는 일찍이 한 사람의 죄수도 없게 됐습니다. (그러나) 주나라 말엽에 이르러 크게 무도한 짓을 자행함으로써 천하를 잃었습니다. 진나라가 주나라의 뒤를 이었으나 오히려 한층 더 심화됐습니다. 먼 옛날부터 지금까지 어지러움을 기치로 어지러움을 걷어내어[以亂濟亂] 천하의 백성들에게 큰 피해를 끼친 나라로 진나라보다 더 심한 나라는 일찍이 없었습니다. 습속이 각박하고, 백성들이 방자하게 날뛰며, 범죄를 저지르고, 관(官)에 반항하는 행위를 일삼으니, 이렇게

---

11 『논어(論語)』「요왈(堯曰)」편에서 공자가 말했다. "(미리) 가르치지 않고서 (죄를 지었다고) 죽이는 것을 학정[虐]이라 하고, (미리) 경계하지 않고 결과만 책하는 것을 폭정[暴]이라 하고, 명령을 태만하게 늦추고서 기한을 재촉하는 것을 도적[賊]이라 하고, 어차피 사람들에게 주어야 하는 것은 똑같은데 출납에 인색한 것을 창고지기[有司]라고 한다."

까지 심하게 썩어빠진 나라는 없었습니다. 지금 한나라는 진나라의 뒤를 승계했으므로 제아무리 이 나라를 잘 다스리려고 해도 손을 써볼 길이 없습니다. 법률이 나오면 간사한 짓이 발생하고, 명령을 내리면 사기를 치는 자들이 일어나서 1년 사이에 소송이 천 건, 만 건을 넘어, 마치 뜨거운 물로 펄펄 끓는 것을 그치게 하려는 것처럼 힘을 들이면 들일수록 무익할 뿐입니다. 비유하자면 거문고 소리가 아주 심하게 뒤틀렸을 때에는 반드시 줄을 풀어서 새롭게 매야 연주가 제대로 되는 것과 같습니다. 이처럼 정치를 잘했음에도 불구하고 심각하게 나라가 잘 다스려지지 않을 때에는 반드시 법을 바꾸어 개혁하고[更化] 교화를 베풀어야 통치가 가능합니다. 그러므로 한나라가 천하를 차지한 이후부터 나라를 잘 다스리려고 늘 노력했음에도 불구하고 지금껏 잘 다스리지 못한 것은 개혁해야 할 때 개혁하지 않은 실책에 그 원인이 있습니다. 옛사람의 말 중에 '연못을 앞에 두고 물고기를 탐하느니 차라리 집에 돌아가 그물을 엮는 것이 낫다[臨淵羨魚 不如退而結網]'라는 것이 있습니다. 이제 정사를 맡아 나라를 잘 다스리기를 열망한 지 70여 년입니다.¹² 차라리 한 발짝 물러나서 개혁하는 것이 낫습니다. 개혁을 한다면 나라를 잘 다스릴 수 있고, 잘 다스릴 수 있다면 재해가 날마다 사라지고 복록은 날마다 이를 것입니다."

이때는 상(上)이 사방의 오랑캐들을 정토(征討)하느라 예리한 칼날처럼 모든 뜻을 무공(武功)에 쏟고 있을 때라 예제와 문화[禮文]의 일에 뜻을 둘 겨를이 없었다.

---

12 한나라가 세워지고 지금 동중서가 이 말을 할 때까지의 기간이 70여 년이다.

선제(宣帝) 때에 이르러 낭야(琅邪)의 왕길(王吉)[13]이 간대부(諫大夫)가 돼 또 소(疏)를 올려 말했다.

'세상을 제대로 다스려보려고 하는 임금은 매 세대마다 나올 수 있는 것이 아닙니다[不世出]. 공경(公卿)들이 요행히 그런 시대를 만나더라도 아직 만세의 장구한 계책을 세워서 밝은 임금을 삼대(三代)의 융성한 때보다 더 높이 세워준 신하들은 없었습니다. 이는 그들이 힘쓰는 바가 그때그때의 회계 처리나 문서, 옥사를 처리하고 송사를 재결하는 것에 불과할 뿐이기 때문이니, 이런 것들은 태평을 이룰 수 있는 밑바탕[基]이 아닙니다. (그런데) 지금 범속한 관리들이 백성들을 돌보는 것[牧民]을 보면 그들이 행하는 예와 의로움 혹은 법도나 준칙은 대대로 이어질 만한 것이 아니고 자기 마음대로 제각각 임시방편으로 술수나 행하고 있습니다. 이 때문에 사기와 거짓이 싹트고[萌生][○ 사고(師古)가 말했다. "이는 초목이 처음 나올 때처럼 서로 다투어 생겨난다는 말이다."], 형벌에 한도가 없으며, 질박함은 나날이 사라지고, 은혜와 사랑은 점점 엷어지고 있습니다. 공자가 말하기를 "윗사람을 편안케 하고 백성들을 다스리는 데는 예(禮)만 한 것

---

13 『한서(漢書)』 「왕길전(王吉傳)」에 따르면 왕길은 자가 자양(子陽)이고 낭야군(琅邪郡) 고우현(皐虞縣) 사람이다. 군의 관리로 있다가 효렴(孝廉)으로 천거돼 낭(郞)이 됐다. 여러 차례 옮겨 창읍(昌邑)의 중위(中尉)가 됐다. 창읍왕이 폐위되자 (보좌에 잘못이 있다는 책임을 지고 사형을 당하게 됐으나) 사형을 면하고 머리를 깎인 채 성단(城旦-도형(徒刑)의 일종으로 매일 아침 일찍 일어나 성을 쌓은 노역에 종사하는 형벌이다)에 처해졌다. (조정에서는) 그를 집에서 불러내 다시 익주자사(益州剌史)로 삼았는데 병으로 관직을 내놓자 다시 그를 불러들여 박사 간대부(諫大夫)로 삼았다.

이 없다"¹⁴라고 했으니 이는 빈말[空言]이 아닙니다. 바라건대 대신뿐만 아니라 유생들까지 불러들여 옛날의 예법을 진술케 하신 다음 임금다운 예제[王制]를 명확하게 만드셔야 합니다. 그리하여 한 시대의 백성들을 몰아서 어질고 오래 살 수 있게 구제해주신다면, 그 (어진) 풍속이 어찌 (주나라의 중흥 군주인) 성왕(成王)이나 강왕(康王)의 시대와 같지 않을 것이며, 오래 사는 것이 어찌 (은나라의) 고종(高宗)의 시대와 같지 않겠습니까?'

상은 이를 받아들이지 않았고 길(吉)은 병을 이유로 자리에서 물러났다.

성제(成帝) 때에 이르러 건위군(犍爲郡)¹⁵의 물가에서 옛 경쇠[古磬]¹⁶ 16매(枚)를 얻으니, 의견을 말하는 자[議者]들이 좋은 징조[善祥]라고 했다. 유향(劉向)이 그로 인해 상(上)에게 설명했다.

"마땅히 벽옹(辟雍)¹⁷을 일으키고, 상서(庠序-일반 학교)를 두며, 예악을 널리 시행하고, 아송(雅頌)의 음악을 융성하게 하며, 손을 모으고 양보하는[揖攘=揖讓] 모습을 널리 퍼지게 함으로써 천하의 풍속을 교화시켜야 합니다. 이와 같이 하고서도 잘 다스려지지 않은 적은 아직 없었습니다. 어떤 사람이 말하기를 '예악을 모두 갖출 수는 없다'라고 했는데 예(禮)란 사

---

14 『효경(孝經)』에 나오는 구절이다.

15 무제가 서남이를 정복하고 세운 군 중 하나다.

16 옥이나 돌로 만든 타악기다.

17 주(周)나라 때 천자(天子)가 도성(都城)에 건립한 대학(大學)으로, 주위의 형상이 벽(璧)과 같이 둥글고 물이 둘러 있었다고 한다. 제후가 세운 대학은 반궁(泮宮)이라 했는데 후에는 벽옹이나 반궁 모두 성균관을 일컫는 말이 됐다.

람을 기르는 것을 근본으로 하는 것이니 만일 예에 허물과 착오가 있다면 이는 허물이 사람을 기르는 것입니다.

형벌이 지나치면 혹 죽거나 몸을 상하는 지경에 이릅니다. 지금의 형벌은 고요(皐陶)의 법이 아니므로 유사가 법을 제정할 것을 청해 삭제할 것은 삭제하고 가필할 것은 가필해 이 시대의 상황에 맞도록 힘써야 할 것입니다. (그런데) 예악에 이르러서는 감히 그럴 수 없다고 하니 이는 사람을 죽이는 일은 감히 하면서 사람을 기르는 일은 감히 하지 않겠다는 것입니다. 제사 그릇인 조두(俎豆)와 악기인 관현(管弦) 사이에서 조금 갖추지 않은 바가 있다고 해서 그로 인해 (예악을) 끊어버리고 행하지 않으니, 이는 조금 갖추지 않은 바를 버려서 크게 갖추지 못한 바로 나아가는 것으로, 그 미혹됨이 너무도 심한 것입니다. 무릇 교화를 형법과 비교한다면 형법이 가벼운 것이니 결국 그것은 무거운 것[所重]은 버리고 가벼운 것[所輕]을 급하게 여기는 것입니다. 또 교화란 믿을 만한 것[所恃]을 갖고서 백성을 다스리는 것이고 형법이란 다스림을 돕는 것[助治]입니다. (그런데) 지금은 믿을 만한 것[所恃]은 폐기하고, 그 돕는 것만 홀로 세우고 있으니, (이것이) 태평의 시대에 이르지 못하는 까닭입니다.

경사(京師)에서부터 패역하고 효순하지 못한 자손들이 있어 대벽(大辟-사형죄)에 빠지기에 이르러 형벌로 죽는[刑戮] 사람이 끊이지 않는 것은 오상(五常)의 도리를 익히지 않은 때문입니다. 무릇 천년간 이어지다가 쇠퇴한 주(周)를 잇고, 흉포한 진(秦)이 남긴 폐단을 계승하다 보니 백성들은 점차로 나쁜 풍속에 젖어들고[瀆], 탐욕스럽고 험악한 말을 해대며 의리(義理)를 익히지 못했는데, 크게 교화하는 것[大化]을 보여주지도 못한 채 오직 형벌만으로 몰아간다면, 결국은 조금도 고치지 못할 것입니다. 그래서 이르기를 '예악으로 이끌어준다면 백성들은 화목할 것이다'(○ 사고(師古)가 말했다. "『효경(孝經)』에 실린 공자의 말이다.")'라고 한 것입니다. 애초에 숙손통이 장차 예의(禮儀)를 제정하려다가 제(齊)와 노(魯)[18]의 선비들에게 비난을 받았지만, 그러나 결국 한나라 유가의 으뜸[儒宗]이 됐고, 그 업을 후사에게 전해 그것이 하나의 정해진 법도[成法=定法]가 된 것입니다."

성제는 향(向)의 말을 공경들에게 내려보내 의견을 내도록 했는데, 마침 향은 병으로 졸(卒)했고, 승상과 대사공은 벽옹을 세울 것을 아뢰어 청해, 장안성 남쪽에 땅을 측량하고 표지를 세웠지만, 성제가 붕(崩)하는 바람에 시작도 하지 못했다. 여러 신하들은 제(帝)의 이 같은 뜻을 받들어 그의 시호(諡號)를 정했다(○ 맹강(孟康)이 말했다. "시법에 이르기를 '백성을 평안케 하고 정사를 바로 세운 것[安民立政]을 성(成)이라 한다'라고 했다. 제는 벽옹을 세우고 싶어 했지만 시작을 하기도 전에 붕했으니 여러 신하들이 시호를 의논하면서 그것을 아름답게 여겨 성(成)이라고 한 것이다.").

왕망(王莽)이 재형(宰衡)[19]이 되자 수많은 대중들을 현혹시키려고[耀=惑], 드디어 벽옹을 세우고 그것으로 제위를 찬탈했지만[篡位] 온 나라에서 반란이 일어났다. 세조(世祖)(○ 사고(師古)가 말했다. "후한(後漢) 광무

---

18 이 두 곳은 공자의 영향으로 유학의 전통이 강했다.

19 재상(宰相)이라는 말이다. 실은 거기에 깊은 뜻이 숨어 있었다. 주나라 성왕을 보좌한 주공을 태재(太宰), 은나라 탕왕을 보좌한 이윤을 아형(阿衡)이라 불렀다. 재형은 이들 두 칭호를 합친 것이니 두 사람의 공적을 겸했다는 뜻이다.

제(光武帝)를 가리킨다.")가 천명을 받아 한나라를 중흥시키니, 어지러움을 다스리고 바른 세상으로 돌아가[撥亂反正], 경사(京師)를 토중(土中)-낙양(洛陽)-으로 바꿨다. 재위기간 30년이었고 사방의 오랑캐들을 복속시켰으며, 백성들의 집안은 먹고 입을 것이 넉넉했고, 정치와 가르침[政敎]은 맑고 깨끗해졌다. 이에 명당(明堂)과 벽옹을 세웠다. 현종(顯宗)〔○ 이기(李奇)가 말했다. "명제(明帝)를 현종(顯宗)이라 한다."〕이 자리에 올라 몸소 예를 행하고, 광무황제를 명당에 종사(宗祀)했으며, 벽옹에서 삼로(三老)와 오경(五更)[20]을 기르니 이미 그의 위의(威儀)는 성대했다. 그러나 다움을 통한 교화[德化]가 충분히 널리 퍼지지 못했던 것은 예악이 아직 제대로 갖춰지지 않아 아래 백성들 사이에서 독송(讀誦)되지 못하고 상서(庠序-학교)도 제대로 세워지지 못한 때문이었다. 공자가 말하기를 "산을 이루는 것에 비유하자면 한 삼태기를 이루지 못해 그치는 것은 내가 그치는 것이다"[21]라고 했다. 지금 숙손통이 편찬한 예의(禮儀)는 율령과 나란히 기록돼 이관(理官)[22]에 소장돼 있지만 법가(法家)도 역시 오랫동안 전수되지 못했다. 한나라의 예전(禮典)은 폐기되고[寢=息] 드러나지가 않아 백성이나

---

20 삼로는 삼덕(三德-정직(正直)·강(剛)·유(柔))을 아는 자이고, 오경(五更)은 오사(五事-모(貌)·언(言)·시(視)·청(聽)·사(思))를 아는 자를 말한다. 그 수에 대해서는 삼로와 오경을 각 1인으로 보는 설과 삼로 3인, 오경 5인으로 보는 설이 있다.

21 이는 『논어(論語)』 「자한(子罕)」 편에 나오는 공자의 말이다. "비유컨대 산을 만들 때 한 삼태기의 흙을 더 붓지 않아 산을 이루지 못하고 그만두는 것도 내가 그만두는 것이다. 비유컨대 산을 만들기 위해 평탄한 땅에 한 삼태기의 흙을 쏟아붓고 나아가는 것도 내가 나아가는 것이다[譬如爲山 未成一簣 止吾止也 譬如平地 雖覆一簣 進吾往也]."

22 법을 담당하는 관리다.

신하들 중에 그것을 제대로 말할 수 있는 자가 없었다. 또 통(通)이 세상을 떠난 후에 하간헌왕(河間獻王)[23]이 예악의 옛 사례[古事]들을 채집하니 점점 모이게 돼[增輯] 500여 편에 이르게 됐다. (그런데) 지금의 학자들은 그것을 훤하게 밝혀볼 수가 없어, 다만 사(士)의 예법을 미루어 헤아려[推] 천자(天子)에게까지 미치게 하고, 그 뜻을 풀이하는 것 또한 자못 오류와 잘못이 많아, 임금과 신하, 윗사람과 아랫사람이 서로 교제하고 응대하는 도리가 점점[寖=漸] 흐려지게 됐다.

악(樂)이란 빼어난 이[聖人]가 즐기는 바[所樂]이면서 백성들의 마음을 좋은 쪽으로 이끌 수 있다. 음악이 사람을 감동시키는 바는 깊기 때문에 기풍을 바꾸고 풍속을 교화하는 일[移風易俗]이 쉽다. 그래서 옛날의 훌륭한 임금들[先王]은 (악을 통해) 그 가르침을 밝게 드러냈던 것이다.

무릇 사람들에게는 혈기의 본성과 심지(心知)의 본성이 있지만, 슬퍼하고 즐거워하고 기뻐하고 화를 내는 일정함[常]은 없어, 느낌에 응해 움직인 다음에야 마음이 형태를 드러낸다. 이 때문에 뜻이 아주 섬세해 초췌해진 음이 만들어지면 이는 백성들이 근심이 많다는 것이다. 느리고 온화하며 급하지 않고 여유가 있는 음이 만들어지면 이는 백성들이 평안해 즐겁다는 것이다. 거칠고 사나우며 시작이 격하고 끝이 솟아오르는 음이 만

---

23 이름은 덕(德)으로, 경제(景帝)의 아들로 태어나 기원전 155년 하간(河間)의 왕에 봉해졌다. 총명하고 학문을 즐겼으며, 유교(儒敎)·도교(道敎)에 박학했고, 민간으로부터 좋은 서책을 수집했다.

들어지면 백성들이 굳세고 강하다는 것이다. 맑고 곧으며 바르고 진실한 음이 만들어지면 백성들이 정중하고 삼간다는 것이다. 너그럽고 여유가 있으며 어우러지고 순조로운 음이 만들어지면 백성들이 자애롭다는 것이다. 한쪽으로 흘러 기울어지고 비뚤어져 흩어지는 음이 만들어지면 백성들이 음란하다는 것이다.[24]

옛날의 훌륭한 임금들은 음이 어지러워지는 것을 부끄럽게 여겨 아송(雅頌)의 소리를 제정해, 이를 (인간의) 본성과 감정[性情]에 뿌리를 두고 이것을 법도로 삼아 고찰해 예의(禮儀)를 만들어, 살아 있는 기운-음과 양의 기운-의 조화를 이루어내고 오상(五常)의 실천을 이끌어내, 양(陽)으로는 흩어지지 않게 하고 음(陰)으로는 모이지 않게 해, 굳센 기운[剛氣]이면서도 화내지 않고 부드러운 기운[柔氣]이면서도 두려워하지 않아 사방으로 뻗어나가되, 가운데[中]에서 서로 교차하고 밖으로 뻗어나가서 각자가 자신의 지위에 편안하게 있으면서 서로 침탈하지 않으니, 충분히 사람의 좋은 마음을 격동시킬 수 있고 안 좋은 기운이 거기에 접할 수 없게 만들 수 있었다. 이것이 바로 옛날의 훌륭한 임금들이 음악을 세운 방법[立樂之方]이다.

임금다운 임금이 아직 스스로 음악을 짓지[作樂] 못했을 때에는 (우선) 옛날의 훌륭한 임금들이 지은 음악으로 백성들을 교화해, 그 풍속을 기뻐하고 즐기게 만든[說樂] 연후에, 그 음악을 고쳐 지음으로써[改作] 임금의 공로와 다움[功德]을 밝게 드러냈다. 『주역(周易)』에 이르기를 "(우레

---

24 이상은 약간의 표현 차이는 있지만 대부분 『예기(禮記)』「악기(樂記)」 편에 나오는 말들이다.

가 땅에서 나와 떨치는 것이 예(豫)괘이니) 옛날의 훌륭한 임금이 그것을 갖고서 음악을 짓고 다움을 높여 성대하게[殷=盛大] 상제께 올려 조고(祖考-돌아가신 조부나 조상)를 배향했다〔○ 사고(師古)가 말했다. "이는 예(豫)괘(䷏)의 상(象)풀이다. 상제는 하늘[天]이다. 이는 임금다운 임금이 음악을 지어 그 다움을 높이고 드러내어 하늘에 크게 제사함으로써 선조들을 배향했다는 뜻이다."〕[25]라고 했다. 옛날에 황제(黃帝)는 함지(咸池)를 지었고, 전욱(顓頊)은 육경(六莖)을 지었으며, 제곡(帝嚳)은 오영(五英)을 지었고, 요(堯)임금은 대장(大章)을 지었으며, 순(舜)임금은 소(韶)를 지었고,[26] 우왕(禹王)은 하(夏)를 지었으며, 탕왕(湯王)은 호(濩)를 지었고, 무왕(武王)은 무(武)를 지었으며, 주공(周公)은 작(勺)을 지었다. 작(勺)이란 능히 선조들의 도리를 취해 따를 수 있다[勺=酌=取]는 말이다.[27] 무(武)란 무공[功=武功]으로 천하를 평정한 것을 말한다. 호(濩)란 백성들을 구제했다는 말이다. 하(夏)는 크게[夏=大] 요임금과 순임금 2제(二帝)를 이었다는 뜻이다. 소(韶)는 요임금을 이었다는 뜻이다〔○ 사고(師古)가 말했다. "소(韶)는 소(紹-잇다)를 말하는 것이니 따라서 요임금을 이었다[繼堯]는 말이다."〕. 대장(大章)이란 그것을 크게 밝힌다[章=明]는 뜻이다. 오영(五英)[28]

---

25 예(豫)괘에 대한 전체 풀이가 화락(和樂)이다. 그래서 백성들의 마음이 화락할 때 그 위에 응하게 되는 것이다.

26 원문에는 招라고 돼 있는데 (초가 아니라) 소라고 읽고, 뜻도 순임금의 음악을 뜻하는 韶(소)이다.

27 반고는 음악의 풀이를 역순(逆順)으로 풀어간다.

28 궁·상·각·치·우 오음(五音)의 조화를 뜻한다.

은 무성하게 꽃피웠다는 뜻이다. 육경(六莖)은 은택이 뿌리에까지 미친다는 뜻이다. 함지(咸池)란 다 갖춰져 있다[備]는 것이다〔○ 사고(師古)가 말했다. "함(咸)은 모두[皆]이고 지(池)는 그 포용하는 바가 곳곳에 스며들었다는 뜻이니 이는 곧 다 갖춰져 있다[備]는 말이다."〕. 하나라 이전[以往=以前]에는 그 전해오는 음악을 들을 수 없을 뿐이고〔○ 사고(師古)가 말했다. "가송(歌頌)이 다 없어져 전해오지 않는다는 말이다."〕 은나라의 송(頌)은 지금도 남아 있다.[29] 주나라의 시들은 이미 제자리를 얻었고〔○ 사고(師古)가 말했다. "(『시경(詩經)』에) 아(雅)와 송(頌)이 이미 다 실려 있다는 말이다."〕 그 기물과 도구 등이 다 펼쳐져 있어 『주관(周官)』은 갖춰져 있었다〔○ 사고(師古)가 말했다. "대사악(大司樂) 이하 여러 관직들이 각각 맡아야 할 직무가 모두 갖춰져 있었다는 말이다."〕. 이를 주관하는 자리[典者=司者]에는 경대부와 악사[師=樂工], 맹인 악사[瞽] 이하 중에서 도리와 다움[道德]을 갖춘 사람들을 뽑아 아침저녁으로 업을 익히게 해서 국자(國子)들에게 가르치게 했다. 국자(國子)란 경대부의 자제들이다. 이들은 모두 구덕(九德)〔○ 사고(師古)가 말했다. "수(水)·화(火)·금(金)·목(木)·토(土)·곡(穀)을 일러 육부(六府)라고 한다. 정덕(正德)·이용(利用)·후생(厚生)을 일러 삼사(三事)라고 한다. 육부와 삼사를 일러 구공(九功)이라 한다. 구공의 다움을 모두 노래할 수 있기 때문에 이를 구덕(九德)이라 한다."〕을 노래하고 육시(六詩)〔○ 응소(應劭)가 말했다. "육시란 시에 여섯 가지 장

---

29 『시경(詩經)』「상송(商頌)」에는 나(那), 열조(烈祖), 현조(玄鳥), 장발(長發), 은무(殷武) 5편이 실려 있다.

르[六義]가 있음을 말하는 것인데 첫째가 풍(風)이고, 둘째가 부(賦)이고, 셋째가 비(比)이고, 넷째가 흥(興)이고, 다섯째가 아(雅)이고, 여섯째가 송(頌)이다."}를 암송하는 것을 배웠고, 육무(六舞)·오성(五聲)·팔음(八音)〔○ 사고(師古)가 말했다. "육무란 불무(帗舞)·우무(羽舞)·황무(皇舞)·모무(旄舞)·간무(干舞)·인무(人舞)다. 오성이란 궁·상·각·치·우다. 팔음이란 금(金)·석(石)·사(絲)·죽(竹)·포(匏)·토(土)·혁(革)·목(木)이다."〕의 조화로움을 익혔다. 그래서 순임금은 기(夔)에게 명해 말하기를 "너는 음악을 주관해[典樂] 맏아들들[胄子]을 가르치되 곧으면서도 따스하고[直而溫], 너그러우면서도 엄격하며[寬而栗], 굳세면서도 사납지 않고[剛而無虐]하며, 선이 굵으면서도 오만하지 않게[簡而無敖] 길러야 할 것이다. 시(詩)는 뜻[志]을 말하고[言], 노래[歌]는 말을 (길게) 읊고[永=詠], 소리[聲]는 읊음에 의지하고, 율(律)은 소리를 조화시키는 것이니 팔음이 능히 어우러져야 한다〔○ 사고(師古)가 말했다. "(『서경(書經)』) 「우서(虞書)」 '순전(舜典)' 편에 실린 구절이다. 기(夔)는 순임금의 신하다. 맏아들들이란 곧 국자(國子)다."〕"라고 했으니 이것이 바로 위에서 말한 그것이다. 또한 그밖에 제후의 다움이 성대한 것을 기려서[賞=襃] 존귀한 자를 가르치는 것이다. 그 위엄과 몸가짐은 눈을 만족시키기에 충분하고, 음성은 귀를 감동시키기에 충분하며, 시와 노래는 마음을 움직이기에 충분하기 때문에 그 소리를 듣게되면 다움이 조화되고[德和], 시를 보게 되면 뜻이 바르게 되며, 그 수를 논하면 법이 (바로) 서게 된다. 이 때문에 이를 교묘(郊廟)에서 올리면 귀신이 흠향하고, 이를 조정에서 지으면 여러 신하들이 화합하며, 이를 학관(學官)에 세우면 만백성이 하나가 되는 것이다. 그것을 듣는 사람은 자신을 텅 비우고 귀신에게 삼가지[虛己竦神] 않는 바가 없으니 기뻐하며 그 은택을 입게 된다. 이리하여 온 나라 안이 임금[上]의 다움을 알게 돼 그 풍속의 교화를 입게 되니, 그 광채는 날로 새롭고 임금의 다움에 감화돼 좋은 쪽으로 옮겨가지만[遷善], 그러나 왜 그러한지는 알지 못한 채 만물은 요절하지 않고, 하늘과 땅은 화순해 아름다운 응함[嘉應][30]이 내려온다. 그래서 『시경(詩經)』에 이르기를 "종과 북이 조화롭게 울리고 경쇠와 피리가 쟁쟁하게 퍼져가니 복을 내려줌이 참으로 많도다[鐘鼓鍠鍠 磬管鏘鏘 降福穰穰]〔○ 사고(師古)가 말했다. "이는 「주송(周頌)」 '집경(執競)' 편에 나오는 구절이다. 굉굉(鍠鍠) 혹은 황황(喤喤)은 조화로운 소리[和]이고 장장(鏘鏘)은 성대한 소리[盛]이며 양양(穰穰)은 많다[多]는 뜻이다. 이는 주왕(周王)이 사당에서 조상에게 제사를 지내면서 음악을 연주하니 팔음이 조화를 이루고 성대해 신이 복을 내려주는 것이 지극히 많다는 뜻이다."〕"라고 했고 『서경(書經)』에 이르기를 "(기)(夔)가 말했다. 제가) 경쇠[石=磬]를 치고[擊] 두드리자[拊] 온갖 짐승들이 따라서 춤을 추었습니다[率舞]〔○ 사고(師古)가 말했다. "「우서(虞書)」 '순전(舜典)'(혹은 '익직(益稷)') 편에 실려 있다. 이는 음악이 조화를 이루어 경쇠까지 치고 두드리자 온갖 짐승들이 서로를 이끌며 따라서 춤을 추었다는 말이다."〕"라고 했다. 새와 짐승들도 오히려 이처럼 감응하는데 하물며 사람에 있어서야! 하물며 귀신에 있어서야! 그래서 음악이란 빼어난 이가 하늘과 땅을 감동시키고 신명과 통하고

---

30 지상에서의 이 같은 조화로운 정치에 응해 하늘에서 상서로움[瑞祥]을 내려주는 것을 말한다.

만백성을 편안케 하고 살아 있는 모든 것들을 이루어주는[成]³¹ 것이다.

그러나 아(雅)와 송(頌)³²이 생겨난 이래 쇠란한 때의 음악을 이어받은 전통이 오히려 남아 있었는데〔○ 사고(師古)가 말했다. "주나라 때에도 여전히 은나라 주왕(紂王)이 남겨놓은 음악이 영향을 미치고 있었다는 뜻이다."〕 이는 음란하고 지나치며 흉폭하고 오만한 소리[淫過凶嫚之聲]로서 그 때문에 금지시켜야 하는 것이었다. 세상이 쇠퇴해 백성들은 뿔뿔이 흩어지고 소인이 군자를 올라타[乘=陵] 마음과 귀가 얕고 얇아져[淺薄] 그릇됨이 바름을 이겼다. 그래서 『서경(書經)』의 머리말에 이르기를 "은나라 주왕이 선조의 음악을 끊어버리고 내팽개쳐 마침내 음란한 소리가 일어나 바른 소리[正聲]를 바꾸고 어지럽혀 여인네들을 기쁘게 해주었다〔○ 사고(師古)가 말했다. "이는 금문(今文) 「주서(周書)」 '태서(泰誓)' 편에 나오는 말이다."〕"라고 했다. 악관(樂官)인 사(師)와 고(瞽)는 악기를 가슴에 품고서 달아나고[犇=奔], 흩어져서 혹은 제후에게로 갔고, 혹은 황하나 바닷가로 숨어들어갔다.³³ 무릇 악(樂)이란 정(情)과 성(性)에 뿌리를 두기 때문에 살과 피부에 스며들고[浹] 골수에 잠기는 것이어서 천년을 지나더라도 그 남은

---

31 그래서 『논어(論語)』에서는 성어학(成於樂)이라는 말이 보여주듯 늘 성(成)과 음악은 밀접하게 연결된다. 맹자가 말한 집대성(集大成) 또한 음악과 관련된 말이다.

32 아(雅)는 정악(正樂)의 노래이고, 송(頌)은 조선(祖先)의 공덕을 찬양하는 노래다.

33 이와 관련된 구절은 『논어(論語)』 「미자(微子)」 편에 나온다. 태사 지는 제나라로 떠났고, 아반 간은 초나라로 떠났고, 삼반 료는 채나라로 떠났고, 사반 결은 진나라로 떠났다. 이어 북을 담당하던 방숙은 하내로 들어갔고, 작은 북을 흔들던 무는 한중으로 들어갔고, 태사를 보좌하던 소사 양과 경쇠를 치던 양은 해도로 들어갔다.

풍습과 나머지 강렬함[遺風餘烈]은 오히려 끊어지지 않는다. 춘추시대에 이르러 진(陳)나라 공자 완(完)은 제(齊)나라로 달아났다〔○ 사고(師古)가 말했다. "완은 진나라 여(厲)공자로 곧 경중(敬仲)이다. (노나라) 장왕(莊王) 22년 어려움을 만나 제나라로 달아났다."〕. 진(陳)은 순(舜)임금의 후예의 나라였기 때문에 소악(招樂 혹은 韶樂)이 남아 있었다. 그래서 공자가 제나라에 가서 소악을 듣고서 석 달 동안 고기 맛을 모르고서 말하기를 "음악을 만든다는 것이 여기에까지 이를 줄은 미처 생각지 못했다"[34]라고 했으니 아름다움이 그만큼 뛰어났던 것이다.

주나라의 도리가 비로소 무너지기 시작하자 원망하고 풍자하는 시[怨刺之詩]들이 생겨났다. 왕의 은택은 이미 다 닳게 되자 (바른) 시들이 더 이상 지어질 수 없었다. (아악(雅樂)을 연주해야 할) 왕의 악관은 생업을 잃게 되고 아(雅)와 송(頌)은 뒤섞여 엉망이 됐기 때문에 공자는 그것을 논해 정리를 하고서 이렇게 말했다.

"내가 위나라에 갔다가 다시 노나라로 돌아온 뒤에 음악을 바로잡았더니 아(雅)와 송(頌)이 각각 제자리를 얻게 됐다."[35]

주나라 왕실[周室]이 크게 무너지자 제후들은 마음대로 행동하며 양관(兩觀)을 설치하고 대로(大路)를 타고 다녔다〔○ 응소(應劭)가 말했다. "관(觀)이란 (천자의) 대궐 문 양쪽에 두던 누대였다. 예법에 제후는 하나의 관만을 둘 수 있었다. 대로란 천자의 수레다."〕. 배신(陪臣)〔○ 사고(師古)가

---

34 『논어(論語)』「술이(述而)」편에 나오는 말이다.

35 『논어(論語)』「자한(子罕)」편에 나오는 말이다.

말했다. "배(陪)는 거듭[重]이라는 뜻이다. 제후는 천자의 신하이기 때문에 제후의 신하는 거듭된 신하[重臣]인 것이다. 계씨는 노나라 환공(桓公)의 아들 계우(季友)의 후손으로 나라의 정치를 제 마음대로 하면서 사치와 참람됨[奢僭]을 일삼았다."〕 관중(管仲)이나 계씨(季氏) 등이 삼귀(三歸)를 소유하고 (제사를 마친 후) 철상을 하면서 (천자의 노래인) 옹(雍)을 연주하며 마당에서 (천자의 춤인) 팔일무(八佾舞)를 췄다.[36] 제도가 드디어 무너지자 점점 쇠락해[陵夷] 회복되지 않았고, 상간(桑間)·복상(濮上)·정(鄭)·위(衛)·송(宋)·조(趙)의 소리(-음악)가 나란히 생겨나〔○ 응소(應劭)가 말했다. "상간은 위(衛)나라 땅이고 복상은 복수(濮水) 주변인데 둘 다 새로운 음악을 좋아했다. 사고(師古)가 말했다. "정·위·송·조는 모두 음란한 음악을 갖고 있었다."〕 안으로는 질병이 찾아오고 수명이 줄어들었으며, 밖으로는 정치가 어지러워지고 백성들이 피해를 입었다. 교묘하게 거짓으로 꾸며대어 부귀한 자들의 눈과 귀를 현혹하고 어지럽혔다. 일반 백성들[庶人]도 그로 인해 이익을 구했고 여러 나라들은 그로 인해 서로 사이가 멀어졌다[相間]. 그래서 진(秦)나라 목공(穆公)이 서융(西戎)에 여악(女樂)을 보내니 유여(由余)는 그곳을 떠났고〔○ 응소(應劭)가 말했다. "유여는 서융의 뛰어난 신하다. 진나라가 서융을 삼키고자 해 여악을 보내니 유여가 임금에게 받지 말 것을 간언했으나 들어주지 않자 드디어 서융을 떠나

---

36 모두 『논어(論語)』에 나오는 이야기인데, 삼귀를 소유했다는 것은 관중이 세 곳의 별장을 둘 만큼 사치했다는 뜻으로 보는 것이 일반적이다. 세 명의 여인을 취한 것으로 보기도 한다. 계씨의 사례는 둘 다 천자의 예를 범한 것이다.

진나라에 왔다."), 제(齊)나라 사람이 노(魯)나라에 여악을 보내자[餽=饋]
궤 궤
공자는 (노나라를) 떠났다.[37] 육국(六國)(시대-전국시대)에 이르러 위(魏)나
라 문후(文侯)〔○ 사고(師古)가 말했다. "문후는 원래 진(晉)나라 대부 필만
(畢萬)의 후손이니 제후를 참칭한 것이다."〕는 옛것을 대단히 좋아하는[最
최
好古][38] 군주인데 (공자의 제자인) 자하(子夏)에게 말하기를 "과인이 옛날
호고
의 음악을 들으면 졸음이 오려 하는데 정나라, 위나라 음악을 들으면 나
는 싫증을 모른다"라고 했다. 자하는 이에 조목조목 설명하며 풀이해주었
으나 끝내 받아들이지 못했다.[39] 이때부터 예악은 없어졌다[喪].
상

한나라가 일어났을 때 악가(樂家)에 제씨(制氏)[40]가 있어 아악(雅樂)
의 성률(聲律)에 능해 대대로 대악관(大樂官)에 있었는데 다만 쨍강쨍강
[鏗鏘]거리는 금석(金石)의 음악과 북춤에만 능했을 뿐 정작 그 뜻을 풀어
갱 장
내지는 못했다. 고조(高祖) 때 숙손통은 진(秦)나라 악인에 의해 종묘의 음
악을 제정했다. 태축(大祝)이 종묘의 문에서 신을 맞이해 가지(嘉至)[41]의
음악을 연주했지만 이는 오히려 옛날의 강신(降神) 음악이었다. 황제가 종
묘의 문을 들어서자 영지(永至)의 음악을 연주하고 그것을 걸음걸이의 절
도로 삼았지만 오히려 그것 또한 옛날 채제(采薺-냉이를 캐다)와 사하(肆

---

37 『논어(論語)』「미자(微子)」 편에 나오는 말이다. 제나라 사람이 미녀 악공을 보내주자 계환자(季桓子)는 그것을 받고서 3일 동안이나 조정 일을 폐하므로 공자는 그 나라를 떠나버렸다.

38 이는 옛 도리를 대단히 좋아한다는 뜻으로 유학의 도리를 좋아한다는 말이다.

39 이는 『예기(禮記)』「악기(樂記)」에 나오는 일화다.

40 노(魯)나라 사람으로 주나라 음악의 전통을 노나라에 남겼다.

41 아름다운 신령이 이른다는 뜻이다.

夏)⁴²의 음악이었다. 건두(乾豆)⁴³가 위에 놓여 있을 때는 등가(登歌)를 연주하고 또한 노래만을 올릴 때는 관현(管絃)으로 사람의 소리를 어지럽히지 않아 자리에 있는 사람들에게 골고루 들리게 하려 했지만 그것은 오히려 옛날의 청묘(淸廟)⁴⁴의 노래였다. 등가가 두 번째 연주를 마치고 나면 당(堂)을 내려와 휴성(休成)⁴⁵의 음악을 연주했지만 이는 신명이 이미 흠향한 것을 찬미하는 내용이다. 황제는 동상(東廂-동쪽 행랑)에서 술을 올리고 자리에 와서 앉고 나면 영안(永安)의 음악이 연주되며 이로써 아름다운 예가 이미 완성된다. 또 방중사악(房中祠樂)이 있었는데 이는 고조의 (후궁인) 당산부인(唐山夫人)이 지은 것이다. 주나라에는 방중악(房中樂)⁴⁶이 있었는데 진나라에 이르러서는 그것을 수인(壽人)이라 불렀다. 무릇 악(樂)이란 그 살아가는 바[所生]를 즐기는 것[樂]이고 예(禮)는 근본을 잊지 않는 것이다. 고조는 초나라 소리[楚聲]를 즐겼기 때문에 그의 방중악은 초나라 소리였다. 효혜(孝惠) 2년에 악부령(樂府令) 하후관(夏侯寬)을 시켜 방중악의 소(簫)와 관(管)을 갖추게 하고서 이름을 바꿔 안세악(安世樂)이라고 했다.

---

42 둘 다 일종의 행진곡풍이었다고 한다.

43 두는 제기의 이름이며 마른 고기를 가득 채운 제기를 가리킨다.

44 『시경(詩經)』「주송(周頌)」'청묘(淸廟)' 편을 말한다. 문왕의 다움을 칭송하는 것으로 청묘란 문왕의 사당이다. 엄숙하고 깨끗하며 조용한 사당이라는 뜻을 갖는다.

45 숙손통이 지은 음악이다.

46 임금의 성대한 다움을 노래하고 백성들의 화락을 신에게 기원하는 것인데 뒤에는 실내악의 의미로 바뀌었다.

고묘(高廟-고조의 사당)에서는 무덕(武德)·문시(文始)·오행(五行)의 춤을 연주했고, 효문묘(孝文廟-문제의 사당)에서는 소덕(昭德)·문시(文始)·사시(四時)·오행(五行)의 춤을 연주했으며, 효무묘(孝武廟-무제의 사당)에서는 성덕(盛德)·문시(文始)·사시(四時)·오행(五行)의 춤을 연주했다. 무덕의 춤은 고조 4년에 지었는데 천하의 즐거움이 이미 행해지고 무력[武]으로 어지러움을 제거한 형상을 본뜬 것[象]이다. 문시의 춤은 본래 순임금의 소무(韶舞)에 뿌리를 두고 있는데 고조 6년에 이름을 바꿔 문시라고 함으로써 그것이 옛 소무를 답습한 것이 아님을 보여준다. 오행의 춤은 본래 주나라 춤[周舞]에 뿌리를 두고 있는데 진시황 26년에 이름을 바꿔 오행이라고 했다. 사시의 춤은 효문제가 지은 것인데 천하가 평안하고 화락함[安和]을 보이는 것이다. 대개 음악을 자신이 스스로 지은 것은 그것을 지을 수 있는 제도가 있음[有制]을 드러내는 것이고, 선왕의 음악을 즐기는 것은 전대의 법도가 있음[有法]을 드러내는 것이다. 효경제(孝景帝)는 무덕의 춤을 채집해 소덕(昭德)의 춤이라 하고, 그것으로 태종(太宗)의 사당[47]을 높였다. 효선제(孝宣帝)에 이르러 소덕의 춤을 채집해 성덕(盛德)의 춤이라 하고 세종(世宗)의 사당[48]을 높였다. 여러 황제들의 사당[帝廟]은 모두 늘 문시·사시·오행의 춤곡을 연주했다고 한다. 고조 6년에는 또 소용악(昭容樂)

---

47 태종, 즉 문제의 사당을 가리킨다.

48 무제의 사당을 가리킨다.

과 예용악(禮容樂)을 지었다. 소용이란 마치 옛날의 소하(昭夏)와 같으며 주로 무덕의 춤에서 나왔다. 예용이란 주로 문시와 오행의 춤에서 나왔다. 춤추는 사람에게 음악이 없다는 것은 장차 지존(至尊) 앞에 이르러야 하는데 감히 음악을 연주하지 않는 것과도 같다. 나올 때 음악을 쓰는 것은 춤이 절도를 잃지 않아 능히 음악으로 끝마칠 수 있다는 것이다. 대체로 모두 진나라의 옛일에 근거를 둔 것이다.

 애초에 고조가 이미 천하를 평정하고서 패(沛)를 지나가는데 옛 벗들이나 부로(父老)들과 서로 즐거워하며 술에 취해 애환을 털어놓다가 '풍기(風起)'라는 시를 지어 패중의 아이 120명에게 이 시를 익히게 한 다음 노래로 부르게 했다. 혜제(惠帝) 때에 이르러 패궁(沛宮)을 원묘(原廟)〔○ 사고(師古)가 말했다. "원(原)은 거듭[重]이다. 이미 정묘(正廟)가 있었기 때문에 고쳐서 거듭 세운 것이다."〕로 삼고 노래 부르는 아이들로 하여금 그것을 서로 익히게 했는데 늘 120명을 정원으로 삼았다. 문제와 경제 사이에는 예관은 예를 익힐 뿐이었다. 무제에 이르러 교사(郊祀)의 예를 제정하게 되자 태일(太一)을 감천(甘泉-경사의 서북쪽)에서 제사 지냈고 건(乾)의 방위로 나아갔다. 후토(后土)를 분음(汾陰)의 택중(澤中)의 방형으로 된 언덕[方丘]에서 제사 지냈다. 이에 악부(樂府)를 세우고 민간에서 시들을 채집해 한밤중에 읊조렸는데 거기에는 조(趙)·대(代)·진(秦)·초(楚)의 노래[謳]가 있었다. 이연년(李延年)을 협률도위(協律都尉)로 삼아 사마상여(司馬相如) 등 수십 명이 만든 시부(詩賦)를 다수 가려 뽑아 개략적으로 그것의 율려(律呂)를 논해 팔음(八音)의 화음과 조화를 이루게 하면서 19장(章)의 노래를 지었다. 정월 상신(上辛)⁴⁹의 날에 감천의 환구(圜丘)⁵⁰에서 하늘에 제사를 지내고 남녀 아이 70명에게 합창을 하게 해 저녁부터 제사를 올리면 다음 날 동트기 전에 끝났다. 밤에는 늘 신령스러운 빛이 있어 유성들이 제단에 몰려드는 것 같았고 천자는 죽궁(竹宮)[○ 위소(韋昭)가 말했다. "대나무 밭을 궁으로 삼고 천자가 그 안에 머문 것이다."]에서 그것을 바라보며 절을 했다. 제사를 모신 수백 명의 백관들은 모두 숙연해지며 마음에 감동을 느꼈다.

안세방중가(安世房中歌) 17장,⁵¹ 그 시는 이렇다.

'큰 효(孝)가 갖춰져 있고 아름다운 다움[休德]이 밝고도 맑도다
높이 사방으로 걸려 있어[縣=懸]⁵² 팽팽하니 음악소리 궁정에 가득하네
깃털 장식[羽葆] 빼곡이 숲을 이루어 멀리 구름이 걸린 경치
향기롭고 아득하네
(악기를 꾸민) 황금 가지들에는 수려한 꽃이 피었고

---

49 매달 첫 번째 신(辛)이 들어 있는 날이다. 원래 신(辛)에는 재계를 통해 스스로를 새롭게 한다는 뜻이 있다.

50 하늘의 둥근 형상을 본뜬 것이다.

51 이에 대해서는 12장으로 나누는 입장도 있고, 9장이나 10장으로 나누는 입장도 있다.

52 편종과 편경이 걸려 있는 모양이다.

수많은 깃발에는 모두 깃대 장식과 비취색 깃털뿐이로다'

'칠시(七始), 화시(華始)〔○ 맹강(孟康)이 말했다. "칠시란 하늘과 땅, 사계절과 사람의 시작이고 화시란 만물의 꽃부리가 만개하는[英華] 시작이다. 그것으로 노래 제목을 삼은 것이다. 육영(六英)과 같은 것이다."〕의 노래 엄숙하게[肅=敬] 불러 조화의 소리 빚어내네〔○ 사고(師古)가 말했다. "노래하는 사람이 엄숙해 모두 함께 노래해 화성(和聲)을 이룬다는 말이다."〕

부디 신께서 오시어 즐기고 노시어[宴娭=宴戲]

이 음악을 다 들어주소서

삼가고 두려워하는[鶩鶩] 소리로 신을 보내드리려 하니 아주

어렴풋하게 사람의 마음을 움직여 가지런하고 엄숙하게 하시는도다

홀연히 푸른 하늘[青玄] 올라타고 떠나시니

복록을 받을 준비 다 갖춰졌도다

맑은 생각은 그윽하고 고요한데[眑眑=幽靜]

세상 이치[經緯]는 아련하구나[冥冥]'

'내가 역수(曆數)를 정하니 사람들이 그 마음을 다하는구나〔○ 사고(師古)가 말했다. "신하들이 온 마음을 다해 정성을 바친다는 말이다."〕

몸을 삼가며 재계해 가르침을 정성껏[申申] 베푸노라

이에 조묘(祖廟-선조의 사당)를 세워 혈친을 높이는 일을

삼가 밝혔도다

크도다! 효의 복됨[熙=福]이여! 사방 먼 곳[四極]에서 이에 찾아오는구나[臻=至][○ 사고(師古)가 말했다. "『이아(爾雅)』에 이르기를 '동쪽으로는 태원(泰遠)에 이르고, 서쪽으로는 빈국(邠國)에 이르고, 남쪽으로는 복연(濮鉛)에 이르고, 북쪽으로는 축률(祝栗)에 이르니 이를 일러 사극(四極)이라고 한다'고 했다. 진(臻)은 진(臻)과 같은 뜻이다."]'

'왕과 후(侯)는 다움을 갖추고[秉德] 그 이웃들은 공경하네[翼翼][○ 사고(師古)가 말했다. "(『논어(論語)』「이인(里仁)」편에서) '다움은 외롭지 않아 반드시 이웃이 있다'고 했다."]
밝은 법도를 훤하게 밝혔도다
깨끗하고 밝아 성대하구나[暢=盛][○ 사고(師古)가 말했다. "창(暢)은 창(暢)의 옛 글자로 널리 통하다, 두루 미치다[通]는 뜻이다."]
황제의 효와 다움이여[孝德]
마침내 큰 공업을 완성하시어 사방 먼 곳까지 어루만져 평안케 했도다'

'나라 안에[海內] 간사한 자들이 있어 동북쪽을 어지럽히니[53]
조(詔)하여 군대를 어루만져 출동시키니[成師]
무력을 갖춘 후[武侯]들이 자신들의 다움을 받들었도다[54]

---

53 연(燕)의 장도(臧荼), 초왕(楚王) 신(信), 한왕(韓王) 신(信) 등의 반란과 흉노의 침략을 가리킨다.
54 무력을 가진 신하들이 자신들의 역할을 다했다는 뜻이다. 『춘추좌씨전(春秋左氏傳)』'공(宣公) 12년'에 군대를 이뤄 출동했다[成師以出]는 말이 나온다.

행군 대열은 질서정연해[樂=和樂] 곳곳에서 맞서 싸우니
　　　　　　　　　　낙　화락
소(簫)와 작(勺)으로 간특한 무리들을 눌렀다네〔○ 진작(晉灼)이 말했다. "소(簫)는 순임금의 음악이고 작(勺)은 주나라의 음악이다. 음악을 동원해 정벌했다는 말이다."〕
군대가 엄숙하고 가지런하니 이에 연(燕)나라를 평정했도다'

'큰 바다 넓디넓으니[蕩蕩] 모든 강물이 거기로 흘러가고
　　　　　　　　탕탕
높고 뛰어난 임금 화락해[愉愉=和樂] 모든 백성들이 사모하도다[懷=思]
　　　　　　　　유유　화락　　　　　　　　　　　　　회　사
큰 산은 아득히 높아 온갖 화초를 길러주는데
백성들은 무엇을 귀하게 여길까?
(뛰어난 임금이) 다움을 갖고 있음[有德]을 귀하게 여긴다네〔○ 사고(師
　　　　　　　　　　　　　유덕
古)가 말했다. "뛰어난 임금은 그 다움이 높기 때문에 만백성이 그것을 존경한다는 말이다."〕'

'만물은 각자 제 자리를 얻어 즐거이 그 생(生)을 마치는구나
즐거이 그 생을 마치니 대대로 계통[緒]이 이어지도다
　　　　　　　　　　　　　　　　서
비룡이 훨훨[秋] 날아 상천(上天)을 노니니
　　　　　추
높고 뛰어난 임금 화락해 백성들을 즐겁게 해주는도다'

'빽빽이 자라난 초목들 무성하고[蔘] 나무에는 이끼[女蘿] 가득하도다
　　　　　　　　　　　　　　요　　　　　　　　　　여라
〔○ 응소(應劭)가 말했다. "여라(女蘿)는 이끼의 한 종류로 소나무나 잣나무에 자란다. 서로 다른 것들도 이렇게 실어주는데 하물며 같은 동성

(同姓)은 말할 것도 없으니 이는 친족들을 잘 품어준다는 뜻이다."]

(옛 뛰어난 제왕들의) 지극한 선함을 보건대

누가 이를 어지럽힐[回=亂] 수 있으리오

이보다 더 클 수는 없으니 가르침과 다움을 백성들 사이에 이룰 것이요

이보다 더 길 수는 없으니 (백성들은) 끝없이 그 은택을 입을 것이로다'

'천둥은 우르르 쾅쾅[震震] 번개는 번쩍번쩍[燿燿]

밝은 다움[明德]은 이처럼 백성들을 향하고

다스림의 근본은 간결했네[約]

다스림의 근본이 간결하니 그 은택은 넓고도 크도다

다움이 가해져 은총을 입으니 백성들은 모두 서로를 지켜주는구나

다움의 베풂이 크니 백성들은 대대로 천수를 누리는도다'

계화(桂華-계수나무 꽃)[55]

'도량(都良-난의 일종)과 벽려(薛荔)[56]가 마침내 향기를 뿜으니

계화는 들쭉날쭉[宵窊]

효심은 하늘에까지 알려져 햇빛, 달빛 같도다

---

55 원래는 17장 모두에 각각 제목이 있었던 것으로 보이지만 지금은 이 장과 다음장에만 장의 제목이 남아 있다.

56 둘 다 향기가 좋은 식물이다.

검은[玄] 사룡(四龍)에 올라타 북쪽으로 치달아 도는구나

깃털 장식[羽旄] 무성한데 저 멀리 아득하기도 해라

효도는 대대로 이어지리니 우리 그것을 문장(文章)에 새겨두리라'

미약(美若)[57]

'풍성하고 그득하게[馮馮翼翼][58] 하늘의 법칙을 이어받았도다

우리의 강토[易=疆域] 길고도 원대해 사방 먼 곳까지 훤히 밝히노라[59]

위에서 베푸는 자애로움과 은혜로움에 감화돼

백성들은 아름답고 순종하는 다움을 갖췄도다

아득하고도 멀어라[杳杳冥冥] 영원히 복록이 이어지리라'

'까마득하고 꽉 찼구나[磑磑卽卽] 마치 산을 이룬 듯하도다

아! 효성스러움이여 융(戎)의 나라를 어루만져 평안케 하네

오랑캐들은 한없이 환호해 통역[象=譯]을 통해서까지 와서

복을 빌어주는구나

위에서 포용을 베풀면[兼臨] 결국 전쟁은 없으리라'

---

57 원문에는 미방(美芳)으로 돼 있다. 그러나 본문 중에 미약(美若)이 있는 것으로 볼 때 미방(美芳)은 오기인 듯하다.

58 풍풍(馮馮)은 가득 찬 모양이고 익익(翼翼)은 많다는 뜻이다.

59 먼 곳 백성들의 속사정까지 다 안다는 말이다.

'아름답게 바치는 제물 향기롭고 신령께 고하러 와서 제향하도다

신령께 고해 이미 제향하고 나니 덕음(德音)이 참으로 좋구나[臧=善]
　　　　　　　　　　　　　　　　　　　　　　　　　　　　장　선

이 다음의 좋음은 제후를 세우는[建侯]〔○ 사고(師古)가 말했다. "제후
　　　　　　　　　　　　　　건후
를 봉해 세워주는 것이다. (『주역(周易)』의) 둔(屯)괘(䷂)에 이르기를 '제
후를 세우면 이로우리라'고 했다."〕일정한 도리가 되리니

하늘의 아름다움을 이어 지키면 아름다운 이름[問=名] 잊지 못하리라'
　　　　　　　　　　　　　　　　　　　　　　문　명

'해와 달은 아름답고 성대하니[皇皇]
　　　　　　　　　　　　　　황황
아름다운 다움[休德]은 넓고 원대하도다
　　　　　휴덕
하늘의 조화를 아름답게 이어받아 그 복을 맘껏 누리노라

즐거움에 처해 있어 황폐함을 모르니

그것이야말로 백성들의 법칙이구나'

'뜻 깊은 법[浚則=深法]⁶⁰은 다움이 넘쳐
　　　　　준칙　심법
아래 백성들은 모두 번성하도다[殖]
　　　　　　　　　　　　　　식
아름다운 이름 오래가고 큰 포용력[孔容]은 더욱 번성하네'
　　　　　　　　　　　　　　　공용

'큰 포용력이 일정한 법도가 되고 하늘[帝=天]의 밝음을 계승했도다
　　　　　　　　　　　　　　　　　　제　천
아래 백성들 즐거워하니 자손들이 이를 지켜 빛내는구나

공손하고 따스하면 훌륭한 마음 이어 하늘의 빛을 받았도다

60　한나라 고조의 법삼장이나 소하(蕭何)가 제정한 법률 등을 말한다.

아름답게 바치는 것의 좋은 향기 오래오래 살아도[壽考] 잊지를 않네'
_{수고}

'하늘의 밝은 다움 이어받아 마치 산을 이룬 듯하도다

이를 구름처럼 백성들에게 베푸니

백성들은 영원토록 그 복을 받는구나

큰 포용력의 일정한 법도를 이어받고 하늘의 밝음도 계승했도다

아래 백성들 평안하고 즐거우니 복을 받음에 끝이 없어라'

교사가(郊祀歌) 19장,[61] 그 시는 이렇다

1. 연시일(練時日)

'시일을 잘 골라[練=選] 당장 망제(望祭)[62]를 지내고
_{연　선}

발기름[膋][63]과 개사철쑥[蕭=香蒿]을 태워
_요　　　　_{소　향호}

사방(의 신들)에 닿도록 하노라

아홉 겹[九重] 하늘의 문 열리고 신령이 노니니
_{구중}

61　한나라 무제가 교사(郊祀)의 예를 정하고 악부(樂府)를 세워 이연년(李延年)을 협률랑(協律郞)으로 삼아 19장의 악가(樂歌)를 지었다.

62　천자가 음력 보름날 지내던 제사와 9주의 대천과 오악사독을 바라보면서 지내던 제사를 가리킨다.

63　짐승의 뱃가죽 안쪽에 낀 지방덩어리다.

은혜가 드리워져 큰 복[鴻祜=大福]이 아름답도다
　　　　　　　　　홍호　대복

신령의 수레는 검은 구름 빚어내고

비룡이 끄는 수레에는 깃털 장식 가득하도다

신령이 내려오는 것은 풍마(風馬)[64]와 같은데

왼쪽에는 푸른 용[倉龍=蒼龍=靑龍], 오른쪽에는 흰 호랑이[白虎]라네[65]
　　　　　　　　창룡　창룡　청룡　　　　　　　　　　백호

신령이 내려오시니 신묘하도다 그 질풍 같음이여!

먼저 비 내리게 하시고 줄줄이 비상하며 날아오도다

신령이 이르시니 경사로움이 온 천하를 은은하게 뒤덮고

그 모습 눈앞에 보이는 듯하니[放怫=髣髴=彷佛]
　　　　　　　　　　　　　방불　방불　방불

온 마음 진동케 하도다

신령이 이미 자리에 앉았으니 오음(五音)과 어우러지고[飭=整]
　　　　　　　　　　　　　　　　　　　　　　　　　척　정

음악[虞=樂]이 다음 날 아침까지 울려 퍼지니
　　우　악

신령을 모심도 편안해라[億=安]
　　　　　　　　　　억　안

아주 어린 송아지[繭栗][66]를 희생으로 하고
　　　　　　　견율

신에 올리는 정성스러운 곡식 제물[粢盛] 향기로우니
　　　　　　　　　　　　　　　　자성

계수나무로 담근 술 올려 팔방의 신들[八鄕] 맞이하는도다
　　　　　　　　　　　　　　　　　팔향

신령이 편안히 머무시니 사계절 음악[靑黃] 연주되고
　　　　　　　　　　　　　　　　　청황

구석구석 잘 살피시며

---

64 신령이 타는 말이라고 하는데 신가(神駕)라고도 한다.

65 좌우에서 호위한다는 말이다.

66 어린 송아지가 처음 뿔이 날 때 그것이 고치나 밤톨[繭栗]만 하다고 해서 이렇게 표현한다.
　　　　　　　　　　　　　　　　　　　　　　견율

옥 닮은 요석(瑤石)으로 꾸민 당을 바라보시는도다

수많은 가희들[嫭]호 나란히 섰는데 그 맵시 참으로 아름답고

그 얼굴은 흰 꽃 같아 온 백성들 다투어 뒤를 좇는구나

꽃무늬 새기고 가볍고 얇은 비단[霧縠]무곡 걸쳐

비단과 가는 베로 만든 치마 끌며 주옥을 찼도다[佩]패

아름다운 밤을 끼고 채란(茝蘭-향풀) 향이 그윽하니

한가로이 맘 놓고 즐기며 아름다운 술잔[觴]상 바치노라'

2. 제림(帝臨)

'제(帝)께서 중단(中壇)에 나아오시니

사방의 신들이 각각 단의 사방을 받드는구나

삼가[繩繩=戒]승승 계 뜻을 바로 해 각각 자신의 자리를 얻었도다

육합(六合)을 맑게 화합해 오(五)로써 수(數)를 제정했다네[○ 장안(張晏)이 말했다. "이는 후토(后土)의 노래다. 토의 수가 오(五)다."]

나라 안이 평안해 문(文)을 일으키고 무(武)를 드리웠도다

후토(后土)는 풍요로운 어머니[媼=老母]온 노모 (의 공덕)인지라

해와 달과 별[三光]삼광을 훤히 밝히노라

화목해 여유롭게 노니니 아름다운 복색은 황색을 높이도다[○ 맹강(孟康)이 말했다. "토(土)의 색은 황(黃)을 높인다."]'

3. 청양(靑陽), 추자(鄒子)의 음악이다[67]

'따스한 봄볕[靑陽=春]은 (만물을) 열어 움직이니

식물의 뿌리들[根荄]이 그로 인해 자란다네[遂=生出]

기름짐과 윤택함이 아울러 아껴주고 한 걸음씩 걷다 보면

끝내 목적지에 이르게 되는도다

우레의 굉음 소리 영광을 드러내니

바위굴에 숨어 살던 벌레들을 일깨우네

마른 나무에 다시 싹이 나고 이에 그 명을 이루게 되는도다

만물이 즐거워 기뻐하니[熙熙]

(그 은택) 어린아이와 태아[夭胎]에까지 베풀어지고

뭇 생명들 넉넉해지니[噉噉]

아! 이야말로 봄날의 복된 모습[祺]이라네'

4. 주명(朱明), 추자(鄒子)의 음악이다

'붉은 햇살[朱明=夏] 성대하고 길어 만물이 더불어 열리고 펴지도다

초목들은 무성하고 아름답게 자라 굽은 곳 하나 없다네

꽃을 활짝 피우고 열매 맺히니

---

67 전국시대 제나라 추연(鄒衍)의 음악이다. 추자가 연주한 음률은 따뜻한 기운을 불러왔다고 한다.

이미 성대하고[阜=大] 이미 무성하도다[昌=茂]
부 대   창 무

이곳 그릇을 가득 채운 곡식들은 모두 큰 밭에서 자란 것이라

이를 많은 귀신들에게 올리노라

넓고 커다란 사당 세워 엄숙과 조화를 잊지 않았다네

귀신이 이를 너그러이 받아주신다면 대대손손 전해 끝이 없으리라'

5. 서호(西顥), 추자(鄒子)의 음악이다

'서쪽의 밝은 하늘[西顥=秋] 기운이 하얗고
        서호 추

가을 기운 초목을 시들게 하도다[肅殺]
                            숙살

오곡 백초가 열매 맺고 이삭을 드리우니

옛 싹을 이어 끊어지지 않는구나

간사함과 거짓됨은 싹을 틔우지 못하고

요망스러운 것들[祆孽=妖孽]은 숨어 숨죽이니
              요얼 요얼

저 멀리 변경을 넘어서 와서

사방의 오랑캐[四貊=四夷] 모두 다 복종하도다
           사맥   사이

이미 그 위력 두려워해 오로지 순수한 다움[純德]을 사모하는구나
                                순덕

복속해 교만하지 않고 마음 바로 해 조심하고 또 조심하는도다[翊翊]'
                                                    익익

6. 현명(玄冥), 추자(鄒子)의 음악이다

'북쪽의 검은 하늘[玄冥=冬] 음산하니
        현명 동

겨울잠 자는 벌레들은 모두 숨었네

초목은 다 떨어지고[零落] 겨울이 되니 서리 내리는도다
　　　　　　　 영락

어지러움을 바꾸고 간사함을 없애 그릇된 습속 고쳐서 바로잡았네

만백성은 근본으로 돌아가니

소박함[素]을 품고 질박함[樸]을 그리워하는구나
　　　 소　　　　　　 박

신의를 중시해 오악(五嶽)에 망제(望祭) 지내노라

전적(籍田)을 몸소 갈 때 아름다운 곡식 거둬들이네'

7. 유태원(惟泰元)

'아, 하늘의 신[泰元=天神]은 지극히 높고
　　　　　　 태원　천신

땅의 신[媼神=地神]은 많은 복을 내려주네
　　　　 온신　지신

하늘과 땅을 씨줄 날줄로 삼아 사계절을 짓고 이루었도다[作成]
　　　　　　　　　　　　　　　　　　　　　　　　　 작성

해와 달 정밀하게 세우고 각종 별들의 도수를 정확히 재니

음양과 오행은 한 바퀴 돌아 다시 처음으로 돌아가는구나

구름과 바람, 천둥과 번개가 감로우(甘露雨)를 내려주니

백성들은 더욱 늘어나 모두가 그 업을 따르도다

계통을 이어 공손하고 부지런하니 황천의 다움에 고분고분하구나

난로(鸞路)[68]는 용린(龍鱗)처럼 눈부셔

꾸미지 않은 곳이 한 곳도 없도다

68　임금의 수레는 난로(鸞路), 임금이 타는 말의 방울은 난령(鸞鈴)이라 했다.

아름다운 과일 제기[嘉籩] 줄지어 늘어서 이미 제향을 한 듯하네
흉한 재앙들은 모두 없애 위열(威烈)의 성대함은
온 세상[八荒]으로 퍼져나가는도다
종과 북과 각종 피리 연주하며 운무(雲舞)를 추노라
영기(靈旗)에 초요(招搖)[69]를 그려 넣으니
아홉 오랑캐가 와서 복종하도다[將=從]'

건시(建始) 원년에 승상 광형(匡衡)이 아뢰어 "난로(鸞路)는 용린(龍鱗)처럼 눈부셔"라는 구절을 다시 고쳐 "악을 제거하고 아름다운 완성을 잘 골라[涓選休成]"라고 했다.

8. 천지(天地)

'하늘과 땅이 나란히 내려주시니[況=賜] 우리는 그걸 사모하노라
이에 자줏빛 단(壇)을 만들어 강신(降神)의 길을 찾아보려 하도다
공손히 인사(禋祀)[70]를 받들어 신령스러움이 가득했네
각종 수를 놓은 장식[黼繡]을 단상에 늘어놓아
신을 받드는 것이 지극히 존엄했도다

---

69 북두칠성의 일곱 번째 별이다.

70 천신에게 지내는 제사다.

1,000명의 노래하는 아이들이 춤을 추며 팔일(八溢=八佾)[71]을 추니

좋은 기운이 한데 어우러져 태일신(太一神)을 즐겁게 하는구나

구가(九歌)를 빠짐없이 연주하니 각각의 장(章)마다 눈부시고

거문고와 피리 모두 함께 소리를 내는도다

구경(璆磬-옥으로 만든 경쇠) 금고(金鼓-쇠로 만든 북) 소리에

신령은 기뻐하고

백관들 성대하게 있어[濟濟] 각자 자기 일들에 삼가 최선을 다하노라
제제

정성 가득한 희생은 제기마다 그득하고 기름을 태워

그 향기 신령이 맡아보게 하도다

신령은 그윽하게 머물러 있어 임하는 것은 잠시뿐

해 저물어도 신령스러운 새가 장려(長麗) 앞에 있어

빛은 훤하게 밝도다

추위와 더위는 음양이 조화를 이룬 것이라

이를 임금에게 내려주어 뛰어난 다움을 펼치노라

시를 펼쳐 외워 음률을 맞추면 서로 어우러져 옥 소리 울리니

궁(宮)조를 머금어 각(角)조를 토해내 치(徵)조가 맑게 울려퍼지고

노랫소리 대들보를 감아 돌아 우(羽)조를 끌어올리자

상(商)조로 무겁게 눌러주도다[申=重]
신 중

여기에 새로운 음악을 지었으니 영원토록 이어지거라

소리의 기운 멀리 울려퍼져 봉황새도 날게 하리니

---

71 가로세로로 8명씩 64명이 추는 천자의 춤이다.

신령이시여, 저녁에 즐기시고 여기서는 크게 흠향하소서'

승상 광형이 아뢰어 "각종 수를 놓은 장식[黼繡]을 단상에 늘어놓아"
                                        보수
라는 구절을 다시 고쳐 "옛 법도를[舊典] 엄숙하게[肅=敬] 고분고분 따라
                        구전   숙 경
서[若=順]"라고 했다.
  약 순

9. 일출입(日出入)

'해 뜨고 지는데 어찌 끝이 있으랴

세상은 장구하나 인생은 그와 달리 짧다네

하여 봄은 우리의 봄이 아니고 여름은 우리의 여름이 아니며

가을은 우리의 가을이 아니고 겨울은 우리의 겨울이 아니로다

해는 출렁출렁 사해(四海)를 들고 나는데

연못에 머무는 우리네 삶이 그것을 어찌 알리요

우리는 즐길 바가 따로 있는데

(황제(黃帝)) 홀로 육룡(六龍)[72]을 즐기더니

육룡을 타고 올라 신선이 돼 내 마음을 힘들게 하는구나

아! 황제는 어찌하여 내려오지 않는 것인가.'[73]

---

72 해는 육룡을 타고 다닌다고 여겼다.

73 무제도 황제처럼 신선이 돼 하늘로 올라가고 싶어 했다.

10. 천마(天馬)

'태일(太一)이 내려주시어[況=賜] 천마가 내려왔도다
붉은 땀으로 젖어 있어 그 흘러내리는 것이 마치 붉은 피와 같다네
뜻은 까마득히 높고 권모술수[權奇]는 치밀해
뜬구름 밟고서 아득히 저 위로 내달리도다
몸통은 여유로워 어느새 저 멀리 만 리 밖에 가 있구나[逝=逝]
지금은 누구도 짝할 수 없어 용(龍)하고만 벗삼도다'

원수(元狩) 3년[74] 말이 악와(渥洼)의 수중에서 태어나자 이를 지었다.

'천마가 오는 것은 서쪽 끝[西極]에서라네
떠다니는 모래를 밟고 아홉 오랑캐[九夷] 정복시킨 덕분이지
천마가 오는 것은 샘물[泉水]에서라네
그 털은 호랑이 등의 두 가지 색, 그 변화는 귀신과도 같구나
천마가 오는데 풀 없는 땅을 밟고
1,000리를 거쳐 동쪽을 향한 길 따라오는구나
천마가 오는 것은 집서(執徐)[75] 때
장차 저 높이 가버리면 뉘와 함께 기다릴까

---

74 일본어판에 따르면 이는 원정(元鼎) 4년의 잘못이다.
75 목성이 진(辰)에 있을 때를 가리킨다.

천마가 오니 멀리서부터 문을 열고 기다리네

내 몸 깨끗이 하고서 곤륜으로 가볼까나

이미 천마가 오고 있다니 이는 용이 이르렀다는 뜻인가

하늘의 문[閶闔=天門]에서 노닐며
       창합 천문

(상제가 산다는) 옥대(玉臺)를 바라보노라'

태초(太初) 4년 대완(大宛)의 왕을 주살하고 대완의 말을 얻게 되자 이를 지었다.

11. 천문(天門)

'하늘의 문이 열리니 천체가 견고하면서도 맑아[佚蕩蕩]
                                        질 탕탕

수많은 신들이 기뻐하며 내발려 사당에 임하도다

신광(神光)이 밤에 비추이자 다움과 신임[德信]이 두드러지고
                                    덕신

신령의 덕택으로 공평무사해져

큰 복 오래오래 받아 장수의 길 얻었다네

붉은색으로 길을 널리 꾸미고 돌을 평평하게 해

(여러 층을 쌓아) 당을 지었다네〔○ 사고(師古)가 말했다. "신과 통하는 길을 준비했다는 말이다."〕

옥 막대기[玉梢]⁷⁶ 장식해 춤추며 노래하고
         옥초

---

76 춤추는 사람이 사용하는 것이다.

영기(靈旗)에 그려진 초요(招搖)의 모양을 오래도록 바라보는구나

뭇별들은 신(神)의 자리에 머물러 내 제사에 답하고[俞=答]
                                                    유 답

빛을 드리워 사방을 막도다

자줏빛 장막에 내리비추고 붉은빛은 누렇다가[煴] 황색이 되네[77]
                                         운

날짐승들 훨훨 날아 날개를 펴 모여들고

두 쌍이 함께 날아 이리저리 배회하도다[常羊=逍遙]
                                상양 소요

달빛 은은하니 금빛 파도 일렁이고 햇빛 훤하니 지극히 밝구나

신은 청풍을 타고서 그 먼 길 홀연히 왔으니

그 신속함에 감사하며 거듭 잔을 올리노라[重觴=累獻]
                                 중상 누헌

신령은 배회하며 머물러 가시지를 않으니 그 덕에 나는

신령을 보게 돼 내 온 정성을 다해 그것을 밝혀내는도다[章=明]
                                              장 명

신이 내려주시는 큰 복을 입으니 늘 정성을 다해 기다리게 되는구나

상천은 적막하고 고원하지만 우리가 제사 올리는 때를 알고 계신다네

둥둥 떠서[泛泛] 출렁출렁[滇滇] 저 높이서 노니시지만
         범범   전전

은근하게 이 길에서 구하는 바를 늘어놓고[臚=陳] 싶도다
                                    여 진

비로소[佻=肇] 바르고 아름답고 길하고 크게 해 외치나니
     조 조

아름답고 경사스러운 소리 크게 해 사방을 넘치게 하는도다

정성을 다하고 뜻을 다 쏟아 구천 하늘도 떠나가시니

육합(六合)이 떠들썩하게 일어나 큰 바다에 배 뜨는 듯하도다'

---

77 자줏빛 장막은 신을 제사 지내는 곳이다. 그곳에 붉은빛이 내려비추니 노랗게 보였다는 말이다.

12. 경성(景星)[78]

'경성(景星)이 나타나고 신성(信星)[79] 반짝이며 열(列)을 지었네[80]

하늘에 걸린 상들[象=懸象], 비밀스러운 일들[載=秘事]

마당에 훤히 드러나니 나날이 와서 친근해 밝게 꿰뚫어볼 수 있도다

하늘과 땅과 별들이 함께하니 여기에 상서로운 호응의 뿌리가 있구나

분수(汾脽-지명)에서 쇠솥[鼎]이 나오니

원시(元始)에서 크게[皇=大] 복을 받도다

오음(五音) 육률(六律)이 서로 조화를 이뤄 그 메아리 소리 밝구나

서로 섞여 변하고 어우러져 만나

아름다운 소리[雅聲] 멀리 울려퍼지도다

공상(空桑)[81]의 금슬(琴瑟-거문고) 울리자

신의를 맺어 일이 이뤄지는구나

사방에 걸린 악기에서 팔방의 음률[八風] 울려퍼지네

---

78 목성인데 상서로운 별[瑞星]을 뜻한다. 경운(慶雲)·감로(甘露)·기린(麒麟) 등과 함께 경사스러운 일이나 태평성대를 표시하는 징조다. 도리가 있는 나라에서만 나타난다고 해서 덕성(德星)이라고도 한다. 패성(孛星)은 반대로 흉한 징조다.

79 토성은 진압한다는 뜻의 진성(鎭星), 28수 각 자리를 차례로 메워간다는 뜻에서 전성(塡星), 또는 오상(五常)의 중앙 토(土)에 대응한다는 의미에서 신성(信星)이라고도 일컬었다.

80 이는 원봉(元封) 원년 가을의 일이다.

81 장안(張晏)은 거문고의 일종이라 했고, 사고(師古)는 거문고를 만드는 데 쓰는 좋은 재목이 나는 곳의 지명이라 했다.

경쇠 소리 장대하고 우약(羽籥)⁸² 울어대는구나

하룡(河龍-황하의 신)은 제사를 위해 잉어를 올려 맑은 제물로 삼도다

백말(百末)⁸³로 빚은 맛있는 술[旨酒=美酒] 있고 좋은 향기는 난초에서 퍼져나오는구나

태존(泰尊)의 자장(柘漿-산뽕나무 즙)은 아침 숙취[朝醒]를 풀어주네

마음을 미묘하게 감동시켜 유구하게 이어갈 명성 이루는구나

사방을 떠다니며 배회하는[常羊] 신의 도리에 합치됨을 생각하도다

큰 복을 얻어 바르고 곧은 도리로 돌아가는 것은 지난날의 바람이었네

풍이(馮夷)⁸⁴는 신령스러운 거북이[觿]와 화합하고 하수(河水)와 통해 재해가 사라졌도다

상천이 베풀어 후토(后土)를 이루었고

넉넉한[穰穰=豊足] 풍년 드니 사계절이 영화롭도다'

원정(元鼎) 5년에 분음(汾陰)에서 쇠솥을 얻자 이를 지었다.

13. 제방(齊房)

'제방(齊房)에 풀을 심고 구경(九莖)의 잎을 이었도다

---

82 순임금의 음악 소무(韶舞)를 연주할 때 쓰는 피리의 일종이다.

83 백초화(百草華)의 가루를 말한다.

84 하백(河伯)의 이름이다.

궁궐의 아이들 신기한 것을 따라 하고

그림을 쪼개 계보를 생각해내는구나

하늘의 기운[玄氣=天氣]은 도읍[85]으로 휘돌아오고
   현기   천기

해는 장구하고 지(芝-지초)는 영묘한 꽃을 피우도다'

원봉(元封) 2년 지초가 감천의 제방에서 피자 이를 지었다.

14. 후황(后皇)

'후토와 황천[后皇]을 제사 지내는 아름다운 제단에
         후황

현황(玄黃)의 제복을 세웠도다

보배로운 쇠솥이 기주(冀州)[86]에서 나오고 조짐은 복록을 입었네

졸졸[沇沇] 사방을 막으니
   연연

멀리 있는 오랑캐들도 와서 복속하는구나[合處=內附]
                              합처   내부

우리 억만 백성들을 잘 경영해 모두 그 살 곳[宇=居]을 얻게 하도다'
                                  우 거

15. 화엽엽(華燁燁)

'꽃이 활짝 피니[燁燁] 영근(靈根)이 튼튼하도다
          엽엽

---

85 운양(雲陽)의 도읍인 감천(甘泉)을 말한다.

86 분음은 기주에 속한다.

신이 노닐며 하늘의 문을 지나니

수레 천승(千乘) 곤륜(昆侖)에 모이도다[敦=會=聚]
돈 회 취

신이 나오시니 옥방(玉房) 물리치고

사방을 떠도시니 난당(蘭堂)에 머무시는도다

신이 행차하시니 온갖 깃발 나부끼고

마차 행렬 빠른데 서로 이어진 백성들 많기도 하구나

신이 오시는데 붕붕 떠서 오는 모습 조심스럽고

감로가 내리니 경사스러운 구름이 몰려들도다

신이 끌어당기시니 제단과 궁실에 강림하시네

구의(九疑)[87]의 빈객 되고 기(夔)는 용춤을 추도다[88]

신이 (마침내) 와서 편하게 앉으시니 모두 좋은 때[吉時]를 취하도다
길시

모두 조심해 신의 도리에 부합하려고 생각하네

신께서 즐거워하니 거듭해서 잔을 올리네[貳觴=重觴]
이상 중상

복은 널리 퍼지고 두루 길게 이어지도다

콸콸[沛=沛然] 복을 내리사 분수(汾水)의 굽이침이여!
패 패연

금빛 들어 올려 저 큰 강을 가득 채우노라

파도는 너울너울 구름과 같고 물은 늘어나더니 파도를 끌어올리네

두루두루 즐거움을 풀어내니 노랫소리 하늘로 올라가도다[騰=升]'
등 승

---

87 순임금이 묻힌 곳이다.

88 춤으로 신을 즐겁게 해준다는 뜻이다.

16. 오신(五神)[89]

'오신(五神)은 태일신의 재상이 돼 사방을 품었도다

땅은 넓고 뜬구름 끌어올리네

아름다운 제단을 닦으며 산초나무, 난초의 향 더하도다

신의 벽옥은 정교하니 그 빛 화려하구나

억년을 더해 복과 경사 처음으로 일으키니

신들과 교감하며 그 뜻을 이은 듯하도다

여러 신들을 두루 펴니 모두가 제사를 흠향하고서 잔을 다 비웠구나

신령스러운 가마의 자리에 나아가 깍듯이 높이도다

서둘러 진열하니 뿔뿔이 흩어져 무엇이 남으리오

우리의 녹택(淥澤-지명)에 오래 머물러

마음은 그윽한 곳으로 돌아가도다'

17. 조농수(朝隴首)

'농산(隴山)에 조알하고 서북쪽[西垠] 둘러보았네
　　　　　　　　　　　　　서은

우레와 번개 번쩍 하니 흰 기린을 붙잡았도다

이르기를 흰 기린은 발이 다섯 발굽이고 황덕(黃德)을 가졌구나

흉악 잔인함을 그림으로 그려

89　오제(五帝)를 가리킨다.

훈죽(熏鬻-흉노의 본래 이름)을 주살했다네
이리저리 떠도는 악인들을 없애고 도리를 어기는 자들을 제압하고
신들의 수많은 관리들을 빈객으로 맞아 산하에 제사를 드렸도다
원(轅-수레의 끌채)을 가려 되돌리고 오래오래 내달리는구나
우사(雨師-비의 신)를 하늘로 올려 길가에 물을 뿌리네[洒=灑]
쇄 쇄
유성이 떨어지는 것을 보니 저 바람에 감흥이 일도다
돌아가는 구름을 밟다 보니[躡=躡]
섭 섭
사방 오랑캐 회유하려는 마음도 잊게 되는구나'

원수(元狩) 원년 옹(雍)에 행차해 흰 기린을 잡자 이를 지었다.

18. 상재유(象載瑜)

'상서로운 수레 아름다운데 그 흰색은 서방에서 나왔으니
감로를 먹고 광채를 발하는 샘물을 마시노라
붉은 기러기 모여드는데 그 붙잡은 수는 여섯 날개
기러기의 목덜미 여러 가지 색이라 오채(五彩)의 무늬를 이루었도다
신이 드러내는 바는 복록을 베푸는 것이라
봉래산에 올라 무극(無極)을 이루노라'

태시(太始) 3년 동해군(東海郡)에 행차해 붉은 기러기를 잡자 이를 지었다.

19. 적교(赤蛟-붉은 교룡)

'붉은 교룡 편안한데 그 위를 누런 기운이 덮었도다
이슬 맺힌 밤에 비 내리고 낮에는 구름의 기운이 어둡게 깔렸구나
수많은 신들 예를 행하고 육룡은 제자리에 늘어섰도다
산초(山椒)로 만든 술을 기울이니 신령은 이미 취했다네
신령께 이미 제사드리니 길한 조짐을 내려주시네
망망대해처럼 까마득한데 아름다운 잔 내려주시도다
신령은 성대해 훤하게 빛을 드리우니
수명은 늘어나고 영원토록 끝이 없도다
아득히 멀기만 한데 육합에 가득하네
은택은 넉넉해 흘러넘치고 만국이 화합하도다
신령은 불안해 떠나려 하고 하늘의 수레는 기다리고 있노라
홀연히 떠나가시니 펄럭이는 깃발 많기도 해라
예악을 이루어 신령은 장차 떠나시려니
하늘의 다움[玄德=天德]에 기대어 오래오래 쇠하지 않으리라'
　　　　현덕　　천덕

그밖에 순수(巡狩)나 상서로운 복을 받은 일은 교묘(郊廟)의 음악의 차례에 맞지 않기 때문에 여기서 논하지 않았다.

이때 하간헌왕(河間獻王)은 아름다운 재주가 있어 그도 역시 다스리는 도리[治道]는 예악이 아니면 이룰 수 없다고 여겨 자신이 모은 아악(雅樂)을 바쳤다. 천자는 이를 태악(大樂)의 관리에게 내려서 늘 그것을 보

존하고 익혀[隷=習] 계절별로 (아악에 필요한) 악인(樂人)의 정원을 갖췄지만 그러나 평소에 쓰지는 않았고 평소 때나 교묘(郊廟)에서 쓴 것은 아악[雅聲=雅樂]이 아니었다. 그렇지만 후사(後嗣)에게는 시와 악을 베풀어 오히려 조술(祖述)[90]할 수 있게 해주었다. 옛날에 은나라와 주나라의 아(雅)와 송(頌)은 곧 위로는 유융(有娀)[91]과 강원(姜原)[92]에 뿌리를 두고 설(卨)과 후직(后稷)이 비로소 생겨났고, 현왕(玄王)[93]·공유(公劉)[94]·고공(古公)[95]·태백(太伯)[96]·왕계(王季)[97]·강녀(姜女)[98]·태임(太任)[99]·태사(太姒)[100]의 다움이 있었으며, 마침내 (각각) 성탕(成湯)과 문왕, 무왕에 이르러 천명을 받았고, 무정(武丁)·성왕(成王)·강왕(康王)·선왕(宣王)〔○ 사고(師古)가 말했다. "무정은 은왕 고종(高宗)이다. 주나라 성왕은 무왕의 아들이고

---

90 조상이나 스승의 설(說)을 근본으로 해 그 뜻을 받아서 서술해 밝히는 것을 말한다
91 유융의 딸 간적(簡狄)은 제비의 알을 삼키고 설(契) 혹은 설(卨)을 낳았다. 설은 순임금의 다섯 신하 중 하나로 은나라의 시조다.
92 강원(姜嫄)이라고도 한다. 제곡(帝嚳)의 비로 거인의 발자국을 보고서 이를 밟아 임신해 주나라의 시조인 후직(后稷)을 낳았다.
93 현왕도 은나라의 선조로 흑제(黑帝)의 뒤를 이었기 때문에 현왕이라고 했다.
94 후직의 증손자다.
95 빈공(豳公)이다.
96 태백(泰伯)이라고도 쓴다.
97 문왕의 아버지다.
98 고공단보의 비다.
99 문왕의 어머니다.
100 문왕의 비로 무왕의 어머니다.

강왕은 성왕의 아들이다. 선왕은 여왕(厲王)의 아들이다.")은 중흥을 이루었으며, 밑에서 보좌한 이로는 아형(阿衡)·주(周)·소(召)·태공(太公)·신백(申伯)·소호(召虎)·중산보(仲山甫)〔○ 사고(師古)가 말했다. "아형은 이윤(伊尹)의 직책 이름이고, 주는 주공(周公) 단(旦)이고, 소(召)는 소공(召公) 석(奭)이고, 태공은 사상보(師尙父)다. 신백과 소호와 중산보는 모두 주나라 선왕의 신하들이다."〕 등에까지 이르도록 임금과 신하, 남자와 여자들 중에서 공로와 다움[功德]이 있으면 기리고 높이지 않은 적이 없었다. 공로와 다움은 이미 진실로 아름다웠기 때문에 그들을 기리고 높이는 노랫소리는 하늘과 땅 사이에 가득 찼고, 이 때문에 빛나는 이름은 당대에 훤히 드러났을 뿐만 아니라 그 예찬이 후세에도 끝없이 드리워졌던 것이다. (그런데) 당시 한나라의 교묘(郊廟)의 시가에는 아직 조종(祖宗)의 (훌륭한) 일들이 빠져 있고 팔음(八音)의 음조 또한 종률(鐘律)과 조화를 이루지 못한 채 그저 안으로는 액정(掖庭-궐내)의 재인이 있고 밖으로는 상림원의 악부(樂府)가 있어 모두 정나라 음악[鄭聲][101]을 조정에서 시행하고 있었다.

성제(成帝) 때에 이르러 알자(謁者)인 상산(常山)의 왕우(王禹)가 대대로 하간(河間)의 음악을 전수받았기 때문에 그 뜻을 잘 풀이할 수 있었다. 그래서 그의 제자 송엽(宋曄)이 글을 올려 이 사실을 말해주자 하대부 박사 평당(平當) 등이 그것을 시험했다. 평당의 생각은 다음과 같았다.

'한나라는 도리가 허물어진 진나라의 뒤를 이어서 옛 황제들의 빼어난 다움에 힘입어 많은 사람들의 이야기를 널리 받아들이고 아울러 들어 폐

---

101 음란해 사람의 귀만 즐겁게 하는 음악을 가리킨다.

기된 관직을 손질하고 태학을 세우고, 또 하간의 헌왕은 숨어 지내던 인사들[幽隱]을 초빙하려 애썼고 아악을 닦고 일으켜 교화에 도움을 주었습니다. 이때 큰 유학자 공손홍(公孫弘), 동중서(董仲舒) 등은 모두 음악을 정아(正雅)에 맞도록 하고서 이를 태악의 악관에게 맡겼습니다. 춘추의 향사(鄕射)를 학관에서 베풀기는 했지만 그 뜻을 강구해 풀이하는 일은 거의 없었습니다. 그러다 보니 공경대부 이하 그것을 보고 듣는 사람들은 다만 쇠와 옥의 음악[鏗鎗]을 듣기만 할 뿐 그 뜻을 알지 못했고, 그래서 그것으로 일반 백성들의 풍속을 바로잡으려 해도 그 방법을 알지 못했습니다. 이런 식으로 해서 100여 년을 그냥 지내오다 보니 다움을 통한 교화[德化]는 지금까지도 제대로 이뤄지지 못하고 있는 것입니다. 지금 엽(曄) 등은 고립된 배움을 외로이 지켜 강습하고 있으니 그 큰 뜻은 교화를 일으키고 돕는 데로 귀착할 뿐입니다. 쇠퇴한 학문이라도 그것이 흥하느냐 폐기되느냐는 사람에게 달려 있습니다. 마땅히 아악을 이어받아 몸에 익힘으로써 끊어진 것을 계속 잇고 쇠퇴한 것을 다시 드러내야 합니다[繼絶表微]. 공자는 말하기를 "사람이 도리를 넓힐 수 있는 것이지 도리가 사람을 넓혀주는 것은 아니다〔○ 사고(師古)가 말했다. "『논어(論語)』 「위령공(衛靈公)」편에 실려 있는 말이다."〕"라고 했습니다. 하간은 작은 땅이니 소국의 번신이면서도 배움을 좋아하고 옛것을 닦아 능히 예악에 뜻을 두어 백성들이 지금까지도 칭송하고 있는데, 하물며 빼어난 임금으로서 그 위광(威光)을 널리 만백성에게 미칠 수 있는 지위를 갖고서 옛 문물[舊文]을 닦고 일으키며, 정나라 음악을 추방하고 아악을 가까이하며, "(옛것을 이어받아) 조술하되 새로 짓지 아니하고[述而不作], 옛것을 믿고서 좋아해

[信而好古]"¹⁰² 이로써 온 나라 안에 교화의 모범을 보이신다면 이름을 후세에까지도 드날릴 것이니, 이는 진실로 작은 공로나 작은 아름다움이 아닐 것입니다.'

이를 공경에게 내려보냈지만 너무 오래돼 분명하게 가리기 힘들다는 이유로 이 건의는 다시 무시되고 말았다.

이 당시 정나라 음악의 유행은 너무나도 심했다. 황문(黃門)의 명창 병강(丙彊), 경무(景武) 등은 대대로 부유함을 드러냈고, 귀척(貴戚)인 5후(五侯) 정릉(定陵), 부평(富平)〔○ 사고(師古)가 말했다. "5후는 왕봉(王鳳) 이하 5명의 후이며, 정릉은 순우장(淳于長)이고, 부평은 장방(張放)이다."〕 등 외척들은 음란과 사치가 도에 지나쳐 임금과 여악(女樂)을 다툴 지경이었다. 애제(哀帝)는 (그 전에) 정도왕(定陶王)으로 있을 때부터 이를 싫어했고, 또한 성품이 음악을 좋아하지 않아 즉위하자마자 조(詔)하여 말했다.

"생각건대 세속은 사치가 심하고 매사 꾸며대기를 좋아해 정나라와 위(衛)나라 음악이 성행하고 있다. 무릇 사치가 심하면 아래 백성들이 불손해져서 나라가 가난해지고, 매사 꾸며대기를 좋아하면 말업을 좇고 본업을 저버리는 자가 많아지며, 정나라와 위나라 음악이 성행하면 음란과 방종이 큰 유행을 이루기 때문에, 백성들이 순박하게 집집마다 풍족하기를 바라는 것은 마치 그 원천은 흐리게 하고서 물이 맑기를 바라는 것과 같으니 어찌 어려운 일이 아니겠는가? 공자가 말하지 않았던가? '정나라 음

---

102 『논어(論語)』「술이(述而)」편에 나오는 공자의 말이다.

악은 추방해야 한다. 정나라 음악은 음란하다.'[103] 이에 악부의 관직을 없애도록 하라. 교제(郊祭)의 아악이나 옛 병법에 나오는 무악(武樂) 중에서 경서에 나오는 정나라와 위나라의 음악이 아닌 것을 잘 가려 연주하되 다른 관직에 소속시키도록 하라."

이에 승상 공광(孔光)과 대사공 하무(何武)가 아뢰었다.

"교제의 악인의 정원은 62명으로 하고 남북 교외에서 희생을 올려 제사를 지내도록 하겠습니다[給祠]. 태악의 고(鼓-북) 정원 6명, 가지(嘉至)[104]의 고 정원 10명, 한단(邯鄲)의 고 정원 2명, 기취(騎吹)[105]의 고 정원 3명, 강남(江南)의 고 정원 2명, 회남(淮南)의 고 정원 4명, 파유(巴兪)의 고 정원 36명, 가고(歌鼓)의 정원 24명, 초엄(楚嚴)의 고 정원 1명, 양황(梁皇)의 고 정원 4명, 임회(臨淮)의 고 정원 35명, 자방(茲邡)의 고 정원 3명으로 모두 고 12에 그 정원은 128명으로 조하(朝賀)에 술잔치를 열 때 궁전 아래에 배열토록 할 것이니 이는 옛 병법에 부합합니다. 그밖의 교외에서 제사를 지내는 정원은 13명이며, 여러 잡악인(雜樂人)으로 운초(雲招)[106]를 겸하게 하고, 또 남교에 제사를 지내는 데 67명을 쓰고, 겸해서 아악으로 제사를 지내는 데 4명을 쓰며, 야송(夜誦)의 정원 5명, 강(剛)과 별부(別

---

103 『논어(論語)』「위령공(衛靈公)」편에 나오는 공자의 말이다.

104 악장의 명칭으로 강신(降神)의 음악이다.

105 파주(巴州)의 무악(武樂)이다.

106 하늘에 제사를 지낼 때 쓰는 춤의 이름이다.

柎)¹⁰⁷의 정원 2명, 성덕(盛德)을 노래하는 피리[篪]¹⁰⁸를 주관하는 정원 2명, 율로 해의 동지와 하지를 아는 자 1명, 종공(鐘工)·경공(磬工)·소공(簫工) 정원 각 1명, 복야(僕射) 2명은 여러 악인들을 이끌어 이를 주관해 모두 (한 명이라도) 없애서는 안 됩니다. 간공(竿工) 정원은 3명인데 1명은 없앨 수 있습니다. 금공(琴工) 정원은 5명인데 3명은 없앨 수 있습니다. 주공(柱工)¹⁰⁹ 정원은 2명인데 1명은 없앨 수 있습니다. 승현공(繩弦工) 정원은 6명인데 4명은 없앨 수 있습니다. 정(鄭)의 사회(四會)¹¹⁰ 정원은 62명인데 1명은 아악을 제사에서 바치고 나머지 61명은 없앨 수 있습니다. 장슬(張瑟) 정원은 8명인데 7명은 없앨 수 있습니다. 안세락(安世樂-실내악)의 고 정원은 20명인데 19명은 없앨 수 있습니다. 패(沛)의 취고(吹鼓) 정원은 12명, 족가(族歌)의 고 정원은 27명, 진(陳)의 취고 정원은 13명, 상악(商樂)의 고 정원 14명, 동해의 고 정원 16명, 장락(長樂)의 고 정원 13명, 만락(縵樂)¹¹¹의 고 정원 13명으로, 모두 고 8에 정원은 128명으로, 조하(朝賀)에 술잔치를 열 때 궁전 앞 방중(房中)에 배열하고, 경전의 법에는 부합하지 않습니다.

치우(治竽) 정원 5명, 초(楚)의 고 정원 6명, 상종(常從)의 창(倡-광대)

---

107 북의 일종이다.

108 7개의 구멍을 가진 대피리다.

109 쟁(箏)이나 슬(瑟)의 몸통을 담당하는 자다.

110 곡의 이름이다.

111 잡아의 하나다.

30명, 상종의 상인(象人-인형극 담당) 4명, 조서를 따르는 상종의 창 16명, 진(秦)의 창 정원 29명, 진의 창의 상인 정원 3명, 조서를 따르는 진의 창 1명, 아대인(雅大人) 정원 9명은 조하(朝賀)에 술잔치를 열 때 음악을 연주토록 하겠습니다.

초(楚)의 사회 정원 70명, 파(巴)의 사회 정원 12명, 요(銚-나라 이름)의 사회 정원 12명, 제(齊)의 사회 정원 19명, 채(蔡)의 노래[謳] 정원 3명, 제(齊)의 노래 정원 6명, 우슬종경(竽瑟鐘磬) 정원 5명은 모두 정나라 음악이기 때문에 없애도 무방합니다.

사학(師學)[112]은 142명으로 그중 72명은 태관의 동마주(桐馬酒)를 제사에 바치는데 그 70명은 없앨 수 있습니다. 크게 모두 829명인데 그중 388명은 없앨 수 없고, 태악에 소속시킬 수 있으며, 나머지 441명은 경전의 법도에 부합하지 않고, 혹은 정나라나 위나라의 음악이기 때문에 모두 없애도 무방합니다."

이 상주를 재가했다. 그러나 백성들은 정나라와 위나라의 음악에 물든 지 너무 오래 됐고, 또한 아악을 제정하지 않은 채 서로 변화가 있다 보니, 세력이 있고 부유한 이민(吏民)들은 예전과 마찬가지로 음란한 음악에서 헤어날 줄을 모르다가 한나라는 점점 쇠퇴했고, 왕망에 이르러 멸망하게 됐다.

지금 나라 안은 크게 혁신해[更始=一新] 백성들은 본업(本業-농업)으로 돌아가고, 민호들은 해마다 쉴 수가 있고, 죄를 지은 자는 공평하게 다

---

112 무엇을 가리키는지 알 수가 없다.

스리고, 뛰어나고 훌륭한 인재들이 백성들을 길러주고, 집집마다 풍족하게 되고, 이미 백성들이 거의 부유하게 됐으니 마땅히 학교[庠序]와 예악의 교화가 이뤄지고 있다.[113] 지금은 다행히 옛 빼어난 이들이 남긴 제도의 위의(威儀)가 있어 진실로 그것을 모범으로 삼아 잘 보완해서 갖춘다면 얼마든지 그 벼리를 찾아서 세울 수가 있다. 공자는 말하기를 "은나라는 하나라의 예를 이어받았으니 은나라에 들어와 사라진 것과 새롭게 생겨난 것은 하나라와 비교해보면 얼마든지 알 수 있고, 주나라는 은나라의 예를 이어받았으니 주나라에 들어와 사라진 것과 새롭게 생겨난 것은 은나라와 비교해보면 얼마든지 알 수 있으니 혹시라도 주나라를 계승하는 자가 있다면 비록 100왕조 뒤의 일이라도 그 모습을 알 수 있을 것이다"[114]라고 했다. (그런데) 지금 위대한 한나라[大漢]는 주나라를 이어받아 큰 의례를 오래도록 밝혀왔으나 아직도 예를 세우거나 악을 이루지[立禮成樂][115] 못했으니 이는 가의(賈誼)·동중서(董仲舒)·왕길(王吉)·유향(劉向)의 무리가 발분하며 한탄스러워했던 것이다.

---

113 사고(師古)는 이 말이 공자의 다음과 같은 발언에서 온 것이라고 풀이했다. 『논어(論語)』 「자로(子路)」 편에 나오는 공자와 염유의 대화다. 공자가 위나라에 갈 때 염유가 수레를 몰았다. 공자가 "인민이 많구나!"라고 하자 염유는 "이미 인민이 많으면 또 무엇을 더해야 합니까?"라고 물었다. 공자는 "그들을 부유하게 해주어야 한다"라고 답했다. 또 염유가 "이미 부유해지면 또 무엇을 더해야 합니까?"라고 묻자 공자는 "(도리를) 가르쳐야 한다"라고 답했다.

114 『논어(論語)』 「위정(爲政)」 편에서 제자 자장(子張)이 "10왕조 뒤의 일도 알 수 있습니까?"라고 묻자 공자는 이렇게 답했다.

115 『논어(論語)』 「태백(泰伯)」 편에서 공자는 이렇게 말했다. "시에서 (어짊이) 일어나고, 예에서 (어짊이) 바로 서고, 악에서 (어짊이) 이루어진다[興於詩 立於禮 成於樂]."

권
◆
23

형법지
刑法志

무릇 사람이란 하늘과 땅의 모습을 닮아[肖=類]〔○ 응소(應劭)가 말했다. "머리의 원형은 하늘을 닮았고 다리의 방형은 땅을 닮았다."〕오상(五常)〔○ 사고(師古)가 말했다. "인의예지신(仁義禮智信)이다."〕의 본성을 품고 있어 귀 밝고, 눈 밝으며[聰明], 정밀하고, 순수해[精粹] 생명을 갖고 있는 것들 중에서 가장 영험(靈驗)한 존재다. (그러나) 사람의 손톱과 어금니[爪牙]는 자신의 욕망을 충족시키기에도 힘이 부족하고 달리기 솜씨는 위험을 피하는데도 충분치 못하며 추위나 더위를 피할 수 있는 털이나 깃털이 없기 때문에 반드시 동물[物]을 부려 스스로를 돌보고[養][1] 어짊과 지혜[仁智]를 쓰지 힘에 의존하지 않으니 이것이 바로 사람이 (다른 사물이나 동물들보다) 귀한 까닭이다. 그래서 다른 사람을 사랑하는[仁愛] 마음이 없으면 무리[群]를 이룰 수 없고, 무리를 이루지 못하면 외부의 사물을

---

1 생활을 해간다는 뜻이다.

이길 수 없고, 외부의 사물을 이기지 못하면 자신을 제대로 돌볼 수 없게 된다. 무리를 이루었지만 생활에 필요한 것들이 부족하게 되면 다투는 마음[爭心]이 장차 생겨나게 되고, 상고시대의 빼어난 이[上聖]가 탁월하게 앞장서서 삼가고 양보하며, 널리 다른 사람들을 사랑하는[敬讓博愛] 다움을 행하니, 민중들이 기뻐하며[說=悅] 그를 따랐다.[2] 그를 따라 무리를 이루었다[成群] 해서 이 사람을 군(君)이라 했고 (멀리서 서로 다투어) 귀부해 온다[往] 해서 이 사람을 왕(王)이라고 했다.[3]

(『서경(書經)』「주서(周書)」의) '홍범(洪範)'편에 이르기를 "천자가 백성들의 부모가 됨으로써 천하의 왕(王)이 된다"라고 했다. 빼어난 이는 비슷한 것들을 취해 사물들의 이름을 바로잡고[正名] 또 군(君)을 부모로 삼게 해 어짊과 사랑과 다움과 겸손[仁愛德讓]이 임금다운 도리의 근본[王道之本]임을 밝힌다. 사랑은 삼감[敬]을 바탕으로 대하는 것이니 패배하는 일이 없고, 다움은 위엄[威]을 바탕으로 쓰는 것이니 오래도록 세워지는 것이기 때문에 예를 제정해 삼감을 높이고[崇敬] 형벌을 만들어 위엄을 밝히는[明威] 것이다. 빼어난 이는 이미 자기 몸에 명철한 본성을 갖추고 있어 반드시 하늘과 땅의 마음과 통하니, 예를 제정해 교화를 행하고 법을 세워 형벌을 두어 백성들의 실상에 맞도록 하면서 하늘을 모범으로 삼고 땅을 본뜨는 것이다[則天象地]. 그래서 이르기를 선왕(先王-옛날의 뛰어난 임금)은 예를 세울 때[立禮=制禮] "하늘의 밝음을 모범으로 삼고 땅의 본

---

2 정치지도자의 탄생에 대한 가설적 설명이라 할 수 있다.

3 군(群)과 군(君), 왕(往)과 왕(王)을 연결해서 의미를 풀이하고 있다.

성에 기반했다〔○ 사고(師古)가 말했다. "『춘추좌씨전(春秋左氏傳)』에 실린 정(鄭)나라 대부 자태숙(子太叔)의 말이다."〕라고 한 것이다. 형벌과 위옥(威獄-위엄이 서린 감옥)은 하늘이 우레와 번개를 쳐서 살육하는 것을 본뜬 것[類]이고 자애와 은혜의 화기(和氣)는 하늘이 만물을 낳아주고 길러주는 것을 본받은 것[效]이다. 『서경(書經)』에 이르기를 "하늘은 예가 있는 사람[有禮]에게는 작질(혹은 질서)을 준다", "하늘은 죄가 있는 사람[有罪]에게는 토죄(討罪)를 가한다"라고 했다〔○ 사고(師古)가 말했다. "이는 「우서(虞書)」 '고요모(皐陶謨)' 편에 나오는 말이다."〕. 그래서 빼어난 이는 하늘의 질서에 입각해 오례(五禮)〔○ 사고(師古)가 말했다. "오례란 길(吉)·흉(凶)·빈(賓)·군(軍)·가(嘉)를 가리킨다."〕를 제정하고 하늘의 토죄에 입각해 오형(五刑)〔○ 사고(師古)가 말했다. "바로 아래에 나온다."〕을 지었다. 대형(大刑)은 군인을 쓰고〔○ 장안(張晏)이 말했다. "육사(六師-천자의 군대)로 사나움과 어지러움을 주벌하는 것이다."〕 그다음은 부월(斧鉞-도끼)을 쓴다〔○ 위소(韋昭)가 말했다. "참형(斬刑-목을 베는 형벌)이다."〕. 중형(中刑)은 칼이나 톱[刀鋸]을 쓰고〔○ 위소(韋昭)가 말했다. "칼은 할형(割刑-몸을 베는 형벌)이고 톱은 월형(刖刑-발꿈치를 베는 형벌)이다."〕 그다음은 찬착(鑽鑿-끌)을 쓴다〔○ 위소(韋昭)가 말했다. "찬(鑽)은 빈형(髕刑-발목을 베는 형벌)이고 착(鑿)은 경형(黥刑-얼굴 등에 글자를 새겨 넣는 묵형)이다."〕. 박형(薄刑)은 채찍이나 몽둥이[鞭扑=鞭杖]를 쓴다. 크다[大]는 것은 시신을 들판에다 늘어놓는다는 것이고 작다[小]는 것은 시신을 시장이나 조정에 둔다는 것인데 그렇게 된 유래는 아주 위로 올라간다.

　황제(黃帝)가 탁록(涿鹿)의 싸움에서 불의 재앙[火災]을 평정하고〔○ 문영(文穎)이 말했다. "『국어(國語)』에 이르기를 황제는 염제(炎帝)의 동생이라 했다. 염제는 신농(神農)이라 하는데 화행(火行)이고 그의 후손들이 포학하자 황제가 그들을 정벌했다. 그래서 불의 재앙을 평정했다고 한 것이다."] 전욱(顓頊)은 공공(共工)과의 싸움에서 물의 재앙을 평정했다[○ 문영(文穎)이 말했다. "공공은 물을 주관했는데 소호씨(少昊氏)가 쇠퇴하자 정권을 쥐고 해악을 저지르자 전욱이 그를 정벌했다. 본래 물을 주관했기 때문에 수행(水行)이다."]. 당우(唐虞-요순)의 시대에는 지극한 다스림[至治=太平]이 극에 이르렀는데도 오히려 공공(共工)을 (유주(幽州)로) 유배 보내고[流], 환두(讙兜)를 (숭산(崇山)으로) 추방하고[放], 삼묘(三苗)를 (삼위(三危)로) 내쫓고[竄], 곤(鯀)을 (우산(羽山)에서) 주살한[殛=誅] 연후에야 천하가 복종했다.[4]

하(夏)나라 때에는 감호(甘扈)의 서(誓)가 있고[○ 사고(師古)가 말했다. "(우왕의 아들) 계(啟)가 유호씨(有扈氏)와 감(甘)의 벌판에서 싸워 『서경(書經)』의 편 이름인) 감서(甘誓)를 지었고 이 일은 하서(夏書)에 보인다. 호(扈)는 나라이며 지금의 호현(鄠縣)이다. 감(甘)은 감수(甘水) 변이다."] 은(殷)과 주(周)나라 때에는 군사를 동원해 천하를 평정했다[○ 사고(師古)가 말했다. "탕왕과 무왕을 가리킨다."]. 천하를 이미 평정하자 무기류를 거두어[戢=收] 보관하고서 문덕(文德)으로 가르쳤지만 그럼에도 오히려 사마(司馬-군정 담당)의 관직을 세우고 육군(六軍)[5]의 무리를 두어 정전(井田)

---

4 이런 내용은 『서경(書經)』에 실려 있다.
5 천자의 군대로 육사(六師)와 같은 뜻이다. 1군은 1만 2,500명이다.

을 바탕으로 군역(軍役)을 제정했다. 사방 1리(里)의 땅을 정(井)으로 하고, 10정을 1통(通)으로 하고, 10통을 1성(成)으로 하니 성은 사방 10리였다. 10성을 1종(終)으로 하고 10종을 1동(同)으로 하니 동은 사방 100리였다. 10동을 봉(封)으로 하고 10봉을 1기(畿)로 하니 기는 사방 1,000리였다. 조세가 있었고 부역이 있었다. 조세는 충분한 식량[足食]을 위한 것이고 부역은 충분한 군사[足兵]를 위한 것이었다. 그래서 4정(井)은 읍(邑)이 되고 4읍은 구(丘)가 됐다. 1구는 16정으로 군마[戎馬] 1필, 소 3두를 보유하고 있었다. 4구는 전(甸)이 됐다. 1전은 64정으로 군마 4필, 전차[兵車] 1승, 소 12두, 갑사 3명, 병졸 72명을 보유했고 방패와 창[干戈] 등을 갖추었는데 이를 일러 승마(乘馬)⁶의 법이라 했다. 1동은 사방 100리이니 4봉을 모두 합치면 도합[提=擧] 1만 정이지만 산천(山川), 수전이나 염전[沈斥], 성지(城池), 읍거(邑居), 원유(園囿-동산), 대로[逑路]에 해당하는 3,600정(井)을 제외하고 6,400정의 땅에 대한 부역으로 군마 400필과 전차 100승을 차출토록 정했으니, 이는 경대부의 채지(采地)〔○ 사고(師古)가 말했다. "채(采)는 관(官)이다. 즉, 관직에 있는 동안 주는 조세 수입을 낳을 수 있는 땅을 가리킨다."〕의 크기에 해당하는데 이를 일러 100승(百乘)의 가(家)라고 했다. 1봉은 사방 316리이니 4봉을 모두 합치면 도합 10만 정이지만 앞의 경우처럼 제외하고 나면 6만 4,000정의 땅에 대한 부역으로 군마 4,000필과 전차 1,000승을 차출하도록 정했으니, 이는 제후의 크기에 해당하는데 이

---

6   1기에 전차 1승(乘)과 4마리 마(馬)가 나온다고 해서 이름을 이렇게 지었다. 갑사는 수레를 탔고 병졸은 걸었다.

를 일러 1,000승의 국(國)이라고 했다. 천자의 경기[畿=甸]는 사방 1,000리로 4봉을 모두 합치면 100만 정이지만 앞의 경우처럼 제외하고 나면 64만 정의 땅에 대한 부역으로 군마 4만 필과 전차 1만 승을 차출하도록 정했으니 그래서 1만 승의 주(主)라고 부른다. 군마와 전차와 보졸과 무기 등은 평소에 갖춰두고서 봄에는 무리들을 모아 정돈해[振旅=整衆] 모아들이고[搜=蒐], 여름에는 들판에서 야영하며 잡초들을 뽑고[苗], 가을에는 병력을 훈련해[治兵] (가을의) 살기에 대응하고[獮], 겨울에는 군대를 열병해 밭에 불을 놓는 데[狩=火田], 이것들은 다 농사의 틈을 타서 군사(軍事)를 훈련하는 것[講事=講武]⁷이다. 다섯 나라를 속(屬)으로 하고, 속에는 장(長)이 있고, 열 나라를 연(連)으로 하고, 연에는 수(帥)가 있었다. 서른 나라를 졸(卒)로 하고, 졸에는 정(正)이 있고, 210나라를 주(州)로 하고, 주에는 목(牧)이 있었다. 연의 수는 해마다 전차를 검열했고, 졸의 정은 3년마다 보졸을 검열했으며, 여러 목들은 5년마다 병거와 보졸을 크게 검열했는데[大簡], 이상은 선왕(先王)이 나라를 위해 무력을 세우고 병력을 충분히 하는 큰 계책[大略]이었다.

  주나라의 도리가 쇠퇴하자 법도가 무너졌고[墮=毀], 제(齊)나라 환공(桓公)에 이르러 관중(管仲)을 맡겨 써서[任用] 나라는 부유해지고 백성들은 편안했다. 공이 패도[伯=覇道]를 행해 무력을 쓰는 방법을 묻자 관중이 말했다.

  "공께서 졸오(卒伍-병사들의 대오)들을 정비하고 무기들을 갖추시면 대

---

7 동시에 이는 다 사냥하는 것이다.

국도 또한 장차 그것을 갖출 것이고, 소국은 방비 태세를 할 것이니 우리가 빨리 뜻을 이루기는 어려울 것입니다."

이에 곧바로 내정을 튼튼히 하고 군령(軍令)을 강화하니, 그 결과 병사들의 대오가 읍리에서 만들어지고 군정(軍政)은 교외에서 이루어졌다. 십오(什伍)〔○ 사고(師古)가 말했다. "5명을 오(伍)라 하고 2호를 십(什)이라 한다."〕를 연결해 일상을 함께하며 즐기게 하고, 죽고 사는 문제를 함께하며, 화복(禍福) 또한 함께하도록 하니, 그 결과 야간 전투 때는 그 소리만 들어도 서로 알아들었고, 주간 전투 때는 그 눈만 보아도 서로를 알 수 있었기에 위급한 상황[緩急]에서 얼마든지 서로 함께 죽을 수 있었다. 이 같은 가르침이 이미 확립되자 밖으로는 외적을 물리치고 안으로는 천자를 높여 제하(諸夏)〔○ 사고(師古)가 말했다. "제하는 중국의 여러 후[諸侯]들을 가리킨다. 하(夏)란 크다[大]는 뜻이니 사방의 오랑캐들보다 크다는 말이다."〕를 편안케 했다. 제나라 환공이 이미 죽고 나자 진(晉)나라 문공(文公)이 그를 이어 또한 먼저 그 백성들을 안정시키고 피려(被廬)의 법을 지어[8] 제후들을 이끌며 환공의 뒤를 대신해 맹주(盟主)가 됐다. 그러나 그 예(禮)는 이미 자못 자기 신분을 뛰어넘어 참칭한 바가 있고, 또 수시로 구차스럽게 졸속한 공로를 구했기 때문에 선왕의 제도[王制]에 합치될 수 없었다. (환공과 문공) 두 패자(霸者) 이후에 점점 이마저도 퇴락해[陵夷] 노(魯)나라

---

8 피려는 진나라의 지명이다. 문공이 관리들의 작질(爵秩)을 담당하는 관원을 두고 피려 땅에서 법령을 제정해 맹주가 됐던 것이다. 문공이 피려 땅에 군사들을 집결시킨 뒤 대대적인 열병식을 거행하면서 군제를 3군(三軍)으로 바꾸었다.

성공(成公)에 이르러 구갑(丘甲)의 제도를 만들었고〔○ 사고(師古)가 말했다. "구는 16정(井)이고 군마 1필, 소 3두를 낸다. 4구가 1전(甸)이 된다. 전은 64정이니 이에 군마 4필, 전차 1승, 소 12두, 갑사 3명, 병졸 72명을 낼 뿐이다. 그런데 지금은 마침내 구로 하여금 전의 부역을 내도록 하니 상제(常制)에 어긋난다."〕, 애공(哀公)은 전부(田賦)를 써서〔○ 사고(師古)가 말했다. "별도로 농토와 집안 재산 계산에 1부(賦)를 매기는 것이다. 이는 옛 제도와 달라 부세가 무거워진다."〕 사냥을 할 때 무기를 점검하고 크게 검열하는 등의 일을 할 때 모두 그 정도(正道)를 잃었다. 『춘추(春秋)』는 이 사실을 적어 기록하기를[譏] "그렇게라도 임금다운 도리를 보존했다[以存王道]"라고 했다. 이에 군대[師旅]가 자주[亟] 출동해 백성들은 피곤했고, 절의를 지키며 죽음을 무릅쓰는 대의가 사라졌다. 공자는 이를 마음 아파하면서 "백성들을 가르치지 않고서 전쟁에 나아가게 하는 것을 일러 백성들을 버리는 것이라고 한다"[9]라고 했다. 그래서 공자는 자로에 대해 칭찬하며 말하기를 "유(由-자로)는 천승지국(-제후의 나라)에서 군사용 부세(賦稅)를 담당하는 일을 맡을 만하다"[10]라고 했고, 자로도 (공자의 물음에) 답하기를 "전차 1,000승을 가진 제후의 나라가 대국들 사이에 끼어 군사적 침략이 가해지고 그로 인해 기근이 들게 되거든, 제가 그 나라를 다스릴 경우 3년이 지나면 백성들을 용맹하게 하고, 또 의리를 향해 나아

---

9 『논어(論語)』 「자로(子路)」 편에 나오는 말이다. 이때 가르친다는 의미를 평소에 병술을 가르치는 것이라고 보아도 무방하다.

10 『논어(論語)』 「공야장(公冶長)」 편에 나오는 말이다.

가는 법을 알게 할 수 있습니다"¹¹라고 했다. 이는 부병(賦兵)을 잘 다스려 예와 마땅함[禮誼=禮義]으로 백성들을 가르쳐야 함을 말한 것이다.

춘추시대가 끝나자 (강국들이) 약한 나라를 멸하고 작은 나라를 집어삼켜[滅弱呑小] 주요 나라들이 나란히 싸움을 하는 시대[戰國]가 되자 병술을 강습하는[講武] 예가 점점 늘어나 이를 오락으로 삼아 서로 과시하는 데 쓰였다. 진(秦)나라는 이런 오락을 각저(角抵)¹²라는 이름으로 고치니 선왕의 예는 음란한 놀이로 전락했다. 호걸의 선비들은 그 시류를 따라 이런 유행을 조장하니 권모술수[權詐]를 써서 서로를 전복시켰다. 오(吳)나라에는 손무(孫武, 생몰년 미상)¹³가 있었고, 제(齊)나라에는 손빈(孫臏, 생몰년 미상)¹⁴이 있었으며, 위(魏)나라에는 오기(吳起)가 있었고, 진(秦)나

---

11 『논어(論語)』「선진(先進)」편에 나오는 말이다.

12 서로 마주하고서 힘과 무예를 겨루는 놀이다.

13 춘추시대 제(齊)나라 낙안(樂安) 사람으로 전완(田完)의 후예다. 선조가 손씨 성을 하사받았다. 병법(兵法)으로 오왕(吳王) 합려(闔閭)에게 불려갔는데 오왕이 시험하려고 궁중의 미녀 180명을 불러 전투 훈련을 시키게 했다. 이들을 2개 부대로 나누어 왕이 아끼는 총희(寵姬) 두 명을 대장으로 삼았다. 삼령오신(三令五申)하면서 지휘하자 미인들이 큰 소리로 웃으니 총희 두 명의 목을 베어 호령했다. 그러자 모든 미인들이 절제되고 규율 있는 자세를 갖추게 됐다. 오왕이 장군으로 삼아 서쪽으로는 강한 초(楚)나라를 공격해 다섯 번 싸워 다섯 번 승리를 거두고 초나라의 도읍으로 들어갔다. 북쪽으로는 제나라와 진(晉)나라 등을 굴복시켜 합려로 하여금 패자(覇者)가 되게 했다. 그가 저술했다는(그의 후손 손빈(孫臏)의 저술이라고도 함) 『손자병법(孫子兵法)』은 최고의 군사 지침서로 단순한 국지적인 전투의 작전서가 아니라 국가경영의 요지, 승패의 기미와 인사의 성패 등에 이르는 내용을 다루고 있다. 그는 "싸우지 않고도 남의 군사를 굴복시키는 것이 최고의 장군"이라고 가르쳤다.

14 방연(龐涓)과 함께 귀곡자(鬼谷子)에게 병법을 배웠는데 방연이 위(魏)나라의 참모가 되자 손빈이 자신보다 뛰어난 것을 시기해 모함을 해 발을 잘라냈다. 그래서 이름이 빈(臏-형벌 이름)

라에는 상앙(商鞅)이 있어 모두 적을 잡아 이기려고 했고, 그 이름을 서책 [篇籍](-역사서)에 남기려 했다. 이런 때를 맞아 (제후들은) 합종연횡(合從連衡)¹⁵하면서 돌아가며 서로 공격하고 정벌했으며 서로 바꿔가며 자웅(雌雄)을 겨뤘다. 제(齊)나라 민공(愍公)은 기교(技巧)¹⁶로 강국을 쳤고, 위(魏)나라 혜공(惠公)은 잘 뽑은 병사들[武卒]로 떨쳐 일어났으며[奮=盛起], 진(秦)나라 소공(昭公)은 용맹스러운 정예병[銳=勇利]으로 승리를 거뒀다. 세상은 너나없이 공명과 이익[功利]을 다퉈 이리저리 내달리며 유세하는 자들은 손(孫)과 오(吳)를 으뜸으로 삼았다. 이때 오직 손경(孫卿)〔○사고(師古)가 말했다. "초나라 사람이며 성은 순(荀)이고 자는 황(況)인데 한나라 선제의 이름을 피해 순을 손으로 고쳐 손경(孫卿)이라 했다."〕만이 임금다운 도리[王道]에 밝아 이를 비판하며 말하기를 "저 손이나 오라는 자는 형세나 이익[稅吏]을 높이고 모략과 사술을 귀하게 여기면서, 이를 사납고

이 됐다. 뒷날 제나라의 사신이 몰래 싣고 귀국하자 제위왕(齊威王)이 군사(軍師)로 삼았다. 전기(田忌)를 도와 계릉(桂陵)과 마릉(馬陵)에서 계책으로 위나라 군대를 대파하니 궁지에 몰린 방연은 자살하고 말았다.

15 합종연횡이라고도 한다. 중국 전국시대의 최강국인 진(秦)과 연(燕)·제(齊)·초(楚)·한(韓)·위(魏)·조(趙)의 6국 사이의 외교 전략이다. 기원전 4세기 말 여러 나라를 유세하고 있던 소진(蘇秦)은 우선 연에게, 이어서 다른 5국에게 "진 밑에서 쇠꼬리가 되기보다는 차라리 닭의 머리가 돼라"고 설득해 6국을 종적(縱的)으로 연합시켜 서쪽의 강대한 진나라와 대결할 공수동맹을 맺도록 했다. 이것을 합종(合從)이라 한다. 뒤에 위나라 장의(張儀)는 합종은 일시적 허식에 지나지 않으며 진을 섬겨야 한다고 하면서 6국을 돌며 연합할 것을 설득해 진이 6국과 개별로 횡적 동맹을 맺는 데 성공했다. 이것을 연횡(連衡)이라고 한다. 그러나 진은 합종을 타파한 뒤 6국을 차례로 멸망시켜 중국을 통일했다.

16 손으로 무술을 닦고 무기를 잘 다루는 것을 말한다.

어지러우며[暴亂] 우매하고, 더러운[昏嫚] 나라에 베풀어 임금과 신하 사이에 틈이 생겨나고, 위와 아래의 마음이 멀어지며, 정책이 좋지 못했기 때문에 모략과 사술이 난무했다. 무릇 어진 사람이 임금 자리에 있어 아래 사람들이 우러러보는 바가 되면 이는 마치 자제들이 부형을 호위해 손과 발이 머리와 눈을 막아내는 것과 같을 터이니 어찌 이에 대적할 수 있겠는가? 이웃 나라가 우리를 바라보기를 마치 친척을 보듯 기뻐하고 향기로운 산초(山椒)와 난초처럼 좋아하면서, 자신의 임금을 보기를 마치 불에 달군 형구나 원수처럼 할 것이다. 사람의 정으로 보건대 어찌 자신들이 미워하는 사람들을 위해 기꺼이 그 좋아하는 사람을 공격하겠는가? 따라서 걸왕으로 걸왕을 친다면 오히려 잘될 수도 있고 안 될 수도 있지만[巧拙], 걸왕으로 요임금을 속이려 한다면 이는 마치 달걀로 바위를 치는 것과 같으니 무슨 소용이 있겠는가? 『시경(詩經)』에 이르기를 '용맹스러운 탕왕(湯王)께서 깃발 세우시고 삼가 도끼를 잡으시니 불이 붙어 활활 타오르듯 아무도 감히 당해내지를 못했네!'[17]라고 한 것은 바로 이를 말한 것이다. 이는 어짊과 올바름[仁誼]으로 백성을 편안케[綏民=安民] 해주는 자는 천하에서 대적할 자가 없다는 말이다.

제나라는 기교로 적의 머리 하나를 얻으면 상으로 금을 받았다. 이는 작은 적을 상대로 할 때는 그런대로[媮=苟且] 쓸 수 있는 것이지만 강한 적을 만나게 되면 뿔뿔이[渙然] 흩어져버릴 것이다. 이는 망해가는 나라의 군대[亡國之兵]다.

---

17 「상송(商頌)」 '장발(長發)' 편에 실린 구절이다.

위씨(魏氏-위나라)의 잘 뽑은 병사들은 세 겹의 갑옷을 입고, 12석(石)의 쇠뇌를 들고, 50대의 화살이 담긴 화살통을 지게 하고, 그 위에 창을 놓고 투구를 쓰고 칼을 차게 하고서, 사흘 동안의 양식을 지니고 하루에 100리를 달리게 한다. 군졸 시험에 합격하면 그 집의 부세를 면제해주고[復] 그 밭과 택지의 세금도 감면해준다. 이와 같이 하면 그 땅이 아무리 넓다고 해도 그 세금은 반드시 적어지게 되고 그 기력은 몇 년이 지나면 쇠퇴해진다. 이는 위태로운 나라의 군대[危國之兵]다.
위국 지 병

진(秦)나라 사람들은 그 백성들을 좁고 험준한 곳에서 살아가게 하며 그 백성을 부리는 것이 가혹하고 사납다. 백성들을 겁박해 세력을 키우고, 백성들을 험준한 곳에 숨어 살게 하며, 상을 많이 내려 거기에 맛들이게 하고, 형벌로 이끌어 백성들이 위에서 이익을 얻어내는 길은 전쟁 말고는 다른 길이 없도록 만들었다. 공로를 포상해 서로를 조장하고 다섯 명의 적의 머리를 가져온 자에게는 다섯 집을 노예로 부릴 수 있게 해준다. 이것이 (제나 위와 비교할 때) 가장 교묘한 수법이라 그 때문에 4대에 걸쳐 천하에서 승리를 거두고 있다. 그러나 모두 다 상을 얻고자 해 이익만을 추구하는 병사들이기 때문에, 이는 일꾼을 고용하거나 물건을 파는 도리일 뿐 아직 제도를 안정시키며 절의를 추구하는 도리를 갖추고 있지 못하다. 그래서 비록 땅은 넓고 군대는 강하다고 해도 덜덜 떨며[鰓鰓] 늘 천하가
새새
하나로 합쳐 함께 자신들을 짓밟을까 봐[軋=踐轢] 두려워했다. 제나라 환
알 천력
공과 진나라 문공의 군대에 이르러 이러한 임금다운 임금의 군대 범위 안에 들어왔고 (나름대로) 절제하는 바가 있었지만, 아직 어짊과 의로움의 계통에 뿌리를 내리지는 못했다. 따라서 제나라의 기격(技擊)으로는 위나

라의 무졸(武卒)에 맞설 수 없고, 위나라의 무졸은 진나라의 예사(銳士)에 대적할[直=當] 수 없으며, 진나라의 예사는 환공과 문공의 절제된 군사[節制]를 당할 수 없고, 환공과 문공의 절제된 군사들은 탕왕과 무왕의 어질고 의로운 군사[仁義]를 대적할 수 없다."[18]

그렇기 때문에 "군사를 잘 쓰는 자[善師者]는 군진을 늘어세우지 않고[不陳], 군진을 잘 늘어세우는 자[善陳者]는 싸우지 않고[不戰], 잘 싸우는 자[善戰者]는 패하지 않고[不敗], 잘 패하는 자[善敗者]는 망하지 않는다[不亡]"[19]고 했다. 그래서 순임금이 백관을 닦고 고요(皋陶)를 사(士)〔○ 사고(師古)가 말했다. "사(士)란 사사(士師)로 법을 다스리는 관리[理官]이며 도적을 다스리는[司寇] 직무를 담당한다."〕로 삼아 명하기를 "오랑캐[蠻夷]가 중국[夏=諸夏]을 어지럽혀[猾=亂] 다른 사람을 해치고 죽이며 물건을 빼앗아가고 있다〔○ 사고(師古)가 말했다. "『서경(書經)』「우서(虞書)」'순전(舜典)' 편에서 순임금이 고요에게 명하는 글이다."〕"라고 하면서도 형벌을 쓰지 말도록 한 것은, 이른바 군사를 잘 쓰는 자는 군진을 늘어세우지 않는다는 것이다. 탕왕과 무왕은 정벌을 하면서 진을 늘어세운 다음 군중들에 맹서하기를, 걸을 놓아주고 주를 붙잡은 것은〔○ 사고(師古)가 말했다. "『서경(書經)』「상서(商書)」'탕서(湯誓)' 편과 (「주서(周書)」) '태서(泰誓)' 편 및 '목서(牧誓)' 편이 그것이다."〕, 이른바 군진을 잘 늘어세우는 자는 싸우

---

18 이상은 손경의 저서 『순자(荀子)』「의병(議兵-군사에 관한 의견)」편을 반고가 압축 요약한 것이다.

19 『춘추곡량전(春秋穀梁傳)』'장공(莊公) 8년'에 실려 있는 말이다.

지 않는다는 것이다. 제나라 환공이 남쪽으로 강력한 초(楚)나라를 정복하고서 주나라 왕실에 조공을 바치도록 했고, 북쪽으로 산융(山戎)을 정복해 연(燕)나라를 위한 길을 열었으며, 망한 나라를 존속시키고〔○ 사고(師古)가 말했다. "망한 세 나라인 위(衛)·형(邢)·노(魯) 세 나라를 존손하게 해준 것을 말한다."〕, 끊어진 계통을 이어주어, 그 공로로 패자의 우두머리[伯首=覇首]가 된 것은, 이른바 잘 싸우는 자는 패하지 않는다는 것이다. 초나라 소왕(昭王)이 합려(闔閭)의 재앙을 만나 나라가 망해 밖으로 도망치니 부로(父老)들이 그를 보내주었다. 왕이 말하기를 "부로들이여 돌아가시게! 임금이 없는데 무슨 걱정인가?"라고 하자 부로들이 말하기를 "이처럼 뛰어난 임금이 어디에 있겠습니까?"라며 서로 함께 소왕을 따라 갔다. 그중에 어떤 자는 달아나 진(秦)나라로 가서 울며 구원을 요청했고 그래서 진나라는 그를 위해 출병했다. 두 나라가 힘을 합쳐 드디어 오(吳)나라 군대를 패주시키니 소왕은 마침내 자기 나라로 돌아왔다. 이것이 이른바 잘 패하는 자는 망하지 않는다는 것이다.

이처럼 진나라는 4대에 걸친 승리를 거두며 강과 산의 험준함에 기대어 백기(白起)나 왕전(王翦)같이 흉악무도한[豺狼] 무리들을 중용하고 그 발톱과 이빨을 떨쳐 6국을 붙잡아 천하를 집어삼켰다. 무력을 극대화하고 사술을 맘껏 발휘하니, 백성과 관리들은 의지할 데가 없어, 병졸과 죄수의 무리는 도로 원수가 돼 순식간에[猋=疾風] 봉기해 구름처럼 모여들더니, 과연 모두 함께 진나라를 짓밟아버렸다. 이는 하책(下策)이다. 무릇 군대란 망한 나라를 존속시키고, 끊어진 계통을 이어주며, 어지러움을 구제하고, 해악을 없애주는 것이다. 그래서 이윤(伊尹)과 여상(呂尙) 같은 명장들은 그 자손이 봉국을 소유했고 조국인 은나라나 주나라와 나란히 성쇠를 같이 했다. 말세에 이르자 구차스럽게 사술(詐術)과 무력에 기대어 탐욕과 잔학함이 봇물 터지듯 나와, 성을 빼앗느라 사람을 죽여 성 안에는 시신이 가득했고, 땅을 빼앗느라 사람을 죽여 들판에도 시신이 가득했다. 손(孫)·오(吳)·상(商)·백(白)[20]의 무리들을 모두 자신의 몸이 주륙된 다음에 그 나라들도 다 멸망했다. 인과응보의 형세는 각각 그 유형에 따라 다르겠지만 그 길은 결국 한가지였다.

한나라가 일어났을 때 고조는 몸소 신령스러운 무재(武才)를 갖고서 너그러움과 어짊을 두텁게 행해 영웅들을 아래에 거느리고서 진나라와 항우[秦項]를 주벌했다. 소하와 조참[蕭曹]의 문치[文]에 맡기고, 장량과 진평[良平]의 계책[謀]을 쓰며, 육가와 역이기[陸酈]의 변론에 힘입고, 숙손통의 의례를 밝혀 문과 무를 서로 잘 배합하니 정치의 큰 기강이 일어나게 됐다. 천하가 이미 평정되자 진나라의 제도를 이어받아[踵=因] 군국(郡國)에는 재관(材官)[21]을 두고 경사(京師)에는 남군과 북군을 주둔시켰다. 무제에 이르러 백월(百粤-수많은 월나라 종족들)을 평정했고, 안으로는 7교위(校尉)를 늘렸으며, 밖으로는 누선(樓船)의 수군을 두고서, 모두 사계절에 맞춰 훈련을 하고 무장 태세를 다듬었다. 원제 때에 이르러서는 공우(貢禹)의 의견에 따라 처음으로 각저(角抵)를 없앴지만 아직 병사들을 다스리고 군대를 정비하는[治兵振旅] 일을 다 바로잡지는 못했다.

---

20 앞서 나왔던 손무나 손빈·오기·상앙·백기를 가리킨다.

21 무졸(武卒)의 총칭이다.

옛사람의 말에 "하늘은 오재(五材)[○ 사고(師古)가 말했다. "오재란 금(金)·목(木)·수(水)·화(火)·토(土)다."]를 낳아주어 백성들은 함께 그것을 쓰게 되니 그중에 하나라도 마음대로 없애서는 안 되는데 누가 능히 병(兵)[22]을 없애겠는가?"라고 했다. 채찍과 몽둥이[鞭扑]는 집에서 없앨 수 편복
없는 벌이고, 형벌은 나라에서 폐기할 수 없는 것이며, 정벌(征伐)은 천하에서 내버려둘 수 없는 것이니, 다만 그것을 쓰는 데는 본말(本末)이 있고, 그것을 행하는 데는 도리의 거스름과 따름[逆順]이 있을 뿐이다. 공자는 역순
말하기를 "공인(工人)이 그 일을 잘하고자 한다면 반드시 먼저 자신의 도구들을 예리하게 만들어야 한다"[23]라고 했다. 문덕(文德-애씀과 다움)은 제왕의 예리한 도구[利器]이고 위무(威武-위엄과 무력)는 문덕을 보조하 이기
는 것이다. 무릇 문(文)이 더해지는 바가 깊어지면 무(武)가 거기에 굴복하는 바는 커지고 덕(德)이 베풀어지는 바가 넓으면 위(威)가 통제하는 바는 광대해진다. 삼대의 융성한 시대에는 형벌이 폐기되고, 군사가 사용되지 않는 차원에까지 이르자 그 본말이 차례를 갖게 됐고, 제왕의 공로와 업적도 지극했다.

옛날 주나라의 법에서는 삼전(三典)을 세워 나라의 형벌을 다스렸고 사방을 꾸짖었다[詰=責]. 첫째, 신방(新邦)에서의 형벌은 경전(輕典)을 쓴다 힐 책
[○ 사고(師古)가 말했다. "새로 땅을 열어 임금을 세운 나라에서는 그 사람들이 아직 가르침에 익숙하지 않기 때문에 가벼운 법을 쓴다."]. 둘째, 평방

---

22 오행설에서 병(兵)은 금(金)이다.

23 『논어(論語)』「위령공(衛靈公)」편에 나오는 말이다.

(平邦)에서의 형벌은 중전(中典)을 쓴다〔○ 사고(師古)가 말했다. "태평한 나라를 이어받아 수성하는 나라의 경우에는 중전(中典)에 담긴 평상시의 법을 쓴다."〕. 셋째, 난방(亂邦)에서의 형벌은 중전(重典)을 쓴다〔○ 사고(師古)가 말했다. "찬탈과 반역이 있는 나라에서는 교화가 나쁘고 풍속을 바꾸기도 어렵기 때문에 중법(重法)을 써서 죄수들을 주살하는 것이다. 이 이상의 죄는 대사구(大司寇)가 맡는다."〕. 오형(五刑)이란 묵죄(墨罪)의 부류가 500,[24] 의형(劓刑) 500, 궁형(宮刑) 500, 월형(刖刑) 500, 사형(死刑) 500으로 이른바 평방에서 중전(中典)을 쓰는 것이다. 사람을 죽인 자는 모두 시장에 시신의 목을 내걸고[踣=梟首], 먹을 새겨 넣은 자는 문을 지키게 하고, 의형으로 코가 베인 자는 관문을 지키게 하고, 궁형을 당한 자는 후궁을 지키게 하고, 발목을 베는 월형을 당한 자는 금수를 기르는 동산을 지키게 하고, 신체에 손상을 입지 않은 죄수[完者]는 쌓아놓은 물자를 지키게 했다. 그들의 노비에 대해서는 남자의 경우에는 죄예(罪隸)의 관리[25] 아래에 속하게 했고, 여자의 경우에는 용인(舂人)과 고인(槁人)[26] 두 관리의 아래에 속하게 했다. 작위를 가진 자와 70세에 이른 노인과 아직 이가 나지 않은 어린아이들은 모두 노비로 삼지 않았다〔○ 사고(師古)가 말했다. "작위를 가진 자란 명사(命士) 이상을 말하며 아직 이가 나지 않은 어린아이란 남자

---

24 묵형에 해당하는 죄목이 500가지나 됐다는 뜻이다.

25 추관(秋官)에 속하는데 잡일을 맡고 있다.

26 둘 다 지관(地官)에 속하는데 용인은 제사나 빈객 접대에 필요한 미곡을 제공하는 일을 맡고, 고인은 내외 조정의 당직자들에게 식사를 제공하는 일을 맡고 있다.

는 8세, 여자는 7세까지를 말한다."].

주나라의 (임금다운) 도리가 쇠퇴하자 목왕(穆王)[27]은 만년에 늙고 판단력이 흐려져서 보후(甫侯)[28]에게 명해 당시의 시속을 감안해 형법을 제정하도록 해 사방의 나라들을 다스렸다[詰=治]. 묵벌(墨罰)에 속한 것이 1,000가지였고, 의벌(劓罰)이 1,000가지였으며, 빈벌(髕罰-무릎을 자르는 형벌)이 500, 궁벌(宮罰)이 300, 대벽(大辟-사형)의 벌이 200이었다. 오형에 속한 죄목은 모두 3,000이었고, 대개 평방의 중전보다 500가지가 많았기 때문에 이것이 이른바 난방(亂邦)에서의 형벌은 중전(重典)을 쓴다는 것이다.

춘추시대에는 임금다운 도리가 점점 더[寖=漸] 무너져내려 교화가 행해지지 않으니, 자산(子産)은 정(鄭)나라 재상으로 있으면서 형법 조문[刑書]을 쇠솥[鼎]에 주조해 새겨 넣었다. 진(晉)나라 숙향(叔嚮)[29]은 이를 비판해 이렇게 말했다.

"옛날에 선왕(先王)은 사안의 경중을 헤아려 죄를 판단했고 미리 형법을 제정하지 않았으니 이는 백성들이 서로 다투는 마음[爭心]을 갖게 될까 봐 두려워해서입니다. (이렇게 하는 것만으로는) 오히려 범죄를 막아낼 수 없어서 그 때문에 의로움을 가르쳐 범죄를 미리 막고, 정령을 세워 범죄를 단속하고, 예로써 의로움과 정령을 시행하고, 이를 신실하게 지키고

---

27 소왕(昭王)의 아들이다.

28 보(甫)는 제후국의 이름이다.

29 숙향(叔向)으로도 쓴다.

어짊으로 백성들을 길렀으며, 봉록과 작위의 제도를 정해 그것을 따르는 자를 권면하고, 형벌로 엄단해 방종하는 자들을 위협했습니다. 그리고 백성들이 그것을 따르지 않을 것을 두려워했기 때문에 그들에게 충성스러움을 일깨워주고 행실을 장려하고, 각자 맡은 바를 가르치고, 조화로운 마음으로 그들을 부리고 삼감으로 백성들을 대하고, 온 힘을 다해 일을 처리하고 과단성 있게 판결을 내렸습니다. (그런데도) 오히려 빼어나고 명철한 윗사람(-공이나 후)과 밝게 살피는 관리와 진실하고 믿음직한 향장(鄕長)과 인자하고 은혜로운 스승을 구하려 애썼으니 백성들은 이에 믿고 부릴 만하게 돼 화란이 생겨나지 않았습니다. (반면에) 백성들이 형법이 있다는 것을 알게 되면 윗사람을 꺼리지 않고 아울러 다투는 마음을 갖게 돼 형법에서 증거를 찾아 요행으로 뜻을 이루기를 바랄 것이니 이렇게 해서는 안 될 것입니다. 하(夏)나라 때 정령을 어지럽히는 자가 있자 우형(禹刑)을 지었고, 상(商)나라 때 정령을 어지럽히는 자가 있자 탕형(湯刑)을 지었으며, 주(周)나라 때 정령을 어지럽히는 자가 있자 구형(九刑)〔○ 위소(韋昭)가 말했다. "정형(正刑) 다섯 가지 외에 유(流)·속(贖)·편(鞭)·복(扑)을 가리킨다."〕을 지었습니다만, 그러나 이 세 가지 형법[三辟]이 생겨난 것은 모두 말세[叔世=季世] 때였습니다.
삼벽
숙세=계세

(그런데) 지금 그대는 정나라의 재상으로 있으면서 세 가지 형법을 제정하고 그것을 새긴 쇠솥을 주조해 장차 백성들을 안정시키려 하니[靖民=安民] 진실로 어렵지 않겠습니까? 『시경(詩經)』에 이르기를 '문왕의 다움
정민
안민

을 본받아[儀式] 날마다 사방을 안정시켰다'[30]라고 했고, 또 이르기를 '문
    의식
왕을 본받으면[儀刑] 만방의 백성들이 믿고 따른다'[31]라고 했으니 이와 같
       의형
다면 뭐하러 법을 (미리) 제정할 필요가 있겠습니까? 백성들이 (그 형법을
통해) 다툼의 단서[爭端]를 알게 되면 장차 예를 버리고 형법에서 증거를
           쟁단
끌어다가 작은 이익도 버리지 않고 장차 죄다 쟁송거리로 삼을 테니 어지
러운 옥사는 점점 많아지고 뇌물이 널리 유행할 것입니다. (그리하여) 그
대가 죽을 때쯤이면 정나라는 아마도 패망할 것입니다."

자산이 답해 말했다.

"그대의 말씀대로이긴 합니다만 교(僑-자산의 이름)는 재능이 없어 자
손까지는 미칠 수 없으니 나는 이 법으로 지금 세상을 구제하려는 것입
니다."

경박스러운 정치는 이때로부터 점점 더 심해졌다. 공자는 이를 마음 아
파해 이렇게 말했다.

"백성을 법령으로써 인도하고 형벌로써 가지런히 하면 백성이 법망을
면하려고만 하고 부끄러움이 없게 된다. 백성을 다움으로 인도하고 예로써
가지런히 하면 부끄러움을 알게 되고 또 감화될 것이다."[32]

또 말했다.

"예악이 흥하지 못하면 형벌이 알맞지 못하고 형벌이 알맞지 못하면 백

---

30 「주송(周頌)」 '아장(我將)' 편에 나오는 구절이다.
31 「대아(大雅)」 '문왕(文王)' 편에 나오는 구절이다.
32 『논어(論語)』 「위정(爲政)」 편에 나오는 말이다.

성들이 손발을 둘 곳이 없게 된다."[33]

맹씨(孟氏)가 양부(陽膚)를 사사(士師)[34]로 삼으려고 하자 양부가 증자(曾子)에게 물으니 증자가 답했다.

"윗사람이 자신의 도리를 잃어 백성들이 뿔뿔이 흩어진 지 오래다. 만일 그렇게 된 사정을 제대로 알게 된다면 그들을 불쌍히 여겨야지 기뻐할 일은 아니다."[35]

점점 더 쇠퇴해 전국(戰國)시대에 이르자 한(韓)나라는 신자(申子)를 임용했고, 진(秦)나라는 상앙(商鞅)을 써서 연좌법을 만들어 삼족을 멸하는 제도[參夷]를 만들었으며, 또한 신체를 훼손하는 형벌[肉刑]과 사형(의 범위)을 늘렸고, 정수리에 구멍을 내고 옆구리 뼈를 도려내며 가마솥[鑊]에 삶아죽이는 형벌 등이 있었다.

진시황에 이르러 싸우던 나라들을 병탄하자 드디어 선왕의 (아름다운) 법들을 허물고, 예와 의로움에 기반한 관직들을 없앴으며, 오로지 형벌에 비중을 두면서 신체에다 죄목을 새겨 넣고, 낮에는 옥사를 처리하고 밤에는 공문서를 처리하다 보니 스스로 결재해야 할 문서의 양이 하루에 120근이나 됐다. 그러나 간사한 자들이 동시에 일어나 붉은 죄수복을 입은 사

---

33 『논어(論語)』「자로(子路)」 편에 나오는 말이다.

34 여기서 사사는 옥관(獄官)이다. 양부는 증자의 제자다.

35 『논어(論語)』「자장(子張)」 편에 나오는 말이다. 백성들이 뿔뿔이 흩어짐은 부리기를 무도하게 하고 평소 가르치지 않았기 때문이다. 그러므로 그들이 법을 범하는 것은 부득이함에 핍박당해서이거나 이것이 아니면 무지에 빠져서이다. 그러므로 그 실정을 알면 불쌍히 여겨야지 (출세했다고) 기뻐하지 말아야 한다는 가르침이다.

람들이 길거리를 가득 메우고 감옥[囹圄]이 시장처럼 북적거려 천하에 근심과 원망이 쌓이더니 결국 허물어지면서 진나라에 반기를 들었다.

한나라가 일어나 고조가 처음으로 함곡관에 들어와 법삼장(法三章)을 약속했다.

"사람을 죽인 자는 사형에 처하고 남을 다치게 하거나 도둑질한 자는 죄에 맞게[抵=至=當] 처벌할 것입니다."

번잡하고 가혹했던 법률들을 깨끗하게 없애니 백성들은 크게 기뻐했다. 그후 사방의 오랑캐들이 아직 귀부하지 않아 전쟁[兵革]이 그치지 않는 바람에 삼장의 법으로는 간악함을 막아내기에 충분치 못해, 이에 상국 소하(蕭何)가 진나라의 법을 거두고 손봐서[攗摭=收拾] 당시에 맞는 것들을 골라 율구장(律九章)[36]을 지었다.

효혜제와 고후의 시대를 맞아 백성들은 (진나라의) 독수(毒手)에서 새로이 벗어나 어린아이를 기르고 노인들을 봉양하고자 했다. 소하와 조참이 승상이 돼 무위(無爲)의 법을 써서, 백성들을 안정시키고[37] 백성들의 소망을 따르며 어지러운 소란을 일으키지 않으니, 이 때문에 입고 먹을 것은 점점 풍요해지고 형벌을 쓸 일은 드물어졌다.

문제가 즉위하게 되자 몸소 현묵(玄默)을 닦아[38] 농업과 양잠을 권면하

---

36 구장률(九章律)이라고도 한다.

37 황로(黃老)사상에 입각해 새로운 일을 벌이지 않고 세금을 줄여주어 백성들을 쓰다듬어주었다는 뜻이다.

38 이 또한 황로사상에 입각해 새로운 일을 벌이지 않았다는 뜻이다.

니 조세와 부역이 줄어들었다. 그리고 장상(將相)들도 모두 옛 공신들이어서 꾸밈이 적고 질박함은 많았기에[少文多質] 망한 진나라의 정치를 징계하고 싫어했으며, 힘써 논의하는 바는 너그러움과 두터움에 있었고 남들의 허물과 잘못을 입에 담는 것을 부끄럽게 여겼다. 이 때문에 교화가 천하에 행해져 남들을 고발하던 습속은 바뀌었다. 관리들은 자신의 관직에 성실했으며 백성들은 자신의 직업을 즐겨 저축은 해마다 늘어나 쌓이고 호구는 점점 늘어났다[息=生]. 풍속[風流]은 도탑고 두터워졌으며 법망[禁罔=法網]은 듬성듬성해졌다.[39] 장석지(張釋之)를 뽑아 정위(廷尉)로 삼으니 죄가 의심되는 자는 가능하면 가벼운 쪽으로 처벌했고, 이로 인해 형벌은 크게 줄어들어 중죄의 판결이 1년에 400건 정도로 줄어 형벌을 그냥 내버려두는 (상고시대의) 풍조까지 있었다.

문제 즉위 13년(기원전 167년)에 제(齊)의 태창령(太倉令)[40] 순우공(淳于公)이 죄를 지어 육형(肉刑-신체형)을 당하게 되자 조옥(詔獄)의 관리들이 그를 체포해 장안(長安)으로 잡아들였다. 순우공에게는 아들이 없고 딸만 다섯이었는데 마침 체포됐을 때 딸들에게 원망하듯 말했다.

"자식들을 낳았지만 아들이 없으니 위급한 사태를 맞아 아무런 도움도 되지 않는구나!"

그의 어린 딸 제영(緹縈)은 이를 너무 가슴 아파하며 울다가 아버지를 따라 장안으로 와서 글을 올렸다.

---

39 법망이 촘촘하면 백성들을 옥죄게 된다.
40 대사농 소속으로 국가의 곡식 창고를 책임진다.

'첩의 아버지는 관리가 돼 제에 있을 때 모두 그의 청렴과 공정[廉平]을 염평
칭송했는데 지금은 법에 걸려 형벌을 앞두고 있습니다. 첩이 마음 아픈 것은 무릇 일단 사형을 당하고 나면 다시 살아날 수가 없고 형벌을 받고 나면 다시 신체를 이어붙일 수 없다는 점입니다. 제가 관비가 될 테니 아버지의 형벌을 용서해주시어 다시 한번 스스로를 새롭게 할 기회를 주시옵소서.'

이 글이 천자에게 올라가니 천자는 그 뜻을 가련하고 슬프게 여겨 드디어 다음과 같은 영을 내렸다.

"대개 내가 듣건대 유우씨(有虞氏-순임금)의 시대에는 범죄자에게 특수한 색이나 무늬가 있는 옷을 입게 해 부끄러움의 표시로 삼게 했을 뿐인데도 백성들은 법을 어기지 않았다고 한다. 어찌하여 이렇게 될 수 있었겠는가? 그것은 다스림이 지극했기 때문이다. (그런데)[41] 지금의 법에는 육형(肉刑)이 세 가지나 있는데도〔○ 맹강(孟康)이 말했다. "얼굴에 글자를 새겨 넣는 경형(黥刑)과 코를 베어내는 의형(劓刑)이 있고, 그밖에 발목의 근육을 자르는 지합(趾合)이 있었다."〕 간악스러움이 그치지 않고 있으니 그런 잘못은 어디에 있는 것인가? 이는 다 짐의 임금다움이 엷고 가르침이 밝지 못한 때문이 아니겠는가? 무릇 백성을 일깨우는 도리가 제대로 되지 못해 어리석은 백성들은 죄의 길로 빠지고 있는 것이니 내가 심히 자괴

---

41 옛날 중국의 문체에는 옛날과 지금을 대비시켜 말하는 형식이 즐겨 사용됐는데 여기서도 마찬가지다. 그런 경우에는 '그런데'라는 말을 넣어 읽어야 대비의 효과가 두드러진다. 그 때문에 원문에는 없지만 '그런데'를 괄호 안에 넣어 옮겼다. 이하에서도 마찬가지다.

하고 있다. 『시경(詩經)』에 이르기를 '점잖은 군자여 백성의 부모로다[愷弟君子 民之父母]'[42]라고 했다. 지금 백성들에게 잘못이 있으면 가르침을 시행하기도 전에 형벌이 먼저 가해져 혹 잘못을 고쳐 좋은 일을 행하고자 해도 그럴 길이 없으니 짐은 이를 심히 불쌍하게 여기고 있다. 무릇 지체(肢體)를 절단하고 피부와 근육을 상해하는 형벌을 받으면 종신토록 복원되지 않을 것이니 그 형벌은 얼마나 고통스러울 것이며 진실로 얼마나 부덕한 일이겠는가? 어찌 (임금은) 백성의 부모 된 자라는 뜻에 부합하는 것이겠는가? 육형을 폐기하고 이를 다른 형벌로 대체하라. 그리고 죄인들로 하여금 각각 그 벌의 가볍고 무거움에 따라 도망을 가지 않는다면 해가 지난 다음에는 사면해주도록 하라. 이를 갖추어 명령을 만들라!"[43]

승상 장창(張蒼)과 어사대부 풍경(馮敬)이 말씀을 아뢰었다.

"육형은 간악스러움을 금하는 것인 까닭에 그 유래하는 바가 오래됐습니다. 폐하께서는 밝은 조서[明詔]를 내리시어 만백성 중에 한 명이라도 과실이 있어 형벌을 받았을 때 형벌은 평생토록 이어지는 것이라 죄인이 행실을 고쳐 선행을 하고 싶은 생각이 있더라도 그것을 행할 방도가 없게 되는 것을 마음 아파하셨으니 그 성대한 다움은 신들이 미칠 수 없는 바입니다. 신들이 삼가 토의해 그 율을 다음과 같이 정할 것을 청하옵니다.

'즉, 여러 가지 기존의 곤형(髡刑)에 해당하는 자는 이를 바꿔 신체를

---

42 「대아(大雅)」 '형작(泂酌)' 편에 나오는 구절이다.
43 승상 장창(張蒼)과 어사대부 풍경(馮敬)이 말씀을 올리자 황제는 제서(制書-황제의 명령 중에서 특히 제도와 관련한 명령을 가리킨다)를 내려 이렇게 허락한 것이다.

온전히 해 성 쌓기 공사장에서 복역하도록 하고[城旦]_성단_, 경형에 해당하는 자는 머리를 깎고 목에 차꼬를 한 채 성 쌓기 공사장에서 복역하도록 하고, 의형에 해당하는 자는 태형(笞刑) 300대로 하고, 왼쪽 발목[止=足]_지 족_을 자르는 월형에 해당하는 자는 태형 500대, 오른쪽 발목을 자르는 월형에 해당하는 자와 살인을 하고서 발각되기 전에 자수한 자 또는 관리로서 뇌물을 받고 법을 악용한 죄에 걸린 자, 또는 현관(顯官-중앙 재정 부처)의 재물을 지키는 직무를 맡고서 그것을 훔친 자, 그리고 이미 이상의 세 가지 죄 중 하나로 판결을 받았는데 또 태형에 해당하는 죄를 범한 자는 모두 기시(棄市)한다. 이미 재판에서 형이 결정된 경우에는 신체를 온전히 해 성 쌓기 공사장에서 복역하도록 하고 복역 3년이 꽉 차면 귀신백찬(鬼薪白粲)의 형으로 경감한다.[44] 귀신백찬으로 1년 동안 잘 복역하면 예신(隸臣)과 예첩(隸妾)이 되고, 이를 1년 동안 잘 하면 사면돼 서인(庶人)이 된다. 또한 예신과 예첩으로 복역해 2년이 되면 사구(司寇)가 되고,[45] 사구 1년이나 작여사구(作如司寇)[46] 2년이면 모두 사면돼 서인(庶人)이 된다. 그러나 본래의 죄가 결정되고서 도망친 자나 내죄(耐罪-수염을 깎이는 가벼운 죄) 이

---

44 성 쌓기 복역은 5년이고 귀신백찬은 3년이다. 귀신은 종묘에 필요한 땔감 등을 대는 것이고 남자에 해당하며, 백찬은 정성스러운 곡식을 준비하는 것이고 여자에 해당한다.

45 사구에 속해 잡일을 하게 된다는 뜻이다.

46 여자가 사구에 속해 잡일을 하는 것이다.

상을 범한 자에게는 이 영을 적용하지 않는다. 이 영을 시행하기 이전의 형벌 중에서 성 쌓기 공사장에 복역해 금고(禁錮)되지 않았던 자는 신체를 온전히 해 성 쌓기 공사장에서 복역하는 형기 4년에 준해 사면한다.'

신들은 죽을 각오로[昧死] 이를 청하옵니다."

제하여 말했다.

"그리하라."

이때 이후로 겉으로는 형벌을 가볍게 했다는 명분이 있었지만 안으로는 사실상 사람을 죽였다. 종래에 오른쪽 발쪽을 자르던 형벌은 또한 사형에 해당됐고, 또한 종래에 왼쪽 발쪽을 자르던 형벌은 태형 500대이고, 의형에 해당하는 형벌은 태형 300대였지만 (그 때리는 숫자가 너무 많아) 거의 대부분이 죽었기 때문이다.

경제 원년에 조(詔)하여 말했다.

"태형을 가하는 것은 중형(重刑-사형)과 다를 바가 없다. 요행히 죽지 않는다 해도 사람노릇을 할 수가 없다. 이에 율을 정해 태형 500을 300으로, 태형 300을 200으로 하라."

그럼에도 여전히 충분하지 못했다. 중(中) 6년에 이르러 또 조를 내려 말했다.

"태형을 당하는 자가 혹 죽음에 이르러 태형을 다 마치지도 못한다고 하니 짐은 이를 가슴 아프게 여긴다. 이에 태형 300을 200으로, 태형 200을 100으로 줄이도록 하라. 또 태형이란 백성들을 가르치고자 하는 바이니 수령(箠令-채찍형)을 정하도록 하라."

승상 유사(劉舍)와 어사대부 위관(衛綰)이 청했다.

"태형에 쓰는 채찍의 길이는 5척, 그 몸통의 크기는 1촌, 그 대나무는 끝 쪽이 가늘게 반촌으로 해서 모두 그 마디를 평평하게 하겠습니다. 그리고 태를 칠 때는 마땅히 볼기를 때리도록 하겠습니다. 그리고 태를 치는 사람을 중간에 바꾸지 않고 죄인을 한 사람이 다 때린 다음에 태를 치는 사람을 바꾸도록 하겠습니다."

이때부터 태형을 당한 사람은 신체를 온전히 할 수 있었지만 그러나 여전히 혹리(酷吏)는 오히려 그것으로 위력을 떨쳤다. 사형은 이미 중한 데 반해 생형(生刑)[47]은 가벼워 백성들은 쉽게 범죄를 저질렀다.

효무제가 즉위하게 되자 밖으로는 사방의 오랑캐들을 정복하는 공훈을 일로 삼고 안으로는 눈과 귀의 즐거움을 추구하다 보니 그로 인한 징발이 잦아져 백성들은 빈곤하게 되고 곤경에 빠진 백성들은 법[48]과 감림부주(監臨部主)[49]의 법을 짓고 심고(深故)[50]의 죄는 완화했으며 종출(縱出)[51]의 주살은 엄하게 했다.[52] 그후 간활한 자들이 법을 교묘하게 운용해 돌아가며 서로 정황을 가늠해보니 금망(禁罔)은 더욱 조밀해졌다. 율령은 모두 359장이었는데 대벽(大辟-사형)의 경우 409개 조항에 1,882건의 사례, 사

---

47 목숨을 잃지 않는 형벌들을 가리킨다.

48 범죄 사실을 알면서도 놓아줄 경우 처벌하는 법이다.

49 직접 살펴보아 죄가 있을 경우 서로 연좌시키는 법이다.

50 고의로 얽어 꾸며내는 것을 가리킨다.

51 법을 어겨가며 처벌을 완화하는 것을 가리킨다.

52 전반적으로 엄벌주의를 더욱 강화한 것이다.

죄의 결사비(決事比-판결례)는 1만 3,472건이나 됐다. 문서들은 궤각(几閣)에 가득차고 너무 많아 담당하는 자들도 찾아 볼 수가 없을 정도였다. 그래서 종종 죄는 같은데 판결[論]은 달랐다. (그리하여) 간사한 옥리는 (권력자와의) 인연을 빙자해 (법을 농간해서 재물을 받기를) 시장에서 장사꾼이 물건을 팔듯이 했고, 살려주고자 하면 살려주는 의논에 붙이고[傳=附], 죽음에 빠뜨리고자 하면 죽이는 사례에 넣었다. 정사를 토의하는 자[議者]들은 모두 이를 원통해하며 마음 아파했다.

　선제는 민간에서[閭閻] 살았었기 때문에 이와 같은 것들을 잘 알고 있었고 존위(尊位)에 나아갔을 때 정위사(廷尉史) 노온서(路溫舒)가 소를 올려 말하기를 '진(秦)나라에는 열 가지 잘못이 있는데 그중 하나가 아직도 있으니 옥사를 다스리는 관리가 그것입니다'라고 했다. 상세한 이야기는 「온서전(溫舒傳)」에 실려 있다.

　상(上)은 깊이 근심하고서[深愍] 마침내 조서를 내려 아래와 같이 말했다.

　"근래에 형리(刑吏)들이 법을 쓰면서 조문을 교묘하게 해 아주 깊이 스며들어가니 이는 짐의 임금답지 못함[不德] 때문이다. 무릇 옥사를 결단하는 것[決獄]이 부당해 죄 있는 사람으로 하여금 사악한 짓을 저지르게 하고, 죄 없는 사람은 무참하게 죽임을 당해 아비와 아들이 슬퍼하고 한스러워하니, 짐은 이를 심히 마음 아파하노라. 이제 정위사[廷史]를 보내 각 군(郡)과 더불어 옥사를 국문토록 했지만 그 맡은 바가 가볍고 녹봉도 엷으니 (이를 높여) 정위평[廷平]을 설치하고 녹질을 600석으로 해 관원 4명을 두도록 하라. 정위평은 공평에 힘을 써서 짐의 뜻을 받들도록 하라."

이에 우정국(于定國)[53]을 뽑아 정위사로 삼고서 밝게 살피되[明察] 너그럽게 용서해주는 것[寬恕]을 위주로 하도록 했고 황패(黃覇) 등을 정위평으로 삼았다. 이에 해마다 늦가을에[季秋](-음력 9월) 죄안[讞]이 올라오면 상은 늘 선실(宣室-재계하고 중요한 결정을 내리던 방이다)에 나아가 재계하고 머물면서 사건을 결단하니 옥사와 형벌이 공평하다[平]는 평판[號]이 생겨났다. 이때 탁군(涿郡) 태수 정창(鄭昌)이 소를 올려 말했다.

'빼어난 임금이 간쟁하는 신하를 둔 것은 다움을 높이기 위함이 아니라 게으름과 안락에 젖는 것[逸豫]을 막기 위함이었고, 법을 세우고 형을 밝힌 것은 다스림을 위함이 아니라 쇠란(衰亂)이 일어남을 구제하기 위함이었습니다. 지금 밝은 주상[明主]께서 몸소 밝은 정사를 드리우신다면 비록 정위평을 두지 않더라도 옥사는 장차 저절로 바르게 될 것입니다. 만약 후사(後嗣)를 깨우치고자 하신다면 율령을 산정(刪定-정비)하는 것만 못합니다. 율령이 일단 정해지면 어리석은 백성들도 피해야 할 바를 알고 간사한 관리들은 농단할 바가 없어집니다. (그런데) 지금 그 근본을 바로잡지 않고, 정위평을 두어 그 말(末)을 다스림으로써 정치가 쇠락하고 청옥(聽獄)이 게을러지면, 정위평은 장차 권력을 구하고 스스로 난을 일으키는 우

---

53 처음에 옥사(獄史)와 군결조(郡決曹-지방재판관)가 됐다가 거듭 승진해서 어사중승(御史中丞)과 정위(廷尉)가 됐다. 송사(訟事)를 처리하는 것이 아주 신중해서 죄가 있다고 의심만 되는 사람은 가볍게 처리해 백성들 가운데 원망하거나 억울해하는 사람이 없었다. 선제(宣帝) 감로(甘露) 3년(기원전 51년) 승상(丞相)으로 발탁되고 서평후(西平侯)에 봉해졌다. 원제(元帝) 초에 관동(關東)이 연이어 재해를 당해 유민들이 떼 지어 관내로 들어오자 그가 사죄하며 후인(侯印)을 내놓고 사직을 청했다.

두머리가 될 것입니다.'

선제는 이 일을 미처 바로잡지 못했다.

원제가 처음 세워져 곧바로 조하여 말했다.

"무릇 법령이란 사나운 자를 누르고 약한 자를 부축하기 위한 것이니 범하기 어려워야 하고 피하기 쉬워야 한다. (그런데) 지금의 율령은 번잡하고 많아서 간략하지 않아 법조문을 담당하는 자[典文者]들부터 스스로 분명히 알지도 못하면서 백성들 중에 그 뜻에 미치지 못한 자들에게 법망을 펼치니 이것이 어찌 형벌(을 만든 본뜻)에 적중한 것이겠는가! 율령 중 곧바로 없애거나 형량을 가볍게 줄일 만한 것들을 토의해 조목별로 아뢰어라. (이는) 오직 만백성을 편안케 하려는 것일 뿐이다."

성제 하평(河平) 연간에 이르러 다시 조하여 말했다.

"보형(甫刑)[54]에 이르기를 '다섯 가지 형벌[五刑]에 해당하는 죄가 3,000가지이고 사형[大辟=死刑]에 해당하는 죄가 200가지다'라고 했는데 지금은 사형에 해당하는 죄의 조목이 1,000가지가 넘고 율령이 번잡하고 많아 100여만 글자나 된다. 기청(奇請)[55]이나 타비(它比=他比)[56]가 날로 늘어가니 법령을 잘 익힌 자들도 그 유래된 바를 모르면서 뭇 백성들에게 깨우쳐주고자 하니 진실로 어렵지 않겠는가! 이에 백성들이 법망에 걸려 요절하거나 무고(無辜)함을 당하니 어찌 슬프지 않은가? 중(中) 2,000석 관리

---

54 『서경(書經)』 「주서(周書)」 '여형(呂刑)' 편에 나오는 말이다. 여형이라고도 한다.

55 정식 법률 조문에 없는 것을 주청하는 자가 별도로 요청해 정죄하는 것이다.

56 법률 이외의 것으로 다른 법조문을 인용해 판결하는 것이다.

와 2,000석 관리, 박사 및 율령에 밝은 자들은 사형을 감하거나 덜어서 없애고 줄일 만한 것들에 대해 주청하라. 이에 대해서 분명하게 알기 쉽도록 하고 조목조목 아뢰어라. 『서경(書經)』에도 이르지 않았는가? "형을 가엾게 여길지어다."[57] 이를 모두 자세히 살펴보고 옛 법을 준수하도록 힘쓰라. 짐이 장차 마음을 다해 이를 볼 것이다."

(그러나) 유사(有司)들은 (옛날의) 중산보(仲山父)처럼 보좌하는 명철(明哲)한 재주가 없고〔○ 사고(師古)가 말했다. "유사(有司) 이하 이 문단은 사가(史家-반고)의 평이다. 『시경(詩經)』「대아(大雅)」 '증민(蒸民)' 편에 이르기를 '엄숙한 왕명을 중산보(仲山父)가 받들어 행하니 나라가 좋은지 나쁜지를 중산보가 밝혔도다'라고 했다. 이는 선왕의 고명이 있자 중산보가 그것을 받들었고 또 나라에 좋지 못한 일이 있자 중산보가 밝게 해결했다는 말이다. 옛날의 이 사례를 끌어들여 지금은 그렇지 못함을 마음 아파한 것이다."〕, 때에 맞게 임금의 은혜를 널리 펴지 못했으니, 밝은 제도를 세워 한 시대의 법을 만들어도 다만 구차스럽게 미미한 것에 그치고, 터럭 같은 작은 일만 들춰내니 조서의 뜻을 막을 뿐이었다. 이렇게 큰 대의(大議)로 세우지 못한 채 마침내 지금에 이르렀다. 의견을 내는 자들이 혹 법은 자주 바꾸기 어려운 것이라 말하는데 이런 용렬한 자들이 통달하지 못해 치도(治道)를 의심하게 하고 막았기에 빼어난 뜻[聖旨]이 항상 걱정하는 바였다. 그래서 한이 흥기한 이래 법령이 차츰 정해지고 옛것에 부합하고 지

---

57 「우서(虞書)」 '순전(舜典)' 편에 나오는 말이다. 마땅히 형을 당하는 사람들을 불쌍하게 여겨야 한다는 말이다.

금에 편리한 것들을 약술한다.

한나라가 흥하던 초창기에 비록 법삼장(法三章)을 약속한 것이 있었다고는 하지만 그것은 그물은 빠져나가면서 배는 삼켜버리는 큰 물고기[網漏吞舟之魚]와도 같은 것이었다. 그러나 그 사형에 해당하는 큰 범죄[大辟]의 경우 일찍부터 삼족을 멸하는[夷三族]58 영(令)이 있었다. 그 영에 이르기를 "삼족에 해당하는 자는 모두 먼저 경(黥-묵형)을 하고 코를 베고 왼쪽·오른쪽 발목을 자르며[斬左右止] 태를 쳐서 죽인다. 그 머리를 효수하고 시장에서 그 골육을 절인다[菹=醢]. (조정이나 황실을) 비방하거나 저주[詈詛]하는 자는 또한 먼저 혀를 자른다"라고 했다. 그래서 이를 일러 오형을 갖추었다고 한다. 팽월(彭越)과 한신(韓信)의 무리들은 모두 이 같은 주륙형을 당했다. 고황후(高皇后) 원년(기원전 187년)에 마침내 삼족을 멸하는 죄가 폐지됐고 요언령(袄言令)을 없앴다. 효문제 2년 또 승상과 태위와 어사에게 조하여 다음과 같이 말했다.

"법이란 다스림의 바른 기준[治之正]이니 포악한 것을 금하고 좋은 사람을 지켜주는 근거가 된다. 지금 법을 범하고서 이미 판결이 났는데도 죄 없는 부모와 처자와 형제까지 함께 죄를 물어 그들을 잡아들이기에 이르니 짐은 그 같은 의견을 아예 채택하지 않으려 한다. 이를 토의하도록 하라."

---

58 삼족이란 부족, 모족, 처족을 말한다. 삼족을 멸하는 죄는 진나라 때 생겼다.

좌우 승상 주발(周勃)⁵⁹과 진평(陳平)⁶⁰이 말씀을 올려 말했다.

"부모와 처자와 형제까지 함께 죄를 물어 그들을 잡아들이는 것은 백성들의 마음에 부담을 주어 함부로 법을 범하지 못하게 하려는 것입니다. 신들이 생각해볼 때 삼족을 멸하는 법을 둔 이유도 이 때문이라고 봅니다."

문제가 다시 말했다.

"짐이 듣건대 법이 바르면 백성들은 아름다워지고[懿] 죄에 합당한 법을 내리면 백성들은 따른다고 했다. 또 무릇 백성들을 좋음으로 기르고 이끄는 자가 제대로 된 관리[吏]요, 이미 백성들을 좋음으로 이끌지도 못하고 나아가 바르지 못한 법으로 백성들에게 죄를 준다면 이런 법은 도리어 백성들을 해치는 것이니 폭력적인 관리[暴者]가 된다. 짐은 기존의 제도에 무슨 좋은 점이 있는지 모르겠으니 마땅히 이에 대해 깊이 생각해 계책을 마련하도록 하라."

진평과 주발[平勃]은 이에 다음과 같이 말했다.

"폐하께서 다행히 천하에 큰 은혜를 내리시어 죄가 있다 하더라도 죄가 없는 가족들은 연좌시켜 잡아들이지 못하도록 하시니 폐하의 (천자)다움

---

59 한(漢)나라 고조(高祖) 때 사람으로 유방(劉邦)의 공신(功臣)이다. 고조 유방을 도와 천하를 평정했고 황후인 여씨(呂氏) 일가를 죽이고 한실(漢室-한나라 황실)을 편안하게 해 벼슬이 승상(承相)에까지 올랐다.

60 처음에는 항우를 따랐으나 후에 유방을 섬겨 한나라 통일에 공을 세웠다. 좌승상이 돼, 여씨의 난 때에 주발(周勃)과 함께 이를 평정한 후 문제를 옹립했다. 진평과 주발을 합칭해 흔히 평발(平勃)이라고 한다.

은 참으로 크시어 신 등이 감히 미칠 바가 아닙니다. 조서를 삼가 받들어 연좌와 관련된 율령들을 모두 폐기토록 하겠습니다."

그후에 신원평(新垣平)이 모의해 반역을 행하자 다시 삼족을 주살하는 형벌을 시행했다. 이로 말미암아 말하자면 풍속은 쉽게 바뀌는 것이니 "사람의 본성은 서로 가깝지만 익히는 것에 따라 서로 멀어진다[性相近也 習相遠也]"[61]라고 한 말은 참으로 믿을 만하다. 무릇 저 문제의 어짊[仁], 진평·주발의 지혜[知]로도 오히려 과한 형벌과 주륙의 논의가 남아 있음이 이같이 심했는데 하물며 용렬한 재주로 말류(末流)에 빠진 사람이겠는가?

주관(周官)에는 5청(五聽), 8의(八議), 3자(三刺), 3유(三宥), 3사(三赦)의 법이 있었다.

5청(聽-곡직(曲直)을 판별하는 기준)이란 첫 번째는 사청(辭聽-말),[62] 두 번째는 색청(色聽-안색),[63] 세 번째는 기청(氣聽-기운),[64] 네 번째는 이청(耳聽-귀),[65] 다섯 번째는 목청(目聽-눈)[66]이다.

8의(議-형벌을 감면하는 여덟 가지 조건)란 첫 번째는 의친(議親),[67] 두

---

61 『논어(論語)』「양화(陽貨)」편에 나오는 공자의 말이다.

62 곧지 못한 자는 말이 번거롭다.

63 곧지 못한 자는 낯빛이 변한다.

64 곧지 못한 자는 숨이 가쁘다.

65 곧지 못한 자는 듣는 것이 헷갈린다.

66 곧지 못한 자는 눈이 어지럽다.

67 왕의 친족인지를 살핀다.

번째는 의고(議故),[68] 세 번째는 의현(議賢),[69] 네 번째는 의능(議能),[70] 다섯 번째는 의공(議功),[71] 여섯 번째는 의귀(議貴),[72] 일곱 번째는 의근(議勤),[73] 여덟 번째는 의빈(議賓)[74]이다.

3자(刺-소송 때 세 번 심리함)란 첫 번째는 여러 신하에게 묻고[訊-신], 두 번째는 여러 관리에게 묻고, 세 번째는 만백성에게 묻는다.

3유(宥-미리 용서할 때 세 가지 조건)란 첫 번째는 불식(弗識-모르고 지은 죄), 두 번째는 과실(過失-실수로 저지른 죄), 세 번째는 유망(遺忘-잊어버리고 지은 죄)이다.

3사(赦-사면할 때 세 가지 조건)란 첫 번째는 유약(幼弱-7세 이하), 두 번째는 노모(老眊-80세 이상), 세 번째는 창우(惷愚-바보)이다.

모든 죄수는 '상죄(上罪)는 곡공(梏拲-쇠고랑과 수갑)하고 차꼬[桎-질]를 채운다. 중죄(中罪)는 곡과 차꼬를 채운다. 하죄(下罪)는 곡(梏)만 채운다. 왕의 동족은 공(拲)을 채우고, 작(爵)이 있는 자는 차꼬를 채워 폐(弊-단죄)를 기다린다.'

---

68 왕의 옛 벗인지를 살핀다.

69 덕행이 있는지를 살핀다.

70 기예가 있는지를 살핀다.

71 공훈이 있는지를 살핀다.

72 작위가 높은지를 살핀다.

73 나랏일에 온 힘을 다했는지를 살핀다.

74 전 시대의 후손으로 왕이 함부로 신하로 대할 수 없는 사람인지를 살핀다. 5청부터 여기까지는 모두 사구(司寇)의 소관 업무다.

고황제 7년에 어사에게 조(詔)를 제(制)했다.

"옥사를 다루는 자들은 일을 처리하다가 간혹 감히 결단을 내리지 못해 죄가 있는 자[有罪者]는 오랫동안 논죄가 이뤄지지 못하고[久而不論]
　　　　　　　　유죄자　　　　　　　　　　　　　　　　　　　　　　　　구 이 불론
(반대로) 죄가 없는 자[無罪者]는 오랫동안 잡혀 있으면서도 (석방의) 결정
　　　　　　　　　무죄자
이 이뤄지지 못하고 있다[久繫不決]. 앞으로는 현(縣)과 도(道)의 옥사 담
　　　　　　　　　　　구계　불결
당자는 각 현과 도에 소속된 2,000석 관리와 평의하고[讞] 그로써 2,000
　　　　　　　　　　　　　　　　　　　　　　　　　　　　　얼
석 관리는 그 죄명에 맞는 조치를 내리고 만약에 (2,000석 관리도) 능히 결단할 수 없는 것은 다 정위(廷尉)[75]로 넘기라. 그러면 정위는 그 죄명에 맞는 조치를 내리고 만약에 (정위도) 능히 결단할 수 없는 것은 삼가 (그 죄목과 결단하지 못한 이유 등에 관해) 갖추어 진주(進奏)하도록 하되 그에 해당하는 율령을 제시한 다음 짐의 명을 듣도록 하라."

상의 은혜가 이와 같아 관리들이 오히려 제대로 상의 뜻을 받들 수가 없을 지경이었다. 그래서 효경제(孝景帝-경제) 중(中) 5년(기원전 145년)에 다시 조하여 말했다.

"여러 의심나는 옥사들 중에 비록 판결문이 법조문에는 맞지만 인심이 승복하지 못하는 것은 그때마다 함께 평의하라[讞]."
　　　　　　　　　　　　　　　　　　　　　　　　　　　　　　얼

(그러나) 그후에 옥리들이 다시 미세한 법문을 요리조리 피하며 어리석은 마음을 따랐다.

---

75 진(秦)나라 때 처음 설치했고 9경(九卿)의 하나로 형옥(刑獄)을 관장했으며, 한대(漢代)에 들어와 한때 이름이 대리(大理)로 바뀐 적이 있지만 무제(武帝) 건원(建元) 4년(기원전 137년)에 원래대로 복귀됐다.

후(後) 원년(기원전 143년)에 이르러 또 다시 조서를 내렸다.

"옥사는 중대한 일이다. 사람 가운데는 똑똑한 사람과 어리석은 사람이 있고 관리도 위아래가 있다. 옥사에서 의심될 만한 것은 유사(有司-해당 부서)에 보고토록 하고, 유사가 판결할 수 없는 것은 정위에게 이송해 보고토록 하며, 그후에 그 판결이 마땅하지 않아도 보고한 사람은 과실로 인정하지 말라."

이때부터 옥형(獄刑)은 더욱 신중해져서 옛 상고(上古) 때부터의 삼유(三宥)[76]의 정신에 가까워졌다.

후(後) 3년에 다시 조를 내려 말했다.

"나이가 많으면 어르신[老長]이라 해 사람들이 높이고 공경하고 홀아비와 과부는 의지할 데가 없다 해 사람들이 불쌍해하고 가련해한다. 영(令)을 반포해 나이가 80세 이상인 자와 8세 이하인 자, 그리고 임신 중인 여자, 맹인 악사[師], 난쟁이[朱儒]는 마땅히 처단해야 할 죄를 짓더라도 관대하게[頌=容] [○ 사고(師古)가 말했다. "송(頌)은 관대함[容]이니 족쇄를 채우지 않는 것[不桎梏]이다."] 처벌하도록 하라."

효선제 원강(元康) 4년에 이르러 또 조를 내려 말했다.

"짐이 무릇 기로(耆老)인 사람들을 생각해보건대 머리털과 이가 빠지고 혈기는 이미 쇠락해 진실로 사납거나 거스르는[暴逆] 마음이 없을 텐데 지금 혹 법망에 걸려 감옥에 갇혀서 제 수명을 다하지 못하니 짐은 심히

---

76 중국 주대(周代)에 죄를 용서해주던 세 가지 조건을 말한다. 이는 곧 알지 못해서 지은 죄[不識], 부주의로 지은 죄[過失], 잊어버리고 지은 죄[遺忘] 세 가지가 해당한다.

가슴 아프다. 지금 이후로 그 나이가 80이면서 남을 무고(誣告)하거나 살상한 자가 아니면 모두 죄 주지 말라."

성제 홍가(鴻嘉) 원년에 이르러 영을 정했다.

"나이가 7세 미만으로 싸움을 하다 사람을 죽이거나 사형죄를 범한 자는 위로 정위에게 보고하고 청해 사형을 감할 수 있도록 하라."

(그래서) 3사(赦) 중 유약(幼弱)과 노모(老眊)인 사람들에 대한 규정과 합치됐다. 이 모든 법령들이 점차로 확정되니 옛 법에 가까워지고 백성은 편안하게 됐다. 공자가 말했다.

"만일 임금다운 임금이 통치를 하더라도 반드시 한 세대는 지난 뒤에라야 백성들이 어짊[仁]을 따르게 될 것이다."

또 말했다.

"유능한 사람[善人]이 100년 동안 나라를 다스려야 겨우 잔학한 자를 교화시키고 사람을 살해하는 습속을 없앨 수 있을 것이다."[77]

이는 빼어난 임금이 쇠퇴한 세상을 이어 어지러움을 제거하고 일어나 백성들에게 다움과 가르침을 입혀서[被=加] 교화시킨다면 반드시 한 세대(30년)를 지난 후에는 어진 도리[仁道]가 이뤄지고, 훌륭한 사람에 이르러서는 방[室]에 들어가지 않더라도[78] 오히려 100년 후에는 잔학한 자를 교화시키고 사람을 살해하는 습속을 없앨 수 있다는 말이다. 이는 나라를

---

77 둘 다 『논어(論語)』「자로(子路)」 편에 실려 있는 말이다.

78 이는 선인(善人)이 아주 높은 경지에 오른 것은 아니라는 뜻이다. 즉, 당(堂)에는 올랐지만 실(室)에는 아직 이르지 못한 사람이 선인이다. 『논어(論語)』「선진(先進)」 편에 나오는 표현이다.

다스리는 자가 따라가야 할 정해진 경로다. 지금은 한나라의 도리가 지극히 성대해 이미 200여 년을 거치는 동안 소제·선제·원제·성제·애제·평제의 6세의 기간을 고찰해보니 재판으로 사형[殊死]에 처해진 사람이 해마다 1,000여 명 중에 한 명꼴이며〔○ 여순(如淳)이 말했다. "천하의 범죄자 1,000여 명 중에서 한 명꼴로 죽었다는 뜻이다."〕, 내죄(耐罪) 이상 참우지(斬右止-오른쪽 발목을 자르는 형)까지의 형벌을 당한 사람은 그보다 3배가 넘는다. 옛사람의 말 중에 "사람들이 방에 가득 차서 술을 마시는데 한 사람이라도 모퉁이에서 슬피 울면 방 안의 사람들이 모두 즐거워하지 않는다"[79]라고 했다. 임금다운 임금이 천하에 나아가는 것은 비유하자면 한 방의 윗자리에 있는 것과 같아서 만약 한 사람이라도 그 공평함을 얻지 못하면 그를 위해 마음으로 슬퍼하는 것과 같다. 지금 군국에서 형을 받아 죽는 자가 해마다 만 단위로 헤아릴 정도이고 천하의 감옥은 2,000여 곳이나 되며 억울하게 죽게 된 자들이 다소 다투어 복심(覆審-재심)을 받지만 (그런 사람이) 옥에서는 한 사람도 줄지 않으니 이것이 바로 천하에 화기(和氣)가 미흡한 까닭이다.

　　재판이나 형벌[獄刑]이 이처럼 많아진 까닭을 거슬러 올라가보면[原] 예와 가르침이 바로 서지 않고 형벌과 법률이 밝지 않으며, 백성들 대부분이 궁핍하고, 호걸들은 사리사욕에 힘쓰고 간사한 자들이 바로잡히지 않고 옥송(獄訟)이 공평하지 않아서 이렇게 된 것이다. 『서경(書經)』에 이르기

---

79 『설원(說苑)』「귀덕(貴德)」 편에 있는 말이다.

를 "백이(伯夷)가 예와 가르침을 펴서 백성들이 형벌을 알게 했다"[80]라고 했으니 예를 제정해 형벌을 그치게 한 것은 마치 둑이 넘치는 물을 막는 것과 같다. (그런데) 지금은 제방이 허물어졌고 예제(禮制)는 아직 서지 못했다. 사형(死刑)은 제도를 넘치고 생형(生刑)은 범하기 쉽다. 추위와 배고픔이 함께 찾아오니 궁핍함은 이에 훨씬 심해진다. 호걸은 제 마음대로 사사로운 욕심을 탐하면서도 간사함을 숨긴다. 그래서 간사한 자들은 숨을 곳이 있으면 이걸 알게 되니 그런 곳은 점점 더 많아지게 된다. 이것이 바로 형벌이 많아진 까닭이다. 공자가 말했다.

"옛날에 법을 알던 자들은 능히 형을 줄일 수 있었는데 이것이 근본이다. 지금 법을 아는 자들은 죄 있는 자를 빠뜨리지 않으려고만 하는데 이것이 말단이다."[81]

또 말했다.

"지금의 옥송을 듣는 자는 죽여야 하는 이유를 찾고, 옛날의 옥송을 듣는 자는 살려야 하는 이유를 찾았다."[82]

무고한 자를 죽이는 것보다는 차라리 죄 있는 자를 빠뜨리는 게 낫다. (그런데도) 지금의 옥리들은 위아래가 서로 내달려 각박함[刻=刻薄]을 명철함[明]이라 여겨 심한 자는 (오히려) 공명을 얻게 되고 공평한 자는 후환이 많다. 속담에 이르기를 "관(棺)을 파는 자는 해마다 역병이 돌기를

---

80 「주서(周書)」 '보형(甫刑)' 편에 나오는 말이다.
81 『공총자(孔叢子)』에 나오는 말이다.
82 『상서대전(尙書大傳)』에 나오는 말이다.

바란다"라고 했다. 사람을 미워해서 죽이고자 하는 것이 아니라 이익이 사람의 죽음에 있기 때문이다. 지금 옥을 다스리는 관리들이 남을 죄에 빠뜨리고 해치는 것 역시 이와 같다. 무릇 이 다섯 가지 병폐가 바로 재판이나 형벌이 더욱 많아지게 된 까닭이다.

(후한의 광무제) 건무(建武)와 (명제) 영평(永平) 연간 이후로 백성들이 참으로 새롭게 전란의 재앙에서 벗어나 사람으로서 삶을 즐기려는 생각이 있어 (전한의) 고제와 혜제 사이와 같았지만, 정치가 강자를 억누르고 약자를 돕는 데 있어 중앙 조정에는 위복(威福)을 부리는 신하가 없고 지방 읍에는 호걸(豪傑)의 권세가 없으니, 인구의 비례로 보자면 단옥(斷獄)이 성제나 애제 때보다 10분의 8이나 적었으므로 맑아졌다고 할 만하다. 그러나 아직 옛 제도의 융성함에 비견되지는 못하니 이는 그 폐단이 다 없어지지 않았고 형벌의 근본이 바르지 않기 때문이다.

좋도다! 손경(孫卿)[83]이 형벌을 논함이여! 그가 말했다.

"세속의 논자들 중에는 '옛날에 잘 다스려질 때에는 육형(肉刑)이 없었고, 상형(象刑-상징적인 형벌)과 묵경(墨黥)의 부류만 있어, 짚신을 신고 붉은 자의(赭衣-죄수복)를 입도록 해 불순(不純)하게 했다'고 하는데, 이는 그렇지 않다. 상고시대에 사람들이 죄나 사악함을 범하지 않았다면 어찌 홀로 육형만 없었겠으며, 또한 상형을 기다리지 않았겠는가? 사람들이 혹 죄를 범했는데 다만 그 형을 가볍게 해주었다면 이는 살인한 자를 죽이지 않고 남을 해친 자를 형벌에 처하지 않은 것이다. 죄가 지극히 무거

---

83 순자(荀子)다.

운데 형벌이 지극히 가볍다면 백성들은 두려워할 바가 없으니 어지러움이 이보다 클 수는 없다. 무릇 형법을 제정하는 근본은 장차 사납고 나쁜 짓[暴惡]을 막고, 또 그 말단을 징계하기 위한 것이다. 사람을 죽인 자를 죽이지 않고 남을 해친 자를 형벌에 처하지 않는다면 이것은 사나운 짓에 은혜를 베풀고 나쁜 짓에 관대하게 하는 것이다. 따라서 상형이란 지극히 잘 다스려지던 옛날[治古]에 생겨난 것은 아니며, 어지러운 지금[亂今]에 생겨난 것이다. 무릇 작위와 관직, 상과 형벌은 모두 그 유형에 따라 서로 따르게 된다. 하나라도 그 합당함[稱=宜=當]을 잃으면 어지러움이 일어나는 단서가 된다. 다움이 자리에 합당하지 않고, 능력이 관직에 합당하지 않고, 상이 공에 마땅하지 않고, 형벌이 죄에 마땅하지 않으면 상서롭지 못함이 이보다 클 수는 없다. 무릇 사나운 자를 정벌하고 패악(悖惡)스러운 자를 주살하는 것은 다스림의 위엄이다. 사람을 죽인 자는 죽이고 남을 해친 자는 형벌에 처하는 것, 이는 모든 왕들에게 공통된 것으로 그것이 어디서 유래됐는지는 알지 못한다. 그래서 치세에는 형벌이 무겁고 난세에는 형벌이 가볍다. 치세에 범한 죄는 실로 무겁고 난세에 범한 죄는 실로 가볍다. 『서경(書經)』에 이르길 '형벌이 시대에 따라 무겁기도 하고 가볍기도 하다'[84]라고 한 것은 이를 가리키는 것이다. 이른바 '상형으로 밝혔도다!'[85]라고 한 것은 천도(天道)를 본받아[象] 형벌을 지었다는 뜻이지 어찌 짚신과 붉은 자의의 형벌이 있었겠는가?"

---

84 「주서(周書)」 '보형(甫刑)' 편에 나오는 말이다.

85 「우서(虞書)」 '익직(益稷)' 편에 나오는 말이다.

손경의 말은 이미 보았고, 그러면 또 속설에 입각해 그것을 논해보면 이렇다: 우왕이 요순의 뒤를 이었는데 스스로 다움[德]이 쇠했다 여겨 육형(肉刑)을 만들었고, 탕왕과 무왕이 따라서 이를 행하니 그로 인해 세속에서는 당우(唐虞-요순)의 옛 법도가 옅어지게 됐다는 것이다. 지금 한나라가 쇠망한 주나라와 사나운 진나라의 극도로 피폐한 흐름을 이었으니 풍속이 이미 삼대(三代)보다 옅어졌음에도 요순의 형벌을 시행하고 있다. 이는 마치 재갈로 사나운 말을 제어하는 것과 같으니 시대를 구제하려는 대의에 어긋나는 것이다. 또 육형을 없애는 것은 본래 백성을 온전히 하고자 하는 것인데 지금 곤겸(髡鉗)의 한 등급을 없애버려 백성들은 전전하다 사형에 빠지게 된다. 죽음으로 백성을 법망에 걸리게 하는 것은 본래의 은혜를 잃는 것이다. 그래서 (형벌로) 죽는 자가 해마다 만 단위로 헤아려야 하니 형벌이 무거운 때문이다. 문을 뚫어 도적질을 하고, 분노해 남을 다치게 하며, 남녀가 음탕하고, 관리들이 간사하게 뇌물을 거두는 것, 이 같은 악들은 곤겸의 형벌로는 제대로 그치게 할 수가 없다. 그래서 형벌을 받는 자가 해마다 10만 단위로 헤아리지만 백성들이 이미 두려워하지 않고, 또 일찍이 부끄러워하지도 않으니 형벌이 가벼운 때문이다. 그래서 속세의 유능하다고 하는 관리들은 공공연히 도적을 죽여 위엄으로 삼고, 살인자에게 임의대로 은전을 베푸는 것을 자기 직임에 알맞다고 생각하며, 법을 원칙대로 받드는 자는 제대로 다스리지 못한다고 하면서 명분을 어지럽히고, 법제를 상하게 하는 것이 이루 다 그 조목을 헤아릴 수가 없을 지경이다. 이 때문에 법망의 조밀함으로 간사함을 막을 수는 없고 형벌이 많아지면 백성들은 더욱 교만해진다.

(공자의 말과 달리) 한 세대를 지나도 어진 정사를 이룰 수가 없고, 100년이 지나도 잔학함을 이길 수 없으니, 이는 진실로 예악이 빠져 있고 형벌이 바르지 않기 때문이다. 아! 마땅히 원천을 맑게 하고, 근본을 바르게 하는 논의[淸原正本之論]를 염두에 두면서 율령을 산정하고, 200장(章)을 편찬해 이로써 대벽에 호응해야 할 것이다. 그 나머지 죄의 순차는 예전의 생형(生刑)에 해당하는 것인데 지금은 사형에 해당하는 죄를 범할 경우 모두 육형을 행할 수 있게 한다. 상해죄와 절도죄, 관리가 뇌물을 받고 법을 어긴 것 및 남녀가 음란한 것 등은 모두 옛 형벌을 부활시켜 3,000장(章)을 만든다. 그 법조문을 왜곡해 미묘하고 세밀하게 파고드는 법은 모두 다 없앤다. 이같이 하면 형벌이 두려워할 만해 쉽게 피하는 것을 막게 되니, 관리들은 제멋대로 죽이지 못하고, 법조문에 두 가지 해석[二門]이 없게 되며, 그 죄의 가벼움과 무거움에 따라 죄를 받게 되니 백성들의 생명은 보전하게 되고, 형벌은 적중한 도리에 합치하며, 하늘과 사람의 화합에 들어맞고, 계고(稽古)의 제도에 순응하며, 시옹(時雍)[86]의 교화를 이루게 된다. (주나라의 중흥 군주인) 성왕과 강왕[成康] 때처럼 비록 형벌이 그치던 수준에야 이를 수 없겠지만 효문제 때의 옥사 처결 수준에는 거의 이를 수 있다. 『시경(詩經)』에 이르기를 "백성에 합당하고 사람에 합당하니 하늘에서 복을 받는다"[87]라고 했고,

---

86 백성이 선정(善政)에 감화해 풍속이 변화됨을 말한다. 『서경(書經)』「요전(堯典)」편에 나오는 말이다.

87 「대아(大雅)」'가락(假樂)' 편의 구절이다.

『서경(書經)』에 이르기를 "공로를 세우고 일을 일으키시니 영원토록 누리리라"[88]라고 했으니, 이는 정치를 하면서 백성들에게 알맞도록 하는 것이고 공로가 이뤄지고 일이 세워지면 하늘의 복록을 받아 그 명을 영원케 한다는 것으로, 이른바 "한 사람이라도 경사가 있으면 만백성이 이를 누린다〔○ 사고(師古)가 말했다. "「주서(周書)」 '여형(呂刑)' 편의 구절이다. 이는 천자가 형벌을 자세하고 사려 깊게[詳審] 쓰면 복과 경사의 은혜가 있게 돼 대중들이 모두 그에 의지하게 된다는 말이다."〕"는 것이다.

---

88 「주서(周書)」 '태서(泰誓)' 편의 구절이다.

권 24

식화지
食貨志

【상】

(『서경(書經)』「주서(周書)」) '홍범(洪範)' 편의 팔정(八政)에서 첫째는 먹는 것[食]이고 둘째는 재화(貨)라고 했다.[1] 먹는 것이란 농사로 길러낸 좋은 곡식들로 먹을 수 있는 것을 말하고, 재화란 포(布)와 백(帛-비단)처럼 입을 수 있는 것과 금, 칼, 거북이, 조개(○ 사고(師古)가 말했다. "금은 오색 중에서 금(金)이다. 노란 것은 금(金)이고, 흰 것은 은(銀)이고, 빨간 것은 동(銅)이고, 파란 것은 연(鉛-납)이고, 검은 것은 철(鐵)이다. 칼은 전폐(錢幣)를 가리키고 거북이로 점을 치고 조개로 겉을 꾸미니 모두 귀한 재화[寶貨]들이다.") 등의 화폐처럼 재물을 나눠 이익을 분배해 있는 것과 없

---

[1] 셋째는 제사[祀]이고, 넷째는 토목[司空]이고, 다섯째는 교육과 지방행정[司徒]이고, 여섯째는 사법 및 방범[司寇]이고, 일곱째는 외교[賓]이고, 여덟째는 군사[師]다. 담당 장관(長官)은 훗날 여기서 생겨났다.

는 것[有無]을 서로 통하게 하는 것을 말한다. 이 두 가지는 백성을 살게 해주는[生民之道] 근본이며 신농(神農)의 시대부터 시작됐다.

"나무를 깎아[斲=斫] 쟁기를 만들고 나무를 휘어[揉=屈] 쟁기 자루를 만들어, 쟁기와 호미의 이로움으로 천하를 가르쳤다"라고 했고 "한낮에 시장을 열어 천하의 백성들을 오게 해서 천하의 재화들을 모아 교역하고 물러가게 해, 각각 그 살 곳을 얻게 해주어[各得其所]"[2] 재화를 통하게 했다. 먹을 것이 충분하고 재화가 유통된[食足貨通] 연후에 나라가 충실해지고 백성들이 부유해져 교화가 이루어졌다. 황제(黃帝) 이하는 "그 변(變)을 통하게 해 백성들로 하여금 게으르지 않게 했다〔○ 이기(李奇)가 말했다. "시대가 변해 기물이나 화폐에 불편한 점이 있으면 다시 그것을 바꿔 유리하게 함으로써 백성들로 하여금 생업을 즐기게 해서 게으르지 않게 만들었다는 뜻이다."[3]〕." 요(堯)임금은 (희(羲)와 화(和)의) 네 아들〔○ 사고(師古)가 말했다. "네 아들은 희중(羲仲)·희숙(羲叔)·화중(和仲)·화숙(和叔)을 가리킨다."〕에게 명해 "삼가 백성들의 (농사의) 때를 (하늘로부터) 받으라"[4]라고 했고, 순(舜)임금은 후직(后稷)에게 명해 "백성들이 처음으로[祖=始] 굶주리고 있다"[5]라고 하고서 이를 정치의 첫머리로 삼았다. 우(禹)는 홍수를

---

2 둘 다 『주역(周易)』 「계사전(繫辭傳)」 (하)에 나오는 말이다.

3 주역(周易)』 「계사전(繫辭傳)」 (하)에 나오는 말이다.

4 『서경(書經)』 「우서(虞書)」 '요전(堯典)' 편에 나오는 말이다. 이들로 하여금 천문을 잘 관찰해 역법을 제정함으로써 백성들의 농사철을 찾아내라고 한 말이다.

5 『서경(書經)』 「우서(虞書)」 '순전(舜典)' 편에 나오는 말이다. 굶고 있기 때문에 마침내 농사를 담당하는 장관으로 임명하겠다는 뜻이다.

다스리고 구주(九州)〔○ 사고(師古)가 말했다. "기(冀)·연(兗)·청(靑)·서(徐)·양(揚)·형(荊)·예(豫)·양(梁)·옹(雍)이다."〕를 정했으며 토지와 밭의 경계를 정해 여러 가지를 생산하는 곳의 원근을 기준으로 해서 해마다의 공물과 대그릇[棐=竹器]을 바치게 하고 있는 것과 없는 것을 서로 무역하게 하니 만국이 다스려졌다.
비 죽기

은(殷)나라와 주(周)나라의 성대한 시대[盛=盛世]는 『시경(詩經)』과 『서
성 성세
경(書經)』에 서술돼 있는데 (두 책의) 핵심 요체는 백성을 편안케 하고
[安民=綏民] 부유하게 해 가르치는 데[富而敎] 있었다. 그래서 『주역(周易)』
안민 수민   부 이 교
에서는 "하늘과 땅의 큰 다움[大德]을 낳아줌[生]이라 하고 빼어난 이의
대덕   생
큰 보배[大寶]를 자리[位]라 하니 무엇으로 자리를 지킬 것인가? 어짊[仁]
대보   위   인
(혹은 사람[人])이요 무엇으로써 사람을 모을 것인가? 재물[財]이다"⁶라고
인   재
했다. 재물이란 제왕이 사람들을 모아 자리를 지키고, 뭇 생명들을 길러주며, 하늘의 다움을 받들고 따라 나라를 다스리고, 백성들을 편안케 하는 근본이다. 그래서 이르기를 "(다스릴 집안을 가진 자(혹은 임금)는) (백성이나 식구가) 적음[寡]을 근심하지 않고 서로 고르지 못함[不均]을 근심하
과   불균
며, 가난함[貧]을 근심하지 않고 서로 편안치 못함[不安]을 근심한다고 한
빈   불안
다. 모두 고르면 가난함이 없고 서로 편안하면 기울어짐[傾]이 없다"⁷라고
경
했다. 이 때문에 빼어난 임금은 백성을 나라로 삼고[域=爲邦], 성곽을 쌓
역 위방

---

6 「계사전(繫辭傳)」(하)에 나오는 말이다.

7 『논어(論語)』「계씨(季氏)」편에 나오는 공자의 말이다.

아 백성들을 살게 하고, 여(廬-임시 거처)[8]와 정전(井田)의 제도를 정해 고르게 만들어 시장과 이를 둘러싼 권역을 열어주어 물건을 유통하게 해주었고, 학교[庠序]를 두어 백성들을 가르쳤다. 사농공상(士農工商)의 네 백성[四民]은 각자의 가업이 있었다. 배움으로써 자리에 나아가는 사람을 사(士)라고 했고, 땅을 일궈 곡식을 생산하는 사람을 농(農)이라고 했으며, 각종 기예로 기물들을 만드는 사람을 공(工)이라 했고, 재물을 유통시켜 재화를 사고파는 사람을 상(商)이라 했다. 빼어난 임금은 백성들의 능력을 잘 헤아려 일을 주었고, 네 백성은 온 힘을 다해 그 직을 받았기 때문에 조정에는 폐기된 관직이 없었고, 고을에는 하릴 없이 노는 백성[敖民=游民]이 없었으며, 땅에는 그냥 내버려둔 공터가 없었다.

백성을 다스리는[理民=治民] 도리는 땅에 기반하는 것[地著=安土]이 근본이다. 그래서 반드시 보(步)를 세우고 무(畝-이랑)를 세워 그 경계를 바로 해야 한다. 사방 6척을 보라 하고, 100보를 무라 하고, 100무를 부(夫)라 하고, 3부를 옥(屋)이라 하고, 3옥을 정(井)이라 하고, 정은 사방 1리로 이것이 9부가 된다. 여덟 집[八家]이 그것을 공유하며 각각 100무의 사전(私田)과 10무의 공전(公田)을 받으니 이것이 모두 880무가 되고, 나머지 20무에는 여사(廬舍)〔○ 사고(師古)가 말했다. "여(廬)는 밭 가운데 있는 집이다. 봄, 여름에는 거기서 지내고 가을과 겨울에는 그곳을 떠난다."〕를 짓는다. 평소 나가고 들어올 때 서로 벗이 돼주고, 도둑을 지킬 때

---

8 정전(井田) 제도 하의 가옥을 가리킨다.

서로 도와주며, 병이 나면 서로 돌보아줄 것이니,⁹ 백성들은 이로 인해 화목해지고 교화가 함께 이루어져 힘 모아 생산한 것들을 공평하게 나눠 가질 수 있다.

백성들이 밭을 받을 경우 상전(上田)은 농부 한 명당 100무, 중전(中田)은 한 명당 200무, 하전(下田)은 한 명당 300무다. (해마다 경작할 수 있는 밭을 상전으로 했을 때) 1년마다 휴경하는 것을 일역(一易)하는 중전(中田)이라 했고, 2년마다 휴경하는 것을 재역(再易)하는 하전(下田)이라 했으며, 3년마다 다시 경작을 해야 할 경우에는 알아서 그 장소를 바꿨다. 농민은 1가구당 (가장) 한 사람이 밭을 받게 되면 그 집의 다른 남자들은 여부(餘夫)가 되는데 이들 또한 사람마다 일정한 밭을 받았다.¹⁰ 사와 공과 상의 집안도 밭을 받았는데 다섯 사람이 농부 한 명에 해당했다. 이상은 다 평지를 기준으로 삼은 것이다. 만일 산림이나 늪지[藪澤], 들판이나 소금기가 많은 황무지 등의 경우에는 각각 그 비옥과 척박의 정도에 따라 차이가 있었다. 부(賦)가 있고 세(稅)가 있었다. 세(稅)란 공전(公田)에서 거둔 생산물의 10분의 1과 공상(工商) 및 형우(衡虞)¹¹의 수입에 대해 매기는 세금이다. 부(賦)란 수레나 말, 갑병(甲兵), 사졸 등의 노역을 제공해 국고(國庫)와 하사품의 용도를 채워주는 것이다. 세(稅)는 교(郊)제사 종묘 및

---

9 여기까지는 『맹자(孟子)』 「등문공장구(滕文公章句)」에 나오는 말을 그대로 인용한 것이고 뒷부분 문장은 그런 취지만 옮긴 것이다.

10 『맹자(孟子)』에 따르면 여부는 25무를 받았다고 한다.

11 형과 우는 둘 다 옛날 관직 이름으로 형은 산림을 담당했고 우는 산택을 담당했다. 여기서는 산림과 산택을 이용하는 백성들을 가리킨다.

여러 신들에 대한 제사의 비용으로 쓰고, 천자를 봉양하고 백관들의 녹봉을 주며, 그밖의 여러 일들에 들어가는 비용으로 쓴다. 백성들은 20세가 되면 밭을 받고 60세가 되면 반납한다. 70세 이상은 상(上)이 봉양해주고[所養], 10세 이하는 상이 길러주며[所長], 11세 이상은 상이 힘써 훈련시킨다[所强].[12] 곡식을 심을 때는 반드시 다섯 종을 섞어 재해에 대비했다. 밭 가운데에는 나무를 심지 않았으니 그것이 오곡을 방해하기 때문이다. 힘써 밭을 갈며 자주 김매기를 하고, 수확할 때는 마치 도둑이 들듯이[13] 한다. 여사 주위에는[還=繞] 뽕나무를 심고, 나물과 채소는 밭두둑[畦]에 심으며, 오이와 박, 과수와 풀은 밭의 경계에서 기른다. 닭·돼지·개·멧돼지[彘]는 그 번식의 시기를 놓쳐서는 안 되고, 여자가 누에치기와 옷 짓기를 잘하게 되면 50세 된 사람은 비단옷을 입을 수 있고, 70세 된 사람은 고기를 먹을 수 있다.

들판[墅=井田]에 있는 거주지를 여(廬)라 하고, 읍에 있는 거주지를 이(里)라 하고, 다섯 집을 인(隣)이라 하고, 다섯 인을 이(里)라 하고, 네 리를 족(族)이라 하고, 다섯 족을 당(黨)이라 하고, 다섯 당을 주(州)라 하고, 다섯 주를 향(鄕)이라 한다. (그래서) 향은 1만 2,500호(戶)다. 인(隣)의 장의 지위는 하사(下士)이고 이로부터 위로 점점 하나씩 올라가 향에 이르면 경(卿)이 된다. 이에 이(里)에는 서(序)가 있고 향에는 상(庠)이 있다. 서

---

12 여기서 상(上)은 임금으로 나라에서 이런 것들을 다 해야 한다는 뜻이다. 사고(師古)는 "강(強)을 힘써 권면해 일을 익히도록 하는 것"이라고 풀이했다.

13 그만큼 신속하게 해야 한다는 말이다.

에서는 가르침을 밝히고[明敎] 상에서는 예를 행해 교화를 보여준다. 봄에
는 백성들을 모두[畢=盡] 들판에 나가 있도록 하고 겨울이 되면 모두 읍
에 들어온다. 『시경(詩經)』에 이르기를 "2월[四之日]에 발꿈치를 들고서 밭
갈러 가는데 내 처자식과 함께 저 남쪽 밭이랑에서 들밥을 먹으리[○ 사
고(師古)가 말했다. "이는 「빈풍(豳風)」 '7월' 편이다. 사지일(四之日)은 주나
라 역법으로 4월이고 하나라 역법으로는 2월이다. 하나라는 정월을 한 해
의 첫 머리[歲首]로 했고 은나라는 하나라 역법 12월을, 주나라는 11월을
한 해의 첫머리로 삼았다."]라고 했고, 또 이르기를 "10월에 귀뚜라미가
내 침상 밑으로 들어오는구나 아! 내 처자식들이 해가 바뀐다고 하니 (읍
에 있는) 거주지[室處]로 (다시) 들어가야겠구나[○ 사고(師古)가 말했다.
"이것도 「빈풍(豳風)」 '7월' 편이다."]라고 했으니 이것이 바로 음양을 고분
고분 따르며, 도적들을 방비하고, 예의와 절문[禮文]을 익히는 것이다.

봄에는 장차 백성들을 (정전에) 내보내고 이서(里胥)[○ 맹강(孟康)이 말
했다. "지금의 이리(里吏)와 같다."]는 동틀 무렵[平旦] 우숙(右塾)에 앉아
있고 인장(隣長)은 좌숙(左塾)에 앉아 있어[○ 사고(師古)가 말했다. "마을
문의 옆에 있는 당(堂)을 숙이라고 한다. 문 옆에 앉아 백성들이 부지런할
것을 독려하고 그 나가는 시간의 빠름과 늦음을 파악해 나태해지는 것을
막았다."], 백성들이 다 나간 연후에 돌아오고 저녁 때도 역시 이와 같이
했다. 들어오는 사람은 반드시 땔감을 갖고 들어오는데 가볍고 무거움에
따라 서로 나눠 들지만 반백의 노인들은 들지 않았다[○ 사고(師古)가 말
했다. "나이 든 사람들을 우대했다는 말이다."]. 겨울에 백성들이 이미 (고
을로) 들어오고 나면 같은 항(巷-마을) 부인들은 서로 모여 밤에도 길쌈

[績]을 하니 여자의 일은 한 달에 45일이었다.[14] 반드시 서로 모이는 것은 불을 밝히고 방을 따뜻하게 하는 비용을 줄이고, 그 (길쌈 기술의) 좋고 나쁨[巧拙]을 동일하게 해 습속을 합치려 한 때문이다. 남녀가 서로를 구해 그 원하는 바를 얻지 못할 경우에는 서로 더불어 노래를 부르면서 그 상심(傷心)을 풀어냈다.

이달에 아직 어려서 부역에 나가지 않는 아이들[餘子]은 학교[序]에서 공부를 한다. 8세가 되면 소학에 들어가 육갑(六甲)·오방(五方) 서예와 산수를 배우고 비로소 집안과 장유(長幼)의 예절을 알게 된다. 15세가 되면 태학에 들어가 옛 빼어난 이들의 예악을 배우고 조정과 군신(君臣)의 예를 알게 된다. 그중에 특출한 학생은 향(鄕)으로 보내 상서(庠序)에서 배우게 하고 상서에서 특출난 학생은 국학으로 보내 소학(小學)[15]에서 배우게 한다. 제후는 소학에서 특출난 자들을 해마다 천자에게 올려 태학에서 배우게 했는데 이를 일러 조사(造士)〔○ 이기(李奇)가 말했다. "이때 조(造)는 성(成)이다."〕라 했다. 행실과 능력이 엇비슷할 경우에는 활쏘기로 가린 연후에 관작을 내려 관직에 임명했다[爵命].

맹춘(孟春)[16]의 달에는 읍에서 집단을 이뤄 살던 사람들이 장차 (농사

---

14 낮에 일하는 것을 하루로 치고 밤에 일하는 것을 절반으로 쳐서 모두 45일이라 한 것이다.

15 원문에는 소학(少學)으로 돼 있는데 착오로 보인다. 그리고 천자의 태학과 대비해 제후의 태학을 소학이라고 불렀다.

16 봄의 시작으로 음력 정월이다.

를 위해) 흩어지는데, 행인(行人)[17]은 큰 나무방울[木鐸=大鈴]을 두드리며 도로를 순찰하면서 시〔○ 사고(師古)가 말했다. "원망과 풍자를 담은 시를 가리킨다."〕를 채집해 그것을 태사(太師)[18]에 바쳐, 그 음률을 정돈해 천자에게 보고했다. 그래서 임금다운 임금[王者]은 굳이 창문이나 대문을 기웃거리지 않고서도 천하(의 원망)를 잘 알았다.

이상이 선왕(先王)이 토지를 규제해 백성들을 땅에 뿌리내리게 하고 부유하게 만들어 그들을 가르치는 대략이다. 그래서 공자는 말하기를 "(제후의 나라인) 천승지국을 다스릴 때라도 일에 임해서는 삼감[敬事]으로써 백성들의 믿음을 얻어내고, 재물을 쓸 때는 절도에 맞게 해 사치를 멀리함으로써 백성들을 사랑해야 하며, (어쩔 수 없이) 백성들을 (공역 등에) 부려야 할 경우에는 때에 맞춰 (농사일을 하지 않는 농한기 때 시키도록) 해야 한다"[19]라고 했다. 그래서 (이런 나라의) 백성들은 모두 공로를 세우려 하고, 자신의 직업을 즐겼으며, 공을 먼저 하고 사를 뒤로 했던 것[先公後私]이다. 그래서 『시경(詩經)』에 이르기를 "구름이 뭉게뭉게 일어 비를 내리기를 서서히 해[祁祁=徐] 먼저 우리 공전(公田)에 내리고 나서 마침내 우리 사전에 이르도다"[20]라고 노래했다. 백성들은 3년 동안 경작을 하고 나면 1년 치의 비축분이 남았다. 입을 것과 먹을 것이 충족되자 영욕(榮辱)을 알

---

17 호령을 담당하는 관리다.

18 악공의 장으로 음률을 담당한다.

19 『논어(論語)』「학이(學而)」편에 나오는 구절이다.

20 「소아(小雅)」'대전(大田)' 편에 나오는 구절이다.

왔고 염치와 예양(禮讓)이 생겨나니 쟁송이 그쳤다. 그래서 3년에 한 번씩 관리들의 치적을 점검했던 것이다[考績]. 공자는 "만일 나를 등용해주는 사람이 있다면 한 달만 되더라도 어느 정도 성과가 나올 것이고 3년이면 충분한 이루어짐[成]이 있게 될 것이다"[21]라고 했는데 이루어짐이란 바로 이 같은 공(功)을 말한다. 세 차례 치적을 점검해 내쫓거나 진급시켰고[黜陟], 만일 3년 먹을 것을 비축했을 경우에는 그를 추천해 '등(登)'이라 했다. 거듭해서 등(登)의 고과를 받으면 평(平)이라고 했는데 6년 먹을 것을 비축했다는 뜻이다. 등의 고과를 세 차례 받으면 태평(泰平)이라 했는데 모두 27년 동안 9년 먹을 것을 남겼다는 뜻이다. 그런 연후에야 지극한 다움[至德]이 널리 퍼져 예악이 이루어졌다. 그래서 말하기를 "만일 임금다운 임금[王者]이 통치를 하게 되면 반드시 한 세대 지난 뒤에는 백성들이 인(仁)을 따르게 될 것이다"[22]라고 한 것은 바로 이런 도리로 말미암은 때문이다.

주나라 왕실이 이미 쇠퇴하게 되자 '폭군이나 부패한 관리들은 반드시 경계 짓는 일을 태만히 했고,'[23] 요역을 마구 일으키고 정령(政令)은 신뢰를 잃어 위아래가 서로 속이고 공전은 다스려지지 않았다. 그래서 노나라 선공(宣公)이 처음으로 사전의 무(畝)에 세금을 부과하자 『춘추(春秋)』는 (그 탐욕스러움을) 기롱했다. 이에 위에서는 탐욕을 부리고 백성들은 원망을

---

21 『논어(論語)』 「자로(子路)」 편에 나오는 구절이다.

22 이것도 『논어(論語)』 「자로(子路)」 편에 나오는 구절이다.

23 '폭군 ~ 했고'는 『맹자(孟子)』 「등문공장구(滕文公章句)」에 나오는 구절을 가져다 쓴 것이다.

품어 재해가 생겨났고 화란이 빚어졌다.

　더욱 엉망이 돼[陵夷] 전국시대에 이르자 속이고 힘쓰는 것[詐力]을 귀
　　　　　　　　능이
하게 여기고, 어짊과 옳음[仁誼=仁義]은 천하게 여겼으며, 부유함을 앞세
　　　　　　　　　　인의　　인의
우고 예양을 뒤로했다. 이런 때 이회(李悝, 기원전 455~402년)²⁴는 위(魏)
나라 문후(文侯, 기원전 445~496년)²⁵를 위해 땅의 생산력을 극대화하는
가르침을 만들었는데, 이에 따르면 땅은 사방 100리가 대략 9만 경(頃)²⁶
에 해당했다. 산택이나 읍리 등 3분의 1을 뺄 경우 밭은 600만 무였다. 밭
을 잘 관리해 부지런하게 일하면 1무당 3두(斗)를 더 거두게 됐고 그렇지
못하면 그만큼 덜 거두게 됐다. 땅 사방 100리의 수확의 증감은 곧 곡식
으로 180만 석을 좌우할 수 있다는 것이었다. 또 말하기를 곡물가가 올라
가면 일반 백성들〔○ 위소(韋昭)가 말했다. "이때 백성들이란 (농민을 제외
한) 사·공·상이다."〕이 피해를 보고, 심하게 떨어지면 농민들이 피해를 입
었는데, 백성들이 피해를 보면 이리저리 흩어지고, 농민들이 피해를 입으
면 나라가 가난해진다. 그래서 너무 올라가는 것이나 너무 떨어지는 것이
나 그 피해는 한가지였다. 나라를 잘 다스리는 자라면 백성들이 피해를 보
지 않게 하면서 동시에 농민들을 더욱 부지런하도록 권면한다. 지금 일개

24　법가의 대표적인 인물이다. 위문후(魏文侯) 때 재상이 돼 여러 가지 정책으로 국가를 부흥시켰
　　고 법전인 『법경(法經)』을 완성했다.
25　공자의 제자 자하(子夏)에게서 유학을 배우고, 그 제자로서 법가의 조(祖)가 된 이극(李克 또는
　　이리(李悝))을 등용해 법률을 발포(發布)함으로써 중국 성문법의 기본을 정했다. 전자방(田子
　　方), 단간목(段干木) 등 학자들을 존숭하고 학술을 장려해 개명 군주(開明君主)로서 유명했다.
26　100무가 1경이다.

평범한 사내[一夫]가 5명을 먹여 살리며, 밭 100무를 경작하고, 해마다 1무에서 1석 반을 수확하니 곡식이 모두 150석인데, 여기서 10분의 1의 세금 15석을 제하고 나면 135석이 남는다. 먹는 것을 보면 1인당 한 달에 1석 반을 먹으니 5명이면 1년에 90석이 되고 45석이 남게 된다. 1석의 값이 동전 30전이니 모두 1,350전인데 사려(社閭)[27]와 상신(嘗新)[28] 등 봄가을의 제사 비용 300전을 제하면 1,050전이 된다. 옷의 경우에 1인당 300전 정도를 쓰게 되니 5명이면 1년에 1,500전이 돼 450전이 부족하게 된다. 여기에 불행한 일이나 질병 혹은 장례 등의 비용, 그리고 부렴(賦斂-각종 세금)은 아직 포함되지도 않았다. 이것이 바로 농부가 늘 곤궁해 농사일에 전념하지 못하며, 결국 곡물가가 심하게 올라가는 까닭이다. 이 때문에 곡물가를 잘 다스리는 자는 반드시 조심스럽게 해마다 곡물이 익은 정도를 상·중·하로 해 관찰한다. 상으로 익었을 때는 그 수확량이 평년(1무에 150석)의 4배이므로 400석을 제하고, 중으로 익었을 때는 그 수확량이 평년의 3배이므로 300석을 제하며, 하로 익었을 때는 그 수확량이 평년의 2배이므로 100석을 제한다. 작은 기근이 들었을 때는 (평년의 3분의 2인) 100석을 수확하고, 중간 정도 기근이 들었을 때는 (평년의 절반 정도인) 70석을 수확하며, 큰 기근이 들었을 때는 30석만 수확한다. 그래서 큰 풍년이 들면 관에서 300석을 사주고[糴] 100석은 제외하며, 중간 정도 풍년이 들면

---

27 사(社)는 토지신이고 여(閭)는 마을 문이다. 동네 사람들이 마을 문에 제사를 지내는 것을 말한다.

28 햇곡식을 바쳐 풍년을 고하고 감사하는 제사를 말한다.

관에서 200석을 사주고, 작은 풍년이 들면 100석을 사주어 백성들로 하여금 적절한 풍족을 누리게 해주고 곡물가도 안정된다. 작은 기근이 들면 관에서 보관했던 작은 풍년 때의 곡식을 풀고, 중간 정도 기근이 들면 중간 정도 풍년 때의 곡식을 풀며, 큰 기근이 들면 큰 풍년 때의 곡식을 푼다[糶조].[29] 그래서 기근이나 홍수 혹은 가뭄을 만나더라도 곡물가가 뛰지 않아 백성들은 뿔뿔이 흩어지지 않고 여유분으로 모자라는 것을 채워주게 된다. 이 방법을 행해 위(魏)나라는 부강해질 수 있었다.

　진(秦)나라 효공(孝公)이 상군(商君-상앙)을 쓰게 되자 정전제가 허물어지고, (종래의) 천백(仟伯)[30]을 열어 백성들을 경작과 전쟁의 포상으로 내몰자 비록 옛 도리는 아니지만 오히려 본업인 농업에 힘쓰게[務本무본] 만들었기 때문에 주변 나라들을 넘어뜨렸고 제후들 중의 강자[雄웅]가 될 수 있었다. 그러나 왕도의 제도[王制왕제]는 결국 무너지고 신분의 차이가 없어져 일정한 도리가 사라졌다. 서민들 중에 부유한 자는 억만 금을 축적했고, 가난한 자는 지게미와 쌀겨[糟糠조강]도 겨우 먹었고, 나라를 소유하고 강한 자는 다른 주(州)의 권역까지 집어삼킨 반면에 힘없는 자는 사직(社稷-나라)을 잃었다. 시황(始皇-진시황)에 이르러 마침내 천하를 다 집어삼켜 안으로는 토목사업[功作공작]을 일으키고, 밖으로는 오랑캐를 물리치느라 수확량의 절반 이상[泰半태반-3분의 2]을 세금으로 거뒀고, 향리의 왼편에 살던 사람

29　관에서 곡식을 사들이는 것을 적(糴), 관에서 내다 파는 것을 조(糶)라고 한다.
30　천맥(阡陌)을 가리킨다. 밭 사이에 난 길로 남북으로 난 것을 천(阡), 동서로 난 것을 맥(陌)이라 했다.

권24 식화지(食貨志) (상)　265

[閭左]까지 수자리에 징발했다.³¹ 남자들은 경작에 힘을 써도 식량과 군량을 제대로 댈 수가 없었고 여자들은 아무리 실을 뽑아 길쌈을 해도 입을 것을 제대로 댈 수가 없었다. 천하의 자원들을 다 긁어 그 정치를 받들어도 오히려 그 욕심을 채우기에 부족했다. 온 나라 안[海內]이 근심과 원망으로 가득하더니 결국 분노가 폭발해 반란이 일어났다.

한나라가 일어났지만³² 진나라의 폐단들과 밀접했고, 제후들이 나란히 들고일어나니 백성들은 본업을 잃었고 게다가 대기근이 들이닥쳤다. 모든 곳의 쌀값이 1석에 5,000전이었고, 사람들은 서로 잡아먹었으며, 죽은 자가 인구의 절반을 넘었다. 고조는 이에 촉한(蜀漢)에서는 백성들이 자식을 팔아서 식량을 구하는 것을 허락하는 영을 내리기까지 했다. 천하가 이미 평정되고서도 백성들은 덮고 가릴 만한 물건 하나 없었고, 천자조차도 순일한 색의 4마리 말[醇駟]을 갖출 수 없으며, 장상(將相)들 중에는 간혹 소가 끄는 수레를 타는 이도 있었다. 상(上)은 이에 법삼장을 약속하고 금하는 법들을 줄였고, 전조(田租)를 가볍게 해 세금을 (10분의 1에서) 15분의 1로 했으며, 관리의 봉록을 헤아려 관의 비용을 잼으로써 백성들에게 세금을 부과했다. 그런데 산천과 원지(園池-정원 및 연못), 그리고 시장과 그 주변 상권[市肆]의 조세 수입 및 천자 이하 봉군(封君)의 탕목읍에 이르기까지 세금은 모두 각각 사사로운 봉양에 쓰도록 하고, 천자의 공식적

---

31 향리의 왼편에 살던 평민을 말한다. 진나라는 여우(閭右)를 높이며 여좌를 천하게 생각했다. 진나라는 죄인 등을 징발해 수(戍)자리를 서게 했다.

32 이때 일어났다는 것은 아직 고조가 천하를 제패하기 전 처음 일어났을 때를 가리킨다.

인 비용으로 쓰지 못하게 했다. 함곡관 동쪽의 곡식들을 실어와 경사(京師)의 각종 관서들[中都官]에 공급했지만 그것도 해마다 수십만 석을 넘지 않았다. 효혜와 고후 때는 입고 먹을 것이 점점 늘어났다. 문제(文帝)는 자리에 올라 몸소 자신을 닦고 검소하며 절약했고, 늘 백성들을 편안케 하는 일만 생각했다. 이때는 백성들이 전국시대와 시기적으로 가까웠기 때문에 모두 다 본업(-농업)을 멀리하고 말업(-상공업)을 좇았다[背本趣末]. 가의(賈誼)가 상에게 유세해 다음과 같이 말했다.

"『관자(筦子)』[○ 사고(師古)가 말했다. "관(筦)은 관(管)과 같다. 관자(管子)는 관중(管仲)이 쓴 책이다."]에 이르기를 '창고가 가득 차야 예절을 알게 된다'라고 했습니다. 백성들이 풍족하지 못한데 잘 다스릴 수 있다는 말은 예로부터 지금까지 일찍이 들어본 적이 없습니다. 옛사람이 말하기를 '남자 한 사람이 밭을 갈지 않으면 혹 굶주림에 시달리고, 여자 한 사람이 베를 짜지 않으면 혹 추위에 떨게 된다'라고 했습니다. 어떤 것을 생산하는 데는 일정한 때가 있는데 만일 그것을 무절제하게 쓸 경우 물자와 노동력은 반드시 다 소진될[屈=盡] 것입니다. 옛날에 천하를 다스리던 (뛰어난) 임금들은 지극히 주도면밀하게[至孅=至細] 그 일에 온 힘을 다 쏟았습니다[悉=盡]. 그랬기에 비축해 둔 바가 아주 넉넉했습니다. (그런데) 지금은 본업[本]을 멀리하고 말업[末]을 좇아 먹고사는 사람들이 너무 많으니 이는 천하를 크게 해치는 것이요, 음탕하고 사치하는 풍속이 나날이 성해지니 이는 천하의 큰 도적입니다. 이처럼 해치고 도적질하는 것이 공공연히 행해지고 있는데도 이를 막는 사람은 혹시라도 없고, 천하 백성들의 목숨이 걸린 비축물자들이 흩어져 없어지는데도 이를 구제하려는 사

람이 없습니다. 물자를 생산하는 자는 아주 적은데 그것을 허비하는[靡=
散] 사람은 너무 많으니 천하의 재산이 어찌 다 탕진되지 않을 수 있겠습
니까? 한(漢)나라가 세워진 지 거의 40년이 됐는데 국가적으로나 개인적
으로 비축된 물자들을 보노라면 오히려 가련하고 슬픕니다. (그러니) 때를
잃어 비가 내리지 않으면 백성들은 또 놀라서 어쩔 줄 몰라 하고, 흉년으
로 인해 수확이 없게 되면 벼슬자리를 팔고 자식도 팔려고 내놓습니다. 이
미 이런 일을 귀로 듣기라도 했다면 어찌 천하가 이처럼 위급한 지경에 이
르렀는데 위에 있는 사람으로서도 놀라지 않을 수 있겠습니까?

세상에 기근과 풍년이 있는 것은 하늘의 운행이니 우왕이나 탕왕도 (흉
년으로 인한) 기근을 겪었습니다. 그런데 불행하게도 사방 2,000~3,000리
되는 땅에 가뭄이 든다면 나라는 무엇[胡=何]으로 서로 구휼하겠습니까?
갑자기 변경에 위급한 사태가 있게 되면 수십, 수백만의 군사들이 필요한
데 나라는 무엇으로 그들을 먹일 수 있겠습니까? (게다가) 병란에 가뭄이
겹쳐 천하가 크게 궁핍하게 되면 힘깨나 쓰는 자들[勇力者]은 무리를 모아
제멋대로[衡=橫] 습격하고, 힘없는 노약자들까지 그 자식들을 서로 바꿔
잡아먹게 될 것입니다. (이렇게 되면) 정령과 다스림[政治][33]은 다 통하지
못하게 돼 먼 지방에서 천자와 한 번 겨뤄보려는 자들이 모두 다투어 들
고일어날 것이니, 이때에 가서야 그것을 수습하려고 한들 어찌 장차 가능
한 일이겠습니까?

무릇 (물자를) 비축해두는 일이란 천하 백성들의 큰 목숨[大命]입니다.

---

33 판본에 따라 정법(政法)으로 된 곳도 있다.

입니다. 무릇 주옥이나 금은보화는 굶주린다고 해서 그것을 먹을 수 없고 춥다고 해서 그것을 입을 수 없습니다. 그런데도 많은 사람들이 그것들을 귀하게 여기는 것은 윗자리에 있는 사람들이 그것을 쓰기 때문입니다. 그리고 그것들은 속성상 가볍고 작아 쉽게 보관할 수 있고, 또 손에 딱 들어오기 때문에 온 나라를 두루 돌아다닐 수 있지만, 굶주림과 추위의 근심을 없애주지는 못합니다. 이것은 신하들로 하여금 그 임금을 쉽게 배반하게 만들고, 백성들로 하여금 쉽게 고향을 떠나게 만들며, 도적들로 하여금 솔깃하게 하는 바가 있고, 도망자들은 그것으로 자금을 가볍게 할 수 있습니다. (반면에) 곡식과 면포는 땅에서 나고, 시일이 오래 걸리고, 힘을 모아야 하기 때문에 하루아침에 이룰 수가 없습니다. 여러 석(石)에 해당하는 무게는 여러 사람들의 손으로 들 수가 없어 간사한 짓을 하는데 이용될 수가 없고, 하루아침에 손에 넣을 수가 없지만 굶주림과 추위에는 효과적입니다. 이 때문에 밝은 임금은 오곡을 귀하게 여기되 금과 옥은 천하게 여기는 것입니다.

(그런데) 지금 농부의 다섯 명 한 집에서 공공 노역에 나오는 사람이 두 명도 안 되고, 경작할 수 있는 땅은 100무(畝)를 넘지 못하고, 그 100무에서 수확하는 것은 100석도 되지 않습니다. 봄에 밭 갈고, 여름에 김 매고, 가을에 수확하고, 겨울에 저장하며, 그밖에 땔감을 베고, 관부(官府)를 수리하는 데 동원되며, 요역을 제공해야 합니다. 그러면서도 봄에는 바람과 먼지를 피할 수가 없고, 여름에는 더위와 열기를 피하지 못하며, 가을에는 구질구질 내리는 비[陰雨]를 피할 데가 없고, 겨울에는 추위와 동상을 피할 데가 없으니 4계절 내내 하루도 제대로 휴식을 취할 수가 없습

니다. 게다가 사사로이 몸소 가는 손님을 보내주고, 오는 손님을 맞이해야 하며, 조문을 하고, 문병을 가야 하고, 고아를 길러주며, 어린아이를 키우는 일들이 그 중간중간에 끼어 있습니다. 근심과 고통이 이와 같은데, 거기에다 홍수와 가뭄의 재해가 덮치고, 세금을 닦달하고, 공역을 부과하며, 조세를 부과하는 데 일정한 시기가 없어, 아침에 명을 내렸다가 저녁에 그것을 고치는 것을 당연히 여깁니다. (조금이라도 재산이) 있는 사람은 반값이라도 내다팔고, (그나마도) 없는 사람은 돈을 빌려 원금의 두 배나 되는 이자를 내야 하니, 이에 논밭과 집을 팔고, 자손이라도 팔아서[鬻=賣] 이자를 갚게 되는 것입니다. 그런데도 행상이나 좌상[商賈] 중에서 큰 곳은 재화를 쌓아두고서 고리의 이자를 받고, 작은 곳도 좌판을 열어 남는 재산으로 기이한 물건들을 사모아두고서 매일 도시를 유람하다 보면, 위에서 급히 찾는 데 편승해 그 가격은 반드시 배로 뛰게 됩니다. 그래서 이런 남자는 밭을 갈거나 김을 매지 않고, 여자도 누에를 치거나 옷감을 짓지 않으면서도 그들의 옷은 반드시 온갖 무늬로 꾸미고, 식사는 반드시 최고의 쌀과 살진 고기를 먹는데, 이는 농부의 (농사짓는) 고통은 없이 1,000전, 100전의 이득이 있기 때문입니다. 이런 부와 여유로움[富厚]을 바탕으로 왕이나 후[王侯]와 왕래하면서 어지간한 관리들보다 더 큰 위세를 부리며, 이익을 매개로 서로 기울여 결탁해 천리 사이를 유유자적 놀고 다니니, 길거리에서 그들의 관과 수레 덮개가 서로 바라볼 정도이고, 성능 좋은 수레에 올라타 살찐 말을 채찍질하며, 비단으로 된 신발을 신고 화려한 의상을 끌고 다닙니다. 이는 상인들이 농민을 집어삼키는[兼併] 까닭이며, 동시에 농민이 떠돌며 도망다니는[流亡] 까닭입니다.

지금 법률상으로는 상인을 천시하고 있지만 상인은 이미 부유하고 귀하며, (반대로) 농민을 높이고 있지만 농민은 이미 가난하고 천합니다. 그러다 보니 세속에서 귀하게 여기는 것을 군주는 천하게 여기고, 관리들이 경시하는 것이 법률상으로는 존중받고 있습니다. 위아래가 서로 바뀌어 좋아하고 싫어하는 바[好惡]가 서로 어긋나고 틀어져 있으니[乖迕=乖忤], 나라를 부강하게 하고 법을 바로 세우려 해도 그렇게 할 수가 없습니다. 바야흐로 지금의 급선무는 백성들로 하여금 농사일에 힘쓰도록 하는 것밖에 없습니다. 백성들로 하여금 농사일에 힘쓰도록 하는 것은 곡식을 귀하게 여기는 것[貴粟]에 달려 있습니다. 곡식을 귀하게 여기도록 하는 방법은 백성들에게 곡식으로 상과 벌을 주는 것입니다. 지금 천하로부터 모집해 곡식을 중앙 조정에 내면 그것에 따라 벼슬자리를 제배하거나 죄를 면제해주는 것입니다. 이렇게 하면 부자는 벼슬을 얻고, 농민은 돈을 갖게 되고, 곡식은 널리 퍼지게 될 것[所渫=所散]입니다.

무릇 곡식을 내서 벼슬을 받을 수 있는 사람들은 다 여유가 있는 사람들일 것이니, 여유가 있는 사람들로부터 취해서 그것으로 위에서 쓰는 데 공급하게 되면, 가난한 백성들의 세금 부담은 그만큼 덜 수 있으니, 이른바 여유 있는 것을 덜어 부족분을 채운다면 명령이 내려오더라도 백성들에게는 이익이 됩니다. 백성들의 마음을 거스르지 않으면서 보충할 수 있는 것이 세 가지이니 첫째는 임금의 재용이 넉넉해지는 것이요, 둘째는 백성들의 세금 부담이 적어지는 것이요, 셋째는 농사일을 권면하게 되는 것입니다.

지금 백성들 중에서 (군사용으로 사용할) 병거(兵車)나 기병에게 쓸 말

1필을 가진 사람에게는 병졸 세 명분의 병역 부담을 면제해주어야 합니다. 병거나 기병은 천하가 다 아는 군사장비[武備]이기 때문에 병역을 면제해주는 것입니다. 신농씨(神農氏)가 말하기를 '돌로 쌓은 성이 열 길이고, 널리 100보의 뜨거운 물로 채운 못[湯池-일종의 해자]이 있고, 거기에 100만 명의 무장병이 있어도 군량미가 없으면 제대로 지킬 수 없다'라고 했습니다. 이로 말미암아 보건대 곡식이란 임금 된 자의 가장 큰 재용[大用]이며 정치에서 가장 힘써야 할 바입니다. 명을 내려 백성들이 곡식을 내면 벼슬자리를 주게 해 오대부(五大夫-제9등의 벼슬) 이상까지 이르게 하고 단지 한 사람의 죄를 사면해주도록 한다면 이는 그가 가진 기마의 효용과 서로 거리가 멀어지게 됩니다. 벼슬이란 위에서 마음대로 주는 것으로 입에서 나오는 것이라 끝도 없이 줄 수 있고, 곡식이란 백성들이 씨를 뿌려야 하는 것으로 땅에서 나오는 것이라 고갈되는 일이 없습니다. 무릇 높은 벼슬을 얻고 죄를 면제받는 일은 사람이라면 누구나 간절히 바라는 바입니다. 천하의 사람들에게 변경에 곡식을 내면 벼슬을 받고 죄를 면제받게 해준다면 3년도 지나지 않아 변경에 있는 요새 아래에는 곡식들이 많아질 것입니다."

　이에 문제는 조조의 말을 따라서 백성들에게 곡식을 변경으로 운반해 가서 내도록 해 600석을 낸 자에게는 상조(上造-밑에서 제2등의 벼슬)의 벼슬을 내렸고, 점차 늘어나 4,000석에 이르면 오대부로 삼고, 1만 2,000석은 대서장(大庶長-밑에서 제18등의 벼슬)으로 삼았으니, 각각이 낸 곡식의 많고 적음에 따라 급수에 차등을 두었다. 조조가 다시 말씀을 올렸다[奏言].

"폐하께서 다행스럽게도 천하로 하여금 곡물을 변방 요새 아래에 운반해가서 내도록 하심으로써 벼슬을 내리신 것은 참으로 큰 은혜를 베푸신 것입니다. (그러나) 남몰래 신이 두려워하는 바는 변방 요새의 수자리 서는 병졸들의 식량이 충분치 않은 데 반해 (오히려) 천하의 곡물이 (다른 데로) 크게 흩어지고 있다는 것입니다. 변방의 식량은 5년간 지탱해야 하기 때문에 곡식을 군과 현에 내도록 명할 수 있습니다. 1년 이상 지탱하기에 충분하면 가끔 사면을 베풀 수 있고 농민들로부터 조세를 거두지 않을 수도 있습니다. 이렇게 되면 폐하의 다움과 은택이 만백성에게 가해지게 돼 백성들은 절로 나아가 농사일에 힘쓸 것입니다. (그러면) 때에 맞춰 군역이 있고 혹은 홍수나 가뭄을 만나더라도 백성들은 곤경이나 궁핍에 빠지지 않을 것이니 천하는 평안하게 됩니다. 게다가 풍년이라도 있게 되면 백성들은 크게 부유해져서 즐거워할 것입니다."

상은 또 그의 말을 따라 이에 조서를 내려 백성들에게 앞으로 12년 동안 조세를 반으로 줄여주었다. 이듬해에는 드디어 백성들의 전조(田租)를 면제했다.

13년 후인 효경 2년에 영을 내려 백성들의 전조(田租)를 절반으로 깎아주고 세금을 수입의 30분의 1로 했다. 그후에 상군(上郡) 서쪽에 가뭄이 들어 매작령(賣爵令)를 다시 고쳐 벼슬의 값을 낮춰[裁=減省] 백성들을 불러들였다. 도형(徒刑)이나 복작(復作)[34]에 처해진 자라도 곡식을 현관(縣官)에 갖다 바치면 죄를 면할 수 있었다. 비로소 원(苑)을 만들어 말을

---

34 다 형벌 이름으로 일종의 징역형에 해당한다.

길러 널리 사용했으며 궁실(宮室)과 열관(列舘-여러 숙소들), 수레와 말이 더욱 늘어나 갖춰졌다. 그러면서도 유사에 자주 칙해[敕] 농업을 독려하는 데 힘쓰도록 하니 백성들이 마침내 즐거이 농사일에 종사했다.

  무제 초기에 이르기까지 70년간 국가에는 별다른 일이 없었고, 수재나 가뭄을 만나지 않아 백성들은 집집마다 넉넉했고, 도읍과 향촌의 곳간[廩庾]들은 죄다 가득 찼으며[盡滿], 부고(府庫)[35]에는 재물이 남아돌았다. 경사(京師-수도)의 돈은 백거만(百鉅萬)이 쌓였으며 돈꿰미가 썩어 셀 수가 없었다. 태창(太倉)[36]의 곡식은 계속 쌓이고 가득 차서 태창 밖 노천에까지 흘러넘쳤는데 썩어서 먹을 수가 없었다. 일반 백성들이 사는 거리에도 말이 있었고, 경작지 사이의 길[阡陌]에도 (말이) 무리를 지어 있었고, 암말[牝]을 탄 사람은 배척을 당해 무리에 낄 수조차 없었다. 마을 입구의 문을 지키는 사람도 잘 빻은 쌀과 고기를 먹었고, 하급 관리도 (봉록만으로) 자손을 길렀으며,[37] 관직에 있는 사람은 그 관직을 성씨(姓氏)로 삼았다.[38] 사람마다 자중자애하며 법을 어기는 것을 어렵게 여겼고[重=難], 옳은 일을 하는 것을 우선시하고 치욕스러운 짓을 멀리했다. 이에 법망은 성글고 백성들은 부유해지니 교만하고 분에 넘치는 행동들을 했으며, 간혹 토지를 겸병한 토호의 무리들이 향리에서 마구 위세를 부리기도 했다

---

35 국가의 재화와 문서 등을 보관하는 창고다.

36 경사에 있던 나라의 창고로 대사농이 담당했다.

37 다른 직업으로 전직하지 않았다는 뜻이다.

38 창고를 담당했던 유씨(庾氏)가 그런 경우다.

[武斷]. 종실과 왕후[有土][○ 사고(師古)가 말했다. "나라의 종씨로 봉읍이나 봉토를 받은 자를 가리킨다."], 공경대부 이하는 다투어 사치를 일삼았고, 가옥과 수레와 의복이 분수를 넘쳐[僭上=僭越] 한도가 없었다. 만물은 성대하면 쇠퇴하게 되는 것이 진실로 변화의 이치다. 이때부터 (무제가) 대외적으로는 사방의 오랑캐의 일에 신경을 쓰고 대내적으로는 공명과 이욕[功利]을 일으키느라 노역과 비용이 함께 커지는 바람에 백성들은 본업을 떠났다. 동중서가 상에게 유세해 말했다.

"『춘추(春秋)』는 다른 곡물에 대해서는 기록하지 않고 보리와 벼[麥禾]가 제대로 되지 않았을 때에는 그 사실을 기록했으니, 이를 통해서 보건대 성인(聖人-공자)께서는 오곡 중에서도 보리와 벼를 가장 중하게 여기셨습니다. (그런데) 지금 관중(關中)의 풍습은 보리 심는 것을 좋아하지 않는데, 이는 『춘추(春秋)』가 중하게 여긴 바를 놓치는 것이며, 또한 백성들에게 꼭 필요한 것[具]을 덜어내는 것입니다. 바라건대 폐하께서 대사농(大司農)을 부르시어 관중의 백성들에게 보리[宿麥]를 더 심도록 하시고 때를 놓치지 말라고 명을 내리신다면 다행스럽겠습니다."

그리고 또 다음과 같이 말했다.

"옛날에 백성들에게 세금을 거둔 것은 10분의 1을 넘지 않아 그 요구에 맞춰 세금을 내는 것이 쉬웠고, 또 백성들에게 부역을 시킨 것은 사흘을 넘지 않아 그 요구에 맞춰 노동력을 제공하는 것이 충분했습니다. (이리하여) 백성들의 재물이 안으로 충분해 노인을 봉양하고 효를 다하는 데 충분했고, 밖으로 위를 섬기고 세금을 내는 데 충분했으며, 아래로 처자식을 기르고 사랑을 지극히 쏟는 데 충분했기 때문에 백성들은 기뻐하며 위에 복종했습니다. 진(秦)나라에 이르러 그렇지 않게 돼 상앙(商鞅)의 법을 쓰고, 제왕(帝王)의 제도를 고쳐 정전(井田)을 폐지해 백성들에게 땅을 팔고 사게 되니, 부유한 자는 소유한 논밭이 천백(仟伯=阡陌)을 잇고,[39] 가난한 자는 송곳을 꽂을 만한 땅조차 없게 됐습니다. 또 (제후들은) 천택(川澤)의 이익을 제 마음대로 하고[顓=專], 산림(山林)의 풍요함을 관장하게 돼 그 황음(荒淫)이 (고대의) 제도를 넘어서고, (분을) 넘는 사치를 서로 다투었습니다. 읍(邑)에는 군주[人君]와 같은 지위를 가진 자가 생기고, 리(里)에는 공후(公侯)와 같은 부유함을 가진 자가 생겼으니, 백성[小民]이 어찌 곤궁하지 않겠습니까? 또한 나아가 (1년에) 한 달의 경졸(更卒)[40]의 역을 지고, (이것이) 끝나면 정졸(正卒)이 돼 1년 동안 변방의 수자리[屯戍]를 서고 요역을 담당하니, (그 기간이) 고대의 30배나 됐습니다. 전조(田租)와 구부(口賦)와 염철(鹽鐵)에서 나오는 이익은 고대의 20배나 됐습니다. 혹 어떤 사람이 호민(豪民-세력가)의 땅을 경작하더라도 (소출의) 10분의 5를 징수당했습니다. 따라서 가난한 백성은 항상 마소가 입는 옷을 입고, 개·돼지가 먹는 음식을 먹었습니다. 더욱이 탐욕스럽고 포악한 관리들이 형벌과 살육[刑戮]을 제멋대로 가해, 백성들은 근심에 빠지고 바랄 것이 없게 돼 산림(山林)으로 도망쳐 도적으로 변하니, 죄인[赭衣][41]이 길의

---

39 상앙(商鞅)의 건의에 의해 정전을 없애고 토지를 사유화해 논밭 사이의[田間]의 도로[阡陌=仟伯]로 소유지를 구획했다는 뜻이다.

40 15~56세의 남자가 매년 1개월, 거주하는 군이나 현의 노역에 동원되는 것을 말한다.

41 자의(赭衣)는 붉은 흙으로 물들인 옷을 의미한다. 고대에 죄수복으로 이용됐기 때문에 '죄수'라는 뜻으로 전용됐다.

반을 차지하고, 형벌을 받는 자[斷獄]가 수천 수만을 헤아리게 됐습니다.

한(漢)나라가 일어났어도 (이런 상황을) 그대로 답습해 고쳐지지 않았습니다. 고대의 정전법은 비록 당장에 시행하기는 어렵다 하지만 마땅히 조금씩 고대에 가깝게 해야 합니다. 백성들이 (자신의 이름으로) 땅을 점하는 것을 제한해[限民名田][42] 부족한 바를 보충해주고, 겸병의 길을 막아야 하며, 염철(鹽鐵)의 이익을 백성들에게 돌아가게 해야 합니다. 노비를 없애고 (노비를) 마음대로 죽일 수 있는 위세를 없애야 합니다. 부렴(賦斂)을 가벼이 하고 요역(繇役)을 줄여 백성의 힘을 북돋아줘야 합니다. 그런 연후에야 잘 다스릴 수 있습니다."

중서가 죽은 후에 공사의 비용이 더욱 늘어나는 바람에 천하는 텅 비고 초토화돼 사람들이 다시 서로를 잡아먹었다. 무제는 말년에 정벌 사업을 후회하고서 (전천추(田千秋)를) 승상에 봉하고 부민후(富民侯)로 삼으면서 이런 조서를 내리고 있다.

"바야흐로 지금 힘써야 할 일은 농사일에 주력하는 것이다."

조과(趙過)를 수속도위로 삼았다. 과(過)는 대전(代田-3년마다 교차해 농사를 짓도록 하는 제도)을 시행하는 데 능했는데, 1무를 밭도랑[甽] 3개로 해 해마다 교대로 농사를 지었으니, 그래서 대전(代田)이라 했고 이는

---

42 명전(名田)에 대해서는 다양한 설이 존재한다. 명전을 "자기의 소유임을 국가를 통해 확인받고 조세를 납부하는 토지 형태"로 파악하기도 하며, 명전을 토지제도로 보지 않고 "토지를 자신의 명의로 귀속시키는 것"으로 파악하기도 한다. 후자를 택했을 경우 토지를 자신의 명의로 등록할[名] 경우 관(官)의 수속이 필요하며, 그때 전토(田土)의 명의 결정에 일정 정도의 제한을 가하는 것을 한전(限田)이라고 볼 수 있다.

옛 법이다.

후직(后稷)이 처음으로 밭에 밭도랑을 낼 때 2개의 쟁기를 짝으로 했고, 폭 1척, 깊이 1척을 밭도랑이라 했는데, 길이는 1무에 이르렀다. 3개의 밭도랑이 1무이고, 한 농부는 300밭도랑을 맡아 거기에 씨를 뿌리고, 싹에서 잎이 (3장 이상) 자라 조금씩 튼튼해지면 이랑의 잡초를 제거하고 그 흙을 헐어서 싹의 뿌리가 내리도록 해주었다. 그래서 『시경(詩經)』에 이르기를 "김을 매고[藝] 뿌리를 내리게 하면[字] 기장과 조가 튼튼하게 잘 자란다[儗儗]"⁴³라고 한 것이다. 예(藝)란 잡초를 없애주는 것이고, 자(字)란 뿌리가 내리도록 북돋아주는 것이다. 그래서 싹이 조금씩 자라면 그때마다 김을 매고 뿌리가 내리도록 해서, 한여름이 되면 이랑은 다 없어지고 뿌리는 깊어져 능히 바람과 가뭄을 이겨낼[能=耐] 수 있기 때문에 튼튼하게 잘 자란다[儗儗]고 한 것이다. 밭 갈고 씨 뿌리는 농기구들[田器=農具]은 모두 편리하고 정교했다. 대략 12명의 농부가 1정(井)을 경작해 1옥(屋)을 이루기 때문에 지금의 무(畝)로 말하면 5경(頃)에 해당하고〔○ 등전(鄧展)이 말했다. "9명의 농부가 1정(井)에서 일하는데, 3명의 농부는 옥(屋)이다. 1명이 100밭도랑을 맡으면 옛날에는 12경(頃)이었다. 옛날에는 100보(步)가 1밭도랑이었고, 한나라 때는 240보가 1밭도랑이었으며, 옛날에는 1,200밭도랑이었으니, 지금은 5경이 되는 것이다."〕이 땅을 경작하기 위해 짝지은 쟁기를 쓰는데 소 2마리와 사람 3명이 필요했다. 한 해의 수확은 늘 만전(縵田-밭도랑 없는 밭)보다 1밭도랑마다 1곡(斛-10말) 이상이었고,

---

43 「소아(小雅)」 '보전(甫田)' 편에 나오는 구절이다.

밭도랑을 잘 만들었을 경우에는 수확량이 그보다도 2배였다.

과(過-조과)는 부하 관리들을 시켜 태상(太常)과 삼보(三輔)에게 대전법(代田法)을 가르쳤고, 대농(大農-대사농)은 숙련된 노비를 두고서 공동으로 농사일에 종사하게 했고, 농기구들을 만들었다. 2,000석 관리들은 현의 영(令)과 장(長), 삼로, 힘써 농사짓는 농부[力田] 및 마을 부로들 중에서 이런 농사법에 능한 자를 보내 농기구들을 받도록 한 다음, 밭 갈고 씨 뿌리고 싹을 길러주는 방법을 배우도록 했다. 백성들이 간혹 소가 모자라거나 물이 충분치 못한 경우가 있었다. 그 때문에 평도현(平都縣)의 현령 광(光)은 조과에게 사람이 쟁기를 끄는[輓=引] 법을 일러주었다. 과는 주청해 광을 승상으로 삼아 백성들에게 서로 품을 팔아 쟁기를 끌도록 가르쳤다. 대개 사람이 많으면 하루에 30밭도랑을 갈고 적을 경우에는 13밭도랑을 갈았기 때문에 밭을 많이 개간할 수 있었다. 과는 시험 삼아 이궁(離宮)의 수졸들로 하여금 그 궁궐 주변 공터[宮壖地]에서 농사를 짓도록 했는데, 거기서 수확하는 작물들은 모두 주변의 밭보다 1밭고랑당 1곡 이상이 많았다. 또 작명(爵命)을 받은 자로 하여금 삼보의 공전을 경작하게 했고, 또 변방의 군(郡)들과 거연성(居延城)[44]에도 이를 가르쳤다. 그후로 변성(邊城)·하동(河東)·홍농(弘農)·삼보 태원(太原)[45]의 백성들은 모두 대전제를 편리하게 여겨 적은 힘을 들이고도 많은 곡식을 얻을 수 있었다.

소제 때에 이르러 유민들이 점차 돌아오니 전야(田野)가 더욱 개간돼

---

44 장액군(張掖郡)의 현 이름이다.

45 원문은 태상(太常)으로 돼 있는데 지명 태원(太原)의 착오로 보인다.

자못 (가축이나 식량이) 쌓이는 것들이 있었다. 선제가 즉위해 뛰어나고 우수한 자들[賢良]을 많이 뽑자, 백성들은 땅에 정착하고 해마다 자주 풍년이 들어 곡물가는 1석당 5전까지 떨어지니, 농사짓는 사람들의 이익이 적었다. 이때 대사농 중승 경수창(耿壽昌)[46]은 산술에 능통해 공리(功利)를 잘 헤아렸으므로[商=度] 상에게 총애를 받아 오봉(五鳳) 연간 중에 다음과 같이 말씀을 올렸다.

"옛 사례에 따르면 해마다 관동의 곡식 400만 곡을 배로 실어 날라[漕] 경사에 공급하느라 병졸 6만 병을 썼습니다. 마땅히 삼보(三輔)·홍농(弘農)·하동(河東)·상당(上黨)·태원군(太原郡)의 곡식을 사고 경사에 공급할 경우 관동의 조운하는 병졸 절반 이상은 줄일 수 있습니다."

어부들에게 매기는 세금 해조(海租)를 3배로 늘릴 것을 건의하니 천자는 그의 계책을 모두 따랐다. 어사대부 소망지(蕭望之)가 말씀을 올렸다.

"전(前) 어사대부의 속리(屬吏) 서궁(徐宮)의 집이 동래(東萊)에 있었는데, 그가 말하기를 예전에 해조를 늘렸더니 물고기가 더 이상 나오지 않았다고 합니다. 장로들은 모두 말하기를 무제 때 현관(顯官-중앙정부)이 일찍이 직접 어업을 하자 바다에서 물고기가 더 이상 나오지 않다가 뒤에 다시 백성들에게 권한을 돌려주자 물고기가 마침내 나왔다고 했습니다.

---

46 오봉(五鳳) 연간에 삼보와 홍농·하동·상당·태원군의 곡식을 경사(京師)에 공급해 관동(關東)에서의 전조(轉漕)를 줄이자고 건의했다. 또 변방 고을에 상평창(常平倉)을 설치해 곡식이 흔할 때 가격을 올려 사고, 곡식이 귀할 때 가격을 낮춰 파는 제도를 제안했다. 4년(기원전 54년) 관내후(關內侯)에 올랐다. 수학에 정통해서 일찍이 『구장산술(九章算術)』을 증보했고, 구리로 혼천의(渾天儀)를 만들기도 했다.

무릇 음과 양의 감응이란 만물이 유형별로 서로 상응한다는 뜻으로 만사가 다 그러합니다. 지금 수창이 가까운 관내(關內)의 곡식을 사들여 조운으로 운반하고 창고를 짓고 운반선을 만들려 하는데, 그 비용만 2억[萬萬=億]여 만 전에 이르고, 백성들을 동원해야 하는 부역이 있을 터이니, 가뭄의 기운이 일어나 백성들이 그 재해를 고스란히 당할까 두렵습니다. 수창은 공리의 미세한 부분까지 헤아리는 일에 익숙하지만 그의 깊은 계책과 멀리 보는 사려는 (모자라) 진실로 그 책임을 맡기기에 모자라오니 마땅히 예전과 그대로 해야 할 것입니다."

상은 들어주지 않았다. 조운의 일은 과연 편리했고, 수창은 드디어 변방의 군들로 하여금 모두 창고를 지어, 곡식이 쌀 때 그보다 높은 가격으로 사들여 농민들을 이롭게 해주고, 곡식이 비쌀 때 그보다 낮은 가격으로 내보내며 이름하여 상평창(常平倉)이라 했다. 백성들은 이를 편리하게 여겼다. 상은 이에 조서를 내려 수창에게 관내후의 작위를 내려주었다. 그리고 채계(蔡癸)는 농사를 좋아해 군국에 사자로 가서 농사를 권면해 대관에 이르렀다.

원제가 즉위하고서 천하에 큰 홍수가 났는데 관동 쪽의 11개 군이 특히 피해가 심했다. 즉위 2년째에는 제(齊) 땅에 기근이 들어 곡물가가 1석에 300여 전에 이르니 백성들이 많이 굶어죽었고 낭야군에서는 사람들이 서로 잡아먹었다. (일정한) 지위에 있는 여러 유자(儒者)들이 많이 말하기를 염철관과 북가(北假-지명)의 전관(田官),[47] 상평창을 없애 백성들과 이익

---

47 개간지의 땅을 주관하는 관리다.

을 다투지 않도록 해야 할 것이라고 하자 상은 이 의견을 좇아 그것들을 모두 혁파했다. 또 건장궁, 감천궁의 금위, 각저, 제(齊)의 삼복관(三服官)[48]을 없애고 금원(禁苑)을 줄여 가난한 백성들이 이용할 수 있게 해주었고, 제후왕의 사당 위졸 수도 반으로 줄였다. 또 관중의 병졸 500명을 감축했고, 곡물을 수송해 궁핍한 백성들을 진휼하고 식량을 빌려주었다. 그후에 국가의 재용이 부족했지만 염철관만 부활시켰다.

성제 때 천하에는 전쟁이 없어 평안하고 즐거운 때[安樂/안락]라는 칭송이 있었지만 그러나 습속이 사치를 좋아해 비축이나 저축에 뜻을 두지 않았다. 영시(永始) 2년에 양국(梁國)과 평원군(平原郡)이 해를 거듭해 수재를 당하자 사람들이 서로를 잡아먹어 자사(刺史)와 (군국의) 수상(守相-수와 상)이 이에 연루돼 면직됐다[坐免/좌면].

애제(哀帝)가 즉위해 사단(師丹)이 정사를 보필하게 되자 건의해 말했다[建言/건언].

"옛날에 빼어난 임금들이 다스릴 때에는 정전(井田)을 두지 않는 경우가 없었습니다. 그렇게 한 연후에야 마침내 공평한 정사가 있을 수 있었습니다. 효문황제(孝文皇帝-문제)께서는 망한 주(周)나라와 혼란했던 진(秦)나라의 병란의 뒤를 이으시어 천하는 텅 비다시피 했습니다. 그래서 농사일과 누에치기에 힘쓰도록 하고 절약과 검소함으로 이끄시니 백성들은 비로소 충실해질 수 있었습니다. 토지를 겸병하던 폐단도 아직 없던 시절이라 민전(民田)과 노비에 대해서도 제한을 두지 않았습니다. (그런데) 지금

---

48 춘추시대 제(齊)나라 관직 이름으로 천자의 의복을 짓는 관리로 한나라 때까지 이어졌다.

모두 잘못에 빠져 형벌을 폐기할 수가 없었다. 그런데 이제 천하의 전토(田土) 이름을 고쳐 왕전(王田)이라 하고, 노비는 사속(私屬)이라 불러 사고팔수 없도록 하라. 가구당 남자 인구가 8명을 넘지 않는데, 전토가 1정(井)을 넘을 경우에는 남은 전토를 나누어 구족(九族-친척)과 향당(鄕黨)에 주도록 하라."

영을 어길 경우 법이 사형에까지 이르렀지만 제도가 여전히 안정되지 않아 관리들이 이를 틈타 간사한 짓을 일삼는 바람에 천하에 근심 걱정하는 소리가 가득했고 형벌에 빠져든 자들이 많았다.

3년 후에 망은 백성들의 근심을 알고서 조서를 내려 모든 왕전과 사속은 다 사고팔 수 있으니 법으로 단속하지 말라고 했다. 그러나 형벌이 심각했고 그밖의 정사들도 도리에 어긋나고 엉망이었다. 변방의 병사 20여만 명은 먹고 입는 것은 중앙의 현관(縣官)에 의존했는데 재용이 부족하다 보니 자주 마음대로 세금을 거둬들여 백성들은 더욱 빈곤해졌다. 늘 가뭄에 시달리다 보니 평년작도 수확하지 못해 곡물가는 폭등했다.

말년에 도적들이 떼 지어 일어나니 군대를 동원해 그들을 쳤지만 장수와 관리들은 외방에서 제 마음대로 행동했다. 북쪽 변방이나 청주(靑州), 서주(徐州) 등지에서는 사람들이 서로 잡아먹었고 낙양 동쪽은 쌀값이 1석에 2,000전이었다. 망은 삼공(三公-대사마·대사공·대사도)을 장군으로 삼아 동방의 여러 창고들을 열어 궁핍한 백성들을 진휼하고 곡식을 대여해주었다. 또 대부와 알자들을 나눠 보내 나무를 끓여 죽을 만드는 법을 가르치도록 했으나 그 죽은 먹을 수가 없었고 다시 나라는 소란스럽게 됐다. 유민들이 관(關)에 들어온 자만 수십만 명이어서 양담관(養澹官)을 두어 그들에게 양식을 주게 했지만 관리들은 그 양식을 가로채 굶어서 죽는 사람이 열 중에 일고여덟이었다. 망은 자신의 통치가 이 지경에 이르게 된 것을 부끄럽게 여겨 이에 조서를 내려 말했다.

"내가 양구(陽九)의 액(阨)과 백육(百六)의 회(會)〔○ 사고(師古)가 말했다. "이는 「율력지(律曆志)」에 보인다."〕를 만나 가뭄과 서리, 황충의 피해가 일어나고 기근이 여러 차례 찾아왔으며 오랑캐들은 중국[夏]을 어지럽히고 도적들은 간악한 일을 일삼으니 백성들이 뿔뿔이 흩어져 떠돌고 있다. 나는 이를 심히 가슴 아프게 여기지만 해로운 기운은 장차 사라질 것이다."

해마다 이런 말을 하다가 결국 멸망에 이르렀다.

권
◆
24

식화지
食貨志
【하】

무릇 재화 혹은 화폐[貨]로 황금과 동전과 베와 비단을 썼는데 하나라와 은나라 이전에는 그 상세한 내용이 기록으로 전하지 않는다. 태공(太公)은 주나라를 위해 구부(九府)와 환법(圜法)〔○ 사고(師古)가 말했다. "주관(周官)에는 태부(太府)·왕부(王府)·내부(內府)·외부(外府)·천부(泉府)·천부(天府)·직내(職內)·직금(職金)·직폐(職幣)가 있었는데, 모두 재정과 화폐를 담당했기에 구부라고 했다. 환(圜)은 고르면서도 두루 통한다는 뜻이다."〕을 세웠는데, 황금은 4방 1촌에 무게는 1근이었고 동전은 원형으로 그 가운데 사각 구멍이 있었으며[1] 그 경중(輕重)은 수(銖)[2]를 단위로 정했다. 베와 비단은 너비[廣] 2척 2촌을 폭으로 해 길이 4장(丈-어른의 키)을 1필

---

1 고대 중국인들의 고유한 생각인 천원지방(天圓地方), 즉 '하늘은 둥글고 땅은 모나다'는 사고방식에 따른 것이다.

2 기장[黍] 100톨의 무게로, 24수가 1냥이고 16냥이 1근이다.

(匹)로 삼았다. 그래서 (화폐로 사용된) 재화는 황금보다 귀하고, 칼보다 (실생활에) 이로우며, 샘물보다 잘 흐르고, 베보다 널리 퍼지며[布於布], 비단보다 잘 모아둘[束=聚] 수 있다.[3]
　　태공은 (중앙 조정에서) 물러나 또 (봉국인) 제(齊)나라에서 그 제도를 시행했다. 관중(管仲)이 제(齊)나라 환공(桓公)의 재상이 되자 물가를 조절하는 정책[輕重之權]을 시행하며 (환공에게) 말했다.
　　"해마다 흉년과 풍년[凶穰=凶豐]이 있기 때문에 곡물가에 높고 낮음이 있고, 정령(政令)에 완급(緩急)이 있기 때문에 물가에 가볍고 무거움이 있게 됩니다. 임금이 (곡물가나 물가를) 잘 관리하지 못하면 막대한 양의 물건을 비축한 큰 상인[畜賈=蓄賈]이 시장에서 농간을 부려 백성들의 물자 부족[不給]을 올라타 본래의 가격보다 100배나 올립니다. 그래서 만승지국에는 반드시 만금(萬金)의 장사꾼이 있고 천승지국에는 반드시 천금(千金)의 장사꾼이 있는 것은 이익을 거의 독점하기 때문입니다. 백성들이 먹는 소비량과 경지의 면적[委=積]을 계량해보면 (백성들이 다 먹기에) 충분한데도 백성들 중에 굶주리는 자가 있게 되는 까닭은 곡식을 감춰두기[臧=藏] 때문입니다. 백성들은 곡식에 여유가 있으면 그것을 가볍게 여기기 때문에 임금은 싼값에 그것을 사들이고 백성들은 곡식이 부족하면 그것을 무겁게 여기기 때문에 임금은 비싼 값에 그것을 내다 팝니다. 무릇 곡물 가격이 싸고 비싼 데 따라서 거둬들이고 내보는 것을 때에 맞게 한다

3　본격적인 화폐가 등장하기 직전 단계의 모습을 잘 묘사하는 문장이다. 특히 '베보다 널리 퍼지며[布於布]'에서는 반고의 흥미로운 언어 유희를 잘 볼 수 있다.

면 그것이 준평(準平) 혹은 평준(平準)입니다. 이처럼 수급의 평준을 지키면 (곡물 소비지인) 1만 가구의 읍에 반드시 (곡물) 1만 종(萬鍾)의 비축이 있게 되고 (화폐) 1,000만 강(繦-큰 돈 꿰미)을 저축하게 되며 1,000가구의 읍에 반드시 (곡물) 1,000종의 비축이 있게 되고 100만 강을 저축하게 됩니다. 이리하여 봄에는 밭 가는 데 전념하고 여름에는 김매는 데 전념하며, 쟁기나 보습 같은 농기구와 종자, 새참[餉]이나 식량을 넉넉히 갖출 수 있습니다. 이리되면 큰 상인이라 하더라도 우리 백성들을 강탈할 수 없을 것입니다."

환공은 마침내 (이 같은 경제정책 덕분에) 자그마한 제(齊)나라를 갖고서 제후들을 규합시켜 패자(覇者)의 이름을 날릴 수 있었다.

그후로 100년이 지난 주나라 경왕(景王, ?~기원전 520년)[4] 때 돈이 가벼워 물가가 뛰는 것을 우려해 장차 대전(大錢)을 주조하려 하자 단목공(單穆公)〔○ 사고(師古)가 말했다. "단목공은 임금의 경사(卿士-천자의 신하)로 단정공(單靖公)의 증손이다."〕이 말했다.

"아니 되옵니다. 옛날에 하늘의 재앙이 내려와 다다르면[降戾]〔○ 사고(師古)가 말했다. "강(降)은 내리다[下], 려(戾)는 이르다[至]는 뜻이다."〕

---

4 주나라 제23대 영왕(靈王)의 아들이다. 좌구명(左丘明)의 『국어(國語)』「주어(周語)」하(下)에는 경왕이 화폐개혁에 이어 커다란 종을 만들려고 했다고 기록돼 있다. 단목공과 주구(州鳩)는 큰 종이 조화로운 소리를 내지 못할 뿐 아니라 백성들의 재물을 축내 괴롭게 만든다고 반대했으나 경왕은 그들의 말을 무시했다. 종이 완성된 뒤에 주구가 다시 경왕에게 그 일이 잘못된 것임을 간언한 말에서 '대중의 마음이 성(城)을 이룬다'는 뜻의 '중심성성(衆心成城)'과 '대중의 입은 쇠를 녹인다'는 뜻의 '중구삭금(衆口鑠金)'이라는 성어가 비롯됐다.

이에 물자[資=財]와 화폐를 헤아리고[量=度], 가벼움과 무거움의 균형
을 맞춰가면서[權=秤] 백성들을 구제했습니다[振=賑]. 백성들이 가벼움
을 걱정하면 무거운 화폐[重幣-고액권]를 만들어 가벼운 화폐[輕幣-소액
권]와 함께 유통시켰는데,⁵ 이는 무거운 화폐[母=重幣=大錢]로 가벼운 화
폐[子=輕幣=小錢]와 균형을 맞춰 유통시킴으로써 백성들이 원하는 바를
얻게 해준 것입니다.⁶ 또 (백성들이) 무거운 화폐를 감당하지 못할[不堪=
不任] 경우 가벼운 화폐를 많이 만들어 유통시키되 무거운 화폐 또한 폐
기시키지 않았습니다. 이에 가벼운 화폐로 무거운 화폐와 균형을 맞춰 유
통시킴으로써 작은 돈[小錢]과 큰 돈[大錢]으로 백성들을 편리하게 해주
었습니다.⁷

(그런데) 지금 임금께서 가벼운 화폐를 폐기하고 무거운 화폐를 만드시
면 백성들은 자신들의 재물을 잃어 쉽게 재산이 고갈되지 않겠습니까?⁸

---

5 이는 백성들이 화폐는 가볍고 물건은 귀한 것이어서 (유통의 어려움을) 걱정할 경우 무거운 화
   폐를 만들어 유통을 쉽게 해주었다는 말이다.

6 가벼운 화폐[子]로 물건을 사고팔 때 물건이 비싸지 않으면 가벼운 화폐만으로도 유통에 문제
   가 없지만 물건이 비싼 것일 경우 무거운 화폐로 균형을 맞춰 유통하게 해서 두 종류의 화폐
   가 서로 통함으로써 백성들은 다 그 원하는 바를 얻을 수 있었다는 말이다.

7 감당하지 못한다는 것은 화폐는 무겁고 물건은 가벼울 경우 그 쓰임을 방해하게 된다. 그래서
   가벼운 화폐를 만들어 섞어서 사용하게 함으로써 무거운 화폐는 귀한 물건을 사고파는 데 쓰
   고 가벼운 화폐는 비싸지 않은 물건을 사고파는 데 쓰도록 한다. 그리고 가벼운 화폐로 무거
   운 화폐와 균형을 맞춘다[子權母]라는 것은 무거운 화폐가 부족할 경우 가벼운 화폐로 균형
   을 잡아 유통을 도와주는 것이다. 따라서 화폐의 크고 작음에 상관없이 백성들은 다 편리하
   게 여긴다.

8 가벼운 화폐를 폐기하고 무거운 화폐를 만들 경우 본(本)은 고갈되고 말(末)은 적으니 결국 백

은 여러 세대의 태평을 이어 부유한 세력이나 관리의 자산은 거만(鉅萬)을 헤아리고 가난한 사람은 더욱 힘들게 됐습니다. 대개 군자는 정사를 펼 때 옛것의 답습[因循]을 중시해 개혁이나 개조를 꺼립니다만[重=難], 그러나 정말로 고쳐야 할 것이 있을 때는 장차 위급함에서 구해내듯이 합니다. 게다가 그것은 또한 일일이 다 상세하게 할 수는 없기 때문에 대체적인 것만 일정한 한도에 맞도록 해야 합니다."

천자가 그 의견을 내려주어 심의토록 하자 승상 공광(孔光), 대사공 하무(何武)가 청을 올려 말했다.

"제후왕과 열후는 모두 다 자신의 봉국 안에 명전(名田)을 갖고 있습니다. 열후의 명전은 장안(長安)에 두도록 하고, 공주의 명전은 현과 도에 두도록 하며, 또한 관내후와 이민(吏民-중간 관리)의 명전은 모두 30경(頃)을 넘지 못하도록 해야 합니다. 제후왕의 노비는 200명, 열후와 공주의 노비는 100명, 관내후와 이민의 노비는 30명으로 하고, 또한 그 기산을 만 3년 이내로 하고, 그것을 어긴 자는 노비를 관에서 거의 거두어들이도록 하십시오."

당시 전택(田宅)과 노비의 값이 크게 떨어졌다. 정씨(丁氏)와 부씨(傅氏) 두 집안이 권세를 마음대로 하고 있었고[用事], 동현이 융성하고 존귀할 때라 이들은 다 (공광과 하무의 주청을) 불편하게 여겼다. 조서가 또 내려갔지만 뒤에 결국은 폐기돼 시행되지 못했다. 궁실, 원유(苑囿) 및 부고(府庫)의 물자는 이미 사치스러웠고, 백성들은 재물과 부유함은 비록 문제와 경제 때에는 미치지 못할지라도 그러나 천하의 백성들은 가장 성대했다.

평제가 붕(崩)하자 왕망(王莽)은 섭정의 자리에 있다가[居攝] 드디어 황제의 자리를 찬탈했다. 왕망은 한나라의 태평한 공업을 이어받아 흉노를 번(藩-울타리)이라 불렀고 온갖 오랑캐들은 공물을 바치며 복속했으며 배와 수레가 통하는 곳은 모두 신첩(臣妾)으로 삼았고, 부고(府庫)와 백관은 부유해 천하는 평안했다. 망(莽)은 하루아침에 천하를 차지했지만 그의 속마음은 아직 만족할 줄을 몰랐다. 그는 한나라의 제도가 너무 엉성하다[疏闊]고 여겨 그것들을 보다 긴밀하게 만들려고 했다. 선제가 처음으로 (흉노의) 선우에게 인새(印璽)를 내려주었는데 (그 명칭이) 천자와 똑같았고, 또 서남이(西南夷)의 구정(鉤町)은 스스로 왕(王)이라 칭했다. 망은 이에 사신을 보내 선우의 인(印)을 바꿨고 구정왕을 깎아내려 후(侯)로 삼았다. 둘 다 비로소 원망을 품고서 변경을 침입했다. 망은 드디어 군사를 일으켜 30만 대군을 발동해 동시에 10곳의 길로 나란히 출격해 일거에 흉노를 멸망시키려 했다. 천하의 죄수, 정남(丁男), 갑졸(甲卒)을 모아 보내고 (각지에 보관 중이던) 무기들을 운반해 연해(沿海)·장강(長江)·회수(淮水) 지역으로부터 북쪽 변방에 이르러 사자들이 역참의 수레를 달려 진격을 독려하자 온 나라 안이 어지러워졌다. 또 걸핏 하면 고대를 흠모한다 해 당시에 마땅한 바를 제대로 헤아리지도 못한 채 주군(州郡)을 이리저리 나누고 찢었다. 또 직무를 고치고 관직을 만들었으며, 영을 내려 이렇게 말했다.

"한나라 왕실[漢氏]은 전조(田租)를 줄이고 가볍게 해서 30분의 1로 했지만 늘 새롭게 부세를 매겼고, 늙고 병든 사람들도 구산(口算-인두세)을 냈다. 또 호민들은 땅을 빼앗아 가난한 이들에게 나눠주고서 경작시켜 지대 명목으로 빼앗으니, 명목은 30분의 1이라 했지만 실제로는 5분의 1세였다. 부자는 교만하고 간사했으며, 가난한 사람은 빈궁해 간악한 짓을 하니

이처럼 (백성들의 재산이) 고갈된다면 임금의 재용[王用]도 장차 모자라
는 바가 있게 될 것이고,⁹ 이처럼 모자라게 되면 장차 백성들에게 더 두터
이 거둬야 할 것이고, 이를 백성들이 제대로 제공하지[給=供] 못하면 장차
백성들은 멀리 도망치려는 뜻을 품게 될 것이니, 이는 (임금이) 백성들을
떠나게 만드는 것[離民]입니다.

또 백성의 재용[民用]을 끊어버림으로써 임금의 창고를 채우겠다는 것
은 마치 샘의 원천은 막아버린 채 크고 작은 저수지[潢汚]를 만들겠다는
것과 같으니 그것이 말라버리는 데는 하루도 걸리지 않습니다. 그런데도
왕께서는 지금 그것을 도모하려 하십니다."

(경왕은) 듣지 않고서 결국 대전을 주조했고, 문자를 새겨 '보화(寶貨)'
라고 했으며, 가장자리와 가운데 구멍에 모두 볼록한 테두리를 만들어 (기
존의 돈과 구별함으로써) 농사를 장려하고, (화폐의) 부족함을 메워 백성
들이 그 편리함을 누렸다.¹⁰

진(秦)나라는 천하를 다 차지하고서 화폐[幣]를 2등급으로 나눴는데,
황금은 일(溢)¹¹을 단위로 했고 상폐(上幣)라고 했다. 동전의 질은 주나라
의 전(錢)과 같았고 그 문자는 '반냥(半兩)'이라고 했으며 무게는 그 문자

성들은 자신들의 재물을 잃게 되는 것이다.

9 백성들의 재산이 고갈되면 위에 제공하는 것이 어려워진다. 그러니 임금의 재용이 모자라게
되는 것이다.

10 반고는 경왕의 화폐개혁에 대해 단목공의 시각과 달리 긍정적임을 알 수 있다.

11 20냥이 1일이다.

그대로였다. 그리고 (예전에 화폐 기능을 했던) 주옥(珠玉)이나 구구(龜具)나 은석(銀錫) 등은 장식품이나 보물로서 화폐는 아니었지만 각각 때에 따라 (가치의) 가볍고 무거움이 일정하지 않았다.

한(漢)나라가 일어나자 진나라의 동전은 무거워서 쓰기에 어렵다고 여겨 이를 고쳐 백성들로 하여금 (가벼운) 협전(莢錢)을 주조하게 했다. 황금의 단위는 1근으로 했다〔○ 사고(師古)가 말했다. "주나라 제도로 돌아가 다시 근을 황금의 단위로 삼았다."〕. 그런데 법을 어겨가며[不軌] 이익을 추구하는 백성들은 이윤을 축적하고 그것으로 시장에서 물건을 사서 쌓아두었다[稽=貯滯]. 물가가 크게 오르면 곡물을 내다 파니 쌀 1석이 1만 전에 이르고 말 1필은 100금이나 됐다. 천하가 이미 평정되자 고조는 마침내 영을 내려 상인들은 비단옷을 입거나 수레를 타는 것을 금지시켰고 세금을 무겁게 매겨 그들을 곤욕스럽게 했다〔○ 사고(師古)가 말했다. "농사에 힘쓰게 하려 함이었다."〕.

효혜와 고후 때 천하가 비로소 안정됐기 때문에 다시 상인[商賈]을 억제하는 법을 다시 풀어주었다. 그러나 시장의 자손들은 여전히 관리가 될 수 없었다.

효문 5년에 협전이 수량은 더욱 많아지고 가치가 떨어지자 이에 다시 사수전(四銖錢)을 주조했고, 그 문자는 (실제 무게와 달리) '반냥(半兩)'이라고 했다. 그리고 동전을 몰래 주조하는 것을 막던 금령을 없애 백성들로 하여금 자유롭게 동전을 주조할 수 있도록 했다. 이에 가의(賈誼)가 간언해 말했다.

"(사전 주조를 허용하는) 법에 따르면, 천하로 하여금 공개적으로 관청

에 세금을 내고 구리나 주석을 캐서[顧租] 동전을 주조할 수 있지만, 감히
                                    고조
납이나 철을 섞어 다른 간교한 기술을 부릴 경우 그 죄는 묵형[黥]에 해당
                                                          경
합니다. 그러나 동전을 주조하는 실상[情=實情]을 보면 그런 것들을 섞어
                          정   실정
기교를 부리지 않고서는 이익[贏=餘利]을 낼 수가 없습니다. 그래서 이것
                      영 여리
들을 조금만 섞어도 이익은 아주 큽니다.

  무릇 일에는 화를 부르는 경우가 있고 법에는 농간을 부리는 경우가 있
습니다. 그런데 지금 가난한 백성들에게까지 동전을 주조하게 만든 형세를
보면 사람마다 자기네 집안 울타리에 숨어서 주조를 하다 보니 그들이 조
금 부정한 방법으로 많은 이익을 차지하는 것을 금하고자 해 설사 날마다
묵형에 처한다고[報=論] 해도 그런 형세를 그치게 할 수가 없습니다. 그래
          보 논
서 사람들 중에 이 죄에 걸려든 자들이 많을 경우에는 1개 현에 100여 명
이나 되고 관리의 의심을 받아 태형을 당하거나 달아난 자들은 더욱 많습
니다. 무릇 법을 세워[縣法=立法] 백성들을 유인해 그들로 하여금 함정에
                현법   입법
빠지게 하는 것이 어디에서 이보다 많겠습니까[積=多]? 예전에 동전 주조
                                    적 다
를 금지해 (이를 어긴 죄로) 사형을 선고받은 사람들이 저 아래에 쌓여 있
는데 지금은 동전 주조를 공개적으로 인정해 묵형을 선고받은 사람들이
저 아래에 쌓여 있습니다. 법을 시행해도 이와 같은데 상께서는 어찌 (그
법에) 의지하시겠습니까?

  또 백성들이 돈을 사용하는 것이 군이나 현마다 같지 않습니다. 그래서
어디서는 (사수전보다) 가벼운 돈을 사용할 때 100전에다 약간 더 보태기
도 하고, 어디서는 (사수전보다) 무거운 돈을 사용할 때 (돈의 단위가 아
니라 무게로 거래해) 저울로 맞추고서도 (나머지를 되돌려) 받지 못합니다.

법으로 정한 동전[法錢]이 (아직) 확립되지 않아 관리들이 서둘러 이를 하나로 통일하려고 하면 (백성들을) 크게 번거롭게 하고 괴롭힐 뿐만 아니라 관리의 힘으로도 당해낼 수가 없고, 멋대로 하게 내버려두고서 질책하지 않으면 시장과 그 주변에서는 제각각 쓰이게 돼 화폐제도가 크게 어지럽게 됩니다. 이것이 진실로 (문제를 해결하는) 방법이 아니라면 어디로 향해야 해결할 수 있겠습니까?

지금은 농사일을 내팽개치고 동을 캐려는 자들이 날로 늘어나서 농기구는 던져두고 쇠를 불려 동전을 주조하느라 숯을 피워 풀무질을 해댑니다. 질 낮은 동전[姦錢]은 날로 늘어가고 오곡은 수확량이 많지 않습니다. 착한 사람들도 꾐에 빠져[忧=誘] 간사한 짓을 하고 성실한 백성들도 함정에 빠져 형벌을 받게 됩니다. 이처럼 형벌이 장차 심해지는 것은 보통일이 아니니 어찌 소홀히 할 수 있겠습니까? 나라에서 이를 알고서 걱정하게 되면 관리들은 반드시 그것을 금해야 한다고 건의할 것입니다. 하지만 금하는 것도 그 방법을 바르게 쓰지 못하면 그 피해는 반드시 클 것입니다. 영을 내려 동전 주조를 금하면 동전의 가치가 반드시 높아질 것이고, 돈의 가치가 높아지면 그로 인한 이익도 커질 것이니, 몰래 주조하는 일[盜鑄]이 구름처럼 일어나게 돼 기시(棄市)의 죄로 다스린다 해도 금할 수 없을 것입니다. 그런데 이 같은 간사함이 잦아져 이루 다 헤아릴 수가 없어 법으로 금하는 일이 번번이 허물어지는 것은 구리 때문에 그렇게 된 것입니다. 그렇기 때문에 (사사로운 주조를 허용해) 천하에 구리가 퍼지게 되면 그 화(禍)가 이처럼 큰[博=大] 것입니다.

지금 (당장 막으면) 큰 화를 제거할 뿐만 아니라 일곱 가지 복이 찾아오게 됩니다. 일곱 가지 복이란 무엇이겠습니까? 상께서 구리를 거둬 들여 퍼지지 않게 하신다면 백성들은 동전을 주조하지 않아 묵형이 쌓이지 않을 것이니 그것이 첫 번째입니다. 위조 동전[僞錢]이 많지 않으면 백성
위전
들이 서로를 의심하지 않을 것이니 그것이 두 번째입니다. 구리를 캐서 동전을 주조하던 자들이 밭갈이로 돌아갈 것이니 그것이 세 번째입니다. 구리가 모두 상께 돌아가 상께서 축적해두신 구리로 물가를 조절할 수 있게 돼 동전의 가치가 낮아지면 정책을 써서 그것을 거둬들이고, 가치가 높아지면 정책을 써서 그것을 풀어 화폐와 물건이 반드시 균형을 이루게 될 것이니 그것이 네 번째입니다. 구리로 병기를 만들어 귀한 신하들에게 빌려 주되 많고 적은 규정을 두어 벼슬의 높고 낮음을 구별할 수 있으니 그것이 다섯 번째입니다. (축적한 구리로) 모든 재화를 통제하고 수급을 조절해 여기서 생겨나는 이익을 거둬들이신다면, 관부(官府-나라의 곳간)는 가득 차고 말업에 종사하는 백성들은 궁핍해질 것이니 그것이 여섯 번째입니다. 우리의 남아도는 재물[棄財]을 이용해 흉노와 그 백성들을 다투면[12]
기재
적들은 반드시 무너질 것이니 그것이 일곱 번째입니다. 그래서 천하를 잘 운영하는 자는 화를 복으로 바꾸고 실패를 성공으로 바꿉니다. (그런데) 지금 오랫동안 일곱 가지 복은 물리치고 큰 화를 행하고 계시니 신은 진실로 그것을 가슴 아프게 여깁니다."

상은 들어주지 않았다. 이때 오(吳)나라는 (한나라의) 제후로서 산에

---

12 흉노의 백성들에게 재물이나 재화를 적절히 제공하고 회유해 흉노의 지도부와 다툰다는 말이다.

나아가[卽=就] 동전을 주조해 그 부유함이 천자와 같았는데[埒=等] 그후에 결국 반역을 했다. 등통(鄧通)¹³은 대부이면서 동전을 주조해 재산이 왕자(王者-제후왕)보다 많았다. 그래서 오나라와 등통의 동전이 천하에 유포됐다.

무제는 문제와 경제가 비축해놓은 여력을 기반으로 북쪽 오랑캐와 남쪽 오랑캐[胡粵]의 침략에 분노했다. 그래서 즉위한 지 여러 해가 지나 엄조(嚴助, ?~기원전 122년)¹⁴와 주매신(朱買臣, ?~기원전 115년)¹⁵ 등이 동구

---

13 문제(文帝)의 총애를 받았지만 무능(無能)했다고 한다. 문제가 총애해서 벼슬이 상대부(上大夫)에 이르렀으며, 동산(銅山)을 하사받고 주전(鑄錢)을 허가받아, 그가 주조한 등씨전(鄧氏錢)이 세상에 유포됐다. 나중에 등통은 동전의 대칭(代稱)이 됐다. 관상을 보니 평생 가난할 팔자라고 해 문제가 동전을 주조할 수 있는 권리를 주었지만 결국 가난하게 살다 죽었다고 한다.

14 원래 성은 장(壯)씨였지만 나중에 후한 명제(明帝)의 이름인 유장(劉壯)을 피해 엄으로 바꾸었다. 엄기(嚴忌)의 아들로, 일설에는 족자(族子)라고도 한다. 현량대책(賢良對策)에 천거됐는데 무제(武帝)가 중대부(中大夫)로 발탁했다. 일찍이 대신들과 논변을 벌였는데 여러 차례 굴복시켰다. 건원(建元) 3년(기원전 138년) 민월(閩越)이 병사를 일으켜 동구(東甌)를 포위하자 동구에서 변고를 알려왔다. 무제가 그의 의견에 따라 회계에서 병사를 파견해 구원했다. 건원 중에 회계태수(會稽太守)가 됐다. 주매신(朱買臣), 사마상여(司馬相如), 오구수왕(吾丘壽王), 동방삭(東方朔) 등과 함께 무제를 측근에서 모셨다. 나중에 회남왕(淮南王) 유안(劉安)과 가깝게 사귀었는데 유안이 반란을 일으키자 연좌돼 죽임을 당했다.

15 학문을 좋아하면서도 집안이 가난해 나무를 팔아 생계를 유지했다. 아내가 이를 부끄럽게 여겨 헤어졌다. 나중에 장안(長安)에 와서 상서(上書)했다. 상계리(上計吏)에 속해 지내던 중 엄조(嚴助)의 추천으로 무제(武帝)에게 『춘추(春秋)』를 강설하게 돼 중대부(中大夫)에 오르게 됐다. 그 뒤 회계태수(會稽太守)가 돼 고향에 돌아가 헤어진 아내와 그의 남편을 불러 도와주었는데 그 아내는 부끄러워 자살했다고 한다. 황명으로 병사를 이끌고 횡해장군(橫海將軍) 한설(韓說) 등과 함께 동월(東越)을 공격해 공을 세웠고, 입조해 주작도위(主爵都尉)에 올랐다. 구경(九卿)의 반열에 올랐고 승상장사(丞相長史)가 됐다. 어사대부 장탕(張湯)과 평소 원한이 있었는데 장탕이 승상의 일을 맡으면서 그를 능멸하자 비리를 파헤쳐 자살하게 했다. 이 일로 무제의 분노

(東甌)¹⁶를 끌어들이고 양월(兩粤-민월과 남월)의 일에 개입하면서 장강(長江)과 회수(淮水) 사이가 시끄러워져[蕭然=騷然] 엄청난 비용이 들어갔다.
소연　소연
당몽(唐蒙)과 사마상여(司馬相如, 기원전 179~117년)¹⁷가 처음으로 서남이(西南夷)를 열었고 산을 뚫어 1,000여 리의 길을 통하게 파촉(巴蜀)을 확대했으나 그곳 백성들은 괴로웠다[罷=疲]. 또 팽오(彭吳)는 예맥(穢貊)과 조
피　피
선(朝鮮)으로 향하는 길을 뚫어[穿=開通] 창해군(滄海郡)을 두니¹⁸ (그 도
천　개통
중에 있는) 연(燕)과 제(齊)나라 일대는 큰 소란이 일어났다. 왕회(王恢, ?~기원전 133년)¹⁹가 마읍(馬邑)에서 계략을 꾸미자 흉노는 화친을 끊고, 북

를 사 그 역시 죽임을 당했다.

16 구월(甌越)을 지칭하는 것으로 한나라 때 동월왕이 그 도읍을 지금의 절강성 영가현(永嘉縣)에 정한 이후로 동구(東甌)라 칭했다. 절강성 일대를 가리키는 지명이다.

17 사부(辭賦)를 잘 지었다. 어렸을 때 독서와 검술을 좋아했으며, 전국시대의 인상여(藺相如)를 사모해 자기의 이름을 상여로 바꾸었다. 임공(臨邛) 땅에서 탁왕손(卓王孫)의 딸인 탁문군(卓文君)과 만나 성도(成都)로 달아나 혼인한 이야기는 유명하다. 처음에 경제(景帝)를 섬겨 무기상시(武騎常侍)가 됐는데 병으로 사직했다. 양(梁)으로 와서 매승(枚乘)과 교유했다. 무제(武帝)에게 「상림부(上林賦)」를 지어 바쳤다. 무제가 이것을 읽고 재능이 있다고 여겨 불러 낭(郎)으로 삼았다. 나중에 중랑장(中郎將)이 되고 사신으로 서남이(西南夷)와 교섭해 공을 세웠다. 효문원령(孝文園令)에 임명됐지만 병으로 사임했다. 작품의 풍격이 다양하고, 사조(詞藻)가 아름다웠으며, 한부(漢賦)의 제재와 묘사 방법을 보다 풍부하게 해 부체(賦體)를 한나라의 대표적 문학 형태로 자리하게 하는 데 큰 공헌을 했다. 이 밖에 「대인부(大人賦)」가 있다.

18 상인인 팽오는 조선(朝鮮)을 멸망시키기 위해 창해군(滄海郡)을 설치했다.

19 여러 차례 변방의 관리로 있어 소수 민족의 풍습을 잘 알았다. 무제 때 대행(大行)이 됐다. 일찍이 한안국(韓安國)을 따라 병사를 이끌고 민월(閩越)을 평정했다. 원광(元光) 2년(기원전 133년) 흉노(匈奴)를 유인해 마읍(馬邑)을 끌어들여 공격할 계획을 세웠다. 그러나 흉노가 복병이 있을 것을 미리 알고 회군해버렸다. 무제가 정위(廷尉)에 넘기자 자살했다.

쪽 변경을 침략해 출병은 계속되고, 병사들은 갑옷을 벗지 못해 천하 백성들이 그 노력을 함께해야 했다[共=同]. 전쟁[干戈]이 날로 심해지니 출정하는 사람들은 먹고 입을 것을 담아갔고, 남아 있는 사람들은 그것들을 보내느라 중앙과 지방이 어지러이 그것을 공급해야 했기에, 백성들은 지치고 피폐해져 어떻게든 수를 써서 거기서 벗어날 방법만을 궁리하고 재물은 소모돼 부족하게 됐다[不澹=不足]. 재물을 바치는 자에게는 관직을 주었고, 재화를 내는 자에게는 죄를 면해주어 (관리를 선발하는) 선거는 점점 타락했고, 염치는 사라져 서로를 속였으며, 무사(武士)나 역사(力士)도 관직에 나아오게 해 쓰고, 법령은 엄격하고 자잘해져서 (상홍양(桑弘羊), 동곽함양(東郭咸陽), 공근(孔僅) 등과 같은) 이익을 일으키는 신하들[興利之臣]이 이로부터 비로소 생겨났다.

그후에 위청(衛靑, ?~기원전 106년)[20]은 해마다 수만 기(騎)를 이끌고 나가 흉노를 쳤고, 드디어 하남(河南)[21]의 땅을 차지해 삭방군(朔方郡)을 설치했다. 이때에 또 서남이로 가는 길을 통하게 하려고 했는데 거기에 동원

---

20 아버지 정계(鄭季)가 평양후(平陽侯)의 가첩(家妾) 위온(衛媼)과 정을 통해 그를 낳았는데 어머니의 성을 따랐다. 처음에 평양공주(平陽公主)의 가노(家奴)로 있었는데, 누이 위자부(衛子夫-위황후(衛皇后))가 무제의 총희(寵姬)여서 관직에 진출해 태중대부(太中大夫)가 됐다. 원광(元光) 6년(기원전 129년) 거기장군(車騎將軍)으로 군대를 거느리고 흉노(匈奴)를 격파하고 관내후(關內侯)에 올랐다. 원삭(元朔) 2년(기원전 127년) 다시 병사를 운중(雲中)으로 출병해 하투(河套) 지구를 수복하고 장평후(長平侯)에 봉해졌다. 원수(元狩) 4년(기원전 119년) 대장군(大將軍)으로 곽거병(霍去病)과 함께 대군을 이끌고 막북(漠北)으로 나가 흉노의 주력을 궤멸시켰다. 이후 일곱 차례에 걸쳐 흉노를 정벌해 더 이상 한나라의 위협이 되지 못하도록 했다. 곽거병과 함께 대사마(大司馬)가 됐다.

21 내몽골 오르도스 지역을 가리킨다.

된 인력이 수만 명이었고, 1,000리를 메고 지고 나르다 보니 10여 종(鍾)을 갖고 가면 1석만 이를 뿐인데도 공(邛)과 북(僰)[22]에 재화를 뿌려 그곳을 안정시켰다[輯=安定]. 여러 해가 지나도 길이 뚫리지 않자 오랑캐[蠻夷]들은 이를 틈타 여러 차례 공격했고 한나라 관리들은 군대를 출동시켜 이들을 물리쳤다. 파촉(巴蜀)의 조세와 부세를 다 모아도 그 비용을 계속 대기에 부족해, 마침내 남이(南夷)에 있는 호민(豪民)들의 밭에서 모은 곡식들을 현관(縣官)에 들이도록 하고 그 대금은 대사농의 도내(都內)에서 받아가도록 했다. 동쪽에 창해군을 설치했는데, 여기에 들어간 인건비는 남이에서와 비슷했다[疑=儗]. 또 10여만 명을 동원해 삭방에 성을 쌓고 방어했는데, 거기까지 물자를 운송하는 거리가 멀어 산동에서 이곳까지 사이에 있는 백성들은 모두 고통을 겪었고, 비용도 수십억 내지 100억 전이 들어 국고들은 모두 텅 비게 됐다. 이에 노비를 헌납해 종신토록 요역을 면제받을 수 있는 백성들을 모집했는데, 그 사람이 이미 낭관일 경우에는 작질을 높여주었고, 또 양(羊)을 바치고서 낭관이 되는 관례는 이때부터 시작됐다.

    그후 4년 동안 위청이 해마다 10여만의 대군으로 오랑캐를 치는 과정에서 적의 목을 베거나 포로로 잡는 병사들에게 황금 20여만 근을 내려주었고, 한나라 군사와 말이 죽은 것도 10여만이었는데, 여기에는 병사들의 갑옷이나 운송비 등은 포함하지 않은 것이었다. 이에 대사농에 오랫동안 저장됐던 돈이나 세금으로 받은 것들을 이미 다 쓰다 보니 전투에 나가는

---

22 둘 다 사천성에 있는 종족 이름이다.

병사들에게 줄 것이 부족했다. 유사(有司-담당 기관)는 백성들이 벼슬을 사거나 금고를 받은 자를 돈을 받고 풀어줄 것을 청했고 또 상관(償官)이라는 관직을 두어 그 명칭을 무공작(武功爵)〔○ 신찬(臣瓚)이 말했다. "1급은 조사(造士), 2급은 한여위(閑輿衛), 3급은 양사(良士), 4급은 원융사(元戎士), 5급은 관수(官首), 6급은 병탁(秉鐸), 7급은 천부(千夫), 8급은 악경(樂卿), 9급은 집융(執戎), 10급은 정려서장(政戾庶長), 11급은 군위(軍衛)다. 이는 무제가 제정한 것으로 군공을 좋아한 때문이다."〕이라 부를 것을 청했다. 1급의 가격을 17만 전으로 했고 판매한 벼슬의 총 값은 30여만 금이었다. 무공작 (5급인) 관수(官首)를 산 사람을 시험 삼아 관리에 보임해 먼저 임명을 하고 (7급인) 천부(千夫)를 산 사람은 (옛 20등급 체계에서 9급인) 오대부(五大夫)와 같았다. (무공작을 구입한 자가) 죄를 지으면 2등급을 깎았고 (돈으로 살 수 있는) 벼슬은 (8급인) 악경(樂卿)까지로 제한해 군공(軍功)을 더 현창했다. 군공을 세운 자는 등급을 뛰어넘어 썼는데 군공이 클 경우에는 후(侯)의 경이나 대부로 봉해주었고 작을 경우에는 낭관으로 삼았다. (이처럼) 관리가 되는 길이 뒤섞이고 여러 갈래로 나뉘게 되니 관직체계는 엉망이 됐다[耗廢=亂廢].
　　　　　　　　　　　　　　　　　　　　모폐　난폐

　공손홍(公孫弘, 기원전 200~121년)[23]이 『춘추(春秋)』의 의리로 신하들

23　집안이 가난해 바닷가에서 돼지를 치며 살았다. 40세 즈음해 『춘추공양전(春秋公羊傳)』을 익혔다. 무제(武帝) 건원(建元) 원년(기원전 140년) 현량(賢良)에 추천돼 박사(博士)에 올랐다가 흉노(匈奴)의 일 때문에 관직에서 물러났다. 원광(元光) 5년(기원전 130년) 현량대책(賢良對策)에 제일(第一)로 뽑혀 박사가 되고 내사(內史)와 어사대부(御史大夫)를 역임했다. 강력하게 간언(諫言)하기보다는 무제의 뜻을 살펴 의사를 표현했고, 문자 수식을 적절하게 활용해 관료의 길을

을 다잡아[繩=制御] 한나라의 승상이 되고, 장탕(張湯, ?~기원전 115년)[24]이 법조문을 엄격히 해석해[峻文] 옥사를 명쾌하게 판결해 정위(廷尉)가 된 이래 여기에서 견지(見知)의 법[25]이 생겨나고, 법령이 시행되지 않거나 위를 비방하는 죄를 끝까지 다스리는 옥사가 자주 일어났다. 그 이듬해 회남(淮南)·형산(衡山)·강도(江都)의 왕들이 모반을 일으키려는 자취가 드러나자, 공경들이 그 단서를 끝까지 파고든 결과 마침내 그 당여(黨與)로 몰려 죽은 사람이 수만 명이었고, 관리들은 더욱더 가혹하고 급박해져 법령은 아주 미세한 데까지 파고들었다[察=微視]. 이런 때를 맞아 방정(方正)하고 현량(賢良)하며 문학(文學)하는 선비들을 불러들여 높였기 때문에 간혹 공경대부에 이르는 이들도 있었다. 공손홍은 재상이면서도 베옷을 입

걸으면서 유술(儒術)을 알맞게 응용해 무제의 신임을 받았다. 원삭(元朔) 5년(기원전 124년) 승상이 되고 평진후(平津侯)에 봉해졌다. 최초의 승상봉후(丞相封侯)였을 뿐만 아니라 포의(布衣)에서 승상으로 봉작까지 받은 사람은 그가 처음이었다. 검소하게 살아 집안에 재산을 남겨두지 않았다. 성격이 겉으로는 관대했지만 속으로는 시기가 많아, 틈이 벌어진 사람이 있으면 겉으로는 친하게 지내면서 몰래 보복을 했다. 나이 80세에 승상의 자리에서 물러났다. 호무생(胡毋生)에게 춘추공양학을 전수받았다.

24 일찍이 조우(趙禹)와 함께 율령을 정비하고, 피폐(皮幣)·백전폐(白金幣)·오수전(五銖錢)의 제조를 건의하고, 염철 전매정책을 강력하게 지지했으며, 고민령(告緡令)을 제정했다. 당시의 승상과 그의 상급자들이 모두 무능했던 탓에 사실상 그가 조정의 모든 대사를 좌우지했고 황제의 신임 역시 대단했다. 그러나 후에 상인들과 짜고 부정 이득을 취했다는 소문으로 기소돼 재판을 받게 됐으나 이를 불명예로 여겨 자결했다. 이것은 당시 그의 권력에 불만을 품은 주매신(朱買臣) 등 승상부의 일부 비서관들의 참언으로 드러났고, 무제는 격노해 그들을 즉시 처형하고, 당시 승상이던 장청적(莊靑翟)에게는 자결을 명했다. 이후 무제는 장탕의 아들인 장안세(張安世)를 후하게 대접해 전한 말까지 명문 귀족으로서의 체면을 지켜나가도록 배려했다.

25 다른 사람의 범법 사실을 알고도 고발하지 않는 사람을 처벌했던 법이다.

고 먹을 때는 맛을 중시하지 않았으며 아랫사람들에게 솔선했지만,[26] 풍속(을 좋은 쪽으로 인도하는 데)에는 아무런 더해짐[益]도 없었고, 점점 공리(功利)에 힘썼다.

그 이듬해 표기(票騎)[27]가 연달아 두 차례 오랑캐를 쳐서 큰 승리를 거뒀다. 혼야왕(渾邪王)이 수만 명을 이끌고 와서 항복하니 이에 한나라는 수레 3만 량(兩)[28]을 보내 그들을 맞이했다. 이 해에 들어간 비용은 모두 100여 거만(鉅萬)이었다.

이에 앞서 10여 년 전에 황하의 제방이 터져 양(梁)과 초(楚) 땅에 물이 흘러들어가[灌], 참으로 이미 여러 차례 (홍수로) 곤욕을 겪는 바람에 황하 연변의 군들은 제방을 쌓아 막았지만, 그래도 번번이 터져 그로 인한 비용은 이루 다 계산할 수도 없었다. 그후에 (하동군 태수인) 번계(番係)가 저주(底柱)[29]의 조운 비용을 줄이려고 분수(汾水)와 황하의 물을 끌어와 운하를 파서 조운을 통하게 했고 밭에 관개를 했다. 또 정당시(鄭當時)는 위수(渭水)의 운하가 너무 멀리 우회한다고 여겨 직통하는 조운 수로를 장안에서 화음(華陰)까지 팠으며, 삭방에도 관개수로를 뚫었다. 이를 만드는 데 동원된 사람은 각각 수만 명이었고, 2~3년이 지나도 공사는 이뤄지

---

26 원문은 위하선(爲下先)이다. 그런데 사마천의 『사기(史記)』 「평준서(平準書)」에는 위천하선(爲天下先)으로 돼 있다. 이럴 경우에는 "천하를 위해 솔선했다"고 옮겨야 한다. 문맥상으로는 어느 쪽이건 상관은 없다.

27 표기장군 곽거병(霍去病)을 가리킨다.

28 1량은 1승(乘)이다.

29 황하 중류에 있는 산의 이름이다. 산서성(山西省) 동쪽에 있다.

지 못했으며, 비용 또한 각각 수십억이었다.

　천자는 오랑캐를 정벌하기 위해 대대적으로 말을 기르다 보니, 말을 (전쟁터에) 운송하려고 장안에서 먹이는 것만 수만 필이었기 때문에 이를 담당하는 마부가 관중에서 부족해 결국 인근 주변 군들에서 징발했다[調]. 오랑캐들 중에서 투항하는 자가 수만 명인데 모두 두터운 상을 주었고, 입고 먹는 것도 현관(縣官)이 대주어야 했기 때문에 현관이 부족하게 되자 천자는 마침내 식사를 줄이고, 천자의 수레를 끄는 말을 풀었으며, 어부(御府-황제의 창고)에 있는 재물들을 풀어 모자란 것들을 보충해야 했다.

　그 이듬해 산동 지역이 수재를 당해 백성들이 많이 굶주리게 되자 이에 천자는 사자를 보내 군국의 창고에 있는 곡식들을 방출해 가난한 이들을 진휼했다. 그런데도 여전히 부족하자 또 부호들을 모집해 가난한 사람들에게 임시로 곡식을 빌려주도록 했다. 그럼에도 여전히 구제할 수가 없자 마침내 가난한 이들을 함곡관 서쪽으로 이주시켰고, 또 삭방군 남쪽 신진중(新秦中)을 채웠는데, (이주민) 70여만 명은 입고 먹을 것을 모두 현관에서 공급받았다. 여러 해 동안 생산수단[産業]을 빌려주고 사자들을 나눠 보내 보호하도록 했는데, 사자가 쓴 관과 수레의 덮개가 길에서 서로 바라볼 정도였고,[30] 그 비용은 억을 헤아렸으며, 현관은 재정이 텅 비어 버렸다. 하지만 부유한 상인들[商賈]은 간혹 재물을 독점하고서 가난한 이들을 부렸고, 몇백 수레 단위로 교역을 했으며, (매매 차익을 위해) 사재기를 하면서 (가격 폭등을 기다리느라) 읍에서 머물기도 했다. 봉작을 받은

30　그만큼 상황이 급박해 사자를 자주 많이 보냈다는 뜻이다.

군(君)들조차 모두 머리를 조아리고 재화를 공급받았다. 금속을 주조하거나 소금을 구워 재물이 혹 수만 금이 쌓여 있어도 나라[公家]의 위급함을 돕지 않았고, 백성들[黎民]은 더욱 궁핍해졌다.

이에 천자는 공경과 상의해 다시 동전을 주조해 (나라의) 재용에 보탰으며 또한 상공업에 종사하며[浮淫] 겸병하는 무리들을 억제했다[摧]. 이때 궁궐 동산[禁苑]에는 흰 사슴들이 있었고, 소부(少府)[31]에는 (백금 동전을 만들 수 있는) 은과 주석이 잔뜩 보관돼 있었다. 효문(孝文)이 다시 사수전을 주조한 이래 이 해[32]에 이르기까지 40여 년이 지났는데, 건원(建元) 연간[33] 이래로 나라의 재용이 부족해 현관에서 자주 동이 많이 나는 산에 가서 동전을 주조했고, 백성들 또한 몰래 주조해 이루 다 헤아릴 수가 없었다. 동전은 점점 많아지면서 가치가 떨어졌고 재물은 점점 줄어들면서 값이 뛰었다. 유사가 말씀을 올렸다.

"옛날에는 제후들이 피폐(皮幣)로 빙문 향연[聘享]했습니다. 금에는 3등급이 있었는데 황금이 상(上)이고, 백금(-은)이 중(中)이며, 적금(-동)이 하(下)였습니다. (그런데) 지금의 반량전(半兩錢)은 법으로 무게를 사수로 정했으나, 간악한 자들이 간혹 남몰래 동전의 뒷면[錢裏]을 갈아서 구리 부스러기[鋊]를 얻으니, 전은 더욱 가볍고 얇아져 물가가 뛰고 있습니다. 그래서 먼 지방에서는 폐를 사용하는 것이 번잡하고 비용도 절약되지 않습

---

31 황실 재정을 담당하는 기관이다.

32 원수(元狩) 4년, 기원전 119년이다.

33 기원전 140~135년이다.

니다."

이에 (원수(元狩) 4년) 흰 사슴 가죽 사방 1척의 가장자리를 5색의 실로 무늬를 수놓아[藻繢] 가죽 화폐를 만들었는데, 그 가치가 40만 전이었다. 왕후와 종실들이 천자를 조현하거나 빙향할 때에는 반드시 가죽 화폐로 벽옥을 바치고서 그런 뒤에야 예를 행하게 했다.

조궤

또 은과 주석을 섞어서 백금을 만들었다. (그리고 당시에는) 하늘에서 잘 나는 것으로 용보다 더한 것이 없고, 땅에서 잘 달리는 것으로 말보다 더한 것이 없으며, 사람에게 귀한 것으로 거북이보다 더한 것이 없다고 여겼다. 그래서 백금을 세 등급으로 나누어 1등급은 무게가 8냥으로 둥근 형태로 만들고, 거기에 용무늬를 새겨서 백선(白選)이라 했고, 그 가치[直=값]는 3,000전이었다. 2등급은 무게가 (백선보다) 조금 적고, 네모 형태로 만들고, 거기에 말의 무늬를 새겼는데, 그 가치는 500전이었다. 3등급의 세 번째는 무게가 더욱 적고, 타원 형태로 만들고, 거기에 거북이의 무늬를 새겼는데, 그 가치는 300전이었다.[34] 현관(縣官)에게 명령해 반량전(半兩錢)을 녹여 다시 삼수전(三銖錢)을 주조하게 했으며, 전(錢)의 액면[文]은 그 무게와 똑같이 표시하도록 했다. 백금과 동전을 몰래 만드는 자[盜鑄]의 죄는 모두 사형에 처했으나 관리나 일반 백성들 가운데서 백금을 몰래 만드는 자들은 이루 다 헤아릴 수가 없었다.

직

치

문

도주

---

34 당시 동전의 한쪽에는 무늬를 새기고 뒤쪽은 아무런 무늬가 없었다. 무늬가 있는 쪽은 문(文), 아무것도 없는 쪽을 질(質) 혹은 이(裏)라고 불렀다. 사람이나 문장에서 강조되는 문질(文質)의 이분법이 동전 제작에도 활용됐던 것이다.

이때 동곽함양(東郭咸陽)과 공근(孔僅)이 대농승(大農丞-대사농 승)이 돼 소금과 철(鐵)의 일을 관장했다. 상홍양(桑弘羊)은 계산에 밝아 (재정의) 일을 주관하면서 시중이 됐다. 동곽함양은 제(齊)나라에서 소금 굽는 큰 업자였고, 공근은 남양(南陽)의 큰 야철 업자(冶鐵業者)인데, 모두 생업에 종사해 수천 금의 자산을 축적했기 때문에 정당시(鄭當時)가 이들을 추천했다. 상홍양은 낙양(雒陽)의 상인의 아들로 암산[心計]에 뛰어나 13세에 시중이 됐다. 그러므로 이들 세 사람이 영리의 일을 논할 때에는 가느다란 가을 터럭[秋毫]까지도 헤아릴 정도였다.

법령이 이미 더욱 엄격해지자 관리들 중에는 파면되는 자들이 많아졌다. 전쟁이 자주 일어나자 백성들은 돈을 주어 요역을 면제받거나 직위를 사서 오대부(五大夫)에 이르렀고 (그래서) 징발 대상자는 더욱 드물어졌다. 이에 천부(千夫)나 오대부를 하급 관리로 임용했고, (어떻게든) 관리가 되려고 하지 않는 자에게는 말을 바치게 했으며, 앞서 파면된 관리들을 모두 상림원에 보내어 가시나무를 베거나 곤명지(昆明池)를 파게 했다.

그 이듬해 한나라는 대장군(-위청)과 표기장군(-곽거병)이 대대적으로 출진해 오랑캐를 쳐서 목을 베고 포로로 잡은 것이 8만~9만 명이었다. 상금 50만 전을 내려주기는 했지만 한나라 군마 가운데 죽은 것이 10여만 필이나 됐고, 수륙 운송과 수레나 갑옷 제작에 든 비용은 여기에 포함되지 않았다. 이 당시 재정이 부족해 병사들은 대부분[頗] 봉록을 타지 못했다.

유사에서 말하기를 "삼수전(三銖錢)은 너무 가벼워서 쉽게 간사한 짓을 하게 된다"라고 하자 이에 (원수(元狩) 5년(기원전 118년)) 여러 군국들이 오수전을 주조하되 그 뒷면[下=質]에도 주곽(周郭)을 만들어[35] (간사한 자들이) 이를 갈아 구리 부스러기를 얻지 못하게 할 것을 청했다.

대농령(大農令-대사농 령)이 염철승(鹽鐵丞) 공근(孔僅)과 함양(咸陽)의 말을 올렸다.

"산과 바다는 하늘과 땅의 저장고로 모두 마땅히 소부(少府)에 속합니다. (그러나) 폐하께서는 그것을 사사로이 하지 마시고[不私], 대농에 귀속시켜 나라의 부세에 보탬이 되게 해야 합니다. 바라건대 백성들을 모아 스스로 비용을 대고 관가의 기구로서 소금을 굽는 자에게는 관에서 솥대야[牢盆]를 내주어야 합니다. 그런데 장사꾼들[浮食]과 사특한 자들[奇民]은 산과 바다의 재물을 제 마음대로 독점해 부를 쌓고 힘없는 백성들[細民]을 부려 이익을 얻으려 합니다. (나라에서 소금과 철을 전매하려는) 일을 저지하려는 저들의 논의는 이루 헤아릴 수 없을 만큼 많이 들었습니다. 감히 사사로이 철기를 주조하고 소금을 굽는 자들은 왼쪽 발목에 차꼬를 채우고 그들의 기물들도 몰수해야 합니다. 철이 나지 않는 군(郡)에는 소철관(小鐵官)을 두어 소재하는 현에 소속시켜야 합니다."

공근과 동곽함양을 시켜 역참에서 수레를 바꿔 타게 하면서[傳擧], 천하에 소금과 쇠의 관영(官營)을 시행해 관부를 설치하고, 옛날에 소금과 철로 부유하게 된 자들을 관리로 삼았다. (하지만) 관리가 되는 길은 더욱 복잡해지고 공정한 선발 절차를 거치지 않아 관리들 중에 장사꾼[賈人]

---

35 겉이 둥글고 안에 네모 구멍이 있는 동전의 경우 겉의 둘레를 도톰하게 만든 것이 주곽(周郭)이고, 안의 네모를 도톰하게 만든 것이 내곽(內郭)이다.

출신들이 많아졌다.

 장사꾼들은 화폐가 자주 바뀌는 틈을 이용해 재물을 쌓아두었다가 이익을 노렸다[逐利]. 이에 공경들이 이렇게 말했다.
 "군국들이 크게 수재를 입어 가난한 백성들은 생업이 없어졌으므로 (나라에서) 이들을 모아 넓고 기름진 땅으로 이주시켜주었습니다. 폐하께서는 음식을 줄이고 비용도 아끼시어[損膳省用] 조정에 모아둔 돈[禁錢][36]마저 내어 백성들을[元元=黎元] 구휼하시고 부세도 가볍게 해주셨습니다. 그러나 많은 백성들은 여전히 밭에 나가 농사를 짓지 못하고 장사꾼들만 더 늘어났습니다. 가난한 백성들은 쌓아둔 것이 없어 모두 다 조정[縣官]만 올려다볼 뿐입니다. 과거에는[異時] 작고 빠른 수레[軺車=小車]와 장사꾼[賈人]의 민전(緡錢)[37]에 세금을 매겼는데[算] 모두 일정한 등급이 있었으니, 청컨대 옛날처럼 세금을 매겨야 합니다. 그래서 각종 장사꾼과 상공업자[末作]가 빌려주거나 사고팔거나 읍에 살면서 재물을 쌓아두거나, 행상을 하면서 이익을 얻는 자는 모두 비록 시적(市籍)[38]에 등재돼 있지 않더라도 각기 재물을 스스로 헤아려 그 장부를 관청에 신고하게 해 일률적으로 민전 2,000당 120전[一算]을 내도록 해야 합니다. 수공업자들과 주조업자들에게는 일률적으로 민전 4,000당 120전을 내도록 해야 합니다. 관리

---

36 금전(禁錢)은 소부(少府)에서 관장하던 천자의 사사로운 금고의 돈을 말한다.

37 민(緡)은 동전을 꿰는 끈이며, 일민(一緡)은 1,000전이며, 관전(貫錢)이라고도 한다. 이는 한나라 때 자산세를 징수하면서 자산을 계산한 단위의 명칭이었고 동시에 자산세의 명칭이기도 하다.

38 점포를 열고 매매에 종사하는 상인들을 등재한 일종의 호적과 같은 것이다.

는 아니지만 이에 버금가는 사람[吏比], 즉 삼로(三老)와 북쪽 변경의 기사(騎士)들을 제외하고는 모든 초거(軺車)에 120전을 걸고, 장사꾼 초거에는 240전을 매기고, 5장(丈) 이상의 큰 선박에는 120전을 거둬들여야 합니다. 만일 재산을 숨기고 스스로 신고하지 않거나 신고한 것이 맞지 않으면 1년 동안 변방의 수자리에 쫓아버리고 민전(緡錢)을 모두 몰수해야 합니다. 이런 사실을 고발하는 자가 있으면 몰수한 민전의 절반을 줍니다. 장사꾼으로 시적(市籍)에 있는 자와 그 가솔들은 모두 농지를 점유하지 못하게 해 (겸병을 막아서) 농민에게 유리하게 해야 합니다. 감히 명령을 어기면 전답과 사내아이 종[僮]을 모두 빼앗아야 합니다."

이때 부호들은 다투어 재산을 숨겼는데 오직 복식(卜式)만이 여러 차례 재산을 바쳐 조정을 돕고자 했다. 이에 천자는 등급을 뛰어넘어 복식을 제배해 중랑(中郞-시종관)으로 삼아 좌서장(左庶長)[39]의 작위를 내리고, 전답 10경(頃)을 내렸으며, 천하에 이런 점들을 잘 알리도록 했다. 애초에 복식은 관리가 되기를 원하지 않았으나 상이 그를 억지로 임명했고, 점차 승진해 제(齊)의 재상에까지 이르렀다. 상세한 이야기는 「복식전(卜式傳)」에 실려 있다.

한편 공근(孔僅)은 천하 사람들에게 순행하면서 기물을 주조하게 했는데 3년도 안 돼 대사농(大司農)이 돼 구경 반열에 올랐다. 또 상홍양(桑弘羊)은 대농승(大農丞)이 돼 각종 회계의 업무를 담당했으며, 점차로[稍稍=漸漸] 균수관(均輸官)을 두어 화물을 유통시켰다. (이때) 처음으로 벼슬

---

39 한나라 관작 20등 중에서 제10등의 벼슬이다.

아치들이 조정에 곡물을 헌납해 (200석에서 600석까지의) 관리로 보임될 수 있었고 낭관들도 600석까지 오를 수 있었다.

백금과 오수전을 주조한 지 5년째 되던 해에 관리나 백성들[吏民]이 몰래 금전을 사사로이 주조한 일에 연루돼 사형 판결을 받은 자들 수십만 명을 사면해주었다. 죄가 발각되지도 않고 그냥 넘어간 자도 이루 헤아릴 수 없었다. 자수한 자 100여만 명도 사면해주었다. 그러나 실제 범법자는 자수한 자의 절반도 못 됐으니 천하에서는 아무런 걱정 없이 화폐를 주조했다. (이와 같이) 죄를 범한 자가 많았으나 관리들도 이들을 다 붙잡아 주살할 수 없었으므로 이에 박사(博士)인 저대(褚大)와 서언(徐偃) 등으로 하여금 업무를 나누어 각 군국을 순행토록 해 토지를 겸병하고 있는 무리들과 군수, (제후국의) 승상들과 (관리로서) 이익을 꾀한 자들을 적발토록 했다. (마침) 때마침 어사대부 장탕(張湯)은 바야흐로 융성한 총애를 받아 권세를 쥐고 있었고, 함선(減宣)과 두주(杜周) 등은 중승(中丞)이 됐으며, 의종(義縱)·윤제(尹齊)·왕온서(王溫舒) 등은 무자비하고 가혹하며 각박하고 악랄하게[慘急刻深] 법을 집행해 구경(九卿)이 됐다. 직지사(直指史)[40] 하란(夏蘭) 같은 자들도 이때 처음으로 등장했다. 당시 대농령이던 안이(顏異)가 처형됐다. 애초에 이(異)는 (산동 지방) 제남(濟南)의 정장(亭長)이었는데 청렴하고 강직해 점차 올라 구경에 이르렀다. 상이 장탕과 함께 흰 사슴 가죽 화폐[白鹿皮幣]를 만들고 나서 이에게 물으니 이가 말하기를 "지금 제후왕과 열후들이 푸른 옥[蒼璧]을 가지고 입조해 하례하는데, 그

---

40 한나라 때 시어사(侍御史)의 일종이다.

가치가 수천 전이고 가죽 화폐는 오히려 40만 전이니, 이것은 본말이 서로 맞지 않는 것입니다"라고 하니 천자는 기뻐하지 않았다. 장탕은 또 이와 사이가 좋지 않았는데 어떤 사람이 다른 일로 이를 고발하자 (천자는) 그 일을 장탕에게 내려보내 이의 죄를 다스리게 했다. 이가 손님과 말을 하던 중에 손님이 "새로운 법령이 반포되면 불편한 점이 있을 것"이라고 말하자 이는 대답은 하지 않고 살짝 입술만 내밀었다[反脣]. 탕(湯)은 마땅히 이는 구경의 신분으로 법령이 부당함을 알고도 언급하지 않았고 마음속으로 비방했다[腹誹]고 아뢰고서 사형을 시켜야 한다고 논했다[論死]. 이때 이후 복비(腹誹)[41]라는 법이 생겨나게 됐고 공경과 대부들은 대부분 (천자에게) 아첨하며 비위나 맞췄다[諂諛取容].

천자가 이미 민전령(緡錢令)을 반포하고 나서 복식(卜式)을 높였으나 백성들은 끝내 자신의 재산을 나누어 조정을 돕지 않았다. 이에 고민령(告緡令)을 내려서 고발을 장려했다.

군국에서 간사하게[姦] 전을 주조하는 일이 많아지자 전은 많아졌으나 (가치는) 가벼워졌다. 그래서 공경들은 경사의 종관(鍾官)[42]이 적측전(赤側錢)[43]을 주조하게 해, 적측전 1개를 (오수전) 5개에 상당하게 하고, 부세와 관의 경비에는 적측전이 아니면 사용할 수 없도록 했다. 백금(의 가치)도

---

41 복비(腹非)라고도 한다.

42 소부(少府)에 속한 관직명으로 무제 때는 수형도위(水衡都尉)로 바뀌었으며 주전 작업을 관장했다.

43 적측(赤仄)이라고도 하는데 동전의 외곽을 깎아 평평하게 하는 것을 의미한다.

점점 낮아져[賤] 백성들도 쓸모가 없다고 여기고 사용을 하지 않게 되자 현관(縣官)에서 법으로 금했지만 아무 소용이 없었다. 1년 남짓 지나자 백금은 결국 폐기돼 통용되지 않았다. 이 해에 장탕이 죽었는데 백성들은 그를 애도하지 않았다[不思].

그로부터 2년 후에 적측전(의 가치)이 떨어지자 백성들은 법령을 교묘하게 이용해[巧法] 그것을 사용하니 (정부에서는) 불편하다고 여겨 다시 폐지했다. 이에 군국에서 동전을 주조하는 것을 일체 금지시키고 오직 상림(上林)의 삼관(三官)에서만 주조하게 했다. 동전이 많아지자 천하에 영을 내려 삼관에서 주조한 동전이 아니면 사용할 수 없게 하고, 모든 군국에서 이전에 주조한 동전은 모두 녹여서 폐기해 그 동(銅)은 삼관으로 보내게 했다. 그리하여 백성들이 동전을 주조하는 일은 더욱 줄어들었고, 주조 비용을 계산해도 동전의 가치에 상당할 수가 없었으니, 오직 전문 장인과 크게 간사한 자[大姦-사특한 부호들]만이 몰래 주조할 수 있었다.

양가(楊可)가 주관한 고민령(告緡令)이 천하에 두루 시행되면서 중가(中家)[44] 이상은 대부분 고발당했다[遇告=被告]. 두주(杜周)가 이 사건을 다스려 판결이 뒤집히는 일은 드물었다. 이에 어사(御史) 정위정(廷尉正) 감(監)으로 구성된 무리를 나누어 보냈고, 즉각 군국의 민전을 다스려 백성들로부터 거두어들인 재물은 억 단위로 셈해야 했으며, 노비는 천과 만으로 헤아리고, 밭은 큰 현인 경우에는 수백 경(頃), 작은 현인 경우는 100여 경이

---

44 10금(金)의 재산을 가진 사람을 말한다.

었으며,[45] 주택 역시 이와 같았다. 이리하여 상인과 중가 이상의 재력을 가진 자들은 대부분 파산했으며, 백성들은 맛있는 음식과 좋은 의복만을 탐해 목축이나 농업과 같은 산업에 종사하지 않게 됐다. 그렇지만 조정에서는 소금과 철의 전매 및 고민령의 실시로 인해 재용이 더욱 풍요롭게 됐다. 관내[關]를 더욱 넓히고 좌우보(左右輔-좌풍익(左馮翊) 우부풍(右扶風))를 설치했다.

애초에 대사농이 염철관을 관장하면서[筦=管掌] 일과 재용이 방대해지자 수형(水衡-수형도위)을 두어 염철의 일을 주관하게 하려고 했다. 그러나 양가(楊可)의 고민령으로 상림원의 재물이 크게 늘어나자 곧 수형으로 하여금 상림원을 관장하게 했다. 상림원이 이미 가득 차게 되자 더욱 크게 확장했다. 이때 남월이 한나라와 배를 이용해 전쟁을 하려고 하자 이에 곤명지(昆明池)를 크게 수리하면서 높은 건물[觀]을 지어 곤명지를 둘렀다. 누선(樓船)을 만들었는데 그 높이가 10여 장이나 됐고, 그 위에 깃발을 꽂으니 매우 웅장했다. 이에 천자는 감동해 즉시 백량대(柏梁臺)[46]를 만들었는데 높이가 수십 장이었다. 궁실의 건축은 이때부터 나날이 화려해졌다.

마침내 민전(緡錢)을 각 관청에 나누어주었으며 수형(水衡)·소부(少府)·대농(大農)·태복(太僕)에 각각 농관(農官)을 두었고, 군현(의 각지)에서 최근에 몰수한 토지에 자주 가서 경작하게 했다. 몰수한 노비를 여러 금원(禁苑-왕실 정원)에 보내어 개나 말이나 각종 금수 등을 기르게 했고, 여

---

45 큰 현과 작은 현의 기준은 1만 호다.

46 장안성 내 북궐 안에 있었다.

러 관청에 주기도 했다. 각종 관청들이 점점 잡다하게 많이 설치되고, 죄수와 노비들도 많아지자 황하의 하류에서 배로 운반한 400만 석 이외에 관청에서 스스로 양식을 사들여야만 겨우 충당할 수 있었다.

소충(所忠)이 말하기를 "권문세가의 자제나 부자들 중에 닭싸움을 하거나 개나 말을 다투어 달리게 하고, 또 어떤 이들은 수렵과 도박을 하면서 제나라 백성들을 어지럽히고 있습니다"라고 하니 이에 법령을 어긴 자들을 모두 조사했는데 서로 연루된 자가 수천 명이었다. 이를 일러 주송도(株送徒)라고 했다. (하지만) 이런 자들도 재물을 조정에 바치면 낭관에 임용될 수 있었기 때문에 낭관을 (엄격하게) 선발하는 제도는 점차 쇠퇴했다.

이때 산동 지역은 황하의 재난[河災]을 당한 데다가 (농사의) 수확도 여러 해 동안 좋지 못해 사람들 가운데 어떤 경우에는 서로 잡아먹는 일이 사방 1,000~2,000리에까지 미쳤다. 천자가 이를 마음 아프게 여겨 조하여 말했다.

"강남 지역은 화경(火耕)[47]과 수누(水耨)[48]를 하는 곳이므로, 굶주린 자들을 강수(江水)와 회수(淮水) 지역으로 옮겨 식량을 얻도록 하고, (살던 곳에 그냥) 머물기를 원하는 자는 그곳에 머물게 해주라."

이를 위해 사자를 파견했는데 (하도 많아서 그들의) 수레 덮개가 도로에서 서로 닿을 정도였으며, (그들은) 굶주린 자들을 보호했고 파촉(巴蜀)

---

47 밭에 불을 놓아 태워 비료로 삼는 농법이다.

48 잡초가 생기면 뽑고 물을 대어 농사를 짓는 농법이다.

의 곡식을 내려주어 굶주린 자들을 구제했다.

그 이듬해 천자는 처음으로 군국을 순행했다. 동쪽으로 황하를 건너갔는데 (그래서 하동군에 들어갔는데) 하동태수는 천자의 가는 곳을 제대로 판단하지 못해 자살했다. 행차가 서쪽으로 농산(隴山)을 넘자 농서태수는 행차와 갑자기 마주치게 돼 천자의 수종 관원들을 제대로 먹일 수 없어 농서태수도 자살했다. 이에 상은 북쪽으로 소관(蕭關)을 넘었는데 따르는 자들이 수만 기가 됐고, 신진중(新秦中)에서 사냥을 하고 변방의 군대를 독려하고[勒=治] 돌아왔다. 신진중에는 간혹 1,000리를 가도 정(亭)과 요(徼)가 없는 곳이 있어 이에 북지태수(北地太守)와 그 아래 관리들을 주살했다. 그리고 백성들이 변경의 현에서 목축할 수 있도록 허락했으며, 백성들이 관청에서 어미 말을 빌리면 3년 뒤에 돌려주도록 하고, 이자[息]는 10분의 1을 내도록 했다. (아울러) 고민령(告緡令)을 해제해 그 이자로 신진중을 튼실하게 해주었다.

이미 보배로운 솥[寶鼎]을 얻은 뒤에 후토(后土)와 태일(太一)의 사당을 세웠다. 공경들이 봉선의 일을 논의하자 천하의 각 군국에서는 모두 미리 길을 닦고 교량을 정비하고 옛 궁궐을 수리했으며, (천자의 수레가 달리는) 치도(馳道)와 인접한 현에서는 관청이 가진 물자[官儲]를 추스르고, 연회에 사용되는 기물들을 마련하고서 천자의 행차를 기다렸다.

그 이듬해 남월(南越)이 모반을 했고, 서강(西羌)이 쳐들어와 만행을 저질렀다[爲桀]. 이에 천자는 (흉년으로 인해) 산동 지역은 넉넉하지 않다[不贍]고 여겨 천하의 죄수들을 사면하고 남쪽의 (수군 부대인) 누선졸(樓船卒) 20여만 명을 거느리고 남월을 쳤으며, 삼하(三河) 서쪽의 기병 수만 명을 징발해 서강(西羌)을 쳤다. 또한 수만 명을 발동해 황하를 건너 영거(令居)[49]에 성을 쌓게 했다.

애초에 (그곳에) 장액군(張掖郡)과 주천군(酒泉郡)을 설치하고, 상군(上郡)·삭방(朔方)·서하(西河)·하서(河西)의 여러 군에서는 개전관(開田官)[50]과 척새졸(斥塞卒)[51] 60만 명이 변방을 지키며 둔전을 경작하게 했다.

나라 안[中國=國中]에서는 도로를 고치고 식량을 보급했는데 멀리는 3,000리, 가까운 경우도 1,000여 리로 모두 대농의 공급만 바라보았다. 변방의 무기가 부족하면 곧바로 병기 관리인 무고(武庫)나 무기 제조 관리를 맡은 공관(工官)이 병기를 채워주었다. 전쟁용 수레와 기마용 말이 부족했으나 현관의 돈이 모자라 말을 사들이기 어렵게 되자, 이에 명을 내려 봉군(封君) 이하 300석 이상의 관리들로 하여금 그 지위에 따라 어미 말을 천하의 정(亭)들에 내게 했고, 정(亭)들에서는 길러 키워내 해마다 그 이자를 (망아지로) 납부하게 했다.

제나라 승상 복식이 글을 올려 자기 부자(父子)가 함께 남월에서 싸우다가 죽겠다고 청했다. 이에 천자는 조서를 내려 그것을 칭찬하고 관내후(關內侯)의 작위와 황금 60근과 밭 10경(頃)을 내려주었다. (당시에) 천하에 포고령을 내렸으나 천하의 사람들은 아무도 호응하지 않았다. 열후는 수백 명을 헤아렸으나 모두들 아무도 종군해 서강(西羌)과 남월(南越)을

---

49 지금의 감숙성(甘肅省) 영등현(永登縣) 서북쪽이다.

50 둔전을 주관하는 관리다.

51 변방 척후를 맡은 병사다.

치려 들지 않았다. 종묘에 주금(酎金)을 바치게 돼 소부에서 제후들이 낸 주금을 조사했는데, 열후들 중에 주금의 문제에 연루돼 지위를 잃은 자가 100여 명이나 됐다. 이에 복식(卜式)을 제배해 어사대부로 삼았다. 복식은 자리에 오르고 나서 군국 가운데 대부분이 중앙정부[縣官]가 소금과 철을 독점적으로 제조하는 것을 불편하게 여긴다는 것을 알게 됐다. (중앙정부에서 만든) 철기는 조악하고 값도 비쌌으며 어떤 경우에는 백성들에게 강매를 했다. 그리고 배에는 산세(算稅)를 매겨 상인도 줄어들었고 물가는 올랐다. 이에 공근을 통해 배에 산세를 매기는 문제를 말했다. 상은 이 때문에 복식을 탐탁잖게 여겼다.

한나라는 연이어 3년 동안 군대를 일으켜 강족을 주살하고 남월을 멸망시킨 후에 번우(番禺) 지역 서쪽에서 촉(蜀)의 남부에 이르는 곳에 새로운 군[初郡=新郡] 17개를 두었다. 그리고 그 지역 원래의 습속에 따라 다스렸으며 세금도 부과하지 않았다. 남양(南陽)과 한중(漢中) 등 이미 설치한 군(郡)들은 저마다 지역에 맞도록 새로운 군에 필요한 관리와 병사들의 녹봉과 식량과 화폐와 물자, 그리고 역참에 필요한 수레와 말과 부속 기구들을 제공하도록 했다.

그러나 새로 만든 군들에서 수시로 작은 규모의 반란이 일어나 관리들을 죽이니, 한나라에서는 남방의 관리와 병사들을 동원해 그들을 토벌했는데 (동원된 관병의 수가) 해를 걸러 1만여 명이나 됐으며, 그 경비는 모두 대농의 공급에 의지하고 있었다. 대농은 통일된 균수법으로 소금과 철의 공급을 조절해 조세의 수입을 보충함으로써 군대의 경비를 채울 수 있었다. 그러나 군대가 통과하는 현에서는 물자 공급이 부족하지 않도록 해야만 할 뿐이고 천부법(擅賦法)⁵²을 감히 의논할 수가 없었다.

그 이듬해 원봉(元封) 원년에 복식은 좌천돼[貶秩] 태자태부(太子太傅)로 옮겼다. 그런데 상홍양(桑弘羊)이 치속도위(治粟都尉)가 돼 대농(大農)까지 겸직하면서 근(僅-공근)을 모두 대신해 천하의 염철 업무를 완전히 장악했다[筦]. 홍양은 여러 관청들이 각자 물자를 사고팔며 서로 다투었기 때문에 물가가 뛰어오르고, 또 천하에서 조세를 운송하는데 어떤 경우는 그 운송비가 조세보다 더 높다고 생각했다. 이에 상에게 청했다.

"대농부승(大農部丞) 수십 명을 배치해 부서를 나누어 군국을 주관하게 하고, 각각 현들에 가서 균수관(均輸官)과 염철관(鹽鐵官)을 두어 먼 곳의 지방관으로 하여금 각자 그 물가가 비쌀 때 상인들이 전매하는 값에 맞추어 세금을 부과해 균수관이 일괄적으로 매매함으로써 서로 교류시켜야 합니다. 또 경사(京師)에는 평준관(平準官)을 두어 천하 각지에서 위탁해오는 물품들을 받아들이고, 공관(工官)을 불러 수레와 모든 기물을 만들게 하는데, 모든 비용은 대농에서 보급하게 해야 합니다. 또 대농의 여러 관원들은 천하의 화물을 모두 장악해 비쌀 때에는 그것들을 팔고 쌀 때는 그것들을 사들이도록 하면, 큰 장사치들은 큰 이익을 볼 방법이 없게 되니 본업(-농업)으로 돌아가게 돼 모든 물건은 그 가격이 오르지 않게 될 것입니다. 그래서 이런 방법으로 천하의 물가를 억제하는 것을 이름해 평준(平準)이라 할 수 있습니다."

천자는 이를 옳다고 여겨 그 시행을 허락했다. 이에 천자는 북쪽으로는

---

52 정부 규정에 따른 정상적인 조세 징수법이다.

삭방에 이르고, 동쪽으로 태산에 이르렀으며, 바닷가를 순행하고, 아울러 북쪽 해변을 따라서 돌아왔다. 지나가는 곳마다 상을 내려 비단 100여만 필을 사용하고, 황금과 동전은 억만을 헤아렸으나, 모두 대농에서 그것들을 충분히 감당할 수 있었다.

홍양은 또 주청하기를 관리들이 곡식을 바치면 벼슬을 높여주고[補官]
보관
죄인은 (속물로) 속죄할 수 있도록 하자고 했다. 백성들 중에 감천(甘泉)[53]에 곡식을 헌납한 자는 각기 차등을 두어 종신토록 요역을 면제하고 고민령을 적용하지 않았다. 다른 군에서도 각자 긴급한 곳에 양식을 보내주었고, 여러 농관들은 각각 곡식을 (조정으로 올려) 보내니, 산동에서 조운해 오는 곡식이 1년에 600만 석이나 늘어났다. 1년 안에 태창(太倉)과 감천창(甘泉倉)이 가득 찼다. 변방에 곡식과 여러 물자들이 남아돌았고 균수관에도 500만 필의 비단이 쌓였다. 백성들이 추가로 부세를 내지 않아도 천하의 재용이 넉넉하게 됐다. 이에 홍양은 좌서장(左庶長)의 작위와 황금 200근을 상으로 받았다.

이 해에 작은 가뭄이 들자 상은 관리에게 기우제를 지내게 했다. 복식(卜式)이 말했다.

"정부[縣官]는 조세만으로 입을 것과 먹는 것을 충당해야 할 뿐인데, 지
현관
금 홍양은 관리들로 하여금 시장에 늘어선 점포에 앉게 하고는, 물건을 팔아 이익을 찾고 있습니다. 홍양을 삶아 (제물로 삼아) 죽인다면[亨=烹] 하
형 팽

---

53 감천창(甘泉倉)을 말하는 것으로 무제가 피서를 하던 곳이다. 섬서성(陝西省) 순화현(淳化縣) 서북쪽 감천산에 있었다.

늘은 마침내 비를 내려줄 것입니다."

오래 뒤에 무제는 중한 병이 들었고,[54] 상홍양을 어사대부로 삼았다.

소제(昭帝)가 즉위한 지 6년째 되던 해에 군국에 조하여 현량과 문학의 선비를 천거토록 해 백성들이 겪는 고통과 교화의 요체를 묻도록 했다. 모두 답하기를 "염철과 술의 전매관, 그리고 균수(均輸)의 관을 폐지해 (조정이) 천하 백성들과 이익을 다투지 않도록 하시고, 검소함과 절약함을 보이신 연후라야 교화가 일어날 수 있을 것입니다"라고 했다. 상홍양은 "이는 국가의 대업이며, 사방 오랑캐를 제압해 변방을 안정시켜 재용을 풍족하게 하는 근본이니 폐기해서는 안 됩니다"라며 그들을 힐난했다[難=詰難]. 이에 그는 승상 차천추와 함께 술의 전매제만 없앨 것을 주청했다. 홍양은 스스로 나라에 큰 이익을 가져다주었다면서 그 공로를 자랑해 자제들에게 관직을 얻게 해주려 했는데, (이를 반대하는) 대장군 곽광(霍光)을 원망해 마침내 상관걸(上官桀) 등과 모반을 일으켰다가 주멸됐다.

선제·원제·성제·애제·평제의 5세(世)는 제도를 조금도 바꾸지 않았다. 원제 때 일찍이 염철관을 폐지했다가 3년 만에 그것을 복원했다. 공우(貢禹)가 말했다.

"쇠돈[錢]을 주조하고 또 여러 철관(鐵官)에게는 모두 다 일꾼이나 하급 관리 등을 두어 산을 파내 구리와 쇠[銅鐵]를 얻어내느라 1년에 10만 명 이상의 노동력이 요구됩니다. 쇠돈을 몰래 주조하다가 걸려들어 형벌을 받은 백성들이 많고, 부자들은 쇠돈을 쌓아 집을 가득 채워놓고도 오히려

---

54 무제가 죽음을 앞둔 무렵을 이렇게 표현한 것이다.

싫증을 내거나 만족할 줄을 모릅니다. (이러니) 백성들의 마음은 동요해 본업을 버리고 말업을 좇으니, 농사짓는 사람들은 지금까지의 절반도 생산할 수가 없습니다. 이로 인해 간사함[55]을 근절시킬 수가 없고 그 원인은 다 돈 때문에 생겨납니다. 이처럼 상공업을 향해 달려가게 되면 본업인 농업을 끊게 되니, 마땅히 주옥과 금은을 캐는 일과 쇠돈을 만드는 일을 담당하는 관직을 혁파하시고, 다시는 돈을 만들지 못하게 해야 합니다. 시장에서 싼값에 사서 비싼 값에 파는 것[販판]을 막고, 조세를 돈[銖수]으로 내게 하는 법률을 없애, 조세와 녹봉은 다 (돈이 아니라) 베와 비단, 그리고 곡식으로 납부하거나 지급토록 해야 할 것입니다. (그리고) 백성들을 모두 농사일과 뽕나무 심는 일로 돌아가게 해야 합니다."

(그러나 조정에서 정사를) 토의하는 자[議者의자]들은 교역을 위해서는 돈이 필요하며, 베와 비단은 (동전처럼) 척과 촌으로 나눠 찢을 수 없다고 맞서 우의 의견은 쑥 들어가버렸다.

효무 원수(元狩) 5년(기원전 118년) 삼관(三官)이 처음으로 오수전을 주조한 이래 평제 원시(元始) 연간(기원후 1~5년)에 이르기까지 동전을 만든 것이 280억만여 개다.

왕망이 섭정을 할 때 한나라의 제도를 바꿔 주나라 화폐에 자모상권(子母相權)[56]이 있었다고 해 이에 다시 대전(大錢)을 주조해 지름은 1촌2분, 무게는 12수로 하고 액면에는 '대전(大錢)오십'이라고 했다. 또 계도(契刀)

---

55 상공업에 종사하려는 마음을 이렇게 말했다.
56 소액의 화폐와 고액의 화폐를 함께 통용시켜 서로를 보완하는 제도다.

와 착도(錯刀)를 만들었다. 계도는 그 고리 부분이 대전과 같고, 몸통 모양은 칼과 같으며, 길이는 2촌이고, 액면에는 '계도 오백'이라고 했다. 착도는 황금으로 그 액면을 상감했고 액면에는 '일도직오천(一刀直五千)'[57]이라고 했다. 오수전과 더불어 모두 4종류의 화폐가 함께 유통됐다.

망(莽)은 진짜 황제가 되자 (한나라 왕실의 성인) 유(劉) 자에 금(金)과 도(刀)가 있다고 생각해, 이에 착도(錯刀)와 계도(契刀) 및 오수전(五銖錢)을 폐지하고 고쳐서 금(金)·은(銀)·구(龜)·패(貝)·전(錢)·포(布)의 6종류 화폐를 만들고, 명칭은 보화(寶貨)라고 붙였다.

소전(小錢)은 지름이 6분, 무게는 1수이고 액면에는 '소전직일(小錢直一)'이라고 했다. 그다음은 7분이고 3수이며 '요전일십(幺錢一十)'[58]이라 했다. 그다음은 8분이고 5수이며 '요전이십'이라고 했다. 그다음은 9분이고 7수이며 '중전삼십(中錢三十)'이라 했다. 그다음은 1촌이고 9수이며 '장전사십(壯錢四十)'이라 했다. 그 전에 만들었던 '대전오십'도 그대로 사용했는데 이것이 전화(錢貨) 6종류이며 가치는 각각 액면 그대로다.

황금은 무게 1근을 단위로 하고 그 가치는 1만 전에 해당한다. 주제(朱提)[59]에서 나는 은은 무게 8냥을 1류(流)로 하는데 그 가치는 1,580전이다. 그밖의 다른 은은 1류의 가치가 1,000전에 해당하며 이것들이 은화 2종류다.

---

57 여기서 직(直)은 값 혹은 가치라는 뜻이다.
58 여기서 요(幺)는 작다[小]는 뜻이다.
59 현 이름으로 건위(犍爲)에 속한다.

원구(元龜)[○ 신찬(臣瓚)이 말했다. "원(元)은 크다[大]는 뜻이다."]의 등딱지 폭은 길이가 1,002촌이고 그 가치는 2,160전에 해당하며 대패(大貝) 10붕(朋)⁶⁰이 된다. 공구(公龜)는 (등딱지 폭의) 길이가 9촌이고 그 가치는 500전에 해당하며 장패(壯貝) 10붕이 된다. 후구(侯龜)는 7촌 이상이고 그 가치는 300전에 해당하며 요패(幺貝) 10붕이 된다. 자구(子龜)는 5촌 이상이고 그 가치는 100전에 해당하며 소패(小貝) 10붕이 된다. 이것들이 구보(龜寶) 4종류다.

대패(大貝)는 (길이가) 4촌8분 이상이며 2매(枚)가 1붕이 되는데 그 가치는 216전이다. 장패(壯貝)는 3촌6분 이상이며 2매가 1붕이 되는데 그 가치는 50전이다. 요패(幺貝)는 2촌4분 이상이며 2매가 1붕이 되는데 그 가치는 30전이다. 소패(小貝)는 1촌2분 이상이며 2매가 1붕이 되는데 그 가치는 10전이다. 1촌2분에 미치지 못하거나 규정에 어긋나 붕이 될 수 없는 것은 대체로 1매의 가치가 3전이다. 이것들이 패화(貝貨) 5종류다.

대포(大布)·차포(次布)·제포(弟布)·장포(壯布)·중포(中布)·차포(差布)·후포(厚布)·유포(幼布)·요포(幺布)·소포(小布). 소포는 길이가 1촌5분이고 무게는 15수이며 액면에는 '소포일백(小布一百)'이라고 했다. 소포에서부터 그 이상은 각각 길이가 1분, 무게가 1수씩 늘어나며 액면에는 각각 그 포의 이름을 적고 그 가치는 100전씩 더해간다. 위로 대포에 이르면 길이는 2,004분이고 무게는 1냥이며 그 가치는 1,000전에 해당한다. 이것들이 포화(布貨) 10종류다.

---

60 조개 2개가 1붕이므로 20개를 뜻한다.

보화는 모두 다섯 가지이며, 여섯 가지 명칭이고,[61] 28종류다.

전(錢)과 포(布)로 돈을 만들려면 모두 구리를 썼는데 연(連-구리의 일종)과 주석을 함께 섞었으며, 전(錢)의 문질(文質)과 주곽(周郭)은 한나라의 오수전을 모방했다고 한다. 금과 은이 다른 물질들과 섞여 색이 불순하거나 좋지 못한 경우, 거북이 등딱지가 5촌에 미치지 못하는 경우, 그리고 조개가 6분에 미치지 못하는 경우에는 모두 다 보화가 될 수 없었다. 원구는 채(蔡)라고 하는데 사민(四民)이 소유하거나 저장할 바가 아니기 때문에 그것을 갖고 있는 사민은 태복(太卜)[62]에 바치고 그만큼의 값을 받았다.

백성들은 혼란스러워했고 이 화폐들은 유통되지 않았다. 백성들은 남몰래 오수전으로 시장에서 거래했다. 망은 이를 걱정해 조하여 말했다.

"감히 정전(井田)을 비난하고 오수전을 갖고 다니는 자들은 대중을 현혹시키는 것이니, 저 사예(四裔-변방)로 내쫓아 이매(魑魅-귀신)를 막도록 하라."

이에 농민과 상인들은 생업을 잃고 식량과 재화가 모두 떨어져 백성들은 저잣거리에서 눈물을 쏟으며 울었다. 전택과 노비를 (불법적으로) 매매하고 동전을 주조하다가 죄에 걸려든 자가 공경대부로부터 서인에 이르기까지 이루 다 헤아릴 수가 없었다. 망은 백성들의 근심을 알고서 이에 일단 소전직일과 대전오십 두 종류만 나란히 유통하게 했고, 구(龜)·패(貝)·

---

61 다섯 가지라는 것은 전(錢), 금은(金銀), 구(龜), 패(貝), 포(布) 다섯이며, 여섯 가지 명칭이란 여기서 금과 은을 각각 따로 부른 것이다.

62 점치는 일을 담당하는 관직 이름이다.

포(布) 등은 당분간 유통을 중지시켰다.

망의 성품이 조급하고 안정되지 않아 뭔가를 하지 않으면 안 됐고, 일을 벌일 때마다 반드시 옛것에 의지해 경문(經文)에서 나름의 근거를 얻고자 했다. 국사공(國師公) 유흠(劉歆)이 말했다.

"주나라에는 천부(泉府)의 관직이 있어 팔리지 않는 것[不讐=不售]은 사들여 그것을 얻고자 하는 사람에게 주었으니, 이것이 곧 『주역(周易)』에서 말하는 '재물을 다스릴 때에는 바른 명령을 내려주어 백성들이 그릇된 일을 하는 것을 막는다'[63]라는 것입니다."

망은 이에 조서를 내려 말했다.

"저 『주례(周禮)』에 사대(賖貸)[64]의 제도가 있고 『악어(樂語)』[65]에 오균(五均)의 일이 있으며 사서나 각종 책에는 알관(斡官)의 일이 있다. 지금 사대를 열고 오균을 확대하며 알관을 두는 것은 백성들을 구제하고 부호들의 겸병을 막기 위함이다."

드디어 장안과 오도(五都)에 오균관을 세우고 또 장안 동시(東市)와 서시(西市)의 영(令)과 낙양, 한단(邯鄲), 임치(臨淄), 완(宛), 성도(成都)의 시장 장관의 명칭을 모두 오균사시사(五均司市師)라고 바꿔 불렀다. (장안의) 동시를 경(京)이라 하고, 서시를 기(畿)라 하며, 낙양을 중(中)이라 했고, 나머지 4개 도시는 각각 동서남북을 써서 불렀고, 모든 곳에 교역승(交易丞) 5

---

63 「계사전(繫辭傳)」하(下)에 나오는 말이다.

64 백성이 급히 필요할 때 관에서 돈이나 재물을 빌리는 것을 말한다.

65 하간헌왕(河間獻王)이 전해준 책으로 알려져 있다.

명과 전부승(錢府丞) 1명을 두었다. 공상인(工商人)들 중에서 능히 금·은·동·구리·주석 등을 캘 수 있고 거북이를 잡고 조개를 채취할 수 있는 자들은 모두 자발적으로 사시(司市)의 전부(錢府)에 신고했고, 관에서는 계절에 따라 그것들을 받았다.

또 『주례(周禮)』에 따라 백성들에게 세금을 부과했는데, 무릇 논밭을 경작하지 않는 사람들은 불식(不殖)이라 해 3부(夫)의 세금[66]을 내도록 했고, 성곽 안의 집에 과수와 채소를 심지 않는 사람들은 불모(不毛)라 해 3부의 베를 내도록 했다. 백성들 중에서 놀기만 하고 일을 하지 않을 경우 베 1필을 내도록 했다. 그 베를 낼 능력이 안 되는 사람은 관의 도움을 받아 경작하게 하고[冗作] 현관(縣官)에서 먹고 입을 것을 제공했다. 산림과 수택에서 각종 물산과 짐승류들, 그리고 온갖 벌레들을 얻는 자 혹은 그것들을 기르는 자들, 부녀자로 양잠하고 길쌈하며 바느질하는 자들, 그리고 공장(工匠)과 의원과 무복(巫卜)들 및 각종 기술자들과 장사꾼들 중에서 마을이나 길거리에 점포를 개설한 자들은 모두 각기 그 소재지의 관부에 자신들이 하는 일을 스스로 신고하게 했는데, 그 본전을 제하고 이익을 계산해 그것을 10으로 나눠 그중에서 1을 공(貢)으로 바쳤다. 감히 자진 신고를 하지 않거나 신고를 했다 해도 실상과 다르게 한 자는 모든 수입을 몰수하고 현관에서 1년 동안 일을 하게 했다.

여러 사시(司市)는 항상 사계절의 중월(仲月)[67]에 관장하는 바를 실상에

66　성인 남자 세 명의 경작 양에 해당하는 것으로 300무를 가리킨다.

67　음력 2월, 5월, 8월, 11월을 가리킨다.

맞게 평가해 물품의 값을 상·중·하로 정해 각각 스스로 그것을 시장 평균가격으로 삼고 다른 시장의 가격에 구애받지 않았다. 많은 백성들이 사고파는 오곡, 베와 비단, 실과 솜 등의 물품 중에서 백성들에게 널리 쓰이거나 잘 팔리지 않는 것들은 균관이 그 실태를 점검해 그 본래 가격으로 구입해줌으로써 (백성들이) 손해를 보는 일이 결코 없도록 했다. 어떤 물품이건 가격이 뛰어올라 시장 평균가격보다 1전이라도 올라가면 평균가격으로 백성들에게 판매했다. 물가가 내려 평균가격보다 낮아지면 백성들이 스스로 시장에서 파는 것을 허락해주어 물품의 매점매석[貴庾]을 막았다. 백성들이 제사를 지내고 장례를 치르려 하는데 거기에 쓸 물품이 없으면 전부(錢府)는 거둬들였던 공상(工商)의 공물들을 그냥[但=空] 빌려주는데[賒], (반환 기한이) 제사의 경우에는 10일을 넘지 못하게 했고, 장례의 경우에는 3개월을 넘지 못하게 했다. 백성들 중에 혹 재산이 없어 자금을 빌려 산업을 일으키려는 자에게는 모두 균등하게[均]〔○ 사고(師古)가 말했다. "여기서 균(均)이란 선후의 순서에 따른다는 말이다."〕빌려주며, 그 비용을 제하고 소득을 감안해 이자를 받는데, 한 해 소득의 10분의 1을 넘지 않게 했다. 희화(羲和-천문 관리) 노광(魯匡)이 말했다.

"명산과 큰 습지, 염철과 동전, 베와 비단, 오균과 사대(賒貸-빌려주는 것)의 권한[斡=主領]은 현관(縣官-중앙정부)에 있으나 오직 술의 독점권[酒]만은 주관하지 않습니다. 술이란 하늘이 내린 아름다운 복으로 제왕이 천하의 백성을 기르고, 제사를 올려 복을 기원하며, 쇠약한 자를 돕고 병든 자를 돌보는 수단입니다. 모든 예를 행하는 모임은 술이 없으면 행할 수가 없습니다. 그래서 『시경(詩經)』에 이르기를 '술이 없다면 내가 사오리라[酤=買]'⁶⁸라고 했고, 『논어(論語)』에 이르기를 '(공자께서는) 시장에서 파는 술은 마시지 않았다'⁶⁹라고 했는데, 이 둘은 상반된 것이 아닙니다. 무릇 시는 태평한 시대에 바탕을 둔 것으로 술 (양조 및) 판매를 관에서 담당했는데, 조화를 이룬 좋은 술맛은 사람들의 입맛에 맞아 서로 권할 수가 있었습니다. 반면 『논어(論語)』에서 공자는 주나라가 쇠퇴한 때를 맞아 술 (양조 및) 판매를 민간에서 담당해, 맛이 거칠고 조악해 의심스러웠기 때문에 마시지 않았던 것입니다. 지금 천하의 술을 끊어버리면 예를 행해 백성들(의 도리)을 길러줄 수가 없고, 금령을 풀어 아무런 제한도 두지 않으면 재물은 낭비하고 백성들을 상하게 할 것입니다.

청컨대 옛 방법을 본받아 관에서 술을 빚도록 하되 2,500석을 1균(均)으로 해 대략 한 주점을 열어 술 50동이를 파는 것을 기준으로 하십시오. 술 한 동이를 빚을 때 빻지 않은 미[麤米]⁷⁰ 2곡(斛), 누룩[麴] 1곡을 쓰면 술 6곡6두(斗-말)를 얻을 수 있습니다. 각기 그 시장의 초하루에 미(米-낟알)와 누룩 3곡으로 그 가격을 합산해 3등분해 그 1분을 술 1곡의 평균가격으로 삼으십시오. 곡식과 누룩의 본래 가격(원가)을 제하고, 그 이익을 계산해 10등분하고, 그 7분을 관에서 거둬들이고, 그 3분과 술지게미, 재와 숯 등은 양조의 도구와 땔감의 비용으로 충당하도록 하십시오."

---

68 「소아(小雅)」 '벌목(伐木)' 편에 나오는 구절이다.

69 「향당(鄕黨)」 편에 나오는 구절이다.

70 조, 수수, 보리, 옥수수의 경우에도 껍질을 벗긴 것을 미(米)라고 한다.

희화는 명사(命士)[71]를 두고서 오균(五均)과 육알(六斡)[72]을 감독하게 했는데 군(郡)에 있는 여러 명사들은 모두 부유한 상인을 썼다. 낙양의 설자중(薛子仲)·장장숙(張長叔), 임치의 성위(姓偉) 등은 역참의 수레[傳=傳車_{전 전거}]를 타고 다니며 이익을 추구해 천하를 어지럽게 만들었다. 군현(의 관리들)과 내통해 장부를 속인 경우들이 많았고, 그로 인해 창고에 저장한 것들은 실상과 괴리돼 백성들은 더욱 고통을 겪었다. 망(莽)은 백성들이 그로부터 고통을 당하고 있다는 것을 알고서 다시 조하여 말했다.

"무릇 소금은 음식과 안주의 으뜸이며, 술은 모든 약 중에서도 최고이자 아름다운 모임의 꽃이다. 철은 농사의 근본이며, 명산과 큰 습지는 풍요로운 재물의 곳간이고, 오균과 사대(賖貸)는 백성들이 물가의 안정을 얻는 수단이자 가격이 급등하면 공급을 늘려 일상생활을 보장해주는 방법이다. 동전이나 포 등의 화폐는 재물이 있고 없는 사이를 통하게 해 백성들의 쓰임에 대비하는 것이다. 이상 여섯 가지는 일반 백성들이 능히 집에서 직접 만들 수 있는 것이 아니기 때문에 반드시 시장에 의존할 수밖에 없고, 비록 귀해져서 값이 여러 배 뛰더라도 사지 않을 수가 없다. 부자들과 부유한 상인들은 가난하고 힘없는 백성들을 쥐어짜니[要_요], 옛 빼어난 이[先聖_{선성}]는 그것을 알고 있었기 때문에 나라에서 그것을 주관하도록 했던 것이다. 매 1알(斡)마다 세부 조항들을 두어 엄격히 지키도록 하고, 이를

---

71 희화의 속관(屬官)이다.

72 고주(酤酒)·매염(賣鹽)·철기(鐵器)·주전(鑄錢)·명산(名山)·대택(大澤=큰 늪지)의 여섯 가지를 주관하도록 한 제도를 가리킨다. 육관(六管)이라고도 한다.

어길 경우에는 사형에 이르도록 하라."

(그러나) 간사한 관리들과 교활한 장사꾼들이 경쟁하듯 침탈하니 수많은 백성들은 각기 편안한 일상생활을 누릴 수가 없었다.

5년 후 천봉(天鳳) 원년(14년) 금(金)·은(銀)·구(龜)·패(貝)의 화폐를 다시 발행하도록 명했는데 그 가치를 자못 증감시켰다. 그리고 대전·소전을 폐지하고 화포(貨布)를 고쳐 만들었는데, 길이는 2촌5분, 폭은 1촌, 머리 부분은 길이가 8분 남짓이고, 폭은 8분이며, 그 둥근 구멍은 지름이 2분 반이고, 발의 길이는 8분이고, 발 사이의 넓이는 2분이며, 그 액면은 오른쪽은 화(貨)이고 왼쪽은 포(布)로 돼 있으며, 무게는 25수로 가치는 화천(貨泉)[73] 25매와 같다. 화천은 지름이 1촌, 무게가 5수이고, 그 액면은 오른쪽은 화(貨)이고 왼쪽은 천(泉)으로 돼 있으며, 1매의 가치가 1전으로 화포와 함께 2종류가 함께 유통됐다. 또 대전은 유통된 지 오래됐다 해 그것을 없앴고, 백성들이 그것을 사용하는 것을 그치지 않을까 두려워해 이에 영을 내려 일단 대전만 유통하게 하고, 새로운 화천과 더불어 모두 1매의 가치를 1전으로 해 6년 동안은 병행해서 쓰도록 하고, 6년이 지나고 나면 대전을 더 이상 함께 사용할 수 없도록 했다. 매번 전(錢)을 바꿀 때마다 백성들은 생업을 잃어야 했고 많은 사람들이 형벌에 빠졌다. 망은 사사로이 동전을 주조하면 사형에 처하고, 보화를 비방하거나 저주하는 자는 사예(四裔)로 내쫓았는데, 법을 어기는 자가 많아 그 법을 시행할 수 없게 되자 마침내 그 법을 고쳐 가볍게 했다. 사사로이 화포나 화천을 만든 자는 처

---

73 한나라의 오수전과 모양이 같다. 왕망 때에는 전(錢)을 천(泉)이라 불렀다.

자식과 더불어 관노비로 삼았고, 관리나 인근 오가(五家)에서 이를 알고서도 신고하지 않는 자는 같은 죄로 다스렸다. 보화를 비방하거나 저주하는 백성은 벌로 1년 동안 노역형에 처해졌고 관리는 면직됐다. 법을 어기는 사람은 점점 더 많아져 주변 오가까지도 연루돼 모두 관노비가 됐고, 군국에서는 함거(檻車-죄수 호송용 수레)에 태우고 쇠사슬로 묶어 장안의 종관(鍾官)〔○ 사고(師古)가 말했다. "주전을 담당하는 관직이다."〕으로 압송했는데, 근심과 고통으로 죽는 자가 10 중 6, 7이었다.

화포를 발행한 지 6년 후에 흉노의 침략이 더욱 심해지자 망은 천하의 죄수와 노비들을 대대적으로 모집하고서 이름해 저돌희용(豬突豨勇)이라고 했다. 일체의 관리와 백성들에게서 세금을 거뒀는데 모두 재산의 30분의 1을 취했다. 또 영을 내려 공경 이하 군현의 하급 관리[黃綬吏]에 이르기까지 모두 군마를 기르도록 했는데, 관리들은 다 이 책임을 다시 백성들에게 넘겨버렸다. 백성들은 걸핏하면 금령에 저촉돼 농사나 뽕나무 기르기를 할 수가 없었고, 요역은 빈번하고 힘들었으며, 가뭄과 황충의 피해가 잇달았다. 또 제도들이 확정되지 않아 위로는 공후로부터 아래로는 하급 관리에 이르기까지 모두 제대로 봉록을 받지 못해 사사로이 부세를 걷고 윗사람에게 뇌물을 주어 쟁송의 판결이 제대로 이뤄지지 않았다. 관리들은 가혹하고 사나운 방법으로 위엄을 세웠고, 왕망의 금령을 빌미로 해 힘없는 백성들을 악랄하게 침탈했다. 부자들은 스스로를 보존할 수가 없고 가난한 사람들은 살아갈 수가 없어 일어나 도적이 돼 험한 산택에 의지하니 관리들은 이들을 잡을 수가 없어 점점 그것을 은폐했고, 그 바람에 도적은 점점 늘어나 이에 청주(靑州)·서주(徐州)·형초(荊楚)의 땅에서는 그 수가 종종 수만 명에 이르렀다. 전쟁에서 싸우다가 죽고, 사방의 오랑캐에게 포로로 붙잡혀가고, 죄에 걸려들거나 굶주림 혹은 역병으로 죽고, 사람들이 서로 잡아먹기까지 해 망이 아직 주륙되지 않았을 때에도 천하의 인구는 절반으로 줄어들었다.

저돌희용(豬突豨勇)을 동원한 지 4년이 지나 한나라 병사가 망을 주살했다. 2년 후에 세조(世祖)[74]가 천명을 받아 번잡하고 가혹한 법들을 쓸어 없앴고 오수전을 회복해 천하와 더불어 다시 시작했다[更始].
경시

찬(贊)하여 말했다.

"『주역(周易)』에 이르기를 '많은 데서 덜어 적은 곳에 보태어 만물을 저울질해 공평하게 베푼다'[75]라고 했고, 『서경(書經)』에 이르기를 '있는 것과 없는 것을 힘써 바꾼다'[76]라고 했으며, 주나라에는 천부(泉府)의 관직이 있었고 맹자(孟子)는 '개와 돼지들이 사람이 먹어야 할 것[人食]을 먹어대는
인식
데도 단속할 줄 모르고[不知檢], 길거리에 굶어죽은 시체[餓莩=殍]들이 있
부지 검   아표 표
는데도 (창고의 문을) 열 줄 모른다[不知發]'라고 비판했다. 그래서 관중의
                          부지 발
경중(輕重), 이리(李悝)의 평적(平糴), 홍양의 균수(均輸), 수창(壽昌)의 상평(常平)도 그 유래가 오래됐다. 옛일을 돌아볼 때 이런 일에는 일정한 계책[數]이 있어 관리는 선량하고 명령은 잘 이행돼 백성들은 그 이익에 힘입
수

---

74 후한을 세운 광무제다.

75 겸(謙)괘(䷎)의 상사(象辭)다.

76 「우서(虞書)」'익직(益稷)' 편에 나오는 말이다.

었고 만국은 잘 다스려졌다. 효무(孝武) 때에 이르러 나라의 재용이 풍족하고, 백성들 또한 부세를 더 내지 않았던 시절도 (옛날에 비한다면) 그다음 간다[其次]할 것이다. 왕망에 이르러 제도가 (현실과의) 적중함을 잃고
기차
[失中], 간사한 무리들이 권력을 농단해 관부와 백성들이 모두 쓸 것이 고
실중
갈됐으니 그 순서를 논할 것조차 없다[亡次]."
망차

권 ◆ 25

교사지
郊祀志

【상】

(『서경(書經)』「주서(周書)」'홍범(洪範)'편 팔정(八政)에서 셋째는 제사[祀]라고 했다. 제사란 효를 밝혀[昭孝] 조상을 섬겨 신명과 통하는 방법이다. 주변 사방의 오랑캐에 이르기까지 제사를 지내지 않는 이가 없고, 아래로는 짐승들에 이르기까지 승냥이와 수달[豺獺]에게도 제(祭)는 있다〔○ 사고(師古)가 말했다. "『예기(禮記)』「월령(月令)」편에 이르기를 '계추(季秋)의 달에 승냥이가 짐승을 제물로 올린다'라고 했고 '맹춘(孟春)에 수달이 물고기를 제물로 올린다'라고 했다. 승냥이는 모양이 개와 비슷하고 수달은 물에서 살며 물고기를 먹는다. 제(祭)란 그것을 죽여 진열해놓고 선조들에게 제사를 지내는 것이다."〕. 이 때문에 빼어난 임금은 전례(典禮)를 만들었다. 사람들 중에 마음이 맑고 밝으며 두 마음을 품지 않고 몸가짐이 가지런하고 총명한 자가 있으면 신은 간혹 그에게 강림하니, 그런 사람이 남자일 경우에는 박수[覡]라 하고 여자일 경우에는 무당[巫]이라 했

고, 신에게 제사 지내는 지위를 맡겨 희생과 제기를 담당하게 했다. 옛날의 빼어난 이[先聖]의 후예 중에서 산천을 잘 알고, 예의와 명신(明神)의 일을 삼가 받드는 자를 축(祝)으로 삼았고, 사계절의 희생, 단장(壇場)〔○ 사고(師古)가 말했다. "흙을 쌓아 올린 곳을 단(壇), 평평한 곳을 장(場)이라 한다."〕의 위·아래〔○ 응소(應劭)가 말했다. "위, 아래란 하늘과 땅에 속하는 여러 신들을 가리킨다."〕, 왕족들의 출신 등을 잘 아는 자를 종(宗)¹으로 삼았다. 그래서 신과 백성들의 관리가 있게 되고 각각은 그 차례(에 따른 직무)를 맡기 때문에 서로 간에 혼란을 겪는 일은 없다. 신과 백성들은 그 업(業)이 다르기 때문에 공경하되 서로 섞일 일이 없고, 그래서 신은 백성들에게 상서로움[嘉生]을 내려주고, 백성들은 신에게 제물을 바쳐 재앙이 없도록 하고, 구하는 바가 빠짐없이[不匱=不乏] 이뤄지기를 빈다.

소호(少昊)가 쇠퇴하기에 이르자 구려(九黎)²가 다움을 어지럽혀[亂德],³ 백성들과 신은 서로 간의 차례가 무너져 어지러워졌으며, 일에 의거할 수가 없게 됐다[放物=依事]. 집집마다 무사(巫史)가 돼 향사(享祀)에 절도가 사라졌고, 백성들은 밝고 맑은 마음이 더럽혀져 신은 더 이상 이들과 인연을 맺지 않았다. 상서로움이 더 이상 내려오지 않자 재앙은 거듭

---

1 신들의 서열을 주관하는 종인(宗人)을 가리킨다.
2 소호 때 제후들 중에서 난을 일으킨 자들이며 이들은 여씨(黎氏) 9명이었기 때문에 구려라고 부른다.
3 다움을 어지럽혔다는 것은 자신들의 제후다움을 버렸다는 뜻으로 소호에게 반역을 꾀했다는 말이다.

[荐] 찾아왔고 사람들은 본성과 명[氣]⁴을 다할 수 없었다.

전욱(顓頊)이 그 뒤를 이어받아 마침내 남정중(南正重)에게 명해 하늘을 주관해 여러 신들에게 제사를 지내게 했고, 화정려(火正黎)에게 명해 땅을 주관해 여러 백성들을 다스리도록 해 옛날의 본모습[舊常]을 회복하도록 하니, (더 이상) 서로를 침해하고 더럽히는 일이 없어졌다.

공공씨(共工氏)가 구주(九州-온 나라)의 패자가 된 이래〔○ 사고(師古)가 말했다. "공공씨는 태호(太昊)와 염제(炎帝) 사이에 있는데 녹(祿)을 받지 않아 왕이라고 하지 않고 패(霸)라고 한 것이다."〕그의 아들인 구룡(句龍)이라는 자가 능히 물과 땅을 평안케 해 죽어서는 토지신[社]이 돼 사당에 모셔졌다[祠].

또 열산씨(烈山氏)〔○ 사고(師古)가 말했다. "열산씨는 염제(炎帝)다."〕가 있어 천하의 왕이 됐는데, 그의 아들인 주(柱)라는 자가 능히 온갖 곡식을 길러주어, 죽어서는 오곡의 신[稷]이 돼 사당에 모셔졌다. 그래서 토지신과 오곡의 신[社稷]을 교에서 제사 지내는 것[郊祀]은 그 유래가 아주 오랜 옛날[尙=上古]로 거슬러 올라간다.

(『서경(書經)』의)「우서(虞書)」편에는 이런 내용이 나온다. 순(舜)임금은 선기(璿璣)와 옥형(玉衡-옥으로 된 가로대)으로 살펴[在=察] 칠정(七政)을 고르게 하셨다〔○ 사고(師古)가 말했다. "「순전(舜典)」편에 나오는 말이다. 선(璿)은 아름다운 옥(玉)이다. 기(璣)는 틀[機]이니 틀을 돌려 균형을 잡는다. 옥으로 통을 만들어 빙빙 돌게 한 것이니 혼천의(渾天儀)를 말한다.

---

4 사고(師古)는 기(氣)를 성명(性命)으로 풀었다. 이에 따라 옮겼다.

칠정이란 해와 달과 다섯 별이다. 이는 순임금이 기형(璣衡)으로 관찰해 해와 달과 다섯 별의 움직임을 가지런하게 해 하늘의 뜻에 부합했다는 말이다."]. (천문 기기를 갖춘 후에) 드디어[遂=肆] 상제에게 유(類)제사를 지냈고 육종(六宗)[○ 맹강(孟康)이 말했다. "육종이란 성(星)·신(辰)·풍백(風伯)·우사(雨師)·사중(司中)·사명(司命)을 가리킨다. 일설에는 천종(天宗)으로 해와 달과 별, 지종(地宗)으로 태산과 강과 바다를 가리킨다고 한다."]에게 인(禋)제사를 지냈으며, 산천에 망(望)제사를 지냈고, 여러 신들에게 두루 제사를 지냈다. 다섯 가지 상서로운 옥[五瑞][5]을 다 모으고, 길한 날과 달을 잘 골라 사방[四嶽]의 제후들을 만나보고서 그들에게 상서로운 옥을 나눠주었다[班=頒]. (순수한 해의) 2월에는 동쪽으로 순수(巡狩)해[○ 사고(師古)가 말했다. "수(狩)는 지키는 것[守]이다. 제후들은 천자를 위해 땅을 지키기 때문에 순행한 것이다."] 대종(岱宗), 즉 태산(泰山)에 이르렀다. 시(柴)제사를 지내고, 산천을 바라보며 차례를 정해 제사를 지내고, 드디어 동후(東后)를 만나보았다. 동후란 동쪽의 제후들을 가리킨다. 사시와 달을 맞춰 날을 바로잡으며[正日], 율과 도와 양과 형을 통일시키고[○ 사고(師古)가 말했다. "달은 12개월이며 날은 360일이다. 율은 여섯 율이고, 도는 척장(尺丈)이며, 양은 곡두(斛斗)이고, 형은 근량(斤兩)이다."], 다섯 가지 예와 다섯 가지 악을 닦았다[○ 사고(師古)가 말했다. "다섯 가지 예란 길례(吉禮), 흉례(凶禮), 빈례(賓禮), 군례(軍禮), 가례(嘉禮)다. 다섯 가지 악이

---

5 서옥은 신물(信物)로 공은 환규(桓圭), 후는 신규(信圭), 백은 궁규(躬圭), 자는 곡벽(穀璧), 남은 포벽(蒲璧)을 잡아 준다.

란 봄에는 금슬(琴瑟), 여름에는 생우(笙竽-관악기), 늦여름에는 고[鼓-북), 가을에는 종(鐘), 겨울에는 경(磬-경쇠)이다. 『상서(尙書)』에는 (오악(五樂) 이 아니라) 오옥(五玉)으로 돼 있고 앞에서도 다섯 가지 옥이 나왔으니 오옥은 다섯 가지 상서로운 옥[五瑞]을 뜻한다."]. 세 가지 색의 비단과 두 가지 희생(염소와 기러기)과 한 가지 꿩을 (예물로) 잡았다.[6] 5월에는 남쪽으로 순수해 남악(南嶽), 즉 형산(衡山)에 이르렀다. 8월에는 서쪽으로 순수해 서악(西嶽), 즉 화산(華山)에 이르렀다. 11월에는 북쪽으로 순수해 북악(北嶽), 즉 항산(恒山)에 이르렀다. 모두 대종에서의 예와 같이 했다. 중악(中嶽)은 숭산(嵩山)(혹은 숭고(嵩高)라고도 한다)이다. 5년에 한 번씩 순수했다[○ 사고(師古)가 말했다. "여기까지는 모두 「순전(舜典)」 편에 실려 있는 내용이다."].

우왕(禹王)은 그것을 따랐다. 그후 13세(世)인 제(帝) 공갑(孔甲)에 이르러 음란한 다움으로 귀신의 일을 좋아하니, 신은 이를 더럽게 여겨[黷] 두 용(龍)이 떠나버렸다[○ 응소(應劭)가 말했다. "하나라 제 공갑에게 하늘은 승룡(乘龍)과 하한(河漢) 두 용을 내려주었는데, 그후에 신을 모독하고 더럽히자 용이 떠나버렸다."]. 그후 13세(인 걸(桀))에 이르러 탕(湯)이 걸(桀)을 정벌하고, 하나라의 사(社)를 옮기려 했지만, (구룡(句龍)의 다움을 이을 만한 자가 없었기 때문에) 옮길 수가 없게 되자 하사(夏社)[○ 사고(師古)가 말했다. "이는 『상서(尙書)』의 편 이름인데 서문만 있고 글은 전하지

---

6   세 가지 비단이란 붉은색, 검은색, 누런색이다. 제후나 공은 비단을 잡고, 경은 염소를, 대부는 기러기를 잡고, 사는 꿩을 잡았다.

않는다."]를 지었다. 이에 열산씨의 아들 주(柱)를 옮겨 주(周)의 기(棄)[7]로 하여금 대를 잇게 하고서 직사(稷祠)로 삼았다. 그후 8세인 제(帝) 태무(太戊) 때 뜰에 뽕나무와 닥나무[穀=楮]가 자라기 시작해 하룻밤 사이에 아름드리로 크자 태무는 두려워했다. 이척(伊陟)〔○ 사고(師古)가 말했다. "이척은 태무의 신하로 이윤(伊尹)의 아들이다."〕이 말했다.

"요상함[祅]은 다움[德]을 이길 수 없습니다."

태무가 다움을 닦자[修德] 뽕나무와 닥나무는 죽어버렸다. 이척이 그 뜻을 (은나라의 뛰어난 신하) 무함(巫咸)에게 설명했다[贊=說]〔○ 사고(師古)가 말했다. "이 일로 인해 함예(咸乂) 4편을 지었는데, 그것이 (『서경(書經)』의) 「상서(商書)」 서문에 보이기는 하지만 그 편은 역시 망실돼 전하지 않는다."〕. 그후 13세인 제(帝) 무정(武丁)은 부열(傅說)을 얻어 재상으로 삼으니 은나라는 부흥했고 무정은 고종(高宗)으로 칭해졌다. 꿩이 쇠솥의 귀[鼎耳]에 올라가 울어대자 무정은 두려워했다. (은나라의 뛰어난 신하) 조기(祖己)가 "다움을 닦으셔야 합니다"라고 하자 무정은 그것을 따랐고, 제왕의 지위는 오래도록 평안할 수 있었다〔○ 사고(師古)가 말했다. "이 일은 「상서(商書)」 '열명(說命)'과 '고종융일(高宗肜日)'에 보인다."〕. 그후 5세인 제(帝) 을(乙)이 신을 모욕했다가 낙뢰로 인해 죽었다. 그후 3세인 제(帝) 걸(桀)은 음란해 (주나라를 세운) 무왕(武王)이 그를 정벌했다. 이로 말미암아 보건대 처음에는 일찍이 엄숙하고 삼가지 않는 왕들이 없었는데, 뒤에 가서 점점[稍=漸] 게을러지고 오만해졌다.

---

7 주나라 시조 후직(后稷)의 이름이다.

주공(周公)이 (조카인) 성왕(成王)을 도와 왕도(王道)가 크게 넉넉해지고, 예를 제정하고 악을 지어[制禮作樂], (예악을 가르치는 곳을) 천자의 경우에는 명당(明堂)과 벽옹(辟雍)이라 했고, 제후의 경우에는 반궁(泮宮)〔○ 사고(師古)가 말했다. "반(泮)은 반(半)이다. 제도가 천자의 벽옹보다 절반이라는 뜻이다."〕이라 했다. 후직을 조(祖-시조)로 해 교(郊)에서 제사를 지내 하늘에 배향했고 문왕(文王)을 종(宗)으로 해 명당에서 상제에 배향했다〔○ 사고(師古)가 말했다. "후직은 주나라의 시조다. 종(宗)은 높인다[尊]는 뜻이다. 문왕은 처음으로 천명을 받은 왕이다."〕. 온 나라[四海] 안에서는 각각이 그 직분에 따라 와서 제사를 도왔다. 천자는 천하의 명산과 대천에 제사를 지냈고, 온갖 신들을 품어주어 예법서에 나와 있지 않는 것들까지[無文][8] 다 차례를 잡아주었다. 오악(五嶽)은 이를 삼공(三公)에게 보여주었고, 사독(四瀆)〔○ 사고(師古)가 말했다. "장강[江], 황하[河], 회수[淮], 제수[濟]를 사독이라 한다. 독(瀆)이란 발원해 바다로 흘러들어가는 것을 말한다. 보여주다[視]는 것은 그 예물의 수를 가리킨다."〕은 그것을 제후들에게 보여주었다. 그리고 제후들은 자기 영토 안의 명산과 대천에 제사를 지냈고, 대부들은 문(門), 호(戶-작은 문), 정(井-우물), 조(竈-부엌), 중류(中霤-처마 밑)의 다섯 곳에 제사를 지냈고, 사(士)와 서인들은 돌아가신 할아버지와 아버지[祖考]를 제사 지낼 뿐이었다. 각각에는 전례(典禮)가 있었고 음사(淫祀)[9]는 금지됐다.

---

8 아주 오랜 옛날에는 『예기(禮記)』와 같은 예법서들이 없었기 때문이다.

9 부정한 귀신들에게 지내는 제사를 가리킨다.

그후 13세(世)가 되자 세상은 더욱 쇠퇴했고 예와 악은 내팽개쳐졌다. 유왕(幽王)은 도리가 없어 견융(犬戎)에게 패했고 평왕(平王)은 도읍을 동쪽에 있는 낙읍(雒邑)으로 옮겼다.[10] 진(秦)나라 양공(襄公)은 융을 쳐서 주(周)를 구원함으로써 제후의 반열에 올라, 서쪽에 자리를 잡아 스스로 소호(少昊)의 신을 모시면서 서치(西畤-제사터)를 조성해 백제(白帝)에게 제사를 지냈고, 그 희생으로 검붉은 말[騮駒]과 황소[黃牛]와 숫양[羝羊] 각 1마리씩을 썼다.

그로부터 14년 후에 진나라 문공(文公)은 동쪽으로 견수(汧水)와 위수(渭水) 사이로 사냥을 나갔다가 거기서 점을 쳐 길조(吉兆)를 얻었다. 문공은 꿈에 누런 뱀이 하늘에서 내려와 땅에 닿는 것을 보았는데, 그 입이 부연(鄜衍)[11]에서 멈추었다. 문공이 사돈(史敦)[○ 사고(師古)가 말했다. "진나라 태사(太史)이고 돈(敦)은 그의 이름이다."]에게 묻자 돈이 말하기를 "이는 상제의 부름[徵]이오니 임금께서는 당장 그것에 제사를 지내야 합니다"라고 하니 이에 부치(鄜畤)를 조성해 세 가지 희생(소·양·돼지)을 써서 백제에게 제사를 지냈다.

부치를 조성하기 이전부터 옹(雍-지명)의 인근인 오양(吳陽) 땅에 무치(武畤)가 있었고, 옹의 동쪽에는 호치(好畤)가 있었는데, 둘 다 폐기돼 제사를 지내지 않고 있었다. 어떤 사람이 말했다.

"예로부터 옹주(雍州)는 지대가 높고 신령스러운 땅이어서 제사터[畤]

---

10 이때부터 서주(西周)가 끝나고 동주(東周)가 시작된다.

11 좌풍익 부현(鄜縣)의 산록 지역을 말한다.

를 세워 상제에게 교(郊)제사를 올렸고, 여러 신들에게 제사 지내는 것을 다 이곳으로 모았다. 대개 황제(黃帝) 때 일찍이 제사를 지내기 시작했고 주나라 말기에도 역시 교제사를 지냈다."

(하지만) 이 말이 경(經-경전)에는 보이지 않으니 고위직[縉紳(진신)]에 있는 사람이 말한 것은 아니다. 부치를 조성하고서 9년 후에 문공이 간(肝)의 모양을 한 돌과 같은 것을 얻었는데, 진창산(陳倉山) 북쪽 비탈에 성을 쌓으면서 사당을 만들어 그것에 제사를 지냈다. 그 신은 혹은 어떤 해에는 오지 않고 혹은 한 해에 여러 차례 왔다. 올 경우에는 늘 밤에 찾아왔는데, 그 휘황찬란한 광채가 마치 유성과 같았고, 동쪽에서 왔으며, 사당이 있는 성에 모여들었는데, 그것은 마치 수꿩들과 같았고, 그 울음소리가 크고 요란해[殷殷(은은)] 들판의 꿩들[野鷄(야계)]¹²이 그에 응해 밤에 함께 울어대기도 했다. 1뢰(牢-소·양·돼지)로 제사를 지냈고 그 사당을 진보(陳寶)라 이름 붙였다.

진보사(陳寶祠)를 짓고 71년이 지난 후에 진나라 덕공(德公)이 들어서 점을 친 다음 옹(雍)〔○ 사고(師古)가 말했다. "곧 지금의 옹현(雍縣)이다."〕에 거주했다. 자손이 황하에서 말의 물을 먹였고 드디어 옹을 도읍으로 삼았다. 옹에 있는 여러 사당들은 이때부터 크게 흥했다. 부치(鄜畤)에서는 300뢰(牢)를 썼다. 복사(伏祠)〔○ 사고(師古)가 말했다. "복(伏)이란 음기가 장차 일어나려 하고 점차 기울어가는 양[殘陽(잔양)]을 향해 가지만 아직 양을 올라타지는 못한 채 잠복해 있는 상태다. 그래서 이름을 복일(伏日)이라 한

---

12 원래는 꿩[雉(치)]인데 여후(呂后)의 이름을 피하기 위해[避諱(피휘)] 야계(野鷄)라고 표현한 것이다.

것이다. 입추 후에 금(金)이 화(火)를 대신하는데 금은 화를 두려워하기 때문에 경일(庚日)에 반드시 숨는다. 경(庚)은 금(金)이다." 맹강(孟康)이 말했다. "6월 복일(伏日)을 가리킨다. 주나라 때에는 없었고 이때에 이르러 생겨난 것이다."}를 세웠다. (이날은) 개를 죽여 읍의 네 곳 문에 찢어놓아[磔]_책 재앙과 나쁜 기운을 막았다.

4년 후에 진나라 선공(宣公)이 위남(渭南)에 밀치(密畤)를 세우고 청제(靑帝)[13]를 제사 지냈다.

13년 후에 진나라 목공(穆公)이 들어서 병으로 누워 닷새 동안 깨어나지 못했는데[不寤=不覺],_{불오 불각} 깨어나서는 마침내 꿈에서 상제를 보았노라고 말하면서 상제가 명하기를 목공이 진(晉)나라의 난을 평정하라고 했다고 했다. 사관[史]_사은 이를 기록해 서부(書府-서고)에 보관했다. 그러고는 후세 사람들은 모두 이 일을 하늘에 올린 것이라고 말했다.

목공이 즉위한 지 9년째 되던 해에 제(齊)나라 환공(桓公)이 이미 패자(覇者)가 돼 규구(葵丘)에서 제후들과 회동을 하고서〔○ 사고(師古)가 말했다. "규구의 회동은 (노나라) 희공(僖公) 9년에 있었다."〕봉선(封禪)[14]을 하려 하니 관중(管仲)이 말했다.

"옛날에 태산(泰山)에서 (하늘에) 봉제(封祭)를 지내고 양보(梁父)에서 (땅에) 선제(禪祭)를 지낸 사람이 72가문이었습니다만 이오(夷吾-관중)가

---

13 다섯 천제(天帝)의 하나로 동쪽에 있으며 봄을 주관한다.

14 하늘과 땅에 대한 제사를 말한다. 태산(泰山)에 올라 제단을 쌓고 하늘에 제사 지내는 것을 봉(封)이라 하고, 양보(梁父)에서 땅에 제사를 지내는 것을 선(禪)이라고 한다.

알고 있는 바로는 12가문뿐입니다. 옛날 무회씨(無懷氏)〔○ 정씨(鄭氏)가 말했다. "무회씨는 옛날의 임금으로 복희 이전이며 『장자(莊子)』에 나온다."〕는 태산에서 봉제를, 운운(云云)〔○ 복건(服虔)이 말했다. "운운은 양보의 동쪽에 있는 산 이름이다." 진작(晉灼)이 말했다. "운운산은 몽음현(蒙陰縣) 고성(故城) 동북쪽에 있다."〕에서 선제를 거행했습니다. 복희(虙羲)는 태산에서 봉제를, 운운에서 선제를 거행했습니다. 신농씨(神農氏)는 태산에서 봉제를, 운운에서 선제를 거행했습니다. 염제(炎帝)〔○ 이기(李奇)가 말했다. "염제는 신농씨의 후예다."〕는 태산에서 봉제를, 운운에서 선제를 거행했습니다. 황제(黃帝)는 태산에서 봉제를, 정정(亭亭)〔○ 진작(晉灼)이 말했다. "지리지(地理志)에 따르면 거평(鉅平)에 정정산이 있다."〕에서 선제를 거행했습니다. 전욱(顓頊)은 태산에서 봉제를, 운운에서 선제를 거행했습니다. 제곡(帝嚳)은 태산에서 봉제를, 운운에서 선제를 거행했습니다. 요(堯)는 태산에서 봉제를, 운운에서 선제를 거행했습니다. 순(舜)은 태산에서 봉제를, 운운에서 선제를 거행했습니다. 우(禹)는 태산에서 봉제를, 회계(會稽)에서 선제를 거행했습니다. 탕(湯)은 태산에서 봉제를, 운운에서 선제를 거행했습니다. 주(周) 성왕(成王)은 태산에서 봉제를, 사수(社首)〔○ 진작(晉灼)이 말했다. "거평(鉅平) 남쪽 20리에 있는 산 이름이다."〕에서 선제를 거행했으니, 모두 하늘의 명을 받은 뒤에야 봉선의 제례를 거행할 수 있었습니다."

환공이 말했다.

"과인은 북쪽으로 산융(山戎)을 정벌하고 고죽(孤竹)〔○ 응소(應劭)가 말했다. "백이(伯夷)의 나라다."〕을 차지했다. 서쪽으로 대하(大夏)를 정벌하고서 말을 묶어두고 수레를 걸어둔 뒤 비이산(卑耳山)에 올랐다. 남쪽을 정벌해 소릉(召陵)〔○ 사고(師古)가 말했다. "초나라 땅으로 여남(汝南)에 있다."〕까지 이르렀고 웅이산(熊耳山)에 올라 강수(江水)와 한수(漢水)를 바라보았다. 병거(兵車)에서 회맹하기를 세 번,[15] 승거(乘車)에서 회맹하기를 여섯 번[16] 하니 제후들을 규합해 일거에 천하를 바로잡았지만〔○ 사고(師古)가 말했다. "양왕(襄王)을 천자의 자리에 안정시켜준 일을 가리킨다."〕 제후들은 나를 어긴 이가 없었다. 옛날 삼대가 하늘의 명을 받은 것이 진실로 이와 무엇이 다르겠는가?"

이에 관중은 환공을 궁지로 몰아서는 안 되겠다고 생각하고서 한 가지 사례를 들어 이야기했다.

"옛날의 봉선은 호상(鄗上)의 기장과 북리(北里)의 벼를 제물로 준비를 하고 장강(長江)과 회수(淮水) 사이에서 한 줄기가 세 가닥으로 나뉘는 영모(靈茅)로 그 거소에 방석을 준비했습니다. 동해(東海)에서는 비목어(比目魚)를 바치고 서해(西海)에서는 비익조(比翼鳥)를 바쳤습니다. 그런 뒤에 요구하지 않아도 바친 것이 15가지나 됐습니다. 지금은 봉황이나 기린이 나타나지 않고 좋은 곡식이 나오지 않는 대신 명아주나 강아지풀 같은 잡초가 무성하고 올빼미 같은 맹금이 자주 나타나고 있으니, 이런 때 봉선을 하려고 하면 어찌 불가한 일이 아니겠습니까?"

이에 환공은 마침내 그만두었다.

---

15 장공(莊公) 13년과 희공(僖公) 4년, 6년의 회맹을 말한다.

16 장공(莊公) 14년, 15년, 16년과 희공(僖公) 5년, 8년, 9년의 회맹을 말한다.

같은 해 진나라 목공은 진(晉)의 군(君) 이오(夷吾)[17]를 받아들였다. 그 후에 세 차례에 걸쳐 진(晉)나라 임금을 세워〔○ 사고(師古)가 말했다. "세 차례 그 임금을 세워주었는데 혜공(惠公), 회공(懷公), 문공(文公)이다."〕그 나라의 어지러움을 평정했다. 목공은 세워진 지 39년 만에 졸했다.

그후 50년이 지나 주(周)의 영왕(靈王)[18]이 즉위했다. 이때에는 제후들 중에 주나라에 조현을 오는 자가 없었고 이에 장홍(萇弘, ?~기원전 492년)[19]이 귀신의 일을 밝혀 활로 불래(不來)를 쏘는 장치를 만들었다. 불래란 제후들 중에서 조현을 오지 않는 자를 말한다. 이는 괴이한 물건을 이용해 제후들을 불러들이려 했던 것이다. 그러나 제후들이 따르지 않으면서 주나라 왕실[周室]은 더욱 미미해졌다. 2세(世) 후인 경왕(敬王) 때 진(晉)나라 사람들이 장홍을 죽였다〔○ 이기(李奇)가 말했다. "주나라 사람들이 진나라를 위해 그를 죽였다." 사고(師古)가 말했다. "『춘추좌씨전(春秋左氏傳)』 애공(哀公) 3년에 이런 기록이 있다. '유씨(劉氏)가 범씨(范氏)와 대대로 혼인을 했고 장홍이 유문공(劉文公)을 섬겼다. 그래서 주나라가 범씨를 도왔는데 조앙(趙鞅)이 그것을 꾸짖으니 (6월 계묘일에) 주나라 사람들

---

17 훗날의 혜공(惠公)이다.

18 명목상의 천자다.

19 춘추시대 주(周)나라 경왕(景王)과 경왕(敬王) 때 사람으로 대부(大夫)를 지냈다. 장굉(萇宏)으로도 불리며, 자가 숙(叔)이라 장숙(萇叔)으로도 불린다. 공자(孔子)가 일찍이 그에게 악(樂)을 배웠다. 경왕 28년 진(晉)나라의 대부 범길사(范吉射)와 중항인(中行寅)이 난을 일으켰는데 함께 일을 도모했다. 진나라 사람이 이 일로 주나라 왕실을 문책하자 촉(蜀) 땅에서 주나라 사람들에게 살해됐다. 또는 주나라 영왕(靈王) 때 사람으로 천문에 밝았고 귀신에 관한 일을 잘 알았다고 한다.

이 장홍을 죽였다.'"〕.

이때 계씨(季氏)가 노(魯)나라에서 전권을 휘두르며 태산에서 여(旅)제사를 지내자 중니(仲尼)는 그것을 비판했다〔○ 사고(師古)가 말했다. "여(旅)는 진열하다[陳]는 뜻으로 예물을 진열해 제사를 지낸다는 말이다. 배신(陪臣-가신)이 태산에 제사를 지내는 것은 제후의 예를 뛰어넘는 것이다. 공자는 이를 비판하며 '아, 태산의 신령이 임방만도 못하다고 하겠느냐!'라고 했다. 이 일은 『논어(論語)』에 보인다."〕.[20]

진나라 선공(宣公)이 밀치(密畤)를 만들고서 250년이 지난 후에 진나라 영공(靈公)은 오양(吳陽)에 상치(上畤)를 조성해 황제(黃帝)를 제사 지냈고, 하치(下畤)를 조성해 염제(炎帝)를 제사 지냈다.

그후 48년이 지나 주(周)의 태사(太史) 담(儋)〔○ 맹강(孟康)이 말했다. "태사 담은 노자(老子)를 일컫는다." 사고(師古)가 말했다. "이는 주나라 태사의 이름이며 반드시 노담(老聃)이라고 할 수 없다. 노담은 진나라 헌공 때의 사람이 아니다."〕이 진(秦)나라 헌공(獻公)을 알현하고서 말했다.

---

20 이는 좀 더 상세하게 살펴볼 필요가 있다. 「팔일(八佾)」 편에서 먼저 임방(林放)이 공자에게 예의 근본을 물었다. 공자는 그 질문이 훌륭하다고 칭찬한 다음 이렇게 말했다. "예제를 행할 때 사치스럽게 하기보다는 차라리 검박하게 하는 것이 낫고, 상제를 행할 때도 형식적인 겉치레에 치우치느니 차라리 진심으로 슬퍼함이 낫다." 그러고 나서 계씨가 태산에 여제를 지내니 공자가 염유에게 말했다. "네가 그 죄에 빠진 것을 바로잡을 수 없겠느냐?" 염유가 불가능하다고 하자 공자가 말했다. "아, 태산의 신령이 임방만도 못하다고 하겠느냐!" 계씨가 태산의 신령을 속일 수 있다고 믿지 않고서는 그런 참람한 제사를 지낼 수 없다. 즉, 계씨가 태산의 신령이 예의 근본을 묻는 임방보다도 못하다고 여기지 않았다면 그런 참람한 짓[僭越]은 하지 않았을 것이라는 통탄이다.

"애초에 주나라와 진나라는 하나였으나 나누어졌습니다만, 나누어진 지 500년 만에 다시 합쳐질 것이며, 합쳐진 지 17년 후에는 패왕(霸王)[21]이 나타날 것입니다."

담이 알현한 지 7년 후에 역양(櫟陽)에 황금비가 내리자 헌공은 몸소 황금의 상서로움을 얻었다고 여겨 역양에 휴치(畦畤)를 조성하고 백제(白帝)에게 제사를 지냈다.

그로부터 110년 후 주나라 난왕(赧王, ?~기원전 256년)[22]이 졸(卒)하자 왕실의 구정(九鼎)이 진(秦)나라에 들어갔다.[23] 어떤 사람이 이렇게 말했다.

"주나라 현왕(顯王) 42년에 송(宋)나라의 태구(泰丘)[24]에 있던 사당이 없어지자 쇠솥[鼎]이 사수(泗水)의 팽성(彭城) 아래 연못에 내던져졌다."

난왕이 졸하고 7년 후부터 진나라 장양왕(莊襄王, 기원전 281~246년)[25]은 동주(東周)를 멸망시키고 주나라의 제사를 끊어버렸다. 그로부터

---

21 이는 진시황을 가리킨다.

22 주나라의 37대 왕으로 신정왕(慎靚王)의 아들이다. 재위기간은 59년으로 주나라에서 가장 오랫동안 재위한 군주였다. 난왕(赧王)이라는 호칭은 시호가 아니라 그의 시대에 주나라 왕권이 몰락해 이곳저곳의 눈치나 보아야 하는 수치스러운 처지가 됐음을 나타내 붙여진 것이다.

23 짧은 문장이지만 난왕의 난(赧)은 부끄럽다[恥]는 뜻이고, 천자임에도 붕(崩)했다고 하지 않고 졸(卒)했다고 씀으로써 가차 없는 비판을 가하고 있다. 구정(九鼎)은 우왕 때 구주(九州)의 쇠를 모아 만든 쇠솥으로 하·은 이래로 왕실에 전해져오던 천자의 상징물이다. 솥은 9개가 아니라 하나다.

24 원문에는 견구(犬丘)라고 돼 있는데 태구(太丘)의 오기로 보이며, 주석자들은 하나같이 옛 문헌들을 근거로 송나라에 태구(泰丘)라는 지명이 있었다고 말한다. 이를 따라 옮겼다.

25 전국시대 진(秦)나라의 효문왕(孝文王) 안국군(安國君)의 둘째 아들로 태어났다. 어머니는 하희(夏姬)이다. 성은 영(嬴), 이름은 이인(異人)이다. 어려서 조(趙)나라에 인질로 가 있었으나 젊은

28년 후에 진나라는 천하를 삼켰고 황제(皇帝)를 칭했다.

진시황제가 이미 즉위하고 나서 어떤 사람이 말했다.

"황제(黃帝)는 토덕(土德)을 얻어 황룡과 엄청나게 큰 지렁이[地螾=蚓] 가 보였고 하나라는 목덕(木德)을 얻어 청룡이 교(郊-성 밖)에 오래 머물고 초목이 울창했다. 은나라는 금덕(金德)을 얻어 은(銀)이 산에서 흘러 넘쳤다. 주나라는 화덕(火德)을 얻어 적조(赤鳥)의 상서로움[符]이 있었다. 지금 진(秦)나라는 주나라를 바꿔 수덕(水德)의 시대다. 옛날에 문공(文公)이 사냥을 나가 흑룡(黑龍)을 잡았는데 이것이 수덕의 상서로운 조짐[瑞]이다."

이에 진나라는 하수(河水-황하)의 이름을 덕수(德水)라고 고치고, 겨울 10월을 한 해의 첫머리[年首]로 삼았으며, 색은 검은색을 숭상했고, 법도는 육(六)으로 이름을 붙였으며〔○ 장안(張晏)이 말했다. "수(水)는 북쪽이고 검은색이며 수로는 6이다. 그래서 사방 6촌이 1부(符)가 되고 6척이 1보(步)가 된다."〕,[26] 음악은 대려(大呂)를 높였고〔○ 사고(師古)가 말했다. "대려

부호 여불위(呂不韋)의 도움으로 진(秦)나라로 돌아왔다. 당시 여불위는 자기의 첩 조희(趙姬)로 하여금 영이인을 모시도록 해 아이를 갖게 했다. 그 아이가 영정(嬴政)으로 후의 진(秦) 시황제(始皇帝)이다. 당시 진(秦)나라의 소양왕(昭襄王)은 이미 나이가 많았고, 태자 안국군(安國君)의 정실부인인 화양부인(華陽婦人)에게는 아들이 없었다. 여불위는 영이인을 화양부인의 양자로 들여보내 진(秦)나라의 후계자로 삼았다. 화양부인은 초(楚) 출신으로서 양자로 삼은 영이인의 이름을 초나라의 아들이란 뜻으로 자초(子楚)로 바꾸었다고 한다. 안국군 효문왕(孝文王)이 재위 1년 만에 죽자 영이인이 왕으로 즉위해 장양왕(莊襄王)이 됐다. 즉위 후 여불위의 공로를 인정해 상국(相國, 수상)으로 임명했다. 장양왕이 재위 3년 만에 35세의 나이로 기원전 246년 사망하자 아들 정(政)이 즉위했는데 그가 바로 시황제(始皇帝)이다.

26 수(數)는 6을 근본[紀]으로 삼아 1부(符)라 해 법관(法冠-어사가 쓰는 관모(官帽)은 모두 6촌

는 음률(陰律)의 시초다."〕 정사[事統=政]는 법을 중시했다〔○ 신찬(臣瓚)이 말했다. "수(水)는 음(陰)이고 음은 형살(刑殺)을 주관하기 때문에 법을 중시한 것이다."〕.

제(帝)의 자리에 나아간 지 3년째 되던 해에 동쪽으로 군과 현들을 순수하고 추역산(鄒嶧山)²⁷에 올라서 제사를 지냈고 공덕을 노래하는 비석을 세웠다. 이에 제(齊)와 노(魯) 땅²⁸의 유생과 박사 70명을 따라서 태산 아래에 이르렀다. 유생들은 혹 (봉선에 관해) 의견을 내어 말했다.

"옛날에 봉선을 할 때 창포로 수레를 감싸서[蒲車] 산의 흙이나 돌, 풀과 나무를 상하게 하는 것을 싫어했고, 땅을 쓸고서 제사를 지냈으며, 풀로 자리를 만들어서 썼던 것은 간략함을 따랐던 것입니다."

(그러나) 시황이 들어보니 이런 의견은 제각각 차이가 있어 그들의 의견을 쓰기에 어렵다고 여겨 이로 말미암아 유생들을 쫓아냈다. 그러고는 드디어 수레가 다닐 수 있는 길을 내고 태산의 남쪽[陽=南]〔○ 사고(師古)가 말했다. "산의 남쪽을 양(陽), 북쪽을 음(陰)이라고 한다."〕에서 올랐다. 정상에 올라 돌을 세워 스스로 공덕을 칭송해 봉(封)을 얻게 됐음을 밝혔다.²⁹ 북쪽 길을 따라 내려와 양보산에서 선(禪)제사를 지냈다. 그 예(禮)는

(寸)으로 했고, 가마의 너비는 6척(尺)으로 했으며, 6척을 1보(步)라 하고, 수레 한 대를 6마리 말이 끌도록 했다.

27 지금의 산동성(山東省) 추현(鄒縣) 동남쪽에 위치한다. 추현의 역산으로 옮기기도 한다.

28 지금의 산동성(山東省) 태산(泰山) 남쪽 지역으로 공자의 전통이 강하게 남아 있었다.

29 봉제사를 지냈다는 말이다.

태축(太祝)[30]이 옹(雍)에서 상제에게 제사를 지낼 때 쓰는 방법을 대부분 채용했으며, 봉장(封藏)[31]은 모두 비밀로 해 세상에서는 그것을 제대로 기록할 수가 없었다.

시황(始皇)이 태산을 오를 때 중턱에서 폭풍우를 만나 큰 나무 아래에서 쉬게 됐다. 여러 유생들을 이미 쫓아버린 후라 봉선에 관해 이야기할 사람들이 없었다. 그들은 시황이 비바람을 만났다는 이야기를 전해 듣고서 곧장 그것을 비꼬았다[譏].

이에 시황은 드디어 동쪽으로 바닷가에 가서 유람하고 명산과 대천, 그리고 여덟 신[八神][32]에게 예로써 제사를 지냈으며, 선인(仙人) 선문(羨門)[33]의 부류를 추구했다. 여덟 신은 아마도 옛날부터 있었던 것 같은데 어떤 사람은 제(齊)나라 태공(太公) 이래 그것을 만든 것이라고도 한다. 제(齊)나라의 이름이 제(齊)인 까닭은 천제(天齊)[34]에 제사를 지냈기 때문이다. 그 제사는 끊어져 그것이 처음 시작된 때를 아는 사람은 없다. 여덟 신이란 첫째, 천주(天主)로 천제(天齊)에 제사를 지낸다. 천재연수(天齋淵水)는 임치의 남쪽 교외 산 아래에 있었다. 둘째, 지주(地主)로 태산양보(泰山

---

30 원문은 태축(泰祝)으로 돼 있다.

31 제사에 사용된 것 일체를 숨긴다는 뜻이다.

32 중국 전국시대(戰國時代) 말기에 생긴 불로장수(不老長壽)에 관한 사상이다. 고대 제(齊)나라의 북동 해안에는 명산(名山)을 대상으로 한 팔신(八神)의 제사가 있어, 이 해안의 산들을 제사 지내는 무당들은 봉래(蓬萊)·방장(方丈)·영주(瀛州)라고 하는 삼신산(三神山)의 존재를 믿었다.

33 옛날의 선인(仙人)으로 이름은 자고(子高)다.

34 산동성 임치(臨菑) 동남쪽에 있던 샘의 이름이다.

梁父)에 제사를 지낸다. 대개 하늘은 음(陰)을 좋아해 하늘에 제사를 지낼 때는 반드시 높은 산의 아랫자락[畤]에서 했고, 그래서 치(畤-제사터)라고 한 것이다. 땅은 양(陽)을 귀하게 여겨 땅에 제사를 지낼 때는 반드시 늪지 가운데에 있는 환구(圜丘)에서 했다고 한다. 셋째, 병주(兵主)로 치우(蚩尤)에 제사를 지낸다. 치우는 동평릉현(東平陵縣)의 감향(監鄉), 즉 제(齊)의 서쪽 경계에 있다. 넷째, 음주(陰主)로 삼산(三山)에 제사를 지낸다. 다섯째, 양주(陽主)로 지부산(之罘山)³⁵에 제사를 지낸다. 여섯째, 월주(月主)로 내산(萊山)에 제사를 지낸다. 이상은 모두 제(齊)의 북쪽에 있으며 발해군과 나란히 있다. 일곱째, 일주(日主)로 성산(盛山)에 제사를 지낸다. 성산은 돌출해 바다로 연결돼 있다. 제(齊)의 동북의 양(陽)³⁶에 있으며 해돋이를 맞이한다고 한다. 여덟째는 시주(時主)로 낭야산(琅邪山)에 제사를 지낸다. 낭야산은 제의 동북쪽에 있으며, 한 해가 시작되는 곳이다. 이들 제사에서는 모두 1뢰(牢)를 갖춰 제사를 올리며 무축(巫祝-무당)이 그때그때 자기가 알아서 더하기도 하고 덜어내기도 했기 때문에 제사에 쓰이는 홀[圭]과 폐물이 들쭉날쭉했다.

제(齊)나라 위왕(威王)과 선왕(宣王) 때부터 추자(騶子, 생몰년 미상)³⁷의

---

35 동래군(東萊郡) 수현(腄縣)에 있다.

36 사마천의 『사기(史記)』에는 귀퉁이 우(隅)로 돼 있다.

37 추연(騶衍) 혹은 추연(鄒衍)을 가리킨다. 전국시대 제(齊)나라 사람으로 직하(稷下)에 살면서 위(魏)나라와 연(燕)나라, 조(趙)나라 등을 다니면서 제후(諸侯)들의 존경을 받았다. 연나라 소왕(昭王)이 석궁(石宮)을 지어 맞아 그를 스승으로 섬겼다. 천문(天文)에 대해 논하기를 좋아해 '담천연(談天衍)'으로 불렀다. 맹자보다 약간 늦게 등장해 음양오행설(陰陽五行說)을 제창했다.

무리들은 오덕(五德)의 운행[運=終始]을 논하고 드러냈는데[論著], 진제(秦帝)가 천하를 통일해 제나라 사람들이 그것을 제에게 아뢰자 그 때문에 시황은 그 학설을 채택해 썼다. 또 송무기(宋毋忌), 정백교(正伯僑), 원상(元尙), 선문고(羨門高-선문 자고), 최후(最後)[38] 다섯은 모두 연(燕)나라 사람으로 방선(方仙)의 도리(-신선술)를 말하고, 형체가 사라져 귀신이 되는 것을 설파했는데, 이는 귀신의 일에 의탁한 것이다. 추연(騶衍)은 음양의 학설과 '주운(主運)'[39]을 갖고서 제후들 사이에 이름을 냈는데, (특히) 연(燕)과 제(齊)의 해안가에 있는 방사(方士)들은 그 술법을 전수받긴 했어도 능통하지 못했다. 그런데도 괴이하고, 아첨하고, 구차스럽게 영합하려는 무리들이 이로부터 일어나 그 무리를 이루 다 헤아릴 수가 없을 정도였다.

(제(齊)나라) 위왕(威王)과 선왕(宣王) 및 연(燕)나라 소왕(昭王) 때부터 사람들을 (동쪽) 바다 쪽으로 보내 봉래(蓬萊), 방장(方丈), 영주(瀛洲)를 찾게 했다. 이 삼신산(三神山)은 전하는 바에 따르면 발해(渤海) 안에 있어 사람들(이 사는 곳)과 멀지 않다고 했다. 대개 일찍이 거기에 다다랐던 사람들에 따르면 선인과 불사의 약이 모두 있다고 했다. 또 그곳에서는 온갖

세상의 모든 사상(事象)은 토(土)·목(木)·금(金)·화(火)·수(水)의 오행상승(五行相勝) 원리에 의해 일어나는 것이라 했고, 이에 의해 역사의 추이나 미래에 대한 예견을 했다. 이것은 오행상생설(五行相生說)과 함께 중국의 전통적 사상의 기초가 됐다.『회남자(淮南子)』에 보면 "추연이 연나라 혜왕(惠王)에게 벼슬하면서 충성을 다 바쳤음에도 불구하고 혜왕이 주변의 참소하는 말을 듣고 그를 옥에 가두었다. 그러자 추연이 하늘을 우러러보면서 크게 통곡하자 여름 5월이었는데도 서리가 내렸다"라고 한다.

38 모두 옛날의 선인(仙人)이다.
39 추연이 지었다는 책이다. 음양오행의 운행을 갖고서 사물들의 변화를 다룬다는 사상이다.

사물들이 짐승들까지도 모두 하얗고 황금과 은으로 궁궐을 지었다고 했다. 그곳에 아직 다다르기 전에는 그것을 바라보면 마치 구름 같지만 일단 도착해서 보면 삼신산은 도리어 물속에 있고 물이 거기에 닿아 있다고 했다. 근심거리는 장차 거기에 다다를 때쯤이면 바람이 일어 문득 배를 끌고 가버린다는 것이었다. 그래서 결국은 다다를 수 없다고 했다. 세상의 임금들은 달콤한 마음[甘心][○ 사고(師古)가 말했다. "탐하고 좋아하는 마음을 참을 수 없는 상태를 말한다."]을 품지 않을 수 없었다.

진시황이 바닷가에 이르자 방사(方士-도교의 술사)들이 다투어 그것을 말했다. 시황은 마치 자신이 그곳에 다다르지 못할까 봐 두려워하면서 사람들을 시켜 남녀 아이들을 데리고[齋] 바다로 가서 그것을 구하도록 했다. (그런데) 배들이 (나아가지 못하고) 바다 위에서 그냥 왔다 갔다 하기만 하자 방사들은 하나같이 둘러대기[解]를 "아직 도달할 수는 없지만 그것을 멀리서는 바라보았습니다"라고 말했다.

그다음 해(시황제 29년-기원전 218년) 시황은 다시 바닷가로 유람을 떠나 낭야(琅邪)에 이르렀고, 항산(恒山)을 지나 상당(上黨)을 따라서 돌아왔다. 3년 후(시황제 32년)에는 갈석(碣石-하북성 창려현)으로 유람을 가서 사람을 시켜 바다로 가서 신선들을 찾아보게 했고, 상군(上郡)을 따라서 돌아왔다. 그로부터 5년 후(시황제 37년) 시황은 남쪽으로 순행을 떠나 상산(湘山)에 이르렀고 (배를 띄워 강을 건너다가) 드디어 회계(會稽-절강성 소흥현)에 올라 해변을 나란히 하면서 위(-북쪽)로 올라가 삼신산의 신령스러운 약을 구하려 했으나 얻지 못했고, 돌아오던 길에 사구(沙丘)[○ 신찬(臣瓚)이 말했다. "사구는 거록현(鉅鹿縣) 동북쪽에 있다."]에서 붕

(崩)했다.

2세 원년(기원전 209년) (2세 황제는) 동쪽 갈석으로 순행했고 해변을 나란히 하면서 남쪽으로 태산을 거쳐 회계에 이르러 예로써 제사를 지냈는데 호해(胡亥, 기원전 229(?)~207년)[40]는 (아버지) 시황이 세워놓은 돌에 글을 새겨 넣어 시황의 공로와 다움[功德]을 드러냈다〔○ 사고(師古)가 말했다. "지금 이 여러 산들에는 시황이 돌에 새기고 호해가 다시 새긴 것들[重刻]이 모두 있는데 그 글들도 함께 보존돼 있다."〕. 그 해 가을 제후들이 진나라에 대해 반란을 일으켰다. 3년이 지나 2세는 시해당해 죽었다[弑死].

시황이 봉선을 하고 난 후 12년 만에 진나라는 망했다. 유생들은 진황(秦皇)이 시서(詩書)[41]를 불태우고, 문학하는 선비[文學][42]들을 주멸한 것을 증오했고, 백성들은 그 법률(의 가혹함)을 원망했으며, 천하가 반란을 일으키자 모두 이렇게 말했다.

"시황이 태산에 올랐지만 비바람이 몰아쳐 봉선을 할 수 없었기 때문이다."

---

40 진(秦)나라의 2세 황제(재위 기원전 210~207년)다. 처음에는 황소자(皇少子)였다. 아버지 시황제가 죽은 뒤 이사(李斯)와 환관 조고(趙高)의 도움으로 형 부소(扶蘇)를 몰아내고 제위에 올랐지만 실권은 거의 없었다. 조고를 임용해 가혹한 세금과 형벌, 부역(賦役)으로 사람들의 큰 원성을 샀다. 재위에 오른 이듬해부터 진승(陳勝)과 오광(吳廣)의 농민 반란이 일어나는 등 혼란을 초래하다가 재위 3년째 8월에 유방(劉邦)의 군대가 관중(關中)으로 들이닥치자 조고의 강압으로 자살했다. 두 사람 사이에 있었던 지록위마(指鹿爲馬) 고사가 유명하다.
41 그냥 『시경(詩經)』과 『서경(書經)』을 가리키는 것이 아니라 유학의 서적 전체를 이렇게 불렀다.
42 오늘날의 문학과 관계없고 이 또한 유생들을 가리킨다.

이것이 어찌 이른바 그 다음은 없이 그 (봉선의) 일을 행한 것이 아니겠는가?[43]

옛날 삼대(三代)의 도성[居]은 모두 황하(黃河)와 낙수(洛水) 사이에 있었고, 그래서 숭고(嵩高-숭산)를 중악(中嶽)으로 삼았고, 사악(四嶽)은 각각 그 방위를 따랐으며, 사독(四瀆)은 모두 산동에 있었다. (그러나) 진(秦)이 제(帝)를 칭하고 함양을 도읍으로 정하기에 이르자 곧 오악(五嶽)과 사독은 모두 (진나라의) 동쪽에 있게 됐다. 오제(五帝)로부터 진나라에 이르기까지 (제왕들은) 흥하기도 하고 쇠하기도 했고, 이름난 산과 큰 하천이 혹 제후의 땅에 있기도 했고 혹 천자의 땅에 있기도 했으며, 그 제사의 예식이 정중하거나 간략한 것은 시대 상황에 따라 달라 이루 다 기록할 수가 없다. 진나라가 천하를 삼키기에 이르자 사관(祠官)에게 명해 하늘과 땅과 이름난 산과 큰 하천의 귀신에게 늘 제사를 받들었기에 차례대로 기록할 수 있게 됐다.

이에 효산(殽山)의 동쪽에서는 이름난 산 5개와 큰 하천의 2개에 제사를 지냈다. 이름난 산은 태실(太室)이라고 했는데, 태실은 곧 숭고(嵩高)이고, 그밖에 항산(恒山), 태산(泰山), 회계(會稽), 상산(湘山)이 있었고, 큰 하천은 제수(濟水)와 회수(淮水)였다. 봄에는 말린 고기와 술로 풍년을 기원하는 제사를 지냈고, (또) 봄에 하천이 녹아 풀릴 때와 가을에 강물이 얼 때 제사를 지냈고, 겨울에는 복을 비는[塞][○ 사고(師古)가 말했다. "색(塞)은 복을 빈다는 뜻이다."] 제사를 지냈다. 제사의 희생은 소와 송아지 각

---

43 하늘이 허락해주지 않았음을 강조하는 말이다.

1마리를 썼으며, 제기와 규(圭-홀)와 폐물은 각 제사마다 달랐다.

화산(華山)의 서쪽에는 이름난 산이 7개, 이름난 하천이 4개 있었다. 이름난 산은 (우선) 화산(華山)과 박산(薄山)을 말하는데, 박산(薄山)이란 양산(襄山)이다. 그밖에 악산(岳山), 기산(岐山), 오산(吳山),[44] 홍총(鴻冢), 독산(瀆山)이 있었는데, 독산(瀆山)은 촉(蜀) 땅의 민산(岷山)이다.

큰 하천으로는 황하(黃河)가 있는데 임진(臨晉)에서 제사를 지내고 면수(沔水)는 한중(漢中)에서 제사를 지내며 추연(湫淵)은 조나(朝那)에서 제사를 지내고 강수(江水)는 촉(蜀)에서 제사를 지냈다. 또한 봄과 가을에 물이 녹거나 얼 때, 그리고 겨울에 복을 빌 때 제사를 지냈는데, 이는 동방에서 이름난 산과 큰 하천에 제사 지내는 것과 같았으며, 희생으로 쓰는 소와 송아지, 그리고 제기와 규(圭)와 폐물은 각각 달랐다. 또한 4개의 큰 산[四大冢]인 홍(鴻)·기(岐)·오(吳)·악산[嶽]에서는 모두 햇곡식을 제물로 바쳤다. 진보신(陳寶神)에게도 계절에 따라서 제사를 지냈고 황하에 바치는 제물에는 탁주[醪=濁酒]가 더해졌다. 이상의 모든 산과 하천은 옹주 지역에 있었고, 천자의 도성과 가까웠으므로 (제사를 지낼 때) 수레 한 대와 검붉은 말[駵駒] 4마리가 더해졌다. 패수(霸水)·산수(産水)·풍수(豐水)·노수(澇水)·경수(涇水)·위수(渭水)·장수(長水)는 모두 큰 하천은 아니지만 함양과 가까웠기 때문에 다 제사를 지낼 때 큰 산과 하천에 버금가는 제사를 지냈는데, 따로 더해진 것은 없었다. 견수(汧水)와 낙수(洛水) 두 하천

---

44 오악(吳岳)이라고도 하는데, 이는 옹주(雍州)나 하서(河西)에서는 산을 악(岳)이라고 했기 때문이다.

[淵]과 명택(鳴澤), 포산(蒲山), 악서산(嶽壻山) 등은 작은 산과 하천이긴 했
연
지만 역시 모두 해마다 풍년을 기원하고 복을 빌어야 할 때, 그리고 얼음
이 녹을 때나 얼 때 제사를 지냈으며, 그 예식이 반드시 똑같지는 않았다.

그리고 옹(雍)에는 일신(日神)·월신(月神)·삼(參)·신(辰)·남북두(南北斗)
형혹(熒惑)·태백(太白)·세성(歲星)·전성(塡星)·28수(宿)·풍백(風伯)·우사
(雨師)·사해(四海)·9신(九臣)·14신(十四臣)[45]·제포(諸布)·제엄(諸嚴)·제축
(諸逐)〔○ 사고(師古)가 말했다. "이들 세 가지의 뜻에 대해서는 들은 바가
없다."〕등 100여 곳의 사당이 있었다. 서쪽에도 수십여 개의 사당이 있었
다. 호현(湖縣)에는 주(周)의 천자를 제사 지내는 사당이 있었다. 하규(下
邽)에는 천신(天神)의 사당이 있었다. 풍(灃)과 호(鎬)에는 소명(昭明-화성)
을 제사 지내는 사당과 천자(天子)의 벽지(辟池)가 있었고, 두(杜)〔○ 사고
(師古)가 말했다. "두는 경조의 두현(杜縣)이다."〕와 박(亳)에는 5개의 두주
(杜主)〔○ 사고(師古)가 말했다. "『묵자(墨子)』에 이르기를 주나라 선왕(宣
王)이 두백(杜伯)이 아무런 죄가 없는데도 죽였다. 후에 선왕이 동산에 사
냥을 나갔는데 두백이 활을 쏘자 선왕은 엎드렸으나 죽었다. 그래서 주나
라 사람들이 귀신을 존경했다."〕사당과 수성(壽星) 사당이 있었다. 그리고
옹(雍)의 관묘(菅廟)에도 두주(杜主) 사당이 있었다. 두주(杜主)는 옛날 주
나라의 우장군(右將軍)이었는데 그 사당은 진(秦)에 있었으며 작은 귀신
가운데 가장 영험이 있었다. 각각 한 해의 계절마다 제사를 받들었다.

저 옹(雍)의 4치(四時)에서 제사를 지내는 것 중에는 상제가 가장 귀했

---

45 9신은 옛날의 구성(九星)의 신(臣)이고, 14신은 64신(옛날의 64민(民)의 신)의 잘못인 듯하다.

지만 그 광경이 사람들을 감동시키는 것은 오직 진보(陳寶)에 대한 제사였다. 그래서 옹현의 4치(四時)는 봄에는 풍년을 기원하는 제사를 지냈고, 또 눈이 녹는 것을 제사 지냈으며, 가을에는 얼음이 어는 것을 제사 지냈고, 겨울에는 복을 비는 제사를 지냈으며, 5월에는 젊고 건장한 준마를 제물로 바쳤고, 또 사계절마다의 중간 달-중춘(仲春)·중하(仲夏)·중추(仲秋)·중동(仲冬)-에는 달에 제사를 지냈으며, 진보(陳寶)의 신(神)에 제사를 지내는 계절이 올 때마다 한 차례씩 제사를 올렸다. 이를 위해 봄과 여름에는 적색의 말[騂]을 (제물로) 썼고, 가을과 겨울에는 검붉은 말[駵駒]을 썼다. 각 치(時)에는 4마리 망아지와 목제 용(龍) 4마리와 방울이 달린 수레 한 대, 그리고 말 4필이 끄는 목제 수레가 있었는데, 색깔은 각각 제사를 지내는 제(帝)와 같도록 했다. 누런 송아지와 새끼 양은 각각 4마리이고, 홀과 폐백은 각각 일정한 수가 있었으며, 모든 살아 있는 희생은 매장했고, 조두(俎豆)와 같은 제기는 없이 3년에 한 번씩 교(郊)제사를 거행했다. 진나라는 겨울 10월을 한 해의 첫머리로 삼았기 때문에 (황제는) 언제나 10월 상순에 재계하고, 교외에 나가 봉화에 불을 붙여 함양 근처에서 절을 했고, 옷은 흰색을 높였으며, 예식은 보통의 제사와 같았다. 서치(西時)와 규치(畦時)의 제사는 예전처럼 지냈으나 상(上)이 직접 가지는 않았다. 이러한 제사들은 모두 태축(太祝)이 항상 주관해 계절에 맞춰 제사를 받들었다. 그밖에 다른 이름난 산과 큰 하천의 뭇 신령들과 8신(神)의 무리에 대한 제사는 상(上)이 그곳을 지날 때에만 지냈으며 떠나면 그만두었다. 군현이나 수도로부터 멀리 떨어진 신사(神祠)들은 백성들이 각각 스스로 제사를 받들었고, 천자의 축관(祝官)에게 관할하게 하지 않았다. 축관

중에는 비축(祕祝)이 있었는데, 재앙이 생기면 즉시 제사를 거행해 허물을 아랫사람들에게 떠넘겼다.

한(漢)나라가 일어나고 고조가 처음 군대를 일으켰을 때 일찍이 큰 뱀을 죽였는데, 그때 귀신[物]이 "이 뱀은 백제(白帝)의 아들이고, 이를 죽인 자는 적제(赤帝)의 아들이다"라고 말하는 소리가 들려왔다. 그리고 고조는 풍읍(豐邑)의 분유(枌榆)에 있는 사(社)에 기도를 올렸고, 그후 패(沛)를 쳐서 패공(沛公)이 됐을 때, 치우(蚩尤)에게 제사를 지내고, 희생의 피를 북과 깃발에 발랐다. 드디어 10월에 패상(霸上)에 이르러 세워져 한왕(漢王)이 됐다. 그래서 10월을 한 해의 첫 머리로 삼고, 색은 붉은 것[赤]을 높였다.

한(漢)나라 2년(기원전 205년) 동쪽에서 항적(項籍-항우)을 치고서 관중으로 돌아온 고조(高祖-유방)가 물었다.

"옛날 진(秦)나라 시절 상제(上帝)에 대한 제사를 지낼 때 어느 상제에게 제사를 올렸는가?"

(제사 담당관[祠官]이) 대답했다.

"네 분의 상제로 백제(白帝), 청제(靑帝), 황제(黃帝), 적제(赤帝)의 제사가 그것입니다."

고조가 말했다.

"내가 듣건대 하늘에는 다섯 상제[五帝]가 있다고 했는데 네 분의 상제만 제사를 지내는 것은 어째서인가?"

그 설에 대해서는 좌우의 그 어느 누구도 몰랐다. 이에 고조가 말했다.

"내가 그것은 분명히 알고 있으니 내가 하자는 대로 다섯 상제를 갖추도록 하라."

이렇게 해서 마침내 흑제(黑帝)에 대한 제사가 생겨나게 됐고, 그 명칭은 북치(北畤)라고 했다.⁴⁶ 그리고 옛날 진나라 때의 사관(祠官)들을 모두 다 불러 (당시 제사에 대해 탐문한 다음) 태축(太祝), 태재(太宰)와 같은 제사를 주관하는 관직을 다시 설치하고, 옛 제례 절차[儀禮]와 똑같이 시행토록 했다. 그리고 각 현(縣)에는 공사(公社-지방 단위의 제사)를 시행토록 명했다. 그리고 다음과 같은 조서를 내렸다[下詔].

"나는 상제에 대한 제사[祠]를 대단히 중하게 여겨 삼가 제사를 지내고자 한다. 지금부터 상제의 제사와 산천 및 여러 귀신들에 대한 제사를 맡은 자는 각각의 제사를 지낼 때 옛날의 법식과 똑같이 하도록 하라."

4년 후에 천하가 이미 평정되자 어사(御史)에게 조서를 내려 "풍읍(豊邑)에 영을 내려 분유사(枌楡社)를 잘 보수해 매년 계절별로 제사를 지내되 봄에는 양과 돼지로써 제사 지내도록 하라"라고 했다. 축관에게 영을 내려 장안(長安)에 치우(蚩尤)의 사당을 세우게 했다. 장안에는 사축관(祠祝官)과 여무(女巫)를 두었다. 그중에서 양무(梁巫)는 하늘·땅·천사(天社)·천수(天水)·방중(房中)·당상(堂上) 등에 제사를 지냈고, 진무(晉巫)는 오제(五帝)·동군(東君)·운중군(雲中君)·무사(巫社)·무사(巫祠)·족인취(族人炊) 등에 제사를 지냈으며〔○ 복건(服虔)이 말했다. "동군 이하는 다 귀신의 이름이다." 사고(師古)가 말했다. "동군이란 해[日]다. 운중군은 구름신이다. 무

---

46 고조의 이 말은 당시 중국에 성행했던 오행(五行) 사상과 관련된 것으로 곤륜산(崑崙山)을 중심으로 동서남북을 각각 청제(靑帝)·백제(白帝)·적제(赤帝)·흑제(黑帝)가 다스리고 중앙을 황제(黃帝)가 다스린다는 사상이다.

사와 무사는 다 옛 무당들의 귀신이다. 족인취란 옛날에 밥하는 어머니를 주관했던 귀신이다."), 진무(秦巫)는 두주(杜主)·무보(巫保)·족루(族纍) 등에 제사를 지냈고, 형무(荊巫)는 당하(堂下)·무선(巫先)·사명(司命)·시미(施糜) 등에 제사를 지냈으며, 구천무(九天巫)는 구천(九天)〔○ 사고(師古)가 말했다. "중앙은 균천(鈞天), 동쪽은 창천(蒼天), 동북쪽은 호촌(昊天), 북쪽은 현천(玄天), 서북쪽은 유천(幽天), 서쪽은 호천(浩天), 서남쪽은 주천(朱天), 남쪽은 염천(炎天), 동남쪽은 양천(陽天)이다. 이 설은 『회남자(淮南子)』에 나온다."〕에 제사를 지냈는데, 모두 해마다 계절에 따라 궁중에서 제사를 지냈다. 또 하무(河巫)는 임진(臨晉)에서 하수(河水)에 제사를 지냈고, 남산무(南山巫)는 남산과 진중(秦中)에 제사를 지냈다. 진중(秦中)이란 2세 황제다. 이상의 제사들은 각각 계절별로 날짜가 있었다.

2년 후에 어떤 사람이 주나라 왕조가 일어난 후 태읍(邰邑)에 후직의 사당을 세워 지금까지도 천하에서 제사를 지내고 있다[血食혈식]고 말했다. 이에 고조는 어사에게 조서를 내렸다.

"각 군국(郡國)과 현(縣)에 영을 내려 (곡식 농사를 맡은) 영성(靈星)의 사당을 세우고 해마다 계절에 따라 소를 제물로 해 제사를 지내도록 하라."

고조 10년 봄 유사가 각 현에서는 해마다 봄 2월과 겨울 12월에 양과 돼지를 제물로 바쳐 사직(社稷)에 제사를 지내고, 민간의 토지신에게는 각자 백성들의 재물로 제사를 지낼 것을 청하니 "그리하라"고 제(制-명)했다.

문제가 즉위한 지 13년에 조서를 내려 말했다.

"지금 비축(祕祝)이 재앙을 아랫사람들에게 전가하고 있는데 짐은 심히 받아들일 수가 없다. 지금부터는 이런 제도를 없애라.”

애초에 이름난 산과 큰 하천이 제후국에 있을 경우 제후의 축관들이 각기 스스로 제사를 받들었기 때문에 천자의 축관은 여기에 관여할 수가 없었는데, 제(齊)와 회남국(淮南國)이 없어지게 되자 (천자의) 태축에게 명해 모두 계절에 따라 이전과 같은 예식으로 제사를 지내도록 했다.

이듬해[47] 농사가 풍년이 들어 유사에 조(詔)하여 “옹(雍)의 오치(五畤)의 제사에는 각기 수레 한 대와 거기에 딸린 수레와 말의 장구들을 더해주고, 또한 서치(西畤)와 휴치(畦畤)에는 각기 나무로 만든 모형 수레 1대와 4필의 모형 말과 그에 딸린 장구들을 더해주며, 황하(黃河)·추수(湫水)·한수(漢水)의 제사에는 각각 옥벽(玉璧) 2개씩을 더해주라. 또한 여러 사당에도 제단의 공간을 더 넓히고 옥과 비단과 제기 등은 차등을 두어 더해주도록 하라”고 했다.

노(魯)나라 사람 공손신(公孫臣)이 글을 올려 말했다.

‘애초에 진(秦)나라는 수덕(水德)을 얻었고, 지금 한나라는 진나라를 이었는데, 오덕(五德)의 끝과 시작이 이어지는 설을 미루어 헤아려보면 한나라는 마땅히 토덕(土德)이니, 토덕에 감응해 황룡이 나타났던 것입니다. 마땅히 정삭(正朔-역법)을 바꾸고 복색을 고치며 색은 황색을 높여야 합니다.’

이때 승상 장창(張倉)이 율력(律曆)을 좋아해 한나라는 곧 수덕의 시작이라고 보았고, 그래서 황하가 금제(金隄)에서 둑이 터진 것을 그 조짐이라

---

47 사마천의 『사기(史記)』에서는 같은 해라고 했다.

고 여겼다. 한해의 첫 달을 겨울 10월에서 시작하고, 색깔은 밖은 흑색을, 안은 적색을 높여야〔○ 복건(服虔)이 말했다. "10월은 음기가 밖에 있기 때문에 밖은 흑색이고 양기는 여전히 땅에 숨어 있기 때문에 안은 적색이라 한 것이다."〕 수덕과 서로 감응한다고 했다. 공손신이 말한 바와 같은 것은 틀렸다며 이를 물리쳤다.

(그런데) 3년 후에 황룡(黃龍)이 성기(成紀)⁴⁸에 나타났다. 문제는 이에 공손신을 불러 제배해 박사(博士)로 삼고 여러 유생들과 함께 역법과 복색을 고치는 일의 초안을 잡게 했다. 그 해 여름 조서를 내려 말했다.

"기이한 신물(神物)이 성기(成紀)에 나타났는데 백성들에게는 해가 없고 올해는 풍년이다. 짐이 교외에서 상제와 여러 신들에게 제사를 지내려고 하니 예관들은 의견을 내 꺼리지 말고 모두 짐에게 말하도록 하라."

유사의 관리들이 모두 말했다.

"옛날에 천자는 여름에 몸소 교(郊)제사를 지냈는데 교외에서 상제에게 제사를 지냈으므로 그래서 교사(郊祀)라고 한 것입니다."

이에 여름 4월에 문제는 처음으로 옹의 오치(五畤) 사당에서 교제사를 지냈으며 의복은 모두 적색을 높였다.

조(趙)나라 사람 신원평(新垣平)이 망기술(望氣術)⁴⁹을 갖고서 상을 알현해 말했다.

"장안의 동북쪽에 신비로운 기운이 있는데 오채(五彩)의 색을 이루고

---

48 천수(天水)의 현 이름이다.
49 기운을 살펴 길흉을 점치는 술책이다.

있어 마치 사람이 면류관을 쓰고 있는 모습과 같습니다. 어떤 사람이 말하기를 동북쪽은 신명의 거처[숨]이고 서쪽은 신명의 묘지라고 합니다〔○ 장안(張晏)이 말했다. "신명은 해다. 해는 동북쪽에서 나온다. 그래서 거처를 양곡(陽谷)이라고 한다. 해는 서쪽으로 지기 때문에 묘지라고 한 것이다. 묘지는 몽곡(濛谷)이라고 한다."〕. (이처럼) 하늘의 상서로움이 내려 왔으니 마땅히 사당을 세우고 상제께 제사를 지내 상서로운 조짐에 부응해야 할 것입니다."

이에 위양(渭陽)에 오제(五帝)의 사당을 만들고, 같은 지붕 아래에 오제를 하나의 전당에 모셨으며, 밖에 있는 5개의 문은 각자 그에 해당하는 제의 색깔과 같도록 했다.[50] 제사에 사용하는 제물과 의례 역시 옹의 오치와 같게 했다.

이듬해 여름 4월에 문제는 몸소 패수(霸水)와 위수(渭水)가 만나는 곳에 가서 참배하고 위양(渭陽)의 오제(五帝)를 찾아가 교제사를 지냈다. 오제의 사당은 남쪽으로는 위수(渭水)에 임해 있고 북쪽에는 포지(蒲池)의 수로(水路)를 지나갔다. 횃불을 밝혀 제사를 받들었는데 마치 그 불빛들이 하늘과 서로 잇닿은 것 같았다. 이에 평(平-신원평)을 높여 상대부로 삼고 수천 금을 내려 주었다. 또 박사와 여러 유생들을 시켜 육경(六經)의 글들 중에서 추려내어 '왕제(王制)'를 편찬하게 했고, 순수(巡狩)와 봉선(封禪)의 일을 토의하게 했다. 문제가 장문정(長門亭)을 나서는데 마치 다섯 사람이 길 북쪽에 서 있는 것 같아서 드디어 그로 인해 곧바로 북쪽에 오제의 제단

---

50 이 사당은 장안 동북쪽에 있었다.

을 세우고 오뢰(五牢-가축 5마리)로 제사를 지냈다.

그 이듬해 평은 사람을 시켜 옥배(玉杯)를 지니고 글을 올려 궁궐 문에 가서 그것을 올리게 했는데 거기서 평은 상에게 이렇게 말했다.

"궁궐 아래에 보옥(寶玉)의 기운이 내려와 있습니다."

이윽고 그곳을 보니 과연 옥잔을 바치러 온 자가 있었는데 잔에는 '인주연수(人主延壽)'라고 새겨져 있었다. 평은 또 말했다.

"제가 추측하건대 태양은 하루에 두 번 중천에 뜰 것입니다."

(정말로) 얼마 후에 해가 서쪽으로 졌다가 다시 중천으로 나왔다. 이에 문제는 처음으로 고쳐서 즉위 17년을 원년(元年)으로 삼고 천하에 성대한 축하연을 베풀도록 했다. 평이 말했다.

"주나라 (왕실의 상징물인) 쇠솥[鼎]이 사수(泗水)에 빠졌는데 지금 황하가 범람해 사수로 통합니다. 신이 동북쪽을 살피던 중 분음(汾陰)의 하늘에 금보(金寶)의 기운이 있었습니다. 생각건대 주나라 쇠솥이 나타나지 않을까 합니다. 조짐이 나타났는데 맞이하지 않으면 손에 쥘 수가 없을 것입니다."

이에 상은 사자를 보내어 분음(汾陰) 남쪽, 황하와 인접한 곳에 사당을 세우게 하고 제사를 지내 주나라 쇠솥이 나타나기를 빌려고 했다. 그런데 어떤 사람이 글을 올려 신원평이 말한 운기(雲氣)와 신령(神靈)의 일은 모두 거짓이라고 고했다. 이에 신원평을 옥리에게 다스리게 해 신원평을 주벌했다[誅夷=誅殺].

이때 이후로 문제는 역법과 복색을 바꾸는 일과 신명의 일에 관심을 두지 않았고, 위양(渭陽)과 장문(長門)의 오제(五帝) 제사는 사관(祠官)이 관리하도록 했으며 계절에 따라 제사를 올리게 했지만 직접 가지는 않았다.

이듬해 흉노가 여러 차례 변방에 침입하자 군대를 일으켜 방어했다. 이후 곡물 수확은 줄어들어 늘지 않았으며 몇 년이 지나 효경(孝景)이 즉위했다. (효경제) 16년 동안 사관(祠官)은 각각 계절마다 예전과 같이 제사를 지냈지만 새롭게 사당을 지은 것은 없었다.

한나라 무제(武帝)가 즉위해 귀신에게 제사 지내는 것을 깊이 신봉했다. 한나라가 일어난 지 이미 60여 년이 되자 천하는 잘 다스려져[乂=治] 평안했기에, 조정의 고관들은 모두 천자가 봉선 의식을 거행하고, 역법과 도량형[正度=正朔度量]을 고쳐서 바로잡아주기를 기대했다. 그래서 상이 유가의 학설에 마음을 쏟아[鄕=嚮] 뛰어나고 훌륭한 선비들[賢良]들을 불렀다.

조관(趙綰)과 왕장(王臧) 등은 문학(文學-유학의 문장과 학식)으로 공경(公卿)이 돼 옛일을 토의해 성의 남쪽에 명당(明堂)을 세워 제후들이 조회하러 오는 곳으로 삼고, 또 순수(巡狩) 봉선(封禪)의 초안을 잡고, 역법과 복색을 바꾸는 등의 일을 추진했으나 제대로 할 수가 없었다. (그런데 마침) 두태후(竇太后)는 (황로(黃老)의 학설에 조예가 깊고) 유술(儒術-유학)을 좋아하지 않아, 사람을 시켜 조관 등이 간사하게 이익을 챙긴 일을 은밀히 조사하게 한 다음에 조관과 왕장[綰臧]을 불러 심문하니, 관과 장은 자살해 그들이 해보려 했던 여러 일들은 모두 폐기됐다. (무제 건원) 6년에 두태후가 붕(崩)했다. 그 이듬해 문학하는 선비들을 불러들였다.

이듬해 상은 처음으로 옹(雍)에 이르러 오치(五畤)에서 교제사를 지냈다. 그후로 늘 3년에 한 번씩 교제사를 지냈다. 이때 상은 신군(神君)을 구해 그를 상림원(上林苑) 안에 있는 제씨관(蹄氏觀)에 머물게 했다. 신군(神君)이란 장릉(長陵)의 여자로 자식을 낳다가 죽어 그 사연이 너무나도 슬펐기 때문에 훗날 그녀의 동서인 완약(宛若)의 몸에 신령을 드러냈다. 완약은 자기 집에서 그녀에게 제사를 지냈는데 많은 백성들이 거기에 제사를 지내러 갔다. 평원군(平原君)〔○ 응소(應劭)가 말했다. "무제의 외할머니다."〕도 가서 제사를 지내니 그후에 평원군의 자손들이 지위가 높아지고 현달했다. 무제가 즉위하게 되자 두터운 예로 궁 안에 그녀를 모셔두고 제사를 지내게 했는데 신군의 말소리는 들렸으나 모습은 보이지 않았다고 한다.

이때 이소군(李少君) 역시 부엌신[竈]에 제사 지내 복을 얻는 방술과, 곡기를 끊어 선인(仙人)이 되는 곡도(穀道)와, 늙는 것을 물리치는 각로(卻老)의 방술로 상을 알현하자 상은 그를 높여주었다. 소군(少君)이란 자는 옛 심택후(深澤侯)의 가인으로 처방과 약을 잘 다뤘는데, 그는 자기의 나이와 출생과 성장 내력을 감추고는 항상 자신은 70세라 하며, 여러 물건들을 부리고 늙는 것을 물리칠 수 있다[却老]고 했다. 그는 방술을 통해 제후들을 두루 만나고 다녔고 아내와 자식은 없었다. 사람들은 그가 귀신을 부리고 죽지 않게 한다는 소문을 듣고, 서로 재물을 가져다주었으므로 항상 금전과 비단 및 옷과 음식이 남아돌았다. 사람들은 모두 그가 생업의 방도를 세우지 않아도 여유롭다고 생각했고, 또 그가 어떤 사람인지도 모르면서 더욱 믿고 다투어 그를 섬겼다. 소군은 천성적으로 방술을 좋아했고 교묘한 말을 잘했는데 신기하게도 그것들이 적중했다. 일찍이 무안후(武安侯-전분)를 따라 잔치에 갔는데 그 자리에 90세가 넘는 노인이 있었다. 소군은 이에 그 노인의 할아버지와 함께 놀며 사냥했던 곳을 말했다. 노인이 아이였을 때 할아버지를 따라갔던 그 장소를 알아차리니 자리에 있던 사람들이 모두 놀랐다. 소군이 상을 알현했을 때 상은 오래된 구리 그릇을 가지고 있다가 소군에게 물으니 소군은 이렇게 답했다.

"이 그릇은 제나라 환공 10년에 백침대(柏寢臺)에 진열했던 것입니다."

잠시 뒤 새겨진 글자를 검사하니 과연 제나라 환공의 그릇이었다. 궁안 사람들이 모두 소스라치면서 소군을 신으로 여기며 몇백 살은 됐을 것이라 생각했다. 소군이 상에게 말했다.

"부엌신에게 제사를 올리면 사물[物]⁵¹을 마음대로 다룰 수 있습니다. 그래서 붉은빛 모래[丹沙]는 황금으로 바꿀 수 있고, 그것으로 그릇을 만들면 수명도 늘어나고 봉래산 신선도 볼 수 있으며, 이 신선을 본 다음에 봉선(封禪)을 올리면 결코 죽지 않으니 황제(黃帝)가 바로 이런 분이십니다. 신은 일찍이 해변을 거닐다가 안기생(安期生)을 만났는데, 그가 신에게 먹으라고 준 대추는 크기가 참외만 했습니다. 안기생은 신선이므로 봉래산 속을 왕래할 수 있는데, 기운이 사람들과 맞으면 모습을 드러내고, 맞지 않으면 숨어버립니다."

이에 천자는 비로소 몸소 부엌신에게 제사를 지냈고, 방사를 파견해 바다로 나아가 봉래산 신선을 찾아, 붉은빛 모래와 여러 약물을 변화시켜 황금을 만드는 일에 종사토록 했다. 오랜 시간이 흘러 소군이 병들어 죽었는데, 천자는 그가 변화해서 떠난 것이지 죽은 것이라고 여기지 않았고,

---

51 물(物)은 신령스러운 물건[鬼物]이다.

이에 황현(黃錘)와 사관서(史寬舒)로 하여금 그 방술을 이어받게 했다. 그 후에 해안에 사는 방사들과 (전국시대의 옛날) 연(燕)나라와 제(齊)나라 땅에 사는 수많은 기이한 방사들이 계속 귀신의 일을 이야기했다. 박(亳) 땅 사람〔○ 진작(晉灼)이 말했다. "제음(濟陰) 박현(薄縣) 사람이다."〕 유기(謬忌)가 태일신(泰一神)에게 제사를 지내는 방술을 아뢰어 말했다.

"하늘의 신 가운데 가장 귀한 것은 태일이며 태일을 보좌하는 것이 오제(五帝)〔○ 사고(師古)가 말했다. "청제(青帝)는 영위앙(靈威仰)이고, 적제(赤帝)는 적표노(赤熛怒)이고, 백제(白帝)는 백초구(白招矩)이고, 흑제(黑帝)는 협광기(協光紀)이고, 황제(黃帝)는 함추뉴(含樞紐)다. 일설에는 창제(蒼帝)의 이름은 영부(靈府)이고, 적제의 이름은 문조(文祖)이고, 백제의 이름은 현기(顯紀)이고, 흑제의 이름은 현구(玄矩)이고, 황제의 이름은 신두(神斗)라고 한다."〕입니다. 옛날에 천자는 봄과 가을에 장안 동남쪽 교외에서 태일에게 제사를 지냈고 날마다 태뢰(太牢)의 제물을 써서 이레 동안 했는데 제단을 만들고 팔방으로 통하는 귀도(鬼道)를 열어놓았습니다."

이에 천자는 태축(太祝)에게 영을 내려 장안 동남쪽 교외에 태일의 사당을 세우게 하고 늘 기(忌)의 방술대로 제사를 받들도록 했다. 그 뒤에 어떤 사람이 글을 올려 말했다.

"옛날에 천자는 3년에 한 번씩 태뢰로 신 세 분께 제사를 지냈으니 천일(天一), 지일(地一), 태일(泰一)입니다."

천자는 이를 허락하고서 태축을 시켜 기가 세운 태일의 제단 위에서 그가 글을 올린 방술에 따라 삼신에 대한 제사를 지내게 했다. 그 뒤 다시 어떤 사람이 글을 올려 말했다.

"옛날 천자는 항상 봄·가을에 재액을 물리치는 제사[解祠]를 지냈는데, 황제(黃帝)에게 제사를 지낼 때에는 효(梟)와 파경(破鏡)을 바쳤고〔○ 장안(張晏)이 말했다. "황제는 오제의 우두머리이며 한 해의 시작이다." 맹강(孟康)이 말했다. "효(梟-올빼미류)는 어미를 잡아먹는다. 파경은 짐승의 이름으로 애비를 잡아먹는다."〕, 명양(冥羊)에게 제사를 지낼 때에는 양을 썼으며, 마행(馬行)에게 제사를 지낼 때에는 푸른빛의 수놈 말을 썼고, 태일(泰一)과 고산산군(皐山山君)에게 제사를 지낼 때에는 소를, 무이군(武夷君)에게 제사를 지낼 때에는 건어물을, 음양사자(陰陽使者)에게 제사를 지낼 때에는 소 1마리를 썼습니다."

이에 사관(祠官)에게 영을 내려 그가 올린 방술대로 해, 기가 세운 태일의 제단 옆에서 제사를 지내게 했다.

그로부터 2년 후에 옹에서 교제사를 지내다가 뿔 하나짜리 짐승을 잡았는데 모양이 큰 고라니[麃]와 비슷했다. 유사에서 말했다.

"폐하께서 엄숙하게 교제사를 지내시니 상제께서 제사에 대한 보응으로 뿔 하나짜리 짐승을 내려주셨습니다. 아마도 기린인 듯합니다."

이에 그것을 오치(五畤)에 바치고 각 제사터[畤]마다 소 1마리를 더해 요제(燎祭)를 지냈다. 제후들에게 백금을 내려주어 이 상서로운 조짐이 하늘에 부합한 것임을 은근히 보여주었다[風]. 이에 제북왕(濟北王)은 천자가 장차 봉선(封禪)할 것이라 생각하고서 마침내 글을 올려 태산(泰山)과 그 주변 읍을 바치니 천자는 (이를 받고서) 다른 현을 대신 그에게 주었다. 상산왕(常山王)이 죄를 짓자 내쫓고 천자는 그의 동생을 진정(眞定)에 봉해 선왕의 제사를 계속 받들게 하고서 상산을 (국에서) 군(郡)으로 삼았다. 그로 인해 오악(五嶽)은 모두 천자의 군(郡)에 있게 됐다.

그 이듬해 제(齊)나라 사람 소옹(少翁)이 방술로 상을 알현했다. 상에게는 총애하던 이부인(李夫人)이 있었는데, 부인이 죽자 소옹이 방술을 써서 한밤중에 부인과 부엌신의 모습을 불러왔다고 말하니, 천자는 장막을 통해 이들을 바라보았다. 이에 마침내 소옹을 문성장군(文成將軍)에 제배하고 엄청나게 많은 상을 내려주고서 빈객의 예로 그를 예우했다. 문성이 말했다.

"상께서 신과 통하고 싶으셔도 궁실과 의복이 신과 다르면 신은 오지 않습니다."

이에 구름무늬를 그린 수레를 만들고서 아울러 각각의 승일(勝日)에는 그에 맞는 (색깔의) 수레를 골라 타 악귀를 쫓았다.[52] 또 감천궁(甘泉宮)을 지어 그 안에 대실(臺室)을 만들고 거기에 천신, 지신, 태일신의 모습을 그려 넣고서 제사 도구들을 갖춰두어 천신을 불러들였다. 1년여가 지나자 그의 방술은 갈수록 영험이 떨어졌고 신은 오지 않았다. 이에 문성은 비단에 글을 써서 소에게 먹인 후 모르는 척하고 "이 소의 뱃속에 기이한 물건이 있다"라고 말했다. 소를 죽여 뱃속을 살펴 글을 얻었는데 그 글이 이상했다. 또한 천자는 문성의 필적을 알고 있었기 때문에 사람들에게 그것을 물었더니 과연 문성이 위조한 것이었다. 이에 문성을 주살하고 이 일을 비밀에 부쳤다.

---

52 오행설에서 예를 들면 토(황)는 수(흑)를 이긴다. 따라서 수(水)와 관련된 일이 있으면 황색의 수레를 탔다는 말이다.

그 뒤에 또 백량대(栢梁臺),⁵³ 동주(銅柱), 승로반(承露盤),⁵⁴ 선인장(仙人掌)⁵⁵ 등을 만들었다.

문성이 죽은 이듬해 천자는 정호궁(鼎湖宮)에서 병이 나 점점 심해졌다. 무당과 의원이 해보지 않은 방도가 없었지만 병이 낫지 않았다.

이에 유수(游水)에 사는 발근(發根)이 이렇게 말했다.

"상군(上郡)에 무당이 있는데 병을 앓으면 귀신이 그 몸에 내려옵니다."

상은 그를 감천궁에 두고서 그 귀신에게 제사를 지내게 했다. 마침내 무당이 병이 나자 사람을 시켜 (그를 통해) 신군(神君)에게 물어보게 하니 신군이 말했다.

"천자께서는 조금도 병을 걱정하지 마십시오. 병이 조금 낫거든 억지로라도 감천궁에서 저와 만나면 됩니다."

이에 병이 나아지기 시작하자 드디어 감천궁으로 행차하니 병이 깨끗이 나았다. 천하를 크게 사면하고 수궁(壽宮)〔○ 신찬(臣瓚)이 말했다. "신을 모시는 궁이다."〕을 두고서 신군(神君)을 모셨다. 신군 중에 가장 귀한 신이 태일인데, 그 보좌를 대금(大禁)이라 하고, 사명(司命)의 무리들은 모두 대금을 따랐다. 신군의 모습은 볼 수 없었지만 그 음성은 들을 수 있었는데, 그것은 사람의 말소리와 같았다[等=同]. 때로는 갔다가 때로는 왔는데 올 때에는 바람 소리가 숙연했다. 궁실의 휘장 속에 머물렀고, 어떤 때

---

53 장안성 안 북궐 안에 있었다.

54 건장궁에 있었는데 이슬을 받는 구리 쟁반으로 높이는 20장(丈), 둘레는 7장이었다.

55 승로반 위에 있었는데 신선의 손바닥이 구름을 향해 맑은 이슬을 받는 모양을 하고 있었다.

는 낮에 이야기를 하기도 했지만, 평상시에는 주로 밤에 이야기를 했다. 천자는 푸닥거리[祓=禳]를 한 다음에야 들어왔고, 무당은 신군을 주인으로 여기며 함께 음식을 먹었다. 신군이 뭔가를 말하려고 하면 상은 즉시 무당의 아래에 앉았다. 또 북궁에 수궁을 두고서 깃털로 장식한 깃발을 세워 제사 기구를 갖춰 신군을 예로써 모셨다. 신군이 말을 하면 상은 사람을 시켜 그 말을 기록하게 했는데 명을 내려 그것을 화법(畫法)이라 부르게 했다. 그 말들은 세속 사람들도 알 수 있는 것들이었고, 특별한 것이라곤 전혀 없었는데도 천자는 유독 홀로 기뻐했다. 그 일은 비밀에 부쳤기 때문에 세상에는 알려지지 않았다.

그로부터 3년 후에 유사에서 말했다.

"연호[元]는 마땅히 하늘의 상서로운 명[瑞命]으로 지어야지 1, 2와 같은 숫자로 해서는 안 됩니다. 첫 번째 연호를 건원(建元)이라 하시고, 두 번째 연호는 장성(長星-혜성)이 나타났으니 원광(元光)이라 하시고, 세 번째 연호는 교제사에서 뿔 하나짜리 짐승을 얻었으니 원수(元狩)라고 해야 합니다."

그 이듬해 겨울 천자는 옹에서 교제사를 지내며 신하들과 상의해 말했다.

"오늘 상제께는 짐이 친히 교제사를 지냈지만 후토(后土)께는 제사를 못했으니 예가 제대로 된 것이 아니다."

유사는 태사공(太史公) 담(談)과 사관(祠官) 관서(寬舒) 등과 상의한 후에 이렇게 말했다.

"하늘과 땅에 제사 지낼 때 쓰는 희생의 뿔은 누에고치나 밤톨처럼 작아야 합니다. 지금 폐하께서 몸소 후토에 제사를 지내려 하시니 후토는 마땅히 택중(澤中)의 환구(圜丘)에 다섯 제단을 만들고, 각 제단마다 누런 송아지와 태뢰를 바쳐야 하며, 일단 제사가 끝나고 나면 모두 땅에 묻어야 하고[瘞], 제사에 종사하는 사람의 옷은 황색을 숭상해야 합니다."

이에 천자는 드디어 동쪽으로 분음(汾陰)에 갔다. 분음의 남자 공손방양(公孫滂洋) 등이 분수의 주위에 빛이 진홍색[絳]을 띠는 것을 보았다. 상은 드디어 분음의 수구(脽丘)⁵⁶ 위에 세웠는데 (축조 방식은) 관서 등의 의견을 따랐다. 상이 직접 망배(望拜)했는데 상제의 예와 똑같이 했다. 예를 마치자 천자는 드디어 형양(滎陽)에 이르렀다. 그리고 다시 낙양을 지날 때 조서를 내려 주나라 왕실의 후손[周孫]을 (낙양에) 봉해주어 선왕들의 제사를 받들게 했다. 이에 관한 상세한 이야기는 「무제기(武帝紀)」에 있다. 상은 비로소 군현들을 순행하고 점점[寖=漸] 태산으로 나아갔다[尋=就].

그 해 봄 낙성후(樂成侯) 등(登-유등)이 글을 올려 난대(欒大)라는 사람을 이야기했다.⁵⁷ 난대는 교동왕(膠東王)의 궁(宮)에서 일하는 사람으로 옛날에 문성장군과 같은 스승 밑에서 (방술을) 배웠고, 그러고 나서 교동왕의 상방(尙方-약제사(藥劑師))이 됐다. 낙성후의 누이는 교동의 강왕(康王)의 후가 됐으나 아들이 없었기 때문에 강왕이 죽자[死] 다른 희첩의 아들⁵⁸이 세워져 왕이 됐다. 그런데 강후(康后)는 음행(淫行)이 있는 데다가

---

56 언덕 이름이다.

57 천거했다는 말이다.

58 애왕(哀王) 현(賢)이다.

왕과 서로 맞지 않아 서로 법(法)으로 상대방을 위협했다. 강후는 문성이 이미 죽었다는 소식을 듣고서 스스로 상에게 아양을 떨고 싶어 마침내 난대를 보내 낙성후를 통해 천자를 만나 방술〔○ 사고(師古)가 말했다. "신선의 방술을 말한다."〕을 말하게 한 것이다.

천자는 이미 문성을 주살하고 나서, 뒤에 그를 너무 일찍 죽였음을 뉘우치며 한스러워하고 그의 방술을 다 써보지 못했음을 애석하게 여겼는데, 난대를 보게 되자 크게 기뻐했다. 대(大)는 생김새가 키가 크고, 잘생긴 데다가 풍부한 방략을 이야기했으며, 과감하게 큰소리를 치면서 처신함에 있어 머뭇거림이 없었다. 대는 이렇게 말했다.

"신은 일찍이 바다 가운데[海中]를 오가다가 안기생(安期生)과 선문(羨門)의 무리를 만났는데 그들은 신이 신분이 낮은 것만 생각해[顧=念] 신을 믿어주지 않았습니다. 또 강왕은 제후일 뿐이니 저의 방술을 전해주기에는 부족했습니다. 신이 여러 번 강왕에게 (방술에 관해) 말했지만 강왕도 신을 쓰지 않았습니다. 신의 스승께서 말씀하시기를 '(단사를 변화시켜) 황금은 만들 수 있고 황하의 터진 둑도 막을 수 있으며 불사약도 구할 수 있고 신선도 이르게 할 수가 있다'라고 했습니다. (그러나) 신이 두려운 것은 문성처럼 될까 하는 것이며 그러면 방사들은 모두 입을 닫을 것이니 어찌[惡=何] 감히 방술을 입에 담을 수 있겠습니까?"

상이 말했다.

"문성은 말의 간을 먹고 죽은 것뿐이다. 그대가 진실로 능히 그 방술을 펼칠 수 있다면 내가 무엇을 아끼겠는가!"

대가 말했다.

"신의 스승은 다른 사람을 찾아가는 것이 아니라 다른 사람들이 찾아오게 합니다. 폐하께서 반드시 신선을 오게 하고 싶다면 그의 사자를 귀하게 대우하시고, 폐하의 친척들로 하여금 그를 빈객의 예로 대우하게 하시며, 절대 깔보지 마시고, 그들 각자에게도 (관리의 표식인) 신인(信印)을 찰 수 있게 해주신다면, 마침내 신인(神人-신인)과 통해 이야기할 수 있을 있을 것입니다. 신선이 과연 기꺼이 올지 안 올지는 그 사자를 존중한 연후에야 알게 될 것입니다."

이에 상이 먼저 간단한 방술[小方]이라도 보여달라고 하자 바둑돌들을 바둑판 위에 놓으니 돌들이 스스로 서로 부딪치며 공격했다. 이때 상은 마침 황하가 터져 근심하고 있었고, 또 황금도 만들지 못하고 있었기에, 마침내 대를 제배해 오리장군(五利將軍)으로 삼았다. 한 달 남짓 지나자 대는 4개의 금인(金印)을 얻어 천사장군(天士將軍)·지사장군(地士將軍)·대통장군(大通將軍)과 천도장군(天道將軍)의 인장을 찼다. 어사에게 조서를 내렸다.

"옛날 우왕은 구강(九江)을 소통시키고 사독(四瀆)⁵⁹을 텄다[決=導]. 근래에 황하가 넘쳐 하안에서 육상에 이르기까지 제방을 쌓는 요역으로 인해 쉬지를 못하고 있다. 짐이 천하를 다스린 지 28년인데 하늘이 마침 짐에게 방사를 보내 크게 (하늘과) 통하게 하려는 것 같다. (『주역(周易)』의) 건(乾)괘(䷀)에서 '비룡(飛龍)'이라 했고 (점(漸)괘(䷴) 초륙(初六) 효 풀이에서) '큰 기러기가 물가로 점점 나아간다[鴻漸于干]'고 했으니 그 뜻은 바로

---

59 독(瀆)이란 강 중에서 바다로 흘러들어가는 것을 말한다.

짐이 난대를 얻은 것과 거의 비슷할 것이다. 그를 2,000호로써 지사장군(地士將軍)에 봉하고 낙통후(樂通侯)로 삼노라."

열후의 1등 저택[甲第]과 동복 1,000명을 내려주고 (황제만이 쓰는) 승여(乘輿)·척거마(斥車馬)⁶⁰·유장(帷帳-휘장)·궁중·기물 등으로 그의 집을 가득 채워주었다. 또 위장공주(衛長公主)⁶¹를 아내로 삼도록 하고, 황금 10만 근을 지참토록[齎] 했으며, 그의 읍의 이름을 따서 당리공주(當利公主)라고 불렀다.

천자가 몸소 오리(五利)의 저택에 갔는데 이럴 때면 사자들이 안부를 묻고 물건을 공급하느라 길에 행렬이 줄을 이었다. 대장공주(大長公主)와 장상 이하로부터 모두 자신들의 집에서 주연을 베풀어 그를 초대했고 돈과 재물을 바쳤다. 이에 천자는 또 천도장군(天道將軍)이라는 옥도장을 새겨 사자에게 우의(羽衣)를 입혀 밤에 보내어 백모(白茅-깨끗한 띠) 위에 서게 했고, 오리장군(五利將軍)도 역시 우의(羽衣)를 입고 백모 위에 서서 인장을 받아 난대는 천자의 신하가 아님을 보여주었다. 그리고 천도(天道)라는 옥도장을 차는 자는 장차 천자를 위해 천신(天神)을 인도할[道=導] 사람이라는 뜻이다. 이에 오리는 항상 밤이면 자기의 집에서 제사를 지내 신이 내려오기를 빌었다. 그후에 여장을 챙겨 동쪽 바다로 가서 자신의 스승을 만나겠다고 말했다. 대가 (천자를) 알현한 지 몇 달 만에 6개의 인장을 차고 천하에 부귀를 떨치자, 바닷가 근처인 연(燕)과 제(齊) 사이에서

---

60 평상시에는 쓰지 않는 특수 용도의 거마를 말한다.

61 위(衛)황후의 장녀다.

자신들도 방술이 있어 신선을 불러올 수 있다고 자칭하며 손짓, 발짓이라도 해대지 않는 자가 없었다.

그 해 여름 6월 중에 분음(汾陰)의 무당 금(錦)이 백성들을 위해 위수(魏脽)〔○ 응소(應劭)가 말했다. "위(魏)란 옛날 위나라 땅을 가리킨다."〕의 후토를 그 사당 경내 옆에서 제사 지낼 때 그 땅에서 고리 모양처럼 생긴 것을 발견하고 손으로 흙을 파내[掊] 쇠솥[鼎]을 얻었다. 쇠솥은 보통의 솥보다 기이할 정도로 컸고 무늬만 조각돼 있을 뿐 아무런 문자[款識= 刻記]⁶²도 새겨져 있지 않았다. 이를 괴이하게 여겨 관리에게 말했고, 관리는 하동태수 승(勝)에게 알렸으며, 승은 이를 위에 보고했다. 천자는 사자를 보내 무당 금(錦)을 조사해 쇠솥을 얻은 것이 간사한 거짓이 아님을 확인하고서, 마침내 예로써 제사를 지내고 쇠솥을 맞이해 감천궁으로 가져오자, 상은 쇠솥을 따라가서[從行]⁶³ 그것을 하늘에 바쳤다[薦].⁶⁴ 중산(中山)〔○ 사고(師古)가 말했다. "지금의 운양(雲陽)의 중산이다."〕에 이르자 날씨가 맑고 따듯했으며 누런 구름이 (쇠솥 위를) 덮었다. 이때 마침 고라니가 지나가니 상이 직접 쏘아 잡아 그것으로 제사를 지냈다고 한다[云]. 장안에 이르자 공경대부들이 모두 의견을 내 보정(寶鼎)을 받들 것을 청하니 천자가 말했다.

"최근에 황하가 넘치고 흉년이 여러 해 계속돼 그 때문에 순행하면서

---

62 관식은 금석에 새겨진 문자를 말하는데 음각한 것이 관(款), 양각한 것이 식(識)이다.

63 감천궁 내 제사를 지낼 곳으로 쇠솥을 옮길 때 무제가 따라갔다는 말이다.

64 하늘에 제사를 지냈다는 말이다.

후토에 제사를 지내고 백성들이 곡식을 잘 기를 수 있게 해달라고 빌었다. (그러나) 올해의 풍작 여부에 대해 아직 (신으로부터) 응보를 받지 못했는데 쇠솥은 어찌하여 나온 것인가?"

유사가 모두 말했다.

"듣건대 옛날에 태제(泰帝)〔○ 사고(師古)가 말했다. "태제란 곧 태호(泰昊)인 복희씨다."〕가 신정(神鼎) 하나를 만들었는데 하나란 일통(一統)이니 천지 만물이 그것에 의해 하나로 연결되는 것이라 했습니다. 황제(黃帝)는 보정(寶鼎) 셋을 만들어 하늘·땅·사람[天地人]을 상징했고, 우왕은 구목(九牧-구주의 목(牧))의 금속을 모아 구정(九鼎)을 주조했는데, 모두 희생을 삶아[鬺烹] 상제와 귀신에게 제사 지내는 데 썼습니다. 솥의 가운데를 뜨게 만드는 다리[空足]를 격(鬲)이라고 하는데 세 가지 다움[三德]을 상징하고〔○ 여순(如淳)이 말했다. "정(鼎)에는 솥 다리가 3개 있기 때문이다. 세 가지 다움이란 삼정(三正-천·지·인)의 다움이다." 사고(師古)가 말했다. "여순의 설은 틀렸다. 세 가지 다움이란 정직(正直)·강유(剛柔)·유극(柔克)이다. 이는 (『서경(書經)』)「주서(周書)」'홍범(洪範)'편에 보인다."〕, 하늘의 복[天祐=天福]을 빌어 이어받습니다. 하나라의 다움이 쇠퇴하자 쇠솥은 은나라로 옮겨갔고, 은나라의 다움이 쇠퇴하자 쇠솥은 주나라로 옮겨갔으며, 주나라의 다움이 쇠퇴하자 쇠솥은 진나라로 옮겨갔고, 진나라의 다움이 쇠퇴하고 (주나라의 제사를 이었던) 송나라의 사직이 망하자 쇠솥은 마침내 어딘가로 숨어버려 아직 발견되지 않고 있습니다. 주송(周頌)에 이르기를 '당(堂)으로부터 집안의 터[基]로 가며/양으로부터 소로 가며/작은 솥과 큰 쇠솥[鼐鼎]을 보도다/떠들지 않고 오만하지 아니하니/장수의 아름다운 복을 누리도다'⁶⁵라고 했습니다. (그런데) 지금 쇠솥이 감천궁에 이르렀는데 빛이 나고 윤기가 흘러 용이 변한 듯하니 아름다운 복을 이어받음이 끝이 없을 것입니다. 지금 보정(寶鼎)이 감천궁에 도착했는데 광채가 나고 윤이 나서 용이 변화하는 듯하니 복과 은혜를 이어받음이 끝이 없다고 할 수 있습니다. 이는 중산(中山)에서 황백색 구름이 있어 내려와 쇠솥을 덮었던 일과 부합하고, 마치 고라니가 상서로움의 상징이 돼 폐하께서 큰 활로 화살 네 발을 쏘아 신단 아래에서 그 고라니를 잡으셨으니, 이를 바쳐 크게 하늘에 제사를 지내셨습니다. 오직 명을 받아 제왕이 된 분만이 그 뜻을 알아서 하늘과 다움을 합칠 수 있을 것입니다. 이 쇠솥은 마땅히 종묘와 이묘(禰廟-아버지 사당)에 바쳐 제정(帝庭)〔○ 사고(師古)가 말했다. "감천궁에 있는 천신(天神)의 뜰이다."〕에 소중히 감추어 신명의 상서로움에 부합해야 할 것입니다."

제(制)하여 말했다.

"그리하라."

바다로 가서 봉래(의 신선)를 찾던 자들이 "봉래는 멀지 않은 데도 갈 수가 없는 것은 아마도 그 기운을 보지 못하기 때문일 것"이라고 말했다. 상은 이에 기운을 잘 살펴보는 자를 보내 방사들을 도와 그 기운을 관찰하게 했다.

그 해 가을에 상이 옹에 행차해 장차 교제사를 지내려고 하는데 어떤

---

65 『시경(詩經)』의 「사의(絲衣)」 편이다. 중간에 두 구절은 생략됐다. 이는 제사를 지내고 술을 마시는 과정을 노래한 시다. 매사에 삼가고 조심해 장수를 누리기를 비는 내용이다.

사람이 이렇게 말했다.

"오제(五帝)란 태일(泰一)의 보좌이므로 마땅히 태일(신의 제단)을 세우고 상께서 몸소 교제사를 지내야 합니다."

상은 망설이며 결정을 하지 못했다.

제(齊)나라 사람 공손경(公孫卿)이 말했다.

"올해 보배로운 쇠솥을 얻었는데 올겨울 신사일 초하루 아침은 동지(冬至)이니 황제(黃帝)가 보배로운 쇠솥을 얻은 때와 같습니다."

경(卿)은 찰서(札書)를 갖고 있었는데 거기에 이렇게 적혀 있었다.

'황제(黃帝)가 완구(宛朐)⁶⁶에서 보정을 얻자 귀유구(鬼臾區)에게 물으니 구(區)는 "제께서 보배로운 쇠솥과 신책(神筴)을 얻으신 것은 올해가 기유일 초하루 아침이 동지이기 때문입니다. 이는 하늘의 벼리수[紀=紀數]를 얻은 것이며 모든 것이 끝나고 다시 시작하는 것입니다"라고 답했다. 이에 황제가 맞이할 날을 책력으로 미루어 헤아려보니 그 뒤로 20년마다 한 번씩 초하루 아침에 동지를 얻고 무려 20여 번이나 거듭해 380년 만에 황제는 신선이 돼 하늘로 올라갔다.'

경이 소충(所忠)을 통해 이 일을 아뢰려고 했으나 소충은 그 글이 경전에 부합하지 않아[不經] 망령된 글이라고 의심해 사양하면서 말했다.

"보배로운 쇠솥의 일은 이미 결정된 것인데 오히려 무슨 소용이 있겠는가?"

---

66 원문에는 면후(冕侯)로 돼 있는데 이는 착오이며, 사마천의 『사기(史記)』 「봉선서(封禪書)」에 따라 완구라고 옮겼다.

경은 상이 총애하는 사람[嬖人]을 통해 이 일을 아뢰니 상은 크게 기뻐하며 경을 불러 물어보니 이렇게 대답했다.

"이 글을 (방사) 신공(申功)에게서 받았는데 신공은 이미 죽었습니다."

상이 물었다.

"신공은 어떤 사람인가?"

경이 말했다.

"신공은 제나라 사람인데 안기생과 서로 통했고, 황제(黃帝)의 말을 전수받았는데 글은 남기지 않았고, 오직 이 쇠솥에 새긴 글만 있을 뿐입니다. 거기에 이르기를 '한나라가 일어나 부흥하는 시기는 황제가 쇠솥을 얻은 때에 해당한다'라고 했고, 또 '한나라의 빼어난 인물[聖者]은 고조의 손자나 증손자에 있다. 보배로운 쇠솥이 나타나면 그 천자는 신과 통한 것이니 봉선을 지내야 한다. 봉선을 행한 왕은 72명인데 오직 황제만이 태산에 올라가 봉(封)할 수 있었다'라고 돼 있습니다. 신공은 말하기를 '한나라의 군주 또한 마땅히 태산에 올라 봉해야 하며 위에서 봉하게 되면 능히 신선이 돼 하늘에 오를 것이다. 황제 때에는 제후국이 1만 개였는데 그중에 산천의 신령에게 제사를 지낸 곳이 7,000여 개였다. 천하의 명산은 여덟 군데가 있는데 셋은 오랑캐 땅에 있고 다섯은 중국에 있다. 중국의 화산(華山)·수산(首山)·태실산(太室山)·태산(泰山)·동래산(東萊山), 이 다섯 산은 황제가 늘 유람했던 곳이며 신선과 만났던 곳이다. 황제는 한편으로 전쟁을 하면서 한편으로는 신선술을 배웠는데, 백성들이 그가 신선술을 배우는 것을 걱정하자, 이에 귀신을 비난하는 자들을 모두 목 베었다. 이렇게 100여 년이 지난 다음에야 신과 소통할 수 있었다. 황제는 옹에서 상제에게 교제사를 지내느라 그곳에 석 달이나 머물렀다. 귀유구는 거대한 기러기[大鴻]라고 불렸고 죽어서는 옹 땅에 장사를 지냈다. 그래서 홍총(鴻冢)이라고 하는 곳이 곧 그의 무덤이다. 그 뒤에 황제는 명정(明廷)에서 수많은 신령들을 만났는데, 명정이란 지금의 감천궁이고, 이른바 (황제가 하늘로 올랐다고 하는) 한문(寒門)이란 지금의 곡구(谷口)다. 황제는 수산(首山)의 구리를 캐내 형산(荊山) 아래에서 쇠솥을 주조했는데 쇠솥이 이미 이루어지자 긴 수염이 달린 용이 내려와 황제를 맞이했다. 황제가 용 위에 올라타자 여러 신하들과 후궁들 중에 따라서 용 위에 오른 자가 70여 명이 되자 마침내 용은 하늘 위로 떠나갔다. 그밖의 지위가 낮은 신하들은 용 위에 오르지를 못하자 이에 모두 용의 수염을 잡아당겨 용의 수염이 뽑혔으며 황제의 활도 떨어졌다. 백성들은 황제가 이미 하늘로 올라가는 것을 우러러 바라보고는 마침내 그 활과 용의 수염을 끌어안고 부르짖었다. 그래서 후세에 이곳을 이름해 정호(鼎湖)라고 하고 그 활을 오호(烏號)라고 불렀다'라고 합니다."

이에 천자가 말했다.

"아아 내가 진실로 황제 같을 수만 있다면 나는 해진 짚신을 벗어던지듯 아내와 자식도 떠나리라!"

그러고는 경을 제배해 낭관(郎官)으로 삼고 동쪽에 있는 태실산(太室山)으로 가서 신을 기다리게 했다.

상이 드디어 옹에서 교제사를 지내고, 농서(隴西)에 이르러 공동산(空桐山)에 올랐고, 감천궁으로 행차했다. 사관(祠官), 관서(寬舒) 등에게 태일신의 제단을 갖추도록 명했는데 제단은 박기(亳忌)의 태일단을 본떠 3층으로 만들게 했다. 오제의 제단은 그 아래에 빙 둘러 각각 그 방위대로 하고, 황제의 제단은 서남쪽에 두었으며, 귀신의 길은 8방으로 통하게 했다. 태일(의 제사)에 쓰는 희생은 옹의 한 제사터에 올리는 제물과 같게 하고, 단술과 대추와 말린 고기 등을 더했으며, 검은 소 한 마리를 죽여 조두(俎豆-제기)에 제물로 담아놓았다. 그러나 오제의 제사에는 단지 조두의 제물과 단술만 바쳤다. 그 아래 사방의 땅에는 군신제(群臣祭)[餵]를 위해 여러 신들을 따르는 자들과 북두칠성의 신위를 늘어놓고 제사를 지냈다. 이미 제사가 끝나면 남은 제물을 모두 불태웠다. 제사에 쓰는 소는 흰색으로 하고, 사슴을 소의 뱃속에 넣고, 사슴의 뱃속에는 돼지를 넣고 나서 거기에 물이 스며들게 했다. 해에게 제사를 지낼 때에는 소를 썼고 달에게 제사를 지낼 때에는 양이나 돼지를 희생으로 썼다. 태일에게 제사를 지내는 축재(祝宰)는 자주색 수를 놓은 옷을 입었고, 오제에게 제사를 지낼 때는 각각 그에 맞는 색의 옷을 입었으며, 해에게 지낼 때는 붉은옷, 달에게 지낼 때는 흰옷을 입었다.

 11월 신사일 초하루 아침 동짓날에 날이 샐 무렵 천자는 비로소 태일신에게 교제사를 지내며 절을 했다. 아침에는 해를 향해, 저녁에는 달을 향해 읍(揖)했으며, 태일신에게 제사 지내는 것은 옹에서 교제사를 지내는 것과 같이했다. 제사 때 기도하는 글은 이러했다.

 '하늘이 비로소 보배로운 쇠솥과 신책을 황제(皇帝)께 주셨고, 초하루 아침이 바뀌면 다시 초하루 아침이 되게 하며, 모든 것이 끝나면 다시 시작하게 하니 황제는 삼가 절하나이다.'

 그리고 옷은 황색을 높였다. 사당에는 횃불을 늘어놓아 제단을 가득 밝혔고 제단 주위에는 제사 고기를 삶는 기구들을 갖추어놓았다. 유사에서 말했다.

"사당 위에 광채가 있습니다."

공경들이 말했다.

"황제께서 처음에 운양궁(雲陽宮)에서 태일신에게 교제사를 지내실 때 유사에서는 커다란 옥과 다섯 살 난 수소를 제물로 받들어 제사 지냈습니다. 그날 밤 아름다운 광채가 나타나 다음 날 낮까지 계속됐으며 누런 기운이 하늘에까지 이어져 올라갔습니다."

태사령 담(談-사마천의 아버지)과 제리 관서(寬舒) 등이 말했다.

"신령의 아름다운 모습은 복이 내리는 상서로운 조짐입니다. 마땅히 이곳 광채가 난 구역에 태일의 제단[泰時壇]을 세워 하늘의 감응을 밝혀야 합니다. 태축(太祝)에게 명하시어 가을과 12월[臘] 사이에 제사를 지내게 하시고 3년마다 천자께서 몸소 교제사를 지내셔야 합니다."

그 해 가을 남월(南越)을 정벌하기 위해 태일신에게 고하는 제사를 지냈는데, 그 제사에서는 모형(牡荊-낙엽송 관목)으로 깃대를 만들고, 거기에 해와 달과 북두와 비룡[登龍=飛龍]을 그려서 세웠다. 이는 태일의 삼성(三星)을 상징하고 태일신에게 선봉에 서는 별이기 때문에 영기(靈旗)라고 이름 지었다. 출병을 위한 기도를 드릴 때는 태사(太史)가 깃발을 받들어 정벌하려는 나라 쪽을 가리켰다. 한편 오리장군은 감히 바다로 들어가지 못하고 태산에 가서 제사를 지냈다. 상이 사람을 시켜 몰래 따라가서 진위를 가리도록 하니, 실제로 어떤 신선도 보이지 않았는데 오리는 자신이 스승을 만났다고 거짓말을 했고, 그의 방술을 모두 썼는데도 대부분 응험이 없었다[不讐]. 상은 이에 오리를 주살했다.

그 해 겨울 공손경은 하남에서 신선을 찾다가 말하기를 "구지성(緱氏城) 위에서 신선의 자취를 발견했는데 뭔가 꿩같이 생긴 물건이 성 위를 왔다갔다 하는 것 같았다"라고 말했다. 천자가 몸소 구지성으로 행차해 그 자취를 보고서 경에게 물었다.

"문성과 오리를 본받는 것은 아니겠지?"

경이 말했다.

"신선이 임금[人主]을 찾아오는 것은 아니니 임금이 신선을 찾아야 합니다. 이를 위해 시간을 조금 넉넉히 두지 않는다면 신선은 오지 않을 것입니다. 신(神)의 일을 말씀드리자면 이 일은 멀고도 황당한 것[迂誕] 같지만 여러 해가 지나야 마침내 불러올 수 있습니다."

이에 군국들에서는 각자 도로를 깨끗이 하고 궁전의 누대와 명산의 신사들을 손보아 고치고서 천자의 행차를 기다렸다. 그 해 남월을 멸망시키고 나서 상이 총애하는 신하인 이연년(李延年)이 아름다운 음악을 지어 상을 찾아뵈었다. 상은 그 음악을 칭찬하고 공경들에게 내려 토의하라고 하면서 이렇게 말했다.

"민간의 제사에도 일찍이 북을 치고 춤을 추는 음악이 있는데 지금 교제사를 지내면서 음악이 없으니 어찌 어울린다고 하겠는가?"

공경들이 말했다.

"옛날에 하늘과 땅에 지내는 제사에도 모두 음악이 있어 하늘과 땅의 신령들[神祇=天神地祇]이 제사의 예를 받들 수 있었습니다."

어떤 사람이 말했다.

"태제(泰帝-복희)가 소녀(素女)로 하여금 50줄짜리 거문고로 타게 했는데, 너무나 슬퍼서 태제가 그만두게 할 수밖에 없었기에, 그 거문고를 부수고 25줄로 만들었습니다."

이에 남월을 평정한 후 승전을 고하기 위해[塞=賽] 태일과 후토에게 제사를 지낼 때 처음으로 음악과 춤을 썼고, 노래하는 아이들까지 나서서 노래를 불렀으며, 25줄짜리 거문고와 공후(箜篌)를 만들었으니 거문고[瑟]는 여기서 시작된 것이다.

이듬해 겨울 상이 의견을 내 말했다.

"옛날에는 먼저 무기를 거두어들이고 군대[旅]를 해산한 뒤에야 봉선을 거행했다."

이에 드디어 북쪽으로 삭방(朔方)을 순행하며 병사 10여만을 거느리고 [勒=率] 돌아오다가, 교산(橋山)에서 황제(黃帝)의 무덤에 제사를 지낸 후 양여(涼如)에서 군대를 해산했다[釋兵]. 상이 말했다.

"내가 듣건대 황제는 죽지 않았다고 하는데 지금 무덤이 있는 것은 어찌된 일인가?"

어떤 이가 대답했다.

"황제께서 이미 신선이 돼 하늘로 올라간 후에 여러 신하들이 그 의관을 묻은 것입니다."

감천궁으로 돌아와 장차 태산에서 봉선을 거행하기 위해 먼저 태일신에게 유사(類祠)[67]를 지냈다.

---

67 임시 제사를 말한다. 유제(類祭)라고도 한다.

보배로운 쇠솥을 얻은 이후 상은 공경 및 유생들과 함께 봉선의 일을 상의했지만, 봉선은 거행된 일이 너무 오래됐고 드물어 기록이 끊어져, 그 의례를 아무도 알지 못했다. 이에 유생들은 『상서(尙書)』와 『주관(周官)』과 『왕제(王制)』에 있는, 망사(望祀)에는 소를 화살로 쏘아 제물로 쓰는 전례[射牛]를 채택했다. 제(齊)나라 사람 정공(丁公)은 나이가 90세가 넘었는데 이렇게 말했다.

"봉(封)이란 죽지 않는다는 이름과 들어맞습니다. 진(秦)나라 황제는 태산에 올라 봉하지 못했습니다. 폐하께서 반드시 오르시겠다면 조금 더 위쪽으로 해서 올라가셔야 비바람이 없으므로 마침내 산에 올라 봉할 수 있을 것입니다."

상은 이에 마침내 유생들에게 소를 화살로 쏘는 전례를 익히도록 영을 내리고 봉선에 쓰일 의례를 위한 초안을 잡도록 했다.

몇 년이 지나 장차 봉선을 거행할 때가 되자 천자는 이미 공손경과 방사들의 말을 들었는데, 황제(黃帝)가 옛날에 봉선을 거행할 때 모두 괴물이 내려와 신과 교류했다는 것이었다. 이에 황제를 본받아 신선과 봉래의 방사들에게 가까이 다가가고 세속을 초탈해, 구황(九皇)[68]과 다움을 나란히 하고 싶어 했고 또 유술을 널리 택해 그것을 화려하게 꾸미려고 했다. (그러나) 유생들은 이미 봉선의 일을 밝혀낼 수가 없었고, 또 『시경(詩經)』, 『서경(書經)』 혹은 옛글에 얽매여[牽拘] 감히 좋은 의견을 내지 못했다. 상이 봉선에 쓸 제기들을 유생들에게 보여주자 유생들 중에 어떤 이

---

68 상고시대의 아홉 황제를 말한다.

는 "옛것과 같지 않습니다"라고 했고, 서언(徐偃)은 또 말하기를 "태상(太常)의 제생(諸生)이 행하는 예 중에 노나라 것만큼 좋은 것이 없습니다"라고 했으며, 주패(周霸)는 유자들을 모아[屬=會] 봉선의 일을 자문하려 하니, 이에 상은 언과 패를 내쫓고 유생들을 모두 파면한 후에 이들을 쓰지 않았다.

3월에 드디어 동쪽으로 구지(緱氏)에 행차했고 예를 갖춰 중악(中嶽)의 태실산(太室山)에 올랐다. 수행하는 관원들이 산 아래에서 "만세(萬歲)!"라고 하는 듯한 소리를 듣고 (산에 올라가) 상에게 물으니, 상은 산 위에서 그런 말을 한 적이 없다고 했고, 산 아래로 있던 사람들에게 물으니 그들도 그런 말을 하지 않았다고 했다. 이에 사관에게 영을 내려 태실의 사당에 봉읍을 더해주고, 그 산의 벌목을 금지시키며, 산 아래 300호를 갖고서 숭고(崇高)를 봉해 봉읍(奉邑-제사를 받드는 읍)으로 삼아 오직 사당에게 공급하며, 이 산에 관여하지 못하게 했다. 이어서 상은 동쪽으로 태산에 올랐는데 태산의 초목이 아직 자라지 않은 것을 보고서 사람들에게 명해 돌을 위로 옮겨 태산의 정상에 세우도록 했다.

상은 드디어 동쪽으로 바닷가를 순행했고 팔신(八神)에게 예를 행해 제사를 지냈다. 제(齊)나라 사람들 중에서 소(疏)를 올려 신기한 술법이나 기이한 방술에 대해 이야기하는 사람이 1만 명을 헤아릴 만큼 많았다. 이에 배를 더욱 띄워 보내 바다 가운데 신선이 사는 산이 있다고 말하는 자 수천 명으로 하여금 봉래의 신인(神人)을 찾으라고 했다. 공손경은 부절을 가지고 늘 먼저 가서 명산(名山)에서 신선을 기다리다가 동래에 이르러 밤에 어떤 한 사람을 보았다고 말했다. 그는 키가 몇 길이나 되고 가까이 다가가면 보이지 않아 그 발자국만 매우 크다는 것을 발견했는데 마치 짐승 발자국과 같았다고 했다. 여러 신하들 중에 어떤 이가 말하기를 "한 노인이 개를 끌고 가면서 말하기를 '나는 거공(鉅公-천자)〔○ 장안(張晏)이 말했다. "천자는 천하의 아버지이기 때문에 거공(鉅公)이라고 한 것이다."〕을 만나고 싶습니다'라고 말하고는 조금 있다가 불현듯 사라졌다"라고 했다. 상은 이미 큰 발자국을 보고도 믿지 않았으나 신하들 중에 어떤 이가 노인의 이야기를 하자 대부분은 그가 신선이라고 생각했다. 바닷가에 머물러 묵으면서 방사에게 역참의 수레를 내주고 틈만 있으면[間=微] 사자를 보내어 신선을 찾으라고 한 것이 수천 명이었다.

4월에 봉고(奉高)[69]로 돌아왔다. 상은 유생과 방사들이 봉선에 대해 말하는 의견이 사람마다 다르고 이치에도 맞지 않아 시행하는 데 어렵다고 생각했다. 천자는 양부산(梁父山)에 이르러 예를 갖춰 땅의 신에게 제사를 지냈다. 을묘일에 시중과 유생들에게 사슴 가죽으로 만든 고깔[皮弁]을 쓰고, 홀을 꽂은 관복을 입도록 명하고, 사우(射牛)의 의식을 거행했다. 태산 아래 동쪽에 봉을 쌓아 태일에게 교제사를 지내는 예법대로 제사를 지냈다. 봉(封)은 넓이가 1장 2척이고, 높이는 9척이었으며, 그 아래에는 옥첩서(玉牒書)가 있었는데, 글은 비밀이었다. 예를 마치자 천자는 홀로 시중봉거(侍中奉車) 곽자후(霍子侯-곽거병의 아들)와 함께 태산에 올라 역시 봉했는데 사우(射牛)의 의식 등은 모두 폐기했다. 다음 날 산의 북쪽 길로 내려왔다. 병진일에 태산 기슭 동북쪽의 숙연산(肅然山)에서 선(禪)을 행했는

---

69 태산군(泰山郡)에 속한 현의 이름이다.

데, 후토에게 제사하는 예식과 같이 했다. 천자는 모두 다 몸소 배례를 행했는데 옷은 황색을 높였고, 전부 음악을 썼다. 장강과 회수 지역에서 나는 줄기 하나에 세 가닥으로 된 피로 신의 자리를 만들고, 다섯 색깔의 흙을 섞어 제단을 쌓았고, 먼 곳에서 보내온 기이한 짐승과 날짐승과 흰 꿩 등 여러 제물을 써서 자못 제사의 예를 더욱 두텁게 했다. 외뿔소 모우(旄牛)·무소·코끼리와 같은 동물들은 쓰지 않았다. 모두 태산에 온 다음에 헤어졌다. 봉선의 제사를 지내면 그날 밤에는 빛과 같은 것이 나타났고, 낮에는 흰 구름이 봉의 가운데에서 솟아올랐다.

 천자가 봉선을 지내고 돌아와 명당에 앉자 여러 신하들은 장수를 기원했다. 이에 어사에게 조를 내려 연호를 바꿔 원봉(元封)이라고 했다. 그 상세한 이야기는 「무제기(武帝紀)」에 실려 있다. 또 말했다.

 "옛날에 천자는 5년에 한 차례씩 순수(巡狩)해 태산에서 제사를 지냈고 제후들도 따라오면 잠잘 집이 있었다. 이에 제후들은 각자 태산 아래에 자택을 짓도록 하라."

 천자가 태산에서 봉선을 마치고 난 이후 비바람의 재앙이 없었다. 방사들은 다시 와서 봉래의 여러 신선들이 사는 산을 찾을 수 있을 것이라고 말했다. 이에 상은 기뻐하면서 이번에는 거의 신선을 만날 수 있으리라 기대하고 마침내 다시 동쪽으로 바닷가에 이르러 망제(望祭)를 지냈다. 그런데 봉거 곽자후가 갑자기 병에 걸려 하루 만에 세상을 떠났다. 상은 이에 드디어 길을 떠나 바닷가를 따라서 북쪽으로 갈석(碣石)에 이르렀고 요서(遼西)에서부터 순행해 북쪽 변방을 거쳐 구원(九原)에 이르렀다. 5월에 감

천궁에 돌아왔는데 그 주행거리는 1만 8,000리에 이르렀다.[70]

그 해 가을에 동정(東井)에 혜성이 나타났다. 10여 일 후에 또 삼능(三能)에 혜성이 나타났다. 망기술사(望氣術士) 왕삭(王朔)이 말했다.

"혼자 관찰했을 때 전성(塡星)이 나타나 호리병과 같았는데 잠시 뒤에 다시 들어가버렸습니다."

유사가 말했다.

"폐하께서 한나라 왕조의 봉선을 세우시니 하늘이 이에 보답해 덕성(德星)을 보여주신 것입니다."

이듬해 겨울 옹에서 오제에게 교제사를 지내고 돌아와 태일신에게 제사를 지냈다. 그 축원문에서 이렇게 말했다.

'덕성(德星-전성)이 두루 빛나고 있는데 그것은 바로 상서로움입니다. 수성(壽星)도 연이어 나타나 찬란하게 빛났습니다. 신성(信星-토성)도 밝게 나타났으니 황제는 태축(泰祝-태일신을 모시는 사람)이 제사 지내는 신령들에게 삼가 절하옵니다.'

그 해 봄 공손경이 동래산에서 신선을 만났는데 "천자를 만나려 한다"라고 말하는 것 같았다고 했다. 천자는 이에 구지성(緱氏城)에 행차해 경을 제배해 중대부(中大夫)로 삼았다.

드디어 동래에 이르러 유숙한 지 며칠이 지나도 보이는 것은 없고 거인 발자국만 보였다. 이에 다시 방사를 파견해 신기한 물건을 찾고 영약(靈藥)

---

70 사마천의 『사기(史記)』「봉선서(封禪書)」편에는 연호 개정이 이때 이뤄진 것으로 나온다. 약간의 시간 차이가 있다.

을 캐오도록 했는데 그 수가 1,000명에 이르렀다. 그 해에 가뭄이 들었다. 이에 천자가 떠날 명분이 없었기 때문에 결국 (산동의) 만리사(萬里沙)[71]에서 기도를 올렸고 도중에 태산에서 제사를 지냈다. 되돌아오다가 호자(瓠子)에 이르러 몸소 가서 황하의 터진 둑을 막느라 이틀을 머물렀는데 침사(湛祠)〔○ 사고(師古)가 말했다. "湛은 발음이 (담이 아니라) 침(沈)이다. 제사 도구들을 물에 빠뜨려 강의 신에게 제사를 지내는 것이다."〕하고서 떠났다.

---

71 신사로 동래에 있다.

권 · 25

교사지
郊祀志

【하】

이때에는 이미 양월(兩粵)을 멸망시켰는데 월나라 사람 용지(勇之)가 이렇게 말했다.

"월나라 사람들의 풍습은 귀신을 믿는데 그들이 제사를 지낼 때에는 모두 귀신을 볼 수가 있고 종종 효험이 있습니다. 옛날에 동구왕(東甌王)은 귀신을 공경해 수명이 160세나 됐는데 후손들이 귀신을 비방하고 섬기기를 게을리했기 때문에 지금은 쇠락해 줄어든 것입니다."

이에 월의 무당으로 하여금 월나라식의 사당을 세우게 하고 대(臺)를 설치를 하되 단(壇)은 없애고서 또한 천신과 상제와 온갖 귀신에게 제사를 지내도록 하고 닭으로 점을 쳤다.[1] 상은 이를 믿어 그 이후부터 월나라식 제사와 닭점을 비로소 썼다〔○ 사고(師古)가 말했다. "국가 차원에서 처음으로 쓰기 시작했다는 말이다."〕. 공손경이 말했다.

---

1 닭뼈를 이용해서 치는 점이다.

"신선을 만나볼 수 있는데도 상께서 가셔서 항상 서두르시니[遽=速] 만나지를 못하는 것입니다. 지금 폐하께서는 구지성에 하셨던 것같이 궁관(宮館)을 짓고 건어물과 대추를 차려놓으면 신인(神人)은 분명 신선을 찾아올 것입니다. 또한 신선들은 누거(樓居-높은 건물)를 좋아합니다."

이에 상은 영을 내려 장안에는 비렴관(飛廉觀)²과 계관(桂觀)을 짓고, 감천에는 익수관(益壽觀)과 연수관(延壽觀)을 지으라 하고서, 경을 시켜 부절을 갖고 제사 도구를 진열한 후 신인을 기다리게 했다.

마침내 통천대(通天臺)〔○ 사고(師古)가 말했다. "『한구의(漢舊儀)』에 따르면 대의 높이는 30장(丈)이고 장안성을 내려다볼 수 있었다."〕를 짓고 그 아래에 제사 도구를 두고서 장차 신선 등을 불러오려고 했다. 이에 감천궁에 다시 전전(前殿)을 두고 비로소 궁실들을 넓혔다. 여름에 영지(靈芝)가 감천궁 재실(齋室)에서 자라났다. 천자가 황하를 막고 (그에 대한 보답으로) 통천대를 세웠기 때문에 신령스러운 빛이 나는 것 같다고들 했다. 이에 조서를 내려 말했다.

"감천궁의 방에서 영지 아홉 줄기가 자라났으니 천하를 사면하고 백성들에게 더는 노역을 시키지 말라."

그 이듬해 조선(朝鮮)을 정벌했다.

여름에 가뭄이 들었다. 공손경이 말했다.

"황제(黃帝) 때 봉선을 지내고 나면 가뭄이 들어 봉토가 3년 동안이나 메말라 있었습니다."

---

2 관(觀)은 전망이 좋은 누대나 궁관을 뜻한다.

상은 이에 조서를 내려 말했다.

"가뭄이 들었다는 것은 봉지를 메마르게 하려 한다는 뜻인가? 그렇다면 천하에 영을 내려 영성(靈星)³을 받들어 제사를 지내도록 하라."

그 이듬해 상은 옹에서 교제사를 지냈고 그후 회중(回中)의 길을 열어 드디어 북쪽으로 소관(蕭關)을 나가 독록(獨鹿) 명택(鳴澤)을 거쳐 서하군(西河郡)에서 돌아 하동군(河東郡)으로 행차해 후토의 신에게 제사를 지냈다.

그 이듬해 겨울 상은 남군(南郡)을 순행하고, 강릉에 이르러 동쪽으로 가서 잠현(潛縣)의 천주산(天柱山)에 올라 예를 갖춰 제사를 지냈고, 그 산을 남악(南嶽)이라고 불렀다. 장강에 배를 띄워 심양(潯陽)에서 종양(樅陽)으로 나아가 팽려(彭蠡)를 지나면서 유명한 산과 하천에 제사를 지냈다. 북쪽으로 낭야(琅邪)에 이르러 바닷가를 따라서 순행했다.

4월 중에 봉고(奉高)에 이르러 봉선을 거행했다. 애초에 천자가 태산에서 봉을 행할 때 태산 동북쪽 기슭에 옛날의 명당(明堂)터가 있었는데, 험준한 데다가 앞이 탁 트이지 않아 상은 봉고 근처에 명당을 새로 짓고 싶어 했지만, 아무도 명당의 제도를 밝게 알지 못했다. (이때) 제남(濟南) 사람 공옥대(公玉帶)가 황제(黃帝) 때의 명당 도면을 바쳤다. 명당 도면에 따르면 가운데에 전당이 한 채 있는데, 사방에는 벽이 없고, 띠로 지붕을 덮었으며, 물을 통하게 해 궁궐 담을 돌게 했고, 이중 복도를 만들었으며, 위에는 누각이 있었고, 전당은 서남쪽으로 들어갔는데, 이 도면을 명해 곤

---

3 곡식을 주관하는 별이다.

륜(崑崙)이라고 불렀고, 천자는 이 길을 따라 들어가 상제에게 절하고 제사를 지냈다. 이에 상은 봉고의 관리들에게 영을 내려 문수(汶水) 가에 명당을 짓게 했는데 대(帶)의 도면대로 하라고 했다. 이 해에 봉을 거행하는 제단을 손보면서 명당 윗자리에서 태일과 오제에게 제사를 지냈고, 고황제의 위패[祠坐]는 그 맞은편에 두게 했으며, 후토는 아랫방에서 제사를 지냈는데, 태뢰 20마리를 썼다. 천자는 곤륜의 길을 따라들어가 비로소 교제사의 예식과 같이 명당에서 제사를 지냈다. 예를 마치자 당 아래에서 요제사를 지냈다[燎=燎祭]. 그리고 상은 다시 태산에 올라 그 정상에서 비밀리에 제사를 지냈다. 태산 아래에서 오제에게 제사 지낼 때에는 각자 그것들의 방향에 맞게 했고 황제(黃帝)는 적제(赤帝)와 나란히 있게 하고서 유사가 제사를 받들었다. 태산 정상에서 횃불을 들면 산 아래에서도 모두 그에 호응했다. 돌아와 감천궁으로 행차해 태치에서 교제사를 지냈다. 봄에 분음(汾陰)에 행차해 후토에게 제사를 지냈다.

　천자는 몸소 행차해 태산에 도착해 이듬해 태산에 행차했고, 11월 갑자일 초하루 아침 동짓날에 명당에서 상제에게 제사를 지냈고, 봉은 거행하지 않았다. 그 축원문에서 이렇게 말했다.

　'하늘이 황제에게 태원(泰元)의 호칭과 신책을 내려주셨으니 한 바퀴 돌아 처음으로 다시 왔습니다[復始]. 황제는 삼가 태일께 절을 올립니다.'

　동쪽으로 바닷가에 이르러 바다에 들어가는 자들과 신을 찾는 방사들을 조사하니 누구도 증험이 없었는데도 인원수를 더욱 늘려 보내면서 신을 만나게 되기를 기대했다. 을유일에 백량대(柏梁臺)에 불이 났다. 12월 갑오일 초하루에 상은 몸소 고리산(高里山)에서 선(禪)을 하고 후토에게 제사를 지냈다. 발해에 가서 봉래의 신선들에게 망제(望祭)를 지내며 수정(殊庭)[4]에 이르게 되기를 기대했다[幾=冀].

상이 돌아와서 백량대에 불이 났기 때문에 감천궁에서 조회를 하고 회계를 보고받았다[受計].[5] 공손경이 말했다.

"황제(黃帝)가 청령대(青靈臺)를 완공하고서[就=成] 12일 만에 불타니 황제는 이에 명정(明庭)을 지었습니다. 명정이 곧 감천궁입니다."

방사들도 대부분 옛 제왕들 가운데 감천에 도읍한 사람이 있었다고 말했다. 그후에 천자는 또 감천궁에서 제후들의 조회를 받았고 감천궁에 제후들의 저택을 지었다. 이에 용지(勇之)가 말했다.

"월나라 땅에서는 풍속에 화재가 있게 되면 다시 집을 지을 때 이전보다 크게 지어 재앙을 누릅니다."

이에 건장궁(建章宮)을 지었는데, 규모는 천문만호(千門萬戶)였고 전전(前殿)의 크기도 미앙궁(未央宮)보다 높았다. 그 동쪽에는 봉궐(鳳闕)[○ 사고(師古)가 말했다. "『삼보고사(三輔故事)』에 이르기를 그 궐의 둘레에 구리로 만든 봉황이 있었다고 했다."]이 있었는데 높이가 20여 장(丈)이었다. 그 서쪽에는 상중(商中)이 있었는데 둘레가 몇십 리나 되는 호권(虎圈)이 있었다. 그 북쪽에는 대지(大池)와 점대(漸臺)[○ 사고(師古)가 말했다. "점(漸)은 물이 스며든다[浸]는 뜻이다. 점대는 대지 안에 있었기 때문에 물에 젖어 있었기 때문에 점대라고 한 것이다."]를 만들었는데, 대(臺)는 높

---

4 봉래의 가운데에 있다는 신선들의 정원이다.

5 해마다 군국들로부터 회계 보고를 받는 것을 말한다.

이가 20여 장이었고 이름을 태액(泰液)이라 불렀다. 못 가운데 봉래(蓬萊)·방장(方丈)·영주(瀛洲)·호량(壺梁)의 섬들이 있었고 바닷속에 있는 신산(神山)·거북이·물고기 따위를 상징하는 것들이 배치됐다. 그 남쪽에는 옥당(玉堂)·벽문(璧門)·큰 새 등의 조각이 있었고, 이에 신명대(神明臺)와 정간루(井幹樓)〔○ 사고(師古)가 말했다. "정간이란 우물 위에 있는 나무 난간이다. 이 모양을 본떠 만들었기 때문에 정간루라고 한 것이다."〕를 세웠는데, 높이는 50장이 넘었고, 수레가 다니는 길[輦道]이 서로 연결돼 있었다.

여름에 한나라는 역법을 고쳐 정월을 한 해의 첫 달[歲首]로 삼고 색은 황색을 높였으며, 관인(官印)은 고쳐 다섯 글자로 했고〔○ 사고(師古)가 말했다. "이에 대한 풀이는 「무제기(武帝紀)」에 있다."〕, 그로 인해 이 해를 태초(太初) 원년(元年)으로 삼았다. 그 해에 서쪽으로 대완(大宛)을 정벌했고 황충이 크게 일어났다. 정부인(丁夫人)〔○ 사고(師古)가 말했다. "본래 월나라 사람인데 양도후(陽都侯)에 봉해졌다. 부인은 그후에 군대를 저주하는 방술로 공을 세웠다." 위소(韋昭)가 말했다. "정은 성이고 부인은 이름이다."〕과 낙양 사람 우초(虞初) 등이 방술을 써서 흉노와 대완을 저주하는 제사를 지냈다. 그 이듬해 유사에서 말하기를 "옹의 오치에는 태뢰를 삶는 도구[熟具]도 없고 향기 나는 제물도 갖춰져 있지 않다"라고 말했다. 이에 제관에게 삶은 새끼 송아지를 치(畤)에 바치고 오색의 원칙에 따라 신령이 먹게 하라고 했다〔○ 맹강(孟康)이 말했다. "예를 들면 화(火)는 금(金)에 이기기 때문에 적제(赤帝)에게 제사를 지낼 때는 (금에 해당하는 색깔인) 흰 희생[白牲]을 썼다."〕. 또 나무를 깎아 만든 말로 실제의 망아지[駒]를 대신하게 했다.⁶ 여러 유명한 산과 하천에서 망아지를 쓰는 제사는 모두 나무 말로 바꾸도록 했다. 순행하면서 지나가다가 직접 제사를 지낼 때에는 마침내 망아지를 썼다. 그밖의 다른 예는 예전과 똑같이 했다.

그다음 해 (상은) 동쪽으로 바닷가를 순행하며 신선과 관련된 것들을 여러모로 강구했으나 아직 아무런 효험도 얻지 못했는데, 방사들 중에 이런 말을 하는 사람이 있었다.

"황제(黃帝) 때에는 5성과 12루를 짓고 집기(執期-지명)에서 신선을 기다렸는데, 이곳을 이름 붙여 영년(迎年)〔○ 사고(師古)가 말했다. "이는 오래 살게 해달라고 기도하는 것[祈年]을 뜻한다."〕이라고 했습니다."

상은 그의 방식대로 누각을 짓도록 허락하고서 명년(明年)〔○ 사고(師古)가 말했다. "장수를 바라는 것이다."〕이라고 이름 붙였다. 상이 직접 상제에게 예를 갖춰 제사를 지냈고, 송아지[犢]를 올렸는데, 황색 옷을 걸치게 했다. 공옥대(公玉帶)가 말했다.

"황제(黃帝) 때에는 비록 태산에서 봉을 거행했으나 풍후(風后)·봉거(封鉅)·기백(岐伯)〔○ 위소(韋昭)가 말했다. "풍후·봉거·기백은 모두 황제의 신하다."〕은 황제로 하여금 동태산(東泰山)〔○ 신찬(臣瓚)이 말했다. "동태산은 낭야(琅邪)의 주허현(朱虛縣)의 경계에 있는데 소태산(小泰山)이 바로 이것이다."〕에서 봉을 거행하고 궤산(几山)⁷에서 선을 거행하도록 했습

---

6 사마천의 『사기(史記)』 「봉선서(封禪書)」 편에는 이 문장 다음에 오직 오제의 제사에만 망아지를 썼고, 무제가 몸소 행하는 교제사에도 망아지를 썼다라는 표현이 이어지는데, 반고는 이를 생략했다.

7 범산(凡山)이라고도 하고 혹은 환산(丸山)이라고도 한다. 그런데 사고(師古)는 궤산에 대해 주

니다. 그러고 나서 신의 감응에 부합한 다음에야 죽지 않는 신선이 됐다고 합니다."

천자는 이윽고 제사 도구들을 설치하도록 명하고 동태산에 이르렀다. 동태산은 낮고 작아 그 이름에 어울리지 않았기 때문에 이에 제관에게 예를 행하도록만 하고서 봉선은 거행하지 않았다. 그후에 대(帶)에게 영을 내려 제사를 받들며 신인[神物]을 기다리게 했다.
신물

다시 태산으로 돌아와 5년마다의 예를 이전처럼 행하고 나아가 석려(石閭)에서 선을 거행했다. 석려(石閭)란 태산의 남쪽 기슭에 있는데 방사들은 대부분 이곳이 선인의 마을이라고 말했기 때문에 상은 몸소 선을 행했던 것이다.

5년 후에 다시 태산에 이르러 봉을 거행하고[修封] 돌아가는 길에 항산(恒山)을 지나면서 제사를 지냈다.
수봉

태산에 봉선한 이래 13년 동안 오악(五嶽)과 사독(四瀆)에서도 두루 제사를 지냈다.

5년 후에 다시 태산에 이르러 봉을 거행했다. 동쪽으로 낭야에 행차해 일성산(日成山)에서 예를 갖췄고, 지부산(之罘山)에 올라 큰 바다에 둥둥 떠서 팔신(八神)과 연년(延年)을 제사 지냈다[用事=祭]. 또 교문궁(交門宮)에서 신인을 제사 지냈는데 마치 앞에 신인이 앉아 있는 듯했다.
용사　제

5년 후에 상은 다시 태산에서 봉을 거행했다. 동쪽으로 동래에 유람했고 큰 바다에 이르렀다. 이 해에 옹현에서는 구름이 없는데도 뇌성벽력이

허현에 있으며 지리지(地理志)에 보인다고만 언급했다.

세 차례나 있었고, 어떤 때는 무지개의 기운이 푸르면서도 누래[蒼黃], 마치 비조가 역양궁(棫陽宮)에 모여드는 것과 같았고, 그 소리는 400리 밖까지 들렸다. 운석이 2개 떨어졌는데 검기가 검은 사마귀[鷖]와 같아 유사에서는 이를 아름다운 조짐[美祥]으로 여겨 종묘에 바쳤다. 그러나 방사들 중에서 바다에 들어가 봉래섬을 찾는 자들은 끝내 아무런 성과가 없었지만 공손경(公孫卿)은 오히려 거인의 발자국을 갖고서 그것을 풀이했다. 천자는 여전히 그것에 연연해 제대로 끊어내지 못한 채 그 진상을 만나게 되기를 기다렸다[幾=冀].

여러 가지로 유행했던 것은 박기(薄忌)의 태일이나 삼일(三一), 명양(冥羊), 마행(馬行), 적성(赤星)의 다섯 가지 제사[五牀]와 같았다. 관서가 이들 제사를 지낼 때는 세시에 맞춰 예를 거행했다. 모두 여섯 제사에는 다 대축(大祝)이 이를 담당했다. 팔신과 여러 명년(明年), 그리고 궤산(几山) 이외의 여러 이름난 제사에는 상이 행차를 하다가 그곳을 지나가게 되면 제사를 지냈고 떠나면 마쳤다. 방사가 일으킨 제사의 경우에는 각자 스스로가 주관을 했고, 그 사람이 떠나게 되면 그쳤으며, 사관은 더 이상 그것을 주관하지 못했다. 그밖의 다른 제사는 모두 예전과 같았다. 감천의 태일, 분음의 후토는 3년에 한 번씩 친히 교제사를 지냈고 태산은 5년에 한 번씩 봉을 거행했다. 무제는 모두 다섯 차례 봉을 거행했다.

소제(昭帝)는 자리에 나아가[卽位] 춘추가 연소했기 때문에[8] 일찍이 한 번도 직접 순행하며 제사를 행하지 못했다.

---

8 8세에 즉위해 21세에 붕했다.

선제(宣帝)가 자리에 나아가 무제의 정통(正統)을 이어 즉위했기에 세워진 지 3년 만에 효무(孝武)의 사당을 높여 세종(世宗)이라 했고, 그가 행차해 순수했던 군국에는 모두 사당을 세웠다. 세종의 사당에 고해 말하기를 '흰 학이 뒤뜰에 모여들었기에 세종의 사당을 세워 효소(孝昭)의 침전에 고한다'라고 하고서 5색의 기러기를 전(殿) 앞에 모이게 했다. 서하군(西河郡)에 세종의 사당을 세웠을 때 신령스러운 빛이 사당 주변에 내리비췄고, 새들이 흰 학처럼 모여들었는데, 그 앞쪽은 빨갛고 뒤쪽은 파란색이었다. 신령스러운 빛은 또 방 안에도 비췄는데 마치 촛불을 켜놓은 것 같았다. 광천국(廣川國)의 세종 사당의 전(殿) 주위에는 종소리가 들렸는데, 문호(門戶)가 크게 열렸고, 밤에 빛을 발했으며, 전상(殿上)이 더 이상 밝지 못했다. 상은 이에 조서를 내려 천하를 사면했다.

  이때 대장군 곽광(霍光)이 정사를 보좌했는데 상은 공손하게 남면(南面)할 뿐이었으니 종묘의 제사가 아니고는 다른 제사에는 나오지 않았다. 12년에 마침내 조서를 내려 말했다.

  "대개 듣건대 천자가 하늘과 땅을 받들어 섬기고[尊事] 산과 강에 삼가 제사를 올리는 것은 예나 지금이나 통하는 예 갖춤[古今通禮]이다. 근래에 상제에게 올리는 제사를 빼먹고 짐이 몸소 제사를 지내지 않은 것[不親]이 10여 년이라 짐은 매우 두렵게 여기고 있다. 짐이 몸을 삼가고[飭躬] 재계해 몸소 제사를 받들어 백성들에게 좋은 기운을 내리고 풍년이 들기를 기원하겠다."

  이듬해 정월에 상이 비로소 감천궁에 행차해 태치에서 교제사를 지내니 여러 차례 아름다운 조짐이 나타났다. 무제가 행했던 제사를 손보아 그 제사에 쓰이는 수레와 의복을 성대하게 했고, 제사(齊祠)하는 예를 공경스럽게 해 제사에 필요한 시(詩)들을 자못 많이 지었다.

그 해 3월에 하동에 행차해 후토에게 제사를 지내니 신령스러운 일들이 모여들었기 때문에 연호를 바꿔 신작(神爵)이라 했다. 태상(太常)에게 조서를 내렸다.

'무릇 장강과 바다는 온갖 물들 중에서도 큰 것인데도 지금 폐해 제사를 지내지 않고 있다. 이에 사관에게 영을 내려 이를 해마다 제사를 지내게 하는데 사계절에 맞춰 장강과 바다와 낙수(雒水)에서 제사를 지내고 기도해 천하에 풍년이 들게끔 하라.'

이로부터 오악(五嶽)과 사독(四瀆) 모두에 일정한 예를 거행하게 됐다. 동악인 태산을 박(博)에서, 중악인 태실산을 숭고(嵩高)에서, 남악인 첨산(灊山)을 첨(灊)에서, 서악인 화산을 화음(華陰)에서, 북악인 상산(常山)을 상곡양(上曲陽)에서, 황하를 임진(臨晉)에서, 장강을 강도(江都)에서, 회수를 평씨(平氏)에서, 제수를 임읍(臨邑)의 경계 안에서 각각 제사를 지내고 모두 사자가 부절을 갖고 가서 제사를 모시도록 했다. 다만 태산과 황하는 해마다 다섯 차례 제사를 지냈고, 강수는 네 차례 제사를 지냈으며, 나머지는 모두 세 차례 제사를 지냈다.

이때 남군(南郡)에서 흰 호랑이를 잡아 그 가죽과 송곳니와 발톱[牙爪]을 바치자 상은 그것을 위해 사당을 세웠다. 또 방사의 말에 따라 수후(隨侯)의 구슬, 참타(斬䮽)의 보검(寶劍), 천명을 받았다는 상징인 화씨(和氏)의 벽(璧-옥), 주강(周康)의 보배로운 쇠솥을 위해 미앙궁 안에 네 곳의 사당을 세웠다. 또 즉묵(卽墨)에서 태실산(太室山)에 제사를 지냈고, 하밀(下

密)에서 삼호산(三戶山)에 제사를 지냈으며〔○ 사고(師古)가 말했다. "즉묵과 하밀은 모두 교동(膠東)의 현(縣)이다."〕, 홍문(鴻門)에서 천봉원화정(天封苑火井)〔○ 여순(如淳)이 말했다. "지리지(地理志)에 따르면 서하(西河) 홍문현에 천봉원화정의 사당이 있고 불이 땅 속에서 나온다고 했다."〕에 제사를 지냈다. 또 세성(歲星)·진성(辰星)·태백(太白)·형혹(熒惑)·남두(南斗)의 사당을 장안성 주변에 세웠다. 또 곡성(曲城)〔○ 사고(師古)가 말했다. "동래의 현이다."〕에서 삼산(參山)의 팔신(八神)에게 제사를 지냈고, 봉산(蓬山)의 석사석(石社石)을 임구(臨朐)〔○ 사고(師古)가 말했다. "제군(齊郡)의 현이다."〕에서, 지부산(之罘山)을 수(腄)에서, 성산(成山)을 불야(不夜)에서, 내산(萊山)을 황(黃)에서 제사 지냈다〔○ 진작(晉灼)이 말했다. "수, 불야, 황은 모두 동래군에 속한다."〕. 성산은 해에 제사를 지냈고 내산은 달에 제사를 지냈다. 또 낭야에서는 사계절에 제사를 지냈고 수량(壽良)〔○ 사고(師古)가 말했다. "동군(東郡)의 현이다."〕에서는 치우(蚩尤)에게 제사를 지냈다. 경사에서 가까운 현인 호(鄠)에는 노곡(勞谷)·옥상산(玉牀山)·일월(日月)·오제(伍帝)·선인(仙人)·옥녀(玉女)의 사당이 있었다. 운양(雲陽)에는 경로신(徑路臣)의 사당이 있어 휴도왕(休屠王)을 제사 지냈다〔○ 사고(師古)가 말했다. "휴도는 흉노의 왕의 이름이다. 경로신은 본래 흉노들이 제사를 지내던 신이다."〕. 또 오룡산(五龍山) 선인의 사당을 비롯해 황제·천신·제원수(帝原水)를 포함한 모두 네 곳의 사당이 부시(膚施)〔○ 사고(師古)가 말했다. "상군(上郡)의 현이다."〕에 있었다.

어떤 사람이 익주(益州)에 금으로 된 말과 옥으로 된 닭의 모습을 한 신이 있어, 초제(醮祭)를 지내면 모셔올 수 있을 것이라고 말하자, 이에 간대부 왕포(王襃)를 보내 부절(符節)을 갖고 가서 찾아보도록 했다.

대부 유경생(劉更生)이 회남의 침중홍보원비(枕中洪寶苑秘)의 방술을 바치자 상방(尙方)으로 하여금 그것을 주조하도록 했다. 그러나 효험이 없어 경생은 죄에 걸려 처벌받았다[坐論]. 경조윤 장창(張敞)이 소를 올려 간언했다.

'바라건대 밝은 군주[明主]는 때때로 수레와 말을 좋아하는 것을 잊기도 하니 방사들의 헛된 말들을 물리쳐 멀리하셔야 합니다. 오직 제왕의 길에서 노니신다면 태평성대는 거의 이룩될 것입니다.'

그후 (방술이나 약을 담당하는) 상방대조(尙方待詔)를 모두 내쫓았다.

이때 미양(美陽)〔○ 사고(師古)가 말했다. "부풍(扶風)의 현이다."〕에서 쇠솥을 얻어 그것을 바쳤다. 유사에 내려 토의하게 하니 대부분이 마땅히 원정(元鼎) 연간의 고사에 따라 종묘에 올려야 한다고 했다. 장창은 고문자(古文字)를 잘 알았기에 쇠솥에 새겨진 명문을 살펴본 다음에 의견을 올렸다.

"신이 듣건대 주(周)나라의 조상은 후직(后稷)에서 시작하고, 후직은 태(鮐) 땅에 봉해졌는데, 공유(公劉)는 빈(豳) 땅에서 공업을 일으켰고, 대왕(大王)은 기량(岐梁)에서 나라를 세웠으며, 문왕과 무왕은 풍(酆)과 호(鎬)〔○ 사고(師古)가 말했다. "풍은 지금의 장안성 서쪽 풍수(豐水) 변이고 호는 곤명지(昆明池) 북쪽이다."〕에서 일어났다고 했습니다. 이를 바탕으로 말씀드리자면 기량과 풍과 호 사이는 주나라의 옛 근거지이니 진실로 마땅히 종묘나 단장(壇場)의 제사 유물들이 그 땅 속에 들어 있을 것입니다. 지금 이 쇠솥은 기산(岐山)의 동쪽에서 나왔고, 거기에 글씨가 새겨져 있기를 '왕이 시신(尸臣)에게 명하기를 "이 순읍(栒邑)을 관장하라[官]. 너에게 기란(旂鸞)⁹과 보불(黼黻)¹⁰과 조과(琱戈)¹¹를 내려주노라"고 했고 시신은 머리가 손에 닿도록[拜手] 조아려[稽首] 말하기를 "감히 천자에 맞서 일어나 아름다운 명[休命]을 크게 드날리겠나이다"라고 말했다'라고 돼 있었습니다. 어리석은 신이 옛 문자를 추적하기에는 충분치 않지만 남몰래 그 기록을 잘 살펴보건대, 이 솥은 거의 주나라 왕실이 대신을 기려 내려준 것이며, 그 대신의 자손이 선조의 공적을 새겨 넣어 이를 집 안의 사당에 잘 보관했던 것입니다. 예전에 보배로운 쇠솥이 분수(汾脽)에서 나왔을 때 하동의 태수가 보고하자 조서를 내리시어 '짐은 순행해 후토에 제사를 지냈고, 백성들이 풍년을 맞을 수 있게 되기를 기도했지만, 올해는 아직 수확이 얼마 안 되는 것을 보니 하늘의 보응이 없는데 어찌 쇠솥이 나온단 말인가?'라고 하셨습니다. 그러니 널리 노인들에게 이곳이 그렇게 오랫동안 묻혀 있을 수 있는 곳인지를 물어보아 진실로 그 사실을 알아보려고 하셔야 할 것입니다. 유사가 분수의 쇠솥을 검증한 결과 그곳은 오랫동안 숨겨져 있을 수 있는 곳이 아니었고 솥의 크기가 8척 1촌에 높이가 3척 6촌에다가 여타의 솥들과 아주 달랐습니다. 그런데 (심지어) 지금 이 솥은 너무 작은 데다가[細小] 또 관식(款識)까지 있으니 종묘에 올려서는 아니 될 것입니다."

---

9 교룡을 그려 넣은 깃발과 난새를 그려 넣은 수레다.

10 도끼와 활 모양을 수놓은 천자의 예복이다.

11 조각을 한 창이다.

제(制)하여 말했다.

"경조윤의 의견이 옳다."

상이 스스로 하동군에 행차한 이듬해 정월 대우(袋翊)〔○ 사고(師古)가 말했다. "대우는 풍익(馮翊)의 현이다."〕에 봉황이 몰려들었는데 그 몰려든 장소에서 보옥(寶玉)을 얻었기 때문에 거기에 보수궁(步壽宮)을 세우고 이에 조(詔)를 내려 천하를 사면했다. 그후 1년이 지나 경사에 봉황과 신작(神爵)이 모여들었고 감로가 내리자 천하를 사면했다. 그 해 겨울에 봉황이 상림원에 모여들어 이에 봉황전(鳳凰殿)을 지어 상서로운 조짐에 응답했다.

이듬해 정월 다시 감천궁에 행차해 태치에서 교제사를 지냈고 연호를 바꿔 오봉(五鳳)이라 했다. 이듬해 옹에 행차해 오치에서 제사를 지냈다.

그 이듬해 봄에 하동에 행차해 후토에게 제사를 지내고 천하를 사면했다.

그후 1년이 지나 연호를 바꿔 감로(甘露)라고 했다. 정월에 상은 감천궁에 행차해 태치에서 교제사를 지냈다. 그 해 여름 황룡이 신풍(新豐)에 나타났다. 건장궁·미앙궁·장락궁에 있는 종거(鍾虡-종을 거는 기둥)와 동상 모두에 털이 났는데, 길이는 1촌 정도 됐고, 당시 이는 아름다운 조짐으로 받아들여졌다.

그후 1년이 지난 정월에 상은 태치에서 교제사를 지냈고 그때 감천궁에서 선우의 조현을 받았다.

그후 1년이 지나 연호를 바꿔 황룡(黃龍)이라 했다. 정월에 다시 감천궁에 행차해 태치에서 교제사를 지냈고 또다시 감천궁에서 선우의 조현을 받았다. 겨울이 돼 (상은) 붕(崩)했다. 봉황이 군국들에 내려온 곳은 모두 50여 곳이었다.

원제(元帝)가 즉위해 옛 법식을 그대로 따랐고, 그후 1년이 지난 정월에 단 한 번 감천궁에 행차해 태치에서 교제사를 지냈고, 또 동쪽으로 하동에 이르러 후토에게 제사를 지냈으며, 서쪽으로 옹에 이르러 오치에서 제자를 지냈다. 모두 다섯 차례 태치와 후토의 사당에서 제사를 지냈다. 또한 은택을 베풀어 종종 통과하는 곳에는 전조(田租)를 면제해주었고, 100호당 소고기와 술을 내려주었으며, 혹은 작(爵)을 내려주고 죄인을 사면했다.

원제는 유학을 좋아해 공우(貢禹), 위현성(韋玄成), 광형(匡衡) 등이 서로 이어가며 공경(公卿)이 됐다. 우(禹)는 한나라 황실[漢家]의 종묘에서 지내는 제사가 많은 점에서 옛 예법에 맞지 않는다고 말씀을 올렸고, 상은 그의 말이 옳다고 여겼다. 뒤에 위현성이 승상이 되자 군국의 사당을 없애고 또 태상황과 효혜제 등의 원(園)·침(寢) 사당을 모두 없앨 것을 건의해 그렇게 했다. 뒤에 원제가 병을 앓았는데 꿈에 신령으로부터 여러 사당들을 없앤 것에 대해 꾸지람을 듣게 되자 상은 결국 원래대로 복원했다. 이것들은 그후에도 없어졌다가 복원됐다가 했는데 애제(哀帝)와 평제(平帝)에 이를 때까지 일정하게 정해진 법도는 없었다. 상세한 이야기는 「위현성전(韋玄成傳)」에 실려 있다.

성제(成帝)가 처음 자리에 나아가자 승상 형(衡)과 어사대부 담(譚)〔○ 사고(師古)가 말했다. "형은 광형(匡衡)이고 담은 장담(張譚)이다."〕이 말씀을 올렸다.

"제왕의 일 중에서 하늘의 통서(統緖)[天序]를 잇는 것보다 큰 것은 없고 하늘의 통서를 잇는 것 중에서 교제사보다 무거운 것은 없습니다. 그래서 빼어난 임금들은 마음을 다하고 사려를 지극히 해 그 (교제사의) 제도를 세웠습니다. 남교(南郊)에서 하늘에 제사를 지내는 것[祭天]은 양(陽)으로 나아가려는[就] 뜻이고 북교(北郊)에서 땅에 제사를 지내는 것[瘞地] 〔○ 사고(師古)가 말했다. "땅에 제사를 지내는 것을 예매(瘞薶)라 한다."〕은 음(陰)으로 나아가려는[卽] 모습입니다. 하늘은 천자를 주관하기 때문에 그런 예를 올리는 것입니다. 예전에 효무황제께서는 감천궁에 머물러 계시게 되면 운양(雲陽)으로 나아가시어 태치를 세우고 궁의 남쪽에서 하늘에 제사를 지냈습니다. 지금은 늘 장안으로 행차해 황천(皇天)에 제사를 지내고, 돌아와 북쪽의 태음(泰陰)으로 가서 후토에게 제사를 지내며, 다시 돌아와 동쪽으로 소양(少陽)에 나아가는데, 이는 옛 제도와 같지가 않습니다. 또 운양에 이르러서는 계곡(谿谷) 속으로 가는데 좁은 길로 100리를 가서 분음(汾陰)에 이르면 큰 물을 건너야 하기 때문에 풍파와 배로 건너야 하는 위험이 있으니 이것들은 모두 다 빼어난 임금[聖主]이라면 마땅히 해서는 안 되는 것들입니다. 군현(郡縣)의 입장에서는 도로를 닦고 행재소를 위한 장막을 치느라 관리와 백성들이 고생을 하고 백관들도 번거롭게 비용을 마련하고 대야 합니다. 그래서 길러주어야 할 백성들을 수고롭게 하고, 위험한 땅을 가게 되면 신령을 받들어 복을 비는 일이 힘들어져, 하늘을 받들어 백성들을 자식으로 여기는[昇天子民] 뜻에도 거의 부합할 수가 없습니다. 옛날에 주나라 문왕과 무왕은 각각 풍(豐)과 호(鄗)에서 교제사를 지냈고 성왕도 낙읍(雒邑)에서 교제사를 지냈습니다. 이로 말미암아 보건대 하늘이 임금다운 임금[王者]이 있는 곳에 맞춰 예를 흠향했다는 것을 알 수가 있습니다. 감천의 태치와 하동의 후토의 사당은 마땅히 장안으로 옮겨와 두는 것이 옛 제왕의 제도에도 부합합니다. 바라건대 여러 신하들과 의논해 결정하셔야 할 것입니다."

이를 재가했다. 대사마 거기장군 허가(許嘉) 등 8인은 그 유래가 오래 됐다고 생각해 마땅히 그동안 해오던 방식을 따르자고 했다. (반면에) 우장군 왕상(王商), 박사 사단(師丹), 의랑 적방진(翟方進) 등 50인은 『예기(禮記)』에 "태단(太壇)에서 섶을 태우는 것[燔柴]은 하늘에 제사를 지내는 것이고 대절(大折)에서 땅을 메우는 것[瘞薶]은 땅에 제사를 지내는 것이다"라고 했으니 남교에서 단을 만들어 구역을 정하는 것은 하늘의 지위를 정하는 것이요 땅을 대절에서 제사 지내는 일을 북교에서 하는 것은 음의 자리로 나아가려는 것이라고 보았다. 그래서 교제사를 지내는 곳은 각각 빼어난 임금이 주관하는 땅의 남북에 있는 것이라고 했다. (또)『서경(書經)』에 "3일이 지난 정사일(丁巳日)에 교제사에서 희생을 쓰셨는데 소 2마리였다"[12]라고 했으니 주공은 희생을 (1마리) 더해 새로운 읍으로 옮겨 교제사를 낙(雒-낙읍)에서 지내기로 정했던 것이다. 밝은 임금이나 빼어난 군주는 하늘의 밝음[天明]과 땅의 꿰뚫어봄[地察]을 섬겼다. 하늘과 땅이 밝고 꿰뚫어보니 신명이 확 펼쳐진 것이다. 하늘과 땅이 임금다운 임금을 군주로 삼았으니 빼어난 왕[聖王]은 하늘과 땅에 제사 지내는 예를 제정해 나라의 교외에서 예를 행했다. 장안은 빼어난 임금이 거처하는 곳으로 황천이 내려다보며 살피시는 곳인 데 반해 감천이나 하동의 사당은 신령

---

12 사고(師古)는 이 구절이 「주서(周書)」 '낙고(洛誥)' 편에 있다고 했는데 '소고(召誥)' 편에 있다.

이 흠향할 만한 곳이 아니기 때문에 마땅히 정양(正陽) 대음(大陰)의 터로 옮겨야 한다는 것이었다. 즉, 50인의 주장은 관습을 벗어나 옛 제도로 돌아가서 빼어난 제도[聖制]를 따라 하늘의 위치를 정하면 예에 맞게 돼 편리하다는 것이다. 이에 형과 담이 의견을 아뢰었다[奏議].

"폐하의 빼어나신 다움[聖德]과 귀 밝고 눈 밝으심[忽明=聰明]은 하늘과 통하시어 하늘의 위대함을 이어받아 아래의 수많은 무리들을 법도로 다스리시니 각자로 하여금 마음을 다해 교제사를 지낼 장소에 관해 깊은 생각들을 내놓게 하신다면 천하가 크게 다행할 것입니다[幸甚]. 신들이 듣건대 모의를 넓게 해 대중들을 따른다면[廣謀從衆] 하늘과도 같은 마음과 합치된다고 했습니다. '홍범(洪範)'에 이르기를 '세 사람이 점을 치면 (서로 합치된) 두 사람의 말을 따른다'[13]라고 했으니 이는 소수가 다수의 뜻을 따른다는 말입니다. 게다가 그 논(論)이 옛 제도와 합치되고 만백성에게 마땅한 것이라면 그것에 의존해 따라야 합니다. 반면에 그것이 도리에 어긋나고 참여하는 사람이 적다면 내버려 시행해서는 안 될 것입니다. (그런데) 지금 의견을 내는 사람[議者]이 50명이고, 그 50명이 옮겨야만 하는 뜻을 말하고 있고, 그것들이 다 경전(經傳)에 훤히 드러나 있어 상세(上世)와 똑같고, 관리와 백성들에게 편리합니다. 다른 8명은 경예(經藝)에 밝지 못하고 고제(古制)를 제대로 상고하지 않아 마땅치 않아 보이니, 그 같은 법도가 결여된 의견으로 길흉을 정하는 일은 어렵습니다. 태서(太誓)에 이르기를 '바르게 옛 제도를 상고해 공로를 세우고 일을 세운다면 오랜

---

13 『서경(書經)』「주서(周書)」에 나오는 말이다.

세월[永年] 이어져 갈 수 있는 것은 하늘의 큰 율법을 받는 것[祚=奉]이다〔○ 사고(師古)가 말했다. "『서경(書經)』「주서(周書)」 '태서(泰誓)' 편을 말한다."〕라고 했고 『시경(詩經)』에 이르기를 '저 높이 위에 있다 말하지 말라. 그 일[士=事]에 오르내리어 날로 살펴보심은 여기에 있도다〔○ 사고(師古)가 말했다. "「주송(周頌)」 '경지(敬之)' 편의 한 구절이다."〕라고 했으니 이는 하늘의 태양은 임금이 계신 곳에 와서 살펴본다는 말입니다. 또 '이에 정성껏 서쪽 땅을 돌아보시어 이곳을 주시어 거처케 하시도다〔○ 사고(師古)가 말했다. "「대아(大雅)」 '황의(皇矣)' 편의 한 구절이다. 상나라는 동쪽에 있었기 때문에 주나라를 일러 서쪽이라고 부른 것이다."〕라고 했으니 이는 하늘이 문왕의 도읍을 그 거처로 삼았다는 말입니다. 마땅히 장안을 중심으로 남북 교제사를 정하시어 만세의 기틀로 삼으셔야 합니다."

천자는 이를 따랐다. 일이 일단 정해지자 형(衡)이 말했다.

"감천에 있는 태치의 자색 제단[紫壇]은 8각형으로 8방으로 통하고 있습니다. 오제(五帝)의 제단은 그 아래에 빙 둘러 있으며 또 각종 신들의 제단이 있습니다. 『상서(尙書)』에 '육종(六宗)에 인(禋)제사를 지내고 산천에 망(望)제사를 지내고 두루 여러 신들에게 제사를 지냈다[14]'라고 했으니 자색 제단에는 모양을 다채롭게 꾸며 장식하고[鏤] 보불(黼黻) 등으로 꾸미고, 옥기와 여악과 석단(石壇)과 선인의 사당과 예(瘞)의 난로(鸞路), 성구(騂駒),[15] 흙이나 나무로 만든 용마(龍馬)가 있었지만 그 모습은 옛 제도

---

14 『서경(書經)』「우서(虞書)」 '순전(舜典)' 편에 나오는 말이다.

15 붉은 털의 망아지다.

에 부합될 수 없었습니다. 신이 듣건대 교제사에서 자색으로 제사를 지내는 것은 천제를 흠향하는 것이고 땅을 깨끗이 해 제사를 지내는 것은 바탕[質]을 숭상하는 것이라고 했습니다. 노래는 대려(大呂)로 하고 춤은 운문(雲門)으로 하는 것은 천신(天神)을 기다리는 것[埃=俟=待]이고, 노래는 태주(太簇)로 하고 춤은 함지(咸池)로 하는 것은 지기(地祇-땅의 신)를 기다리는 것이니〔○ 사고(師古)가 말했다. "이는 주례(周禮)다. 대려는 황종에 해당하고 황종은 양의 소리의 우두머리다. 운문은 황제(黃帝)의 음악이다. 태주는 양의 소리의 두 번째이다. 함지는 요임금의 음악이다."〕, 그 희생에는 송아지[犢]를 쓰고, 그 자리는 고개(藁稭-마른 짚)로 만들며, 제기는 질그릇이나 바가지로 했던 것은 모두 하늘과 땅의 본성에 따라 정성을 귀하게 여기고 실질이나 바탕을 숭상한[貴誠上質] 때문이지, 감히 그 꾸밈이나 애씀[文]을 발휘할 줄 몰랐기 때문이 아닙니다. 천신과 지기[神祇]의 공덕이 지대하다고 여겼기에 비록 공물을 아주 정미하게 준비하고 각종 제물을 잘 갖췄다고 해도, 오히려 하늘의 공덕에 보답하기에 모자란다고 생각해 오로지 지극한 정성[至誠]만을 다할 뿐이라고 생각했기 때문에, 실질을 높이고 꾸미지 않음으로써[上質不飾] 하늘의 다움을 펼쳐냈던[章] 것입니다. 자색 제단을 거짓으로 꾸미고 여악, 난로, 성구, 용마, 석단 등을 두었던 것은 하나같이 다 설치해서는 안 되는 것들입니다."

형(衡)이 또 말했다.

"임금다운 임금은 각자 자신의 예제를 가지고 하늘과 땅을 섬겼지 이전 왕조[異世=前代]가 세워놓은 것에 기반을 두고서 그것을 계승하지는 않았습니다. (그런데) 지금 옹(雍)의 부치(鄜畤)·밀치(密畤)·상치(上畤)·하치(下畤)〔○ 진작(晉灼)이 말했다. "이것들은 진(秦)나라 문공(文公)과 선공(宣公)이 세운 제사터들이다."〕는 본래 진(秦)나라 후(侯)가 각각 자기 뜻대로 세운 것으로 예경(禮經)에 실려 있는 방도가 아닙니다. 한나라가 일어난 초기에 의제(儀制)가 아직 정해지지 않아 일단은 진나라의 옛 사당에 기반을 두고서 북치(北畤)를 다시 세웠던 것입니다. 지금에 와서 옛 제도를 상고해보니[稽古] 하늘과 땅의 큰 예를 세워 정하고, 상제에게 교제사를 올리며, 청·적·백·황·흑 다섯 방위의 제(帝)를 모두 진열해 각각 그 방위에 맞도록 올리는 제물이 있고, 제사의 절차도 갖춰져 있습니다. (하지만 이것들은) 제후들이 망령되이 만들어낸 것이기 때문에 임금다운 임금[王者]16은 마땅히 그것을 오랫동안 준수해서는 안 됩니다. 북치17의 경우에는 예제가 아직 정해지지 않았을 때 세워진 것이니 마땅히 복원해서는 안 될 것입니다."

천자는 그의 의견을 전부 따랐다. 또 진보사(陳寶祠)도 이런 이유 때문에 모두 없앴다.

이듬해 상은 처음으로 남교에서 제사를 지냈고 교제사를 올린 현(縣)과 중도관(中都官)〔○ 사고(師古)가 말했다. "경사의 여러 관부(官府)들을 말한다."〕의 내죄(耐罪)의 죄수들을 사면했다. 이 해에 형(衡)과 담(譚)은 다시 조목을 갖춰 말씀을 올렸다.

"장안의 주관(廚官)과 현관(縣官)이 물자를 지급해 제사를 지내고 신을

---

16 여기서는 제후와 대비해 천자라는 뜻이 더 강하다.

17 고조 초기에 세워졌다.

모시는 군국(郡國)의 방사나 사자가 제사를 지내는 곳은 모두 683곳인데, 그중에 208곳은 예에 맞게 하는[應禮] 곳도 있고, 또 의심스럽게 명문(明文)은 없이 그냥 예전처럼 제사를 지내는 곳들도 있습니다. 그 나머지 475곳은 예에 맞지 않거나 혹은 중복되기 때문에 모두 폐지할 것을 청합니다."

그렇게 하라고 했다. 본래 옹(雍)의 옛 사당은 203곳으로 그중에 산천과 여러 별들에게 제사를 지내는 15곳만 예에 맞다고 했다. 제포(諸布)·제엄(諸嚴)·제축(諸逐) 등에 제사를 지내는 것은 모두 폐지했다. 두주(杜主)에 있는 5곳의 사당 중에서 1곳만 그대로 두었다. 또 고조가 세운 양(梁)·진(晉)·형(荊)의 무(巫)와 구천(九天)·남산(南山)·내중(萊中) 등과 효문이 세운 위양(渭陽), 효무제가 세운 박기태일(薄忌泰一)·삼일(三一)·황제(黃帝)·명양(冥羊)·마행(馬行)·태일(泰一)·고산산군(皋山山君)·무이(武夷)·하후계모석(夏后啓母石)·만리사(萬里沙)·팔신(八神)·연년(延年) 등과 효선이 세운 태산(泰山)·봉산(蓬山)·지부(之罘)·성산(成山)·내산(萊山)·사시(四時)·치우(蚩尤)·노곡(勞谷)·오상(五牀)·선인(仙人)·옥녀(玉女)·경로(徑路)·황제(黃帝)·천신(天神)·원수(原水) 등은 모두 폐지했다. 신을 맞기 위해 기다리는 방사, 사자, 부좌(副佐), 본초대조(本草待詔)〔○사고(師古)가 말했다. "방약(方藥)과 본초(本草)에 관해 천자에게 자문하는 관리다."〕 70여 명은 모두 집으로 돌아가게 했다.

이듬해 광형은 어떤 일에 연루돼 관작을 빼앗겼다. 많은 사람들이 제사를 바꾸는 것은 마땅하지 않다고 말을 했다. 또 처음에 감천의 태치를 폐지하고 남교를 조성하던 날에 큰 바람이 불어 감천의 죽궁(竹宮)이 무너졌고 제사터 안에 있는 나무들 중에서 열 아름이 넘는 큰 나무 100여 그루가 부러지거나 뽑혔다. 천자는 이를 기이하게 여겨 유향(劉向)에게 물었다. 이에 그가 대답했다.

"일반 백성들의 집[家人]에서도 일찍이 선조들에 대한 제사[種祠]를 끊지 않는데 하물며 나라의 신령스러운 보물을 제사하는 옛 제사터[舊時]이겠습니까! 또 감천과 분음, 그리고 옹의 오치가 처음 세워졌던 것은 다 천신과 지기[神祇]의 감응이 있은 연후에 그것을 조성한 것이지 하릴없이 세운 것이 아닙니다. 무제와 선제시대 때 이 삼신(三神)을 받들어 예와 공경을 삼가 갖추니 신령스러운 빛이 더욱 두드러졌던 것입니다. 조종(祖宗)께서 세우신 신기(神祇)의 옛 자리는 진실로 바꾸거나 움직여서는 안 됩니다. 그리고 진보사(陳寶祠)의 경우 진(秦)나라 문공 이래 지금까지 700여 년이 됐으니 한나라가 일어나 대대로 내려오면서 빛이 찾아왔으니 그때마다 빛의 색깔은 적황색이었고, 길이는 4, 5장(丈)인데 사당 앞에서 멈췄고[息=止], 그 소리는 물결소리[砰]처럼 은은했으며, 꿩[野鷄=雉]¹⁸들이 몰려와 모두 소리 내어 울었습니다. 옹의 태축(太祝)은 그때마다 태뢰를 써서 제사를 지냈고, 후자(候者)를 수레에 태워 내달리게 해 행재소에 알렸으니, 이는 그것을 복된 조짐으로 본 때문이었습니다. 고조 때 5번 찾아왔고, 문제 때 26번 찾아왔으며, 무제 때는 75번 찾아왔고, 선제 때는 25번 찾아왔으며, 초원(初元) 원년 이래만 해도 20번 찾아왔으니 이것은 양기(陽氣)가 옛 사당을 찾은 것이라 하겠습니다. 한나라 종묘의 예에 있어서는 통일된 의견을 이루지 못해 모두 조종의 임금과 그의 뛰어난 신하들이 그때마

---

18 여후(呂后)의 이름인 치(雉)를 피해[忌諱] 야계(野鷄)라고 표현했다.

다 정했습니다. 옛날과 지금은 제도가 서로 다르고 경서에도 명문화돼 있지 않지만 지극히 귀하고, 지극히 중한 일이기 때문에 의심스러운 설을 갖고서 그것을 바르다고 할 수는 없습니다. 전에 처음으로 공우(貢禹)의 의견을 바치자 후세 사람들이 그것을 갖고서 서로 논란을 벌여 동요되는 바가 많았던 것입니다. 『주역(周易)』 대전(大傳-「계사전」)에 이르기를 '신을 무함하는 자는 재앙이 3대에까지 미치리라'라고 했으니 그 허물이 단지 공우에게만 그치지 않을까 봐 두렵습니다."

상은 마음속으로 (제사를 바꿨던 일을) 후회했다[恨=悔].
한 회

훗날 상에게는 뒤를 이을 후사[繼嗣]가 없었기 때문에 황태후로 하여금 유사에 조(詔)를 내리게 했다.
계사

"대개 듣건대 임금다운 임금[王者]으로서는 하늘과 땅을 이어받아 섬
왕자
기고 태일신과 교접함에 있어 그 존귀함을 제사에서 만큼 잘 드러낼 수 있는 것이 없다고 했다. 효무황제께서는 위대하고 빼어나시며, 만사에 두루 통하고 밝으시어[大聖通明], 처음으로 위아래[上下]〔○ 사고(師古)가 말
대 성 통 명   상하
했다. "위아래란 하늘과 땅이다."〕의 제사를 세우시고, 감천궁에는 태치를 조성하시고 분음에는 후토를 정하시니, 신기(神祇)는 그것을 편안히 여기시어 나라를 흠향하신 것이 장구했고, 자손은 번창했으며, 대대손손 대업을 받들게 돼 지금까지도 복록이 흐르고 있다. 지금 황제께서는 너그럽고 어질며, 효심이 깊고 고분고분하시어[寬仁孝順], 빼어난 법통[聖緖]을 순조
관인 효순   성서
로이 받들어 큰 허물이 없으셨는데도 오래도록 후사가 없으시다. 그 허물이 어디서 비롯됐는지를 생각해보건대 거의 남교와 북교를 옮긴 데 있는 듯하니 이는 선제의 제도를 어기고서 신기의 옛 위치를 바꿔 하늘과 땅의

마음을 잃게 됨으로써 후사를 잇는 복이 방해받고 있는 것이라 하겠다. (내 나이) 춘추가 60인데 황손을 보지 못하고 있으니, 무엇을 먹어도 맛을 모르겠고 잠을 자도 편안치가 못해 짐은 참으로 슬프다. 『춘추(春秋)』에 따르면 옛날로 돌아가는 것이 가장 큰 일이고 순서에 맞도록 제사를 지내는 것이 가장 좋다고 했다. 이에[其=於是] 감천의 태치와 분음의 후토를 예전대로 복구하고, 또 옹의 오치와 진창(陳倉)에 있는 진보사도 마찬가지로 복구토록 하라."

천자는 다시 몸소 예전과 같이 교례(郊禮)를 지냈다. 또 장안과 옹, 그리고 군국의 사당들 중에서 저명한 것들을 원래대로 복귀하니 그 수는 예전의 절반에 이르렀다.

성제(成帝)는 말년에 자못 귀신을 좋아하고, 또 뒤를 이을 후사가 없었기 때문에, 많은 이들이 글을 올려 제사나 방술(方術) 등을 말해 대조(待詔)의 직책을 얻었고, 장안의 상림원(上林苑)이나 성벽 외곽 등에서 제사를 지내는 바람에 비용도 아주 많이 들었다. 그러나 특별히 크고 귀하게 번성을 누린 자는 없었다. 곡영(谷永)이 상에게 유세해 말했다.

"신이 듣건대 하늘과 땅의 본성에 밝아지면 귀신이나 기현상에 현혹되지 않고 만물의 실상을 알게 되면 비슷하지 않은 유형에 의해 가려지지[罔=蔽] 않는다[19]고 했습니다. 어짊과 의로움의 바른 도리를 어기고, 오경(五經)의 본받을 말들[法言]을 따르지 않고, 기괴한 귀신들을 성대하게 칭송하고 제사 지내는 방술이나 널리 숭상하며, 아무런 복도 없는 제사로

---

19 진짜가 가짜에 의해 가려지지 않는다는 말이다.

복을 구하고, 세상에 선인(仙人)이 있다고 말하면서 불사의 약[不終之藥]을 복용하거나 (축지법을 써서) 붕 떠서 먼 곳을 가볍게 가고, 멀리 저 높은 곳[倒景]까지 올라가고〔○ 여순(如淳)이 말했다. "이곳은 해와 달보다 위에 있어 도리어 아래로 비춘다. 그래서 뒤집어진 광경[倒景]이라고 한 것이다."〕, 현포(縣圃)[20]를 관람하고, 봉래(蓬萊)의 해상에서 노닐다가 다섯 가지 곡식이 나는 밭을 갈고 김을 매며, 아침에 씨 뿌리면 저녁에 수확하고, 산의 돌이 끝이 없듯이 장수하고, (다른 금속을) 황금으로 바꾸는 술법을 행하고, 함빙환(陷冰丸)이라는 알약 하나로 얼음을 얼게 하고, 몸속에 오색을 보존해 죽지 않게 되고, 뱃속에 오창신(五倉神)을 보존해 배고픔을 모르게 해주겠다고 하는데, 이것들은 다 간사한 자들이 대중을 현혹해 그릇된 도리[左道=邪道]를 가까이하게 함으로써 거짓을 믿게 만들어 결국은 임금을 기망하는 것입니다. 이런 말들을 들으면 금방이라도 귀가 솔깃해져서 지금 당장이라도 선인을 만날 수 있는 것 같아져 그것을 열렬하게 구해보려 하지만 결국 바람으로 그림자를 잡으려는 것처럼 얻을 수 없는 것들입니다.

　이 때문에 밝은 임금은 이런 것들과 거리를 두고서 듣지 않으며 빼어난 사람은 이런 사람들을 끊어버리고서 그들과 함께 말을 하지 않는 것입니다〔○ 사고(師古)가 말했다. "이는 공자께서 괴력난신(怪力亂神)[21]에 대해서

20　신선이 산다는 산으로 곤륜산의 정상을 말한다.

21　『논어(論語)』「술이(述而)」편에 나오는 말로, 그 네 가지는 각각 괴이한 일과 용력과 도리를 어지럽히는 일과 귀신에 관한 일을 뜻한다.

는 말씀하시지 않으셨던 것을 가리킨다.")]. 옛날에 주(周)나라의 사(史) 장홍(萇弘)[22]은 귀신의 술수를 써서 영왕(靈王)을 높여 제후들과 회맹하고 조회를 받도록 하고 싶어 했지만 주나라는 더욱더 쇠퇴했고 제후들은 오히려 반란을 일으켰습니다. 초(楚)나라 회왕(懷王)은 제사를 융숭하게 지내고 귀신을 섬겨 복록의 도움을 얻어 진(秦)나라 군대를 물리치려다가 [卻] 도리어 자기 군대가 꺾이고 땅을 빼앗기는 치욕을 당해 나라가 위태롭게 됐습니다. 진시황이 천하를 삼키던 초에 신선의 도리에 넘어가 서복(徐福)과 한종(韓終)의 무리들로 하여금 수많은 어린 남자아이와 여자아이들을 데리고서 바다로 가서 신선을 찾아 불로약을 구하게 했는데, 이들이 다 도망치고 돌아오지 않자 온 천하가 원한을 품게 됐습니다. 한나라가 일어나고서 신원평(新垣平), 제나라 사람 소옹(少翁), 공손경(公孫卿), 난대(欒大) 등이 모두 다 신선이다, 황금을 만든다, 제사를 지낸다, 귀신이 일을 이루어준다, 바다로 가서 신선을 구한다, 불로약을 구한다 하면서 부귀와 총애를 얻었고, 상금으로 받은 돈만 수천 금이었습니다. 그들은 너무나도 출세를 해 공주를 아내로 맞아들이기까지 했고, 작위는 계속 쌓여 온 나라 안을 진동시킬 정도였습니다. 원정(元鼎)과 원봉(元封) 연간에는 연(燕)나라와 제(齊)나라의 방사(方士)들이 눈을 부릅뜨고 팔뚝을 휘둘러대며[扼掔=扼腕] 신선이 있다고 말하면서 제사를 지내니 복을 불러오는 술사들이 대거 몰려들어 그 수가 1만여 명에 이르렀습니다. 그후에 신원평 등은 모두 그들의 술수가 사기임이 드러나 죄에 엎어져 주살됐습니다. 초

---

22 천문과 귀신에 밝았던 주나라의 대부라고 한다.

원(初元) 연간에 이르러 천연(天淵)의 옥녀(玉女),²³ 거록(鉅鹿)의 신인(神人), 요양후(轑陽侯)의 스승 장종(張宗)의 간사스러움〔○ 사고(師古)가 말했다. "요양후는 강인(江仁)이다. 원제 때 좌사(坐使)였는데 가승(家丞)에게 인끈을 올리고서 종(宗)을 따라서 선인술을 배우기 위해 관직을 내버렸다."〕이 다시 어지러이 생겨났습니다. 무릇 주나라와 진나라의 말세, 그리고 문제와 무제[三五]²⁴의 융성기 때 이미 일찍이 마음을 한 곳에 쏟으면서 재물을 뿌리고 작위와 복록을 두터이 하면서 두려운 마음으로 천하를 들어 그것을 구한 바 있습니다. 날이 지나고 해가 가면서 마침내 그것이 털끝만큼의 효험도 없다는 것이 드러났으니, 그것을 미루어 헤아리신다면 지금도 분명하게 알 수 있을 것입니다. 『서경(書經)』에 이르기를 '향(享)은 예의가 많으니 예의가 사물에 미치지 못하면 그것을 일러 불향(不享)이라 한다〔○ 사고(師古)가 말했다. "「주서(周書)」 '낙고(洛誥)' 편에 나오는 말이다."〕'라고 했고 『논어(論語)』에 이르기를 '나는 괴이한 일과, 용력과, 도리를 어지럽히는 일과, 귀신에 관한 일[槐宸=怪力亂神]은 말하지 않는다'²⁵라고 했습니다. 오직 폐하께서는 이런 부류와는 거리를 두고 끊으시어 간사한 자들이 조정을 엿볼 수 없게 하셔야 할 것입니다."

상은 그 말을 좋게 여겼다.

그후에 성도후(成都侯) 왕상(王商)이 대사마 위장군이 돼 정치를 보좌

---

23 천연은 별의 이름으로 천연 10성은 북두성의 동남쪽에 있다. 옥녀는 선녀를 말한다.

24 문제는 3세, 무제는 5세다.

25 『논어(論語)』「술이(述而)」 편에 나오는 공자의 말이다.

할 때 두업(杜鄴)이 상(商)에게 유세해 말했다.

"'동쪽 이웃의 소를 잡는 것이 서쪽 이웃의 검소한 제사[禴祭=禴祭]만
                                                    약제   약제
못하다〔○ 사고(師古)가 말했다. "이것은 『주역(周易)』 기제(既濟)괘(䷾)의 아
래에서 다섯 번째 붙은 효[九五]의 풀이다. 동쪽 이웃이란 상나라 주(紂)
                       구오
이고 서쪽 이웃이란 주나라 문왕(文王)이다. 약제(禴祭)는 새로운 채소를
데치고 삶아 제사를 지내는 것을 말한다. 이는 곧 주왕의 희생인 소가 문
왕의 채소 제물보다 못하다는 뜻이다."〕'라고 했으니 이는 하늘을 받드는
도리는 성실과 실질로 백성들의 마음을 크게 얻는 것을 귀하게 여긴다는
말입니다. 행실은 더럽게 하면서 제사만 풍성하게 지내면 오히려 하늘의
도움을 얻지 못하지만, 다움을 갖추고 닦으며 엷게 제물을 올린다 해도 길
함은 반드시 크게 찾아오는 것입니다. 옛날에는 단장(壇場)에 일정한 장소
가 있었고, 요제(燎祭)와 인제(禋祭)에 일정한 용도가 있었으며, 진현(進見-
제사를 올림)[贊見]에 일정한 예가 있었고, 희생과 옥백(玉帛)이 갖춰지고
          찬현
재물에 결여된 바가 없어 수레와 신역(臣役)이 설사 동원돼도 수고롭지가
않았습니다. 이 때문에 그 예를 거행할 때마다 제사를 돕는 자들은 흥겨
워서 기뻐했고 천자가 탄 수레가 대로를 지나가도 백성들은 알지를 못했
습니다〔○ 사고(師古)가 말했다. "비용이 거의 들지 않다 보니 백성들을 수
고롭게 하지 않았다는 말이다."〕. (그런데) 지금은 감천과 하동에서 행하는
하늘과 땅에 대한 교제사는 모두 그 방위를 잃어 음양의 마땅함을 어기고
있습니다. 또한 옹의 오치는 모두 너무나 멀어서 그것을 받들어야 하는 노
역이 다시 일어났고, 길을 닦고 장막을 설치하느라 정신이 하나도 없으니,
황천은 이미 그 징후들을 드러내어 백성들은 그것을 개략적으로나마 알

[配天]보다 큰 것은 없다〔○ 사고(師古)가 말했다. "『효경(孝經)』에 실려 있는 공자의 말이다."〕'라고 했습니다. 임금다운 임금은 그 돌아가신 아버지[考]를 높여 하늘과 함께 제사를 지내고자 하고, 돌아가신 아버지의 뜻을 고리로 해 돌아가신 할아버지[祖]를 높이려 하며, 미루어 헤아려[推] 단계별로 높여 마침내 시조(始祖)에 이릅니다. 이 때문에 주공(周公)은 후직(后稷)에게 교제사를 지내 하늘과 짝하게 했고, 문왕(文王)을 명당(明堂)에 종사(宗祀)해 상제와 짝하게 했습니다. 『예기(禮記)』에 이르기를 '천자는 하늘과 땅, 그리고 산천에 제사를 지내는데 해마다 다 지낸다'[26]라고 했고 『춘추곡량전(春秋穀梁傳)』에는 12월 하순 신(辛)의 날에 점을 치고 정월 상순 신(辛)의 날에 교제사를 지낸다고 돼 있습니다. 고황제께서는 천명을 받으시고 옹의 네 곳의 치(畤)에 의해 북치를 일으켜 오제를 갖췄으나 다만 하늘과 땅에 드리는 제사를 올리지는[共=供] 못했습니다. 효문(孝文) 16년에 신원평(新垣平)을 써서 처음으로 위양(渭陽)의 오제 사당을 세웠고 태일(泰一)과 지기(地祇)에게 제사를 지냄으로써 태조 고황제를 배사(配祀)했습니다. 동지에는 태일에게 제사를 지냈고 하지에는 지기에게 제사를 지냈으며, 이때 둘 다 오제를 병합해 제사를 지냈는데 소 1마리를 희생으로 바쳤고 상이 몸소 교배(郊拜)를 올렸습니다. 뒤에 평(平)이 복주되자 이에 더 이상 몸소 절을 올리지는 않았고 유사로 하여금 일을 치르게 했습니다. 효무황제께서는 옹에서 제사를 지내면서 '지금 상제께 짐이 몸소 교제사를 지내면서 후토께는 제사를 올리지 않는다면 예에 맞는다고 할 수 없다'라

---

26 「곡례(曲禮)」 편에 나오는 말이다.

고 말씀하시고서 이에 원정(元鼎) 4년 11월 갑자일에 비로소 분음에 후토의 사당을 세우셨습니다. 어떤 사람이 오제는 태일의 보좌였다며 마땅히 태일의 사당도 세워야 한다고 말했습니다. 그래서 5년 11월 계미일에 비로소 감천에 태일의 사당을 세워 2년에 한 번씩 교제사를 지냈으며, 옹과 교대로 제사를 지냄으로써 또한 고조를 여기에 배사(配祀)했지만 해마다 하늘을 섬기지는 않았는데, 이것들은 모두 옛 제도에 맞는 것이라 할 수 없습니다. 건시(建始) 원년에 감천의 태치와 하동의 후토를 장안의 남교와 북교로 옮겼습니다. 영시(永始) 원년 3월에는 황손이 없다 해 감천과 하동의 사당을 복원했습니다. 수화(綏和) 2년에는 끝내 하늘의 도우심을 얻지 못했다는 이유로 장안의 남교와 북교를 복원했습니다. 건평(建平) 3년에는 효애황제의 병환이 차도가 없는 것을 두려워해 감천과 하동의 사당을 복원했으나 끝내 아무런 복도 돌아오지 않았습니다. 신이 삼가 태사(太師) 공광(孔光), 장락소부(長樂少府) 평안(平晏), 대사농(大司農) 좌함(左咸), 중루교위(中壘校尉) 유흠(劉歆), 태중대부(太中大夫) 주양(朱陽), 박사(博士) 설순(薛順), 의랑(議郞) 국유(國由) 등 67명과 토의한 결과 모두 말하기를 마땅히 건시 때의 승상 형(衡-광형)의 의견대로 장안의 남교와 북교를 예전대로 복원해야 한다고 했습니다."

망(莽)은 또 자못 제례(祭禮)를 고쳐야 한다며 이렇게 말했다.

"『주관(周官)』에 따르면 하늘과 땅[天隆=天地]〔○ 사고(師古)가 말했다. "지(隆)는 지(地)의 옛 글자다. 이하에서도 똑같다."〕에 올리는 제사는 그 악(樂)에 갈라짐[別]이 있고 합쳐짐[合]이 있습니다.

그 합악(合樂)에 이르기를 '육률(六律)·육종(六鐘)·오성(五聲)·팔음(八

할 수 없으니 이는 그 각각이 독자적으로 제사를 지내는 것을 갖고 있기 때문입니다. 음양을 날별로 구별하는 것은 동지와 하지이고 그것이 서로 만나게 되는 것은 맹춘(孟春) 정월 상순 신(辛)일이나 정(丁)일입니다. 천자는 몸소 남교에서 하늘과 땅을 합사(合祀)해 고제와 고후를 배사합니다. 음과 양은 이합(離合)이 있기 때문에 『주역(周易)』에 이르기를 '음으로 나누고 양으로 나눠 번갈아가며 부드러움과 굳셈[俞絳]을 쓴다〔○ 사고(師古)가 말했다. "「설괘전(說卦傳)」에 나오는 말이다. 양은 굳셈이고 음은 부드러움인데 음양이 이미 나눠져 있다면 굳셈과 부드러움은 번갈아가며 써야 한다."〕'라고 했으니, 동지에는 유사로 하여금 남교에서 제사를 받들어 고제를 배향하고 여러 양(陽)[27]들을 망제(望祭)하고, 하지에는 유사로 하여금 북교에서 제사를 받들어 고후를 배향하고 여러 음(陰)들을 망제하는 것입니다. 이는 모두 미미한 기운[微氣]을 북돋아주어 음울하고 약한 기운[幽弱]을 두루 통하도록 도와주는 것입니다. 이런 때를 맞아[28] 임금은 사방을 순행을 행하지 않기 때문에 천자는 친제(親祭)하지 않고 유사를 대신 보내는 것이니, 이는 바로 하늘을 잇고 땅에 고분고분해[承順天地] 빼어난 임금의 제도를 회복하고 태조의 공업을 훤히 드러내는 것입니다. 위양의 사당은 복구해서는 안 됩니다. 여러 양이나 음에게 망제를 지내는[群望] 의례는 아직 정해져 있지 못하니 모두 정할 것을 주청드립니다."

주청을 재가했다. 30여 년 동안 천지의 사당은 다섯 차례 옮겨 다녔다.

---

27 수많은 양의 기운들을 가리킨다.

28 동지나 하지를 가리킨다.

그후에 망이 또 말씀을 올렸다.

"『서경(書經)』에 이르기를 '상제에게는 유(類)제사를 지내고 육종(六宗)에게는 인(禋)제사를 지낸다'[29]라고 했습니다. 구양(歐陽)과 대소 하후(夏侯)의 삼가(三家)[30]는 육종을 풀이하면서 모두 말하기를 위로는 하늘에 미치지 못하고, 아래로는 땅에 미치지 못하며, 옆으로는 사방에 미치지 못하니, 이 여섯 사이에 있게 돼 음양의 변화를 돕고, 그 실상은 하나인데 이름이 여섯이라 이름과 실상이 서로 상응하지 않는 것이라고 했습니다. 『예기(禮記)』 사전(祀典)에 따르면 공(功)이 백성에게 베풀어지면 그것을 제사해야 한다고 했습니다. 천문·일월·성신(星辰)은 밝게 우러러보아야 하는 것이고 지리·산천·해택(海澤)은 낳고 길러주는 것입니다. 『주역(周易)』에 팔괘(八卦)가 있고, 거기에는 건곤(乾坤)과 육자(六子)가 있으며, (감리(坎離)의) 물과 불은 서로에게 미치지 못하고[不逮=不及], (진손(震巽)의) 우레와 바람은 서로를 어지럽히지 못하며[不誖], (간태(艮兌)의) 산과 못은 기운을 통하게 하니[通氣], 그런 연후라야 능히 변화할 수 있고 이미 만물이 이루어지게 되는 것입니다〔○ 사고(師古)가 말했다. "건은 아버지, 곤은 어머니다. 진(震)은 장남, 손(巽)은 장녀이고 감(坎)은 중남, 이(離)는 중녀이고, 간(艮)은 소남, 태(兌)는 소녀다."〕.

---

29 「우서(虞書)」 '순전(舜典)' 편에 나오는 말이다.

30 구양은 구양생(歐陽生)으로 한나라 복생(伏生)의 제자다. 『상서(尙書)』를 전수받았고 여기에서 구양씨학(歐陽氏學)이 생겨났다. 대하후(大夏候)는 하후승(夏侯勝)인데 할아버지가 장생(張生)으로부터 『상서(尙書)』를 전수받아 이를 후대에 전해주었다. 하후승은 이를 사촌형의 아들(=소하후 건)에게 전해주어 후대에 대소하후(大小夏侯)의 학이라 불리게 됐다.

전(甫田)' 편에 나오는 구절이다.")'라고 했으며 『예기(禮記)』에서는 '오직 종묘사직에 제사를 지내야 하고 이를 위해 수레를 끄는 줄을 뛰어넘어 일을 행했다'³²라고 했습니다. 빼어난 한나라[聖漢]가 일어나 예의가 점차 제정되니 이미 관사(官社)가 생겨났지만 아직 관직(官稷)은 세우지 못했습니다."

드디어 관사 뒤에 관직을 세우고 하나라 우왕을 관사에 배사했으며 후직을 관직에 배사했다. 관직에는 곡수(穀樹-닥나무)를 심었다. 서주(徐州)의 목(牧)이 오색의 흙을 각각 1말씩 세공(歲貢)으로 바쳤다.

망(莽)이 제위를 찬탈하고 2년이 지나 신선의 일을 일으켜 방사 소락(蘇樂)의 말에 따라 궁궐 안에 팔풍대(八風臺)를 지었다. 대를 짓는 데 1만 금이 들어갔는데, 그 위에 음악을 설치하고, 바람을 맞춰 액탕(液湯)〔○ 여순(如淳)이 말했다. "「예문지(藝文志)」에 『액탕경(液湯經)』이 나오는데 그 뜻은 전하지 않는다."〕을 만들었다. 또 전중(殿中)에 오색의 벼를 심어 각각 색에 맞춰 방향을 정했고, 먼저 학의 골수, 바다거북이, 물소 뿔과 옥 등 20여 가지 물건을 푹 삶아서 즙을 짜내 1곡(斛)으로 황금 1근을 만든 다음에, 이것이 바로 황제가 곡선(穀仙)했던 비술이라고 말했다. 소락을 황문랑(黃門郎)으로 삼아 이 일을 주관하게 했다. 망은 드디어 귀신을 존숭해 음사(淫祀)를 올렸고, 말년에 이르러서는 천지와 육종(六宗) 이하 온갖 잡신들의 제사를 지내느라 사당이 모두 1,700개였고, 소·양·돼지의 삼생(三牲)과 조류 3,000여 종을 썼다. 뒤에는 미처 다 댈 수가 없어 마침내 닭으로 오리나 기러기를 대신했고 개로 사슴을 대신해야 했다. 여러 차례 조(詔)

---

32 사사로운 상(喪) 때문에 공적인 제사를 폐기하지 않았다는 뜻이다.

를 내려 자신이 신선이라고 자부하기도 했는데 상세한 이야기는 「왕망전(王莽傳)」에 실려 있다.

찬(贊)하여 말했다.

"한나라가 일어난 초기에는 거의 모든 일들이 처음 시작하던 때[草創]초창라 오직 한 사람 숙손생(叔孫生-숙손통)만이 조정의 의례를 개략적으로마나 정했을 뿐이다. 이에 정삭과 복색과 교제사와 망제사의 일도 여러 대에 걸쳐 아직 제대로 펼쳐지지 못했다[未章]. 효문(孝文)에 이르러서야 비미장로소 여름에 교제사를 지내기는 했지만, 장창(張倉)이 수덕(水德)에 의거했고, 공손신(公孫臣)과 가의(賈誼)는 그것을 고쳐 토덕(土德)을 받들게 되자 결국 한나라의 덕(德)은 불분명해졌다. 효무(孝武)의 시대에 예악과 법도[文章]가 성대해지면서 태초(太初) 연간에 제도를 개정했고, 아관(兒寬)·문장사마천(司馬遷) 등이 신(臣) 의(誼-가의)의 말을 따라 복색과 수도(數度-사물의 정해진 도수)에서 황덕(黃德)을 따랐다. 그들은 오행(五行)의 상승(相勝)에 입각해 진나라가 수덕이었기 때문에 한나라는 토덕을 취해 그것을 이겨야 한다고 했다. 유향(劉向) 부자는 제(帝)가 진(震)[33]에서 나왔기 때문에 복희씨가 처음으로 목덕(木德)을 받았고, 그후에 어머니에 의해 아들에게 전해져 한 번 끝나면 다시 반복되다가, 신농(神農)과 황제(黃帝)에서부터 당우(唐虞) 삼대를 지나 한나라가 화덕(火德)을 얻게 됐다고 했다. 그래서 고조가 처음 일어났을 때 신모(神母)가 밤에 불러 적제(赤帝)의 부(符)

---

33 팔괘의 하나로 목덕(木德)에 해당한다.

를 보여주었고, 기장(旗章)은 결국 빨간색이었으며, 몸소 천통(天統-천자의 지위)을 얻었던 것이다. 옛날에 공공씨(共工氏)는 수덕(水德)을 갖고서 목덕과 화덕의 사이에 있어 진(秦)나라와 운명을 같이했는데, 이는 다 그 순서에 맞지 않았기에 둘 다 오래가지 못했다. 이로 말미암아 말하건대 조종(祖宗)의 제도란 대개 자연스러운 응보(應報)가 있고 시의(時宜)에 고분고분함이 있다. 방사나 사관(祠官)의 변설을 꿰뚫어보았던 곡영(谷永)의 말이야말로 참으로 바르지 않겠는가[不亦正乎]! 참으로 바르지 않겠는가!"[34]

---

34 이렇게 두 번 반복한 것은 강조하는 표현이다.

권
◆
26

천문지
天文志

신은 앞서 상주해 감천의 태치와 분음의 후토(의 사당)를 모두 (장안의) 남교와 북교로 다시 옮겨올 것을 말씀드린 바 있습니다. 삼가 『주관(周官)』을 살펴보건대 '사방 교외에 오제(五帝)를 제사 지낼 터를 마련하라'라고 했으니 산천은 각각 그 방향이 있어 문제가 없지만 지금 오제의 조거(兆居-제사터)는 옹의 오치에 있다 보니 옛 제도에 부합하지 않습니다. 또 해와 달과 우레와 바람과 산과 못은 『주역(周易)』 팔괘 중에서 여섯 자식의 존귀한 기운을 갖고 있으니 이른바 육종(六宗)입니다. 성(星)·신(辰)·수(水)·화(火)·구(溝)·독(瀆)은 모두 육종에 속하는 것들입니다. 그런데 지금 혹 독립된 제사가 없고 혹 제사터가 없습니다.

삼가 태사 광(光), 대사도 궁(宮), 희화(羲和) 흠(歆) 등 89인과 함께 토의해보니, 모두 말하기를 천자는 하늘을 아버지처럼 섬기고 땅을 어머니처럼 섬겨야 한다고 했습니다. (그런데) 지금 천신을 칭해 황천상제(皇天上帝)라 하고, 태일의 제사터[兆]를 태치(泰畤)라 하며, 또 지기를 칭해 후토(后土)라 해 중앙의 황령(黃靈)[31]과 동일시하면서도 북교의 제사터에는 아직 아무런 존칭이 없습니다. 마땅히 지기를 황지후기(皇隆后祇)라 칭하시고 제사터는 광치(廣畤)라 불러야 할 것입니다.

『주역(周易)』에 이르기를 '방향은 같은 유형으로 모으고 사물은 무리로 나눈다[方以類聚 物以群分]〔○ 사고(師古)가 말했다. "「계사전(繫辭傳)」 (상)에 나오는 말이다."〕'라고 했으니 여러 신들을 나누고서 같은 유형으로 서로 따르게 해 오부(五部)로 삼아서 하늘과 땅의 별신(別神)을 제사 지내

---

31 천신 혹은 황제(黃帝)의 영을 가리킨다.

는 터를 만듭니다[兆]. 중앙의 제(帝) 황령후토치(黃靈后土畤) 및 해의 사당과 북신(北辰), 북두, 전성(塡星), 중수중궁(中宿中宮)(의 제사터)을 장안성의 미지(未地)에 조성하고, 동방의 제(帝) 태호청령구망치(太昊靑靈句芒畤) 및 뇌공(雷公)과 풍백(風伯)의 사당, 세성(歲星), 동수동궁(東宿東宮)(의 제사터)을 동교에 조성하며, 남방의 염제(炎帝) 적령축융치(赤靈祝融畤) 및 형혹성(熒惑星), 남수남궁(南宿南宮)(의 제사터)을 남교에 조성하고, 서방의 제(帝) 소호백령욕수치(少皞白靈蓐收畤) 및 태백성(太白星), 서수서궁(西宿西宮)(의 제사터)을 서교에 조성하며, 북방의 제(帝) 전욱흑령현명치(顓頊黑靈玄冥畤) 및 달의 사당, 우사(雨師)의 사당, 진성(辰星), 북수북궁(北宿北宮)(의 제사터)을 북교에 조성해야 합니다."

주청을 재가했다. 이에 장안성 주변에는 각종 사당과 제사터[兆畤]들이 크게 번성했다.

망은 또 말했다.

"제왕이 사직(社稷)을 세우고 백왕은 그것을 바꾸지 않습니다[不易]. 사(社)란 땅이고 종묘는 임금 된 자가 거처하는 곳입니다. 직(稷)이란 온갖 곡식들의 왕이기 때문에 종묘에 받들어 자성(粢盛-정성스러운 제물)으로 올리는 것이며 사람들이 그것을 먹음으로써 생활을 해갑니다. 임금 된 자는 종묘사직을 존중하고 친제(親祭)를 지내지 않으면 안 되는데, 이렇게 해야만 자신이 주인이 되기 때문이며, 그 예의는 바로 종묘에서 나타납니다. 『시경(詩經)』에 이르기를 '마침내 큰 사당을 세웠도다〔○ 사고(師古)가 말했다. "「대아(大雅)」 '면지(綿之)' 편에 나오는 구절이다."〕'라고 했고 또 '직신(稷神)께 나아가 단비를 기도했도다〔○ 사고(師古)가 말했다. "「소아(小雅)」 '보

모든 천문(天文) 중에서 문헌에 명확하게 드러나 있어 알 수 있는 것은 항성(恒星)[經星] 별자리¹의 중외관(中外官)²이 모두 118명(名)으로 도합 783개의 별이며,³ 이것들은 모두 주국(州國)과 궁관(宮官)과 만물의 형상[象]을 갖고 있다. 그것이 숨거나 나타나는 것[伏見], 느리거나 빠른 것[蚤晩], 그릇되거나 바른 것[邪正], 존속하거나 없어지는 것[存亡], 비거나 채워진 것[虛實], 확 트이거나 비좁은 것[闊陝=闊陿][○ 맹강(孟康)이 말했다. "복현(伏見)이나 조만(蚤晩)은 오성(五星)을 가리킨다. 일월과 오성이 길

---

1 항성이나 경성 모두 28별자리[宿]를 말한다.
2 천체의 별들을 관직에 비유한 것이다. 그래서 사마천은 아예 천문지를 천관서(天官書)라고 했다. 중외관은 붙박이별[恒星]을 의인화한 표현이다.
3 참고로 사마천의 『사기(史記)』 「천관서(天官書)」에는 90여 개의 별자리에 도합 500여 개의 별이 있다고 했다. 그사이에 그만큼 늘어난 것이다.

의 아래에 있는 것[下道]이 사(邪)다. 존(存)은 열수(列宿)가 어그러짐이 없는 것[不虧]을 말하고 망(亡)은 행성이 보이지 않는 것을 말한다. 허실(虛實)이란 천뢰성(天牢星-하늘의 감옥별)의 경우 채워지면[4] 그 안에 갇혀 있는 것들이 많다는 것이고, 비었으면 그 밖으로 다 나왔다는 말이다. 활협(闊陜)이란 삼태성(三台星)의 경우 서로의 거리가 멀어졌다가 가까워졌다가 하는 것이다."), 그리고 오성이 운행하는 길이 합쳐지거나 흩어지는 것[合散], 어기거나 지키는 것[犯守], 서로 범하거나 지나쳐가는 것[陵歷], 다투거나 먹는 것[鬪食]〔○ 맹강(孟康)이 말했다. "합쳐진다는 것은 함께 있다는 것이다. 흩어진다는 것은 오성에 변화가 있으면 그 정기가 흩어져 요성(祆星-재앙의 별)이 되는 것이다. 어긴다는 것은 7촌(寸) 이내에서 빛줄기[光芒]가 서로 닿는 것이다. 범한다는 것은 서로 무릅쓰고 지나쳐가는 것이다. 먹는다는 것은 별과 달이 서로 범하는 것이니 보이지 않게 되는 쪽은 좀먹어 들어가게[蝕] 된다." 위소(韋昭)가 말했다. "밑에서 와서 저촉하는 것을 범(犯)이라 하고, 그 자리[宿]에 머물러 있는 것을 수(守)라 한다. 그곳을 지나쳐가는 것을 역(歷)이라 하고, 갑자기 덮치는 것을 능(陵)이라 하며, 별들이 서로 치는 것을 투(鬪)라 한다."), 또 혜성(彗星), 패성(孛星-살별), 비성(飛星), 유성(流星), 해와 달의 엷은 기운과 먹는 것[薄食]이 있으며〔○ 장안(張晏)이 말했다. "혜(彗)란 낡은 것을 없애고 새로운 것을 퍼뜨린다는 뜻이다. 패(孛)의 기운은 혜성과 비슷하다." 맹강(孟康)이 말했다. "비(飛)란 자취를 끊고서 가버린다는 말이다. 유(流)란 빛의 흔적이 서로 이

---

4   빛이 많다는 말이다.

어져 있는 것이다. 해와 달이 빛이 없어질 때를 엷다고 한 것이다.『경방역전(京房易傳)』에 이르기를 해와 달은 적황색이라 엷다고 했다. 혹자는 서로 교차하지 않는데도 먹는 것을 박(薄)이라고 했다." 위소(韋昭)가 말했다. "기운이 점점 다가오는 것을 박(薄)이라 하고, 허물어져 훼손된 것을 식(食)이라 한다."], 운적(暈適), 배혈(背穴), 포이(抱珥), 홍예(虹蜺), 신풍(迅風), 풍요(風祅), 괴운(怪雲), 변기(變氣)〔○ 맹강(孟康)이 말했다. "모두 주변의 기운을 말하는 것이다. 적(適)은 해가 장차 먹히려 할 때 그에 앞서 검게 변하는 것이다. 배(背)는 모양이 배(背) 자 모양이다. 혈(穴)은 걸쇠 모양으로 햇무리가 지는 것[鐍]이다. 포(抱)는 기운이 해를 향하는 것이고, 이(珥)는 모양이 검은 점과 같다는 것이다." 여순(如淳)이 말했다. "暈은 운(運)으로 읽어야 한다. 표(表)에 이르기를 웅(雄-수컷)을 홍(虹)이라 했고, 자(雌-암컷)를 예(蜺)라고 했다. 이런 기운들은 모두 해의 위에 있을 때는 모자가 되고, 주변에 나란히 있을 때는 귀고리가 된다. 또 주변에서 반원형일 때는 해를 향하면 포(抱)가 되고, 밖을 향하면 배(背)가 된다. 해를 어지럽히는 기운은 휼(鐍)이 된다."], 이것들은 모두 음과 양의 정기(精氣)이며 그 근본은 땅에 있으면서 위로 하늘을 향해 올라가는 것이다. 정사(政事)가 이곳에서 실패하게 되면 저쪽에서 변이가 보이게 되는데, 이는 마치 그림자가 비치는 것과 같고 메아리가 울려 퍼지는 것과 같다. 이 때문에 눈 밝은 임금은 천체의 변이를 살펴 깨닫고서, 몸을 삼가고 일을 바로잡아[飭身正事] 그 허물을 사죄할 것을 생각하게 되면, 재앙은 제거되고 복이 이르게 되니, 이는 자연의 상서로운 호응[符=瑞應]이다.

(하늘의) 중궁(中宮)⁵은 천극성(天極星-북극성)으로 그 가장 밝은 것은 태일(泰一)이 늘 머무는 곳이고, 주변의 삼성(三星)은 삼공(三公)이라고 하는데, 혹은 태일의 자식들이라고도 한다. 뒤에 구부러진 네 별 중에서 맨 끝에 있는 큰 별이 정비(正妃)이고 나머지 세 별은 후궁에 해당한다. 그 주위를 빙 둘러 호위하는 12개의 별은 번신(藩臣)이다. 이상의 것들을 총칭해서 자궁(紫宮)⁶이라고 한다.

앞 열에 있는 북두칠성의 자루[斗柄]에 있는 세 별로 북쪽 끝에 뾰족하게 나와 있으며 보였다가 안 보였다가 하는 것을 일러 음덕(陰德)이라 하는데, 혹은 천일(天一)⁷이라고도 한다. 자궁의 왼쪽에 있는 세 별은 천창(天槍)이라 하고, 오른쪽에 있는 네 별은 천부(天棓)라고 한다. 뒤에 있는 17개 별로 천한(天漢-은하수)을 가로질러[絶=橫] 영실(營室)까지 이어져 있는 것을 총칭해서 각도(閣道)라고 한다.

북두칠성은 이른바 선(旋), 기(璣), 옥형(玉衡)⁸으로 칠정(七政)⁹을 가지런히 한 것이다. 자루[杓=柄]는 (동쪽의) 용각(龍角) 자리와 이어져 있고 [攜=連], 옥형[衡]은 (남쪽의) 남두(南斗-남두육성) 자리 안에 있으며[殷=

---

5 중앙의 별자리를 총칭한 것이다. 북극성을 중심으로 하며 천제(天帝)가 머무는 곳이다.

6 자미성(紫微星)이라고도 한다.

7 자미원(紫微垣)에 속하는 것으로 현재의 용자리의 한 별이다.

8 제1성부터 제4성까지 추(樞)·선(旋)·기(璣)·권(權)의 네 별을 두괴(斗魁-머리 부분의 네 별)라고 한다. 제5성에서 제7성까지 옥형(玉衡)·개양(開陽)·요광(搖光)의 세 별을 두표(斗杓) 혹은 두병(斗柄)이라고 한다. 선·기·옥형은 이 일곱 별을 대표한다.

9 해, 달, 그리고 다섯 행성을 가리킨다.

中], 두괴(斗魁)는 (서쪽의) 삼성(參星) 자리의 맨 앞에 있다. 저녁에 인(寅)을 세우는 것이 표(杓)인데, 표는 화산(華山)으로부터 서남쪽을 관장한다〔○ 맹강(孟康)이 말했다. "전(傳)에 이르기를 '북두의 제7성은 태백을 모범으로 삼고 자루를 주관하며 꼬리에 있다'라고 했으니 꼬리는 음(陰)이고 또 저녁을 쓰니, 저녁은 음이고 방위는 서쪽이기 때문에 서남쪽을 관장하는 것이다."〕. 한밤중에 인(寅)을 세우는 것이 옥형(玉衡)인데 옥형은 중원의 하수(河水)와 제수(濟水) 사이에 해당한다. 해가 돋을 무렵에 인(寅)을 세우는 것이 괴(魁)인데, 괴는 동해와 태산으로부터 동북쪽을 관장한다〔○ 맹강(孟康)이 말했다. "전(傳)에 이르기를 '두괴는 제1성으로 해를 모범으로 삼고 제(齊)를 주관한다'라고 했으니, 괴(魁)란 자루의 머리이고, 머리는 양이며, 또 해 돋을 무렵을 쓰니, 양과 명(明)은 그 덕(德)이 동쪽이기 때문에 동북쪽을 관장하는 것이다."〕. 북두(北斗)는 천제의 수레이며 중앙을 운행하고 천하에 군림한다. 음양을 나누고, 사계절을 세우고, 오행을 균형 잡고, 계절을 옮기고, 제반 기강들을 정하니, 모두 북두와 연결된 일들이다.

두괴의 앞에 있는, 광주리[筐]를 쓰고 있는 모양을 한 여섯 별을 문창궁(文昌宮)이라 하는데, 하나는 상장(上將), 둘은 차장(次將), 셋은 귀상(貴相), 넷은 사명(司命), 다섯은 사록(司祿), 여섯은 사재(司災)라고 한다. 두괴의 가운데에 있는 것은 귀인의 뇌(牢-감옥)다〔○ 맹강(孟康)이 말했다. "전(傳)에 이르기를 '천리(天理) 사성(四星)은 두괴의 가운데에 있다'라고 했는데 귀인의 뇌의 이름은 천리다."〕. 두괴의 아래쪽에 양쪽으로 둘씩 3개가 나란히 있는 여섯 별을 삼태(三能)〔○ 소림(蘇林)이 말했다. "能의 발음은

(능이 아니라) 태(台)다.")라 한다. 삼태의 색이 가지런하면 임금과 신하는 조화를 이루고, 가지런하지 못하면 어그러진다[乖戾]. 두병에 있는 별은 보성(輔星)¹⁰인데 그 빛이 밝고 가까우면 보좌하는 신하가 친근하면서도 힘이 세고, 그 빛이 멀고 작으면 제(帝)의 배척을 받아 힘이 없다.

두표의 끝에는 2개의 별이 있는데 하나는 안쪽에 있는 것으로 하늘의 창[矛]인데 초요(招搖)라 하고, 하나는 바깥쪽에 있는 것으로 하늘의 방패[盾]인데 천봉(天鐽)이라 한다[○ 진작(晉灼)이 말했다. "바깥이란 북두에서 멀다는 뜻이다. 초요의 남쪽에 있다."]. 구부러져서[句=曲] 둥근 원형을 이루는 15개의 별이 있는데 두표에 속하며 천인(賤人)의 뇌(牢)라 한다. 뇌 안에 있는 별들이 빛이 밝으면[實] 죄수들이 많은 것이고, 흐리면[虛] 옥문을 열어 다 내보낸 것이다.

천일(天一), 창(槍), 부(桴-도리깨), 모(矛), 순(盾)의 여러 별들이 동요해서 망각[角=芒角]¹¹이 크게 빛나게 되면 (지상에서는) 병란이 일어나게 된다.

동궁(東宮)은 창룡궁(蒼龍宮)으로 방수(房宿), 심수(心宿) 등이 있다.¹² 심수(心宿)는 (천제가 정사를 보는) 명당(明堂-정전)이고, 그 가운데 큰 별은 천왕성(天王星)이며, 그 앞뒤의 별들은 자식에 해당한다. 일직선으로 이어지려 하지 않는데 이어지게 되면 왕은 정사의 계책을 잃게 된다. 방수

---

10 북두의 제6성(개양)의 왼쪽에 있는 별인데 북두를 보좌하니 승상(丞相)을 상징한다.

11 별 주위에 까끄라기처럼 일어나는 잔 불빛을 말한다.

12 동궁이란 동방 별자리[東方星座=東方宿]의 총칭으로 각(角)·항(亢)·저(氐)·방(房)·심(心)·미(尾)·기(箕)의 7개 별자리를 말한다.

은 소미(少微)라고 하는데 사대부를 상징한다. 권성은 헌원(軒轅)이라고도 하는데 황룡(黃龍)의 모습을 하고 있다〔○ 맹강(孟康)이 말했다. "모습이 등룡(騰龍)을 닮았다는 말이다."〕. 전방의 큰 별은 여주(女主-왕비)를 상징하며 그 주변의 작은 별들은 어자(御者)랑 후궁(後宮)을 상징한다. (그래서) 달과 오성이 권성을 통과할 때 만일 역으로 들어가 궤도를 벗어나게 되면 형성의 경우와 마찬가지로 천자는 후궁을 처벌한다.

동정수(東井宿)는 물의 일을 주관한다. 화성이 여기에 들어오고 하나의 별이 그 좌나 우에 있게 되면 천자는 장차 화성으로 그것을 패퇴시킨다. 동정수의 서쪽 곡(曲)에 있는 별은 월(戉-도끼)이라 하고 북쪽에 있는 별은 북하성(北河星), 남쪽에 있는 별은 남하성(南河星)이다. 이 두 남북의 하성과 천궐(天闕) 사이가 (해와 달과 오성이 다니는) 통로[關梁-관문과 교량]다. 여귀성(輿鬼星)은 귀신에게 제사를 지내는 일을 주관하고 중앙에 있는 흰색 별은 질성(質星)이다〔○ 진작(晉灼)이 말했다. "여귀성은 5개인데 그 가운데에 있는 흰색이 질성이다."〕. 화성이 남북 양 하성(河星) 사이에 머물러 궤도를 따라가게 되면 (천하에) 병란이 일어나고 곡식은 제대로 여물지 않는다[不登]. 그래서 (천자의) 다음은 형성에, 살펴보는 것[觀=占]은 황성(潢星)에〔○ 진작(晉灼)이 말했다. "황(潢)은 오황(五潢)인데 이는 오제의 수레가 있는 곳을 가리킨다."〕, 패퇴는 월성(戉星)에〔○ 진작(晉灼)이 말했다. "패퇴의 조짐은 먼저 월성에서 모습을 드러낸다."〕, 재앙은 동정에〔○ 진작(晉灼)이 말했다. "동정은 물의 일을 주관하는데 하나의 별이 그 주변에 머물게 되면 천자는 화성으로 그것을 패퇴시킨다고 했으니 곧 재앙을 말한다."〕, 주벌은 질성에 각각 해당한다〔○ 진작(晉灼)이 말했다. "형종성이 여귀성의 질성에 들어가게 되면 점에서는 대신에게 죄가 있어 벌하게 된다고 말한다."].

유수(柳宿)는 새의 부리[喙]로 초목을 주관한다. 칠성(七星)은 목덜미[頸]로 원관(員官)이라고도 하는데 시급한 일[急事]을 주관한다. 장수(張宿)는 모이주머니[嗉]로, 주방[廚]이며 손님을 접대하는 일[觴客]을 주관한다. 익수(翼宿)는 깃털과 깃촉[羽翮]이며 멀리서 온 빈객[遠客]을 주관한다. 진수(軫宿)는 바람을 주관한다. 그 주변에 있는 1개의 작은 별을 장사(長沙)라고 하는데, 색은 그리 밝지 못해 밝기가 진수의 네 별과 비슷한데, 만일 오성이 진수의 가운데로 들어오게 되면 병란이 크게 일어나게 된다. 진수의 남쪽에 있는 별 무리를 천고(天庫)라고 하는데 그중에 오거성(五車星)이 있다. 오거성이 빛을 발해 그 수가 더욱 늘어나거나 혹은 훨씬 못 미치게 되면 병란을 진압하는 것이 불가능해진다.

서궁(西宮)은 함지성(咸池星)으로 하늘의 오황(五潢)이라고 한다. 오황이란 오제의 수레가 있는 곳이다. 화성이 그 별자리에 들어오면 가뭄이 들고, 금성이 들어오면 병란이 일어나고, 수성이 들어오면 홍수가 난다. 가운데에 3개의 기둥이 있는데 세 기둥이 제대로 갖춰지지 못하면 병란이 일어난다.

규수(奎宿)는 봉희(封豨)라고 하는데 구독(溝瀆-하천이나 강)을 주관한다. 누수(婁宿)는 병을 일으키는 무리를 다스리고 위수(胃宿)는 천창(天倉-하늘의 창고)을 다스린다. 그 남쪽에 모여 있는 별무리를 괴적(膾積)[○여순(如淳)이 말했다. "여물이나 꼴을 쌓아놓은 것을 괴(膾)라고 한다."]이라고 한다.

(房宿)는 천부(天府)¹³인데 천사(天駟-천마)라고 부른다. 그 북쪽[陰=北]에는 우참(右驂)이 있다. 그 곁에 있는 2개의 별을 옷깃[衿]이라 하는데, 옷깃별의 북쪽에 있는 1개의 별을 비녀[轄]라 한다. 동북쪽에 구부러져 있는 12개의 별을 깃발[旗]이라 한다. 깃발별 중앙에 있는 4개의 별을 천시(天市-하늘의 시장)라 한다. 천시 안에 있는 별들이 많이 빛나게 되면 천하의 시장에 물건이 많게 되고, 천시 안이 비게 되면 천하의 시장에 물건도 고갈된다. 방수(房宿)의 남쪽에 있는 뭇별들을 기병장교[騎官]라 한다.

왼쪽의 각성(角星)은 이관(理官-형벌을 주관)이고 오른쪽의 각성은 장수(將帥-무력을 주관)다. 대각성(大角星)이란 천왕제(天王帝)의 법정[坐廷]이다. 그 양쪽 곁에 각각 3개의 별이 있는데, 삼발이 쇠솥의 발처럼 구부러져 있는 것을 섭제(攝提)라고 한다. 섭제란 곧장 두표가 가리키는 바에 있는데 그것을 통해 계절을 세워주기 때문에 섭제격(攝提格)이라 한다. 항수(亢宿)는 (하늘의) 종묘로 질병을 주관한다. 그 남북에 있는 2개의 큰 별을 남문(南門)이라 한다. 저수(氐宿)는 하늘의 뿌리[根]로 역병을 주관한다. 미수(尾宿)는 9개 별의 자식을 갖고 있으며 군신(君臣)이라 한다. 별들의 사이가 멀어지거나 끊어지면 임금과 신하가 불화하게 된다. 기수(箕宿)는 놀러오는 손님[敖客]으로 후비의 부(府)이니 구설(口舌)이라 한다. 화성이 각수를 범해 각수가 그 자리를 지키려 하게 되면 (천하에) 전쟁이 있게 된다. 방수(房宿)와 심수(心宿)의 자리를 범하게 되면 (재앙이 임금에게 미칠 수 있기 때문에) 임금다운 임금[王者]은 그것을 미워한다.

---

13 천마를 관장하는 곳이다.

남궁(南宮)은 주조궁(朱鳥宮)으로 권성(權星)과 형성(衡星)이 있다〔○ 맹강(孟康)이 말했다. "헌원(軒轅)이 권성이고 태미(太微)가 형성이다."〕. 형성은 태미(太微)라고도 하는데 삼광(三光-해, 달, 오성)의 궁정[廷]이다. 이를 둘러싸고 보호하는 12개 별은 변방의 신하[藩臣]로 서쪽은 장수의 별이고, 동쪽은 재상의 별이며, 남쪽에 있는 4개의 별은 법을 집행하는 관리[執法]의 별이고, 가운데는 단문(端門)[14]이며, 그 좌우가 액문(掖門)이다. 액문 안에 있는 6개의 별은 제후의 별이고, 그 안에 있는 5개의 별은 오제(五帝-황제, 창제, 적제, 백제, 흑제)의 자리다. 그 뒤에 의연하게 모여 있는 15개의 별을 일러 낭위(郞位)라 하고 그 곁에 있는 1개의 큰 별은 장위(將位)라고 한다. 달과 오성(五星)은 서쪽에서 고분고분 들어가[順入] 궤도를 따라 운행하는데, 형성을 통해 동쪽으로 나가려 할 때, 만일 그 궤도를 벗어나려 하면 천자는 주벌한다. 만일 그 역으로 들어가 궤도를 따르지 않게 되면 그 범한 바에 따라 이름이 붙여지는데, 좌에 닿아[中坐] 형상을 이룰 경우[成形]〔○ 진작(晉灼)이 말했다. "좌에 닿는다는 것은 제(帝) 자리를 범하는 것이고, 형상을 이룬다는 것은 화복(禍福)이 모습을 드러낸다는 말이다."〕 아래에 있는 사람들은 모두 위를 따르지 않으려고 서로 도모하는 것이다. 금성과 화성이 달과 오성처럼 궤도를 따르지 않을 경우에 죄는 더욱 심하다. 조정의 번신으로서 서쪽에 남북으로 드리워져 있는 4개의 별

---

14 정전 앞에 있는 정문이다. 태미원(太微垣) 남방 중앙의 두 별 사이를 가리키며, 단문 동쪽의 별은 좌집법(左執法)으로 정위(廷尉)를, 서쪽의 별은 우집법(右執法)으로 어사대부(御史大夫)를 상징한다.

묘수(昴宿)는 모두(旄頭-깃대 끝)라고도 하고 호성(胡星)이라고도 하는데 흰옷의 모임[會]15을 주관한다. 필수(畢宿)는 한거(罕車)16라고도 하는데 변방의 병사를 상징하며 싸움과 사냥[戈獵]을 주관한다. 그중에서 큰 별 옆에 있는 작은 별은 부이(附耳)라고 한다. 부이가 동요하게 되면 참소해 어지럽히는[讒亂] 신하가 임금의 곁에 있다는 뜻이다. 묘수와 필수 사이는 천가(天街-하늘의 거리)라고 하는데, 그 북쪽[陰]이 음국(陰國)이고, 그 남쪽[陽]이 양국(陽國)이다.

삼수(參宿)는 백호(白虎)다. 그중 3개의 별이 일직선을 이루면 이를 형석(衡石)[○ 맹강(孟康)이 말했다. "삼수의 3개의 별은 백호수(白虎宿) 중에 있으며 동서로 직선을 이루게 되면 모양이 저울대[衡]와 비슷하다."]이라 한다. 그 아래에 3개의 별이 삼각형을 이루고 있는데 벌성(罰星)이라 하고 정벌과 참살의 일을 담당한다. 그밖에 있는 4개의 별은 좌우의 어깨와 다리에 있다. 3개의 작은 별은 구석에 있는데, 자휴(觜觿-뾰족한 송곳 끝)라 하고, 백호의 머리 부분에 있으며, 군대를 지키는 일[葆旅=守軍旅]을 주관한다. 그 남쪽에 있는 4개의 별을 천측(天厠-하늘의 뒷간)이라 한다. 천측 아래에 하나의 별이 있는데 천시(天矢-하늘의 화살)라 한다. 천시성의 색이 황색일 때는 길하고 청색이나 백색 혹은 흑색일 때는 흉하다. 그 서쪽에 휘어지며 쭉 이어진 별이 9개씩 세 곳에 나열해 있는데, 하나는 천기(天旗)라 하고, 또 하나는 천원(天苑)이라 하며, 마지막은 구유(九斿)라고 한

---

15 대상(大喪-임금의 상)이나 회곡(會哭)을 뜻한다.

16 뿌은 한(罕)의 옛 글자다.

다. 그 동쪽에 있는 큰 별을 낭성(狼星)이라 하는데 낭성의 빛이 색깔이 바뀔 때면 도적이 많다는 상징이 된다. 아래에 있는 4개의 별을 호성(弧星)이라 하는데 화살이 낭성을 향하고 있다. 그 근처[比地=近地]에 있는 큰 별을 남극노인(南極老人)이라 한다. 남극노인이 보이면 잘 다스려져 안정되고[治安] 안 보이면 병란이 일어난다. 그래서 늘 천자는 추분 때가 되면 이를 남교(南郊)에서 기다린다[候].

    북궁(北宮)은 현무궁(玄武宮)으로 허수(虛宿)와 위수(危宿)가 여기에 속한다. 위수는 궁실 가옥의 일을 주관하고 허수는 곡읍(哭泣)의 일을 주관한다〔○ 송균(宋均)이 말했다. "궁실 가옥 아래에는 사람이 없고 속이 텅 비어 빈궁(殯宮)과 비슷하다. 그래서 곡읍을 주관하는 것이다."〕. 그 남쪽에는 별 무리가 있는데 이를 우림천군(羽林天軍)이라 한다〔○ 송균(宋均)이 말했다. "허수·위수·영실(營室)은 음양이 끝나고 새로 시작하는 곳이라 서로 교차하는 지점이기 때문에 늘 간사한 일이 많으니 우림(羽林-경호부대)을 두어 군사적인 보호를 하는 것이다."〕. 천군의 서쪽에 있는 별을 누성(壘星) 혹은 월성(戉星)이라 한다. 그 주변에 있는 1개의 큰 별은 북락(北落)인데 북락이 만일 미미해 사라지면 천군성이 움직여 빛줄기[角=光芒]가 더 희미해지고, 또 오성이 북락을 침범해 천군에 들어오게 될 경우 천하의 군사들이 들고일어난다. 화성·금성·수성이 범하게 되면 더욱 심해지는데 화성이 들어오면 군대에 우환이 있고, 수성이 들어오면 홍수의 근심이 있으며, 목성이나 토성이 범할 경우에는 군대의 일은 길하다〔○ 맹강(孟康)이 말했다. "목성과 토성이 북락에 들어오면 군대는 길하다는 말이다."〕. 위수의 동쪽에 있는 6개의 별은 2열로 나란히 있는데[兩兩而比] 사구(司寇)라고 한다.

영실수(營室宿)는 청묘(淸廟-태묘)로 이궁(離宮)이라고도 하고 각도(閣道)라고도 한다. 천한(天漢-은하수) 가운데 4개의 별은 천사(天駟)라 하고 그 곁에 있는 하나의 별은 왕량(王梁)이라 한다. 왕량성이 말에 채찍을 가해 빛을 발하면 수레와 기마가 들판에 가득하다. 그 주변에 있는 8개의 별은 천한을 가로지르는데[絶=橫] 천횡(天橫)이라 한다. 천횡의 주변에는 강성(江星)이 있어 강성이 움직이면 (홍수가 나) 사람들은 물을 건너야 한다[涉水].

저(杵-절구공이)와 구(臼-절구)의 사성(四星)은 위수(危宿)의 남쪽에 있다. 포과(匏瓜)의 별자리를 청흑(靑黑)의 별이 범하게 되면[守=犯] 물고기와 소금 값이 뛴다.

남두성(南斗星)은 천묘(天廟-하늘의 사당)로 그 북쪽에는 건성(建星)이 있다. 건성이란 천묘에 걸린 깃발을 담당한다. 견우수(牽牛宿)는 희생을 주관하고 그 북쪽의 별은 하고(河鼓)인데, 그중에서 큰 별은 상장군이고, 왼쪽은 좌장군, 오른쪽은 우장군이다. 무녀(婺女)(는 포백을 주관하는데)의 북쪽은 직녀(織女)인데 직녀성은 천제(天帝)의 손녀다.

세성(歲星-목성)[17]은 동방춘목(東方春木)[18]이라 하는데, 사람으로 보자면 오상(五常)의 어짊[仁]에 해당하고 오사(五事)의 용모[貌]에 해당한다. (그래서) 어짊이 허물어지고 용모를 잃게 되면 봄의 정령(政令)을 거스르

---

17 12년에 한 번씩 천체를 돈다[周天].
18 동쪽에 있으며, 봄을 주관하고 나무의 정기를 갖고 있다는 말이다.

게 되고 나무의 정기를 해치게 돼 그에 대한 벌이 세성에 나타난다. 세성이 머물러 있는 곳 아래에 있는 나라에서는 군대를 동원해서는 안 되지만 무도한 다른 나라를 정벌할 수 있다.[19] 세성이 있던 자리를 넘어서 앞으로 나아가는 것을 영(嬴-넘치다)이라 하고 뒤로 물러서는 것을 축(縮)이라 한다. 영에 있을 때는 그 나라가 군대를 갖고 있지만 패배해 돌아오지 못하고, 축에 있을 때는 그 나라에 우환이 있어 그 장수는 죽고 나라는 기울어 패망하게 된다. 세성이 떠나버린 곳에서는 땅을 잃게 되고 그것이 지나가는 곳에서는 땅을 얻게 된다. 일설에 따르면 세성이 마땅히 머물러야 하는데, 그렇지 않을 경우에 나라는 망하고, 그것이 지나가는 곳에서는 나라가 번창하며, 이미 머물러 있다가 심지어 동서로 떠나면 나라는 흉해 거사를 위해 병력을 쓸 수가 없다. 세성이 안정돼 그 도(度)에 맞으면 길하다. 들고 나는 것이 그 차례에 맞지 않으면 반드시 하늘의 요상함이 세성이 머무는 곳에 나타나게 된다.

세성이 넘쳐 동남쪽으로 가면〔○ 맹강(孟康)이 말했다. "오성은 동쪽으로 진행하고 천체는 서쪽으로 돈다. 세성은 새벽에 동쪽에서 보이는데 진행 속도가 빠르면 안 보이고 안 보이면 변해 요성(祅星)이 된다."〕석씨(石氏)는 "혜성이 보인다"라고 했고 감씨(甘氏)는 "3개월 동안 나오지 않다가 마침내 혜성을 낳으니 몸통은 별과 비슷한데 꼬리는 혜성과 비슷하고 길이는 2장(丈)이다"라고 했다.[20] 세성이 넘쳐 동북쪽으로 가면 석씨(石氏)

19　정벌하면 반드시 이긴다는 말이다.

20　석씨는 한나라의 술수가 석신부(石申夫)이고, 감씨는 제(齊)나라 사관 감덕(甘德)으로 천문관이다.

는 "각성(覺星)이 보인다"라고 했고 감씨(甘氏)는 "3개월 동안 나오지 않다가 마침내 천부(天棓)를 낳으니 몸통은 별과 비슷한데 꼬리는 뾰족하고 길이는 4척(尺)이다"라고 했다. 세성이 움츠러들어 서남쪽으로 가면〔○ 맹강(孟康)이 말했다. "세성이 서쪽으로 숨게 되면 진행은 느려지고 빨리 사라져 변해 요성이 된다."〕석씨(石氏)는 "참운(欃雲)이 소처럼 보인다"라고 했고, 감씨(甘氏)는 "3개월 동안 나오지 않다가 마침내 천창(天槍)을 낳으니 좌우가 뾰족하고 길이는 여러 장이다"라고 했다. 세성이 움츠러들어 서북쪽으로 가면 석씨(石氏)는 "창운(槍雲)이 말처럼 보인다"라고 했고, 감씨(甘氏)는 "3개월 동안 나오지 않다가 마침내 천참(天欃)을 낳으니, 몸통은 별과 비슷한데 꼬리는 뾰족하고 길이는 여러 장이다"라고 했다. 석씨는 말하기를 "창(槍)·참(欃)·부(棓)·혜(彗)는 서로 모양이 다르기는 해도 그것들이 초래하는 재앙은 한가지로, 반드시 나라를 망치는 난군(亂君)이 있게 돼, 그 잘못으로 인해 복주되고[伏死], 남은 재앙도 그치질 않아 가뭄·흉년·기근·전염병[暴疾]이 찾아온다"라고 했다. 하루에 나아가는 것은 1척이지만 나와서 20여 일이 넘게 되면 들어간다. 감씨는 말하기를 "그 나라가 흉하게 돼 거사해 군대를 동원할 수가 없다"라고 했다. 나와서 바뀌게 되면 "그에 해당하는 나라는 바로 이런 재앙들을 받게 된다"라고 했고, 또 "요성이 3년 동안 나오지 않으면 그 아래 나라의 군대의 경우 땅을 잃게 되고, 심지어 나라의 임금이 상을 당하게 된다"라고 했다.

형혹(熒惑-화성)〔○ 진작(晉灼)이 말했다. "항상 10월이면 태미에 들어가고, 제(制)를 받아 나오면 열수(列宿)로 진행하고, 무도한 자들을 다스리는데, 들고 나는 시점은 일정하지 않다.")은 남방하화(南方夏火)²¹라고 하는데 (사람으로 보자면 오상(五常)의) 예(禮)에 해당하고 오사(五事)의 살펴봄[視]에 해당한다. (그래서) 예가 허물어지고 살피는 바가 도리를 잃게 되면, 여름의 정령(政令)을 거스르게 되고 불의 정기를 해치게 돼, 그에 대한 벌이 형혹에 나타난다. 일사이사(一舍二舍)²²를 역행하는 것은 상서롭지 못하며[不祥], 머물러 있는 것이 3개월이 되면 나라에 재앙이 있고, 5개월이 되면 병난(兵難)을 당하고, 7개월이 되면 나라의 땅 절반 정도를 잃게 되고, 9개월이 되면 땅의 태반을 잃는다. 그렇기 때문에 형혹과 함께 들어가고 나가게 되면 나라의 제사가 끊어진다. 형혹은 난(亂)도 되고, 적(賊)도 되며, 질(疾)도 되고, 상(喪)도 되며, 기(飢)도 되고, 병(兵)도 되니, 그것이 머물게 되는 별자리에 해당되는 나라는 재앙을 입게 된다. 재앙이 찾아올 때 빨리 오면 그 재앙이 크더라도 작게 여겨지는 반면, 재앙이 오랫동안 머물면서 오게 되면 작은데도 크게 여겨진다. 이미 가버렸다가 다시 돌아와 머물게 될 경우, 만일 머물면서 빛줄기가 있어 움직이고 주위를 돌면서 혹 앞뒤로 왔다 갔다 하거나 좌우로 왔다 갔다 하면 재앙은 훨씬 더 심해진다. 일설에는 형혹이 나타나면 큰 병란이 있게 되고 들어가면 군대가 흩어지게 된다고 한다. 형혹이 주위를 도는 것을 멈추게 되면 마침내 병란은 그치게 된다. 구란(寇亂)이 그 들판에 있는 나라의 경우에는 땅을 잃게 되고 그 때문에 전쟁에서 이기지 못한다. 동쪽으로 진행하는 것이 빠를 경

---

21 생활을 해간다는 뜻이다.

22 28개 별자리의 일수(一宿)가 곧 일사(一舍)다.

우 병사들은 동쪽에 모이고, 서쪽으로 진행하는 것이 빠를 경우 병사들은 서쪽에 모이며, 그것이 남쪽으로 갈 경우에는 장부의 상(喪)이 있고, 북쪽으로 갈 경우에는 여자의 상(喪)이 있다. 형혹은 천자의 다스림[理]이기 때문에 그래서 말하기를 비록 밝은 천자가 있다 하더라도 그는 반드시 형혹이 있는 곳을 살펴야 한다고 했던 것이다.

태백(太白)〔○ 진작(晉灼)이 말했다. "항상 정월 갑인일(甲寅日)이면 형혹과 함께 새벽에 동쪽에서 나타나고 240일이 지나면 들어간다. 들어간 지 40일이 되면 다시 서쪽으로 나오고 240일이 지나면 들어간다. 들어간 지 35일이 되면 다시 동쪽으로 나온다. 인술(寅戌)에 나오고 축미(丑未)에 들어간다."〕은 서방추금(西方秋金)[23]이라고 하는데 (사람으로 보자면 오상(五常)의) 의(義)에 해당하고 오사(五事)의 말함[言]에 해당한다. (그래서) 의가 허물어지고 말하는 바가 도리를 잃게 되면, 가을의 정령(政令)을 거스르게 되고 쇠의 정기를 해치게 돼, 그에 대한 벌이 태백에 나타난다. 해가 남쪽을 향할 때 태백은 그 남쪽에 있게 되고 해가 북쪽을 향할 때 태백은 그 북쪽에 있게 되면 이를 영(贏)이라 한다. 이때에는 제후와 왕은 안녕치 못하고 군대를 써서 나아가면 길하고 물러나면 흉하다. 해가 남쪽을 향할 때 태백은 그 북쪽에 있게 되고, 해가 북쪽을 향할 때 태백은 그 남쪽에 있게 되면 이를 축(縮)이라 한다. 이때에는 제후와 왕은 근심이 있어 군대를 써서 물러나면 길하고 나아가면 흉하다. 마땅히 나아가야 하는데 나아가지 않고, 마땅히 들어와야 하는데 들어오지 않는 것을 사(舍)를 잃었

---

23 서쪽에 있으며, 가을을 주관하고 쇠의 정기를 갖고 있다는 말이다.

다[失舍]고 하는데, 이때는 파군(破軍)은 없지만 반드시 죽은 왕의 묘가 있게 되니 망국(亡國)이다. 일설에는 천하가 병기를 숨겨 들판에 군사가 있게 되면 그에 해당하는 나라는 크게 흉하다. 마땅히 (태백이) 나가야 하는데 나가지 않고, 아직 들어와서는 안 되는데 들어오게 되면, 천하는 병기를 숨겨 밖에 있던 군사가 안으로 들어온다. 아직 나가서는 안 되는데 나가고, 마땅히 들어와야 하는데 안 들어오게 되면, 천하에 병사들이 일어나[起兵] 이에 해당하는 나라는 파국에 이르게 된다. 또 아직 나가서는 안 되는데 나가고, 아직 들어와서는 안 되는데 들어오게 되면, 천하에 병사들이 들고일어나[擧兵] 이에 해당하는 나라는 망하게 된다. 태백이 나오는 것이 도(度)에 맞으면 그 나라는 번창한다. 동쪽으로 나가는 것은 동방 나라의 점(占)이고 동쪽으로 들어오는 것은 북방 나라의 점이다. 서쪽으로 나가는 것은 서방 나라의 점이고 서쪽으로 들어오는 것은 남방 나라의 점이다. 태백이 오래 머물러 있게 되면 그 나라는 이롭고 빨리 지나가면[易=疾過] 그 고을은 흉하다. 들어간 지 7일이 돼 다시 나오면 장군이 전사한다. 들어간 지 10일이 돼 다시 나오면 재상이 죽는다. 들어갔다가 바로 다시 나오면 임금이 그것을 싫어한다. 이미 나온 지 3일이 돼서 다시 미미하게 들어가고[微入], 3일 만에 다시 성대하게 나오면[盛出] 이를 연(㷣=물러남)해 숨는다고 하는데, 그 아래에 있는 나라에는 군대가 있고, 그 무리는 패해 장수가 도망한다. 이미 들어와서 3일이 되고, 또다시 미미하게 나왔다가 3일 만에 성대하게 들어가게 되면, 그 아래에 있는 나라에는 우환이 있어, 군대를 통솔해 비록 그 수가 많기는 하지만, 적들이 그 식량을 먹고, 그 병사들을 써서 장수를 사로잡는다. 서쪽으로 나가서 그 운행을 잃게 되면 오랑캐가 패하고 동쪽으로 나가서 그 운행을 잃게 되면 중국이 패한다. 일설에는 태백이 일찍 나오면 월식이 있고, 늦게 나오면 천요(天祆)가 있어 혜성이 나타나고, 장차 나라가 망하는 길로 나아가게 된다고 했다.

태백이 나가서 뽕나무[桑]와 느릅나무[楡] 사이에 머물게 되면[○ 진작(晉灼)이 말했다. "운행 속도가 느려져 아래로 내려가는 것이다."] 그 아래에 있는 나라는 병이 든다. 위로 높이 올라가면 그 기일(期日)을 지나지 못한 채 천체의 3분의 1을 지나게 되니[參天] 상대방 나라를 병들게 한다. 태백이 하늘을 지나면 천하는 혁명이 일어나고 백성들은 그 임금을 바꾼다. 이는 기강을 어지럽히게 되니 인민들은 떠돌며 도망다니게 된다. 낮에 나타나 해와 밝기를 다투게 되면, 강국은 약해지고 약국은 강해지며 여주(女主)가 번창하게 된다.

태백은 병(兵)의 상징[象]이다. 나와서 높을 때 병을 써서 깊으면 길하고 얕으면 흉하다. (나와서) 낮을 때 얕으면 길하고 깊으면 흉하다. 운행이 빠를 때 병을 써서 신속하면 길하고 지체하면 흉하다. 운행이 느릴 때 병을 써서 지체하면 길하고 신속하면 흉하다. 빛줄기[角=光芒]가 있을 때 감히 싸우면 길하고 감히 싸우지 못하면 흉하다. 또 빛줄기가 가리키는 바를 치면 길하고 그와 반대로 하면 흉하다. 태백의 진퇴가 좌우될 때 병을 써서 진퇴가 좌우되면 길하고 가만히 있으면 흉하다. 둘러싸서 가만히 있을 때 병을 써서 가만히 있으면 길하고 조급하게 서둘면 흉하다. 나갈 때 병이 나가고 들어올 때 병이 들어온다. 태백이 상징하는 것은 길하고 그와 반대는 흉하다. 붉은 빛줄기가 있으면 전쟁이 난다.

태백이란 군(軍)과 같고 형혹은 근심이다. 그래서 형혹이 태백을 따르게 되면 군사의 근심이 있고 멀어지면 군대는 흩어진다[舒=散]. 형혹이 태백의 음(陰)으로 나가면 군대를 나누는 일이 있게 되고 그 양(陽)으로 나가면 편장(偏將)의 전투[24]가 있게 된다. 이런 운행에 태백이 덮치게 될 때 군대를 깨뜨리고 장수를 죽인다.

진성(辰星-수성)은 살벌(殺伐)의 기운이 있어 전투를 상징한다. 태백과 함께 동쪽으로 나가 둘 다 붉은 빛줄기가 있을 경우 오랑캐는 패배하고 중국은 승리한다. 반면에 태백과 함께 서쪽으로 나가 둘 다 붉은 빛줄기가 있을 경우 중국은 패배하고 오랑캐는 승리한다.

오성(五星)은 하늘의 중앙에 분산돼 있는데 동쪽에 모일 때 중국이 크게 유리하고 서쪽에 모일 때 오랑캐가 병사를 쓰면 유리하다.

진성이 나오지 않으면 태백은 객성(客星)이 되고 진성이 나오면 태백은 주성(主星)이 된다. 진성과 태백이 서로를 따르지 않으면 비록 그 아래 나라에 군대가 있다고 해도 싸우지 않는다. 진성은 동쪽으로 나가고 태백은 서쪽으로 나간다. 그런데 만일 진성이 서쪽으로 나가고 태백이 동쪽으로 나가면 이를 격(格)이라고 하는데 이때에는 들판에 병사들이 있어도 서로 싸우지 않는다. 진성이 태백의 가운데로 들어가 5일이 지나 나오고 또 들어가서 위로 나올 때는 군대를 깨뜨리고 장수를 죽여 객군(客軍)이 승리를 거둔다. 아래로 나올 때는 객군이 땅을 잃는다. 진성이 태백의 아래로 오면서 벗어나지 않을 때 장수는 죽고 바로 그 위로 나오면 군대를 깨뜨리고 장수를 죽여 객군이 승리를 거둔다. 아래로 나올 때는 객군이 땅을 잃

---

24 편장이란 부장(副將)을 뜻하니 소규모 전투를 가리킨다.

는다. 진성이 가리키는 바를 보고서 파군(破軍)이라 이름한다. 진성이 태백을 둘러쌀 때 만약에 가까워지면 그 아래에 있는 나라에 큰 전쟁이 일어나 객군이 승리를 거두고 주군(主軍)의 장수가 죽는다. 진성이 태백을 지나갈 때 그 사이에 하나의 검(劍)을 받아들일 수 있으면 작은 전쟁이 일어나 객군이 승리를 거둔다. 진성이 태백의 앞쪽에 있을 때 13일 동안 군대는 해산하며, 태백의 왼쪽으로 나갈 때는 작은 전쟁이 있고, 태백의 오른쪽을 지나치면 수만 명이 싸우게 돼 주군의 장수가 죽고, 태백의 오른쪽으로 나갈 때는 거리가 3척이 되면서 군대가 급박해져 싸움이 간략해진다[軍急約戰].

대체로 태백이 나오는 경우에 다른 별과 머무는 곳[辰]을 같이할 경우, 그에 해당하는 나라는 지위[位]²⁵를 얻게 되고, 지위를 얻은 자가 전쟁에서 승리를 거둔다. 그에 해당하는 진(辰)에, 그에 해당하는 색에 맞는 빛줄기가 있게 될 경우 승리를 거두게 되고, 그 색에 맞지 않는 빛줄기가 있게 될 경우 패배를 하게 된다〔○ 진작(晉灼)이 말했다. "정(鄭)나라의 색은 황(黃)인데 적창(赤蒼)이 있게 돼 작게 패했고, 송(宋)나라의 색은 황(黃)인데 적흑(赤黑)이 있게 돼 작게 패했다. 초(楚)나라의 색은 적(赤)인데 흑(黑)이어서 작게 패했고, 연(燕)나라의 색은 흑(黑)인데 황(黃)이어서 작게 패했다. 모두 큰 빛줄기[大角]일 때는 승리를 거뒀다."〕. 태백은 색이 흰색일 때는 낭성(狼星)과 비슷하고, 붉은색일 때는 심성(心星)과 비슷하며, 노란색일 때는 삼성(參星)의 우측 어깨별과 비슷하고, 파란색일 때는 좌측 어깨

---

25 이는 그에 맞는 다움을 가리킨다.

별과 비슷하며, 검은색일 때는 규성(奎星)의 큰별과 비슷하다. 색은 지위를 이기고, 운행은 색을 이기며, 운행이 하늘의 도(度)를 얻으면 모든 것을 이긴다.

진성(辰星)〔○ 진작(晉灼)이 말했다. "항상 2월 춘분에 규(奎)와 루(婁)에서 보이고, 5월 하지에는 동정(東井)에서 보이고, 8월 추분에는 각(角)과 항(亢)에서 보이고, 11월 동지에는 견우(牽牛)에서 보인다. 진술(辰戌)에 나가고 축미(丑未)에 들어오며 20일이 지나면 들어온다. 새벽에 동쪽에서 그것을 볼 수 있고 저녁에 서쪽에서 그것을 볼 수 있다."〕은 북방동수(北方冬水)²⁶라고 하는데 (사람으로 보자면 오상(五常)의) 지(知)에 해당하고 오사(五事)의 듣기[聽]에 해당한다. (그래서) 지가 허물어지고 듣는 바가 도리를 잃게 되면, 겨울의 정령(政令)을 거스르게 되고 물의 정기를 해치게 돼 그에 대한 벌이 진성에 나타난다. 나오는 것이 이르면[蚤=早] 월식이 일어나고 느리면 혜성과 천요(天祅)가 있게 된다. 한 계절[一時] 동안 나오지 않으면 그 계절은 기후가 조화롭지 못하고 사계절 동안 나오지 않으면 천하에 큰 기근이 일어난다. 그 시기를 잃고서 나오면 추워야 할 때인데 도리어 따뜻하고 따뜻해야 할 때인데 도리어 춥다. 나와야 할 때인데 나오지 않는 것을 일러 격졸(擊卒)이라 하는데 병란이 크게 일어나게 된다. 다른 별들〔○ 진작(晉灼)이 말했다. "요성이나 혜성, 패성 등을 말하는데 일설에는 오성이라고도 한다."〕과 만나 가까워지면 천하는 크게 어지러워진다. 방성(房星)과 심성(心星) 사이에 나오면 지진이 일어난다[地動].

---

26 북쪽에 있으며, 겨울을 주관하고 물의 정기를 갖고 있다는 말이다.

을 이해하게 되는데 유성(維星)이 흩어져 있고[散][○ 맹강(孟康)이 말했다. "미수(尾宿)의 북쪽에 흩어져 있다는 말이다."] 구성(句星)이 펼쳐지면[信=伸] 지진이 일어난다. 별이 삼연(三淵)³⁰에 있으면 천하에 큰 홍수가 나거나 지진이 일어나며 바다의 물고기가 강으로 올라온다. 기성(紀星)이 흩어지면 산이 무너지거나 그렇지 않으면 상사(喪事)가 있다. 구성(龜星)과 별성(鼈星-자라별)이 한중(漢中)³¹에 머물지 않으면 강의 물길이 바뀌거나 넘치는 재이가 있게 된다. 진성이 오거성(五車星)에 들어오면 큰 홍수가 난다. 형혹이 적수성(積水星)에 들어오면 홍수가 나거나 병란이 일어난다. 또 적신성(積薪星)에 들어가면 가뭄이 들거나 병란이 일어난다. 거기서 그대로 머물러 있어도 역시 그런 일들이 일어난다. 북극성 뒤에 네 별이 있게 되면 이를 구성(句星)이라 부른다. 두표(斗杓)의 뒤에 세 별이 있게 되면 이를 유성(維星)이라 부른다. 흩어진다[散]는 것은 서로 따르지 않는다는 뜻이다〔○ 맹강(孟康)이 말했다. "열 지어 모이지 않는다는 뜻이다."〕. 삼연이란 대개 오거성 가운데에 있는 세 기둥[三柱]을 말한다. 천기성(天紀星-기성)은 관색성(貫索星)에 속한다. 적신성은 북수성(北戍星)의 서북쪽에 있고 적수성은 북수성의 동북쪽에 있다.

각(角)·항(亢)·저(氐)에 해당하는 분야는 연주(沇州)다. 방(房)·심(心)은

---

30 천연(天淵)의 10개 별을 말한다.

31 중국 전역을 28개 별자리에 배당해 구별한 명칭이다. 그래서 그 분야에 이변이 있게 되면 그에 해당하는 나라에 재앙이 있다는 식으로 이해했다.

예주(豫州)다. 미(尾)·기(箕)는 유주(幽州)다. 두(斗)는 강호(江湖)[32]다. 견우(牽牛)와 무녀(婺女)는 양주(揚州)다. 허(虛)·위(危)는 청주(青州)다. 영실(營室)·동벽(東壁)은 병주(幷州)다. 규(奎)·누(婁)·위(胃)는 서주(徐州)다. 묘(昴)·필(畢)은 기주(冀州)다. 자휴(觜觿)·삼(參)은 익주(益州)다. 동정(東井)·여귀(輿鬼)는 옹주(雍州)다. 유(柳)·칠성(七星)·장(張)은 삼하(三河)[33]다. 익(翼)·진(軫)은 형주(荊州)다.

갑을(甲乙)은 해외로 멀기 때문에 일시(日時)로 점을 치지 않는다. 병정(丙丁)은 강수(江水)·회수(淮水)·동해(東海)·태산(泰山)에 해당한다. 무기(戊己)는 중주(中州)의 하수(河水)·제수(濟水)에 해당한다. 경신(庚辛)은 화산(華山)의 서쪽에 해당한다. 임계(壬癸)는 상산(常山)의 북쪽에 해당한다. 일설에는 갑(甲)은 제(齊)나라, 을(乙)은 동이(東夷), 병(丙)은 초(楚)나라, 정(丁)은 남이(南夷), 무(戊)는 위(魏)나라, 기(己)는 한(韓)나라, 경(庚)은 진(秦)나라, 신(辛)은 서이(西夷), 임(壬)은 연(燕)과 조(趙)나라, 계(癸)는 북이(北夷), 자(子)는 주(周)나라, 축(丑)은 적(翟)나라, 인(寅)은 조(趙)나라, 묘(卯)는 정(鄭)나라, 진(辰)은 한단(邯鄲), 사(巳)는 위(衛)나라, 오(午)는 진(秦)나라, 미(未)는 중산(中山), 신(申)은 제(齊)나라, 유(酉)는 노(魯)나라, 술(戌)은 오(吳)와 월(越)나라, 해(亥)는 연(燕)나라와 대(代)나라에 해당한다고 한다.

진(秦)나라의 강토는 태백을 살펴[候] 낭성(狼星)과 호성(弧星)으로 점
후

---

32 구강(九江), 여강(廬江), 예장(豫章), 단양(丹楊)의 땅을 가리킨다.

33 하동·하남·하내를 가리킨다.

때는 일을 들어 병사를 써서는 안 된다. 목성이 금성과 합쳐져서 가까워지면 그에 해당하는 나라에는 내란이 있게 된다. 사(舍)를 같이해 합쳐지면 서로 올라타 가까워진다. 두 별이 서로 가까워지면 그에 따른 재앙은 커지고 두 별이 서로 멀어지면 그에 따른 재앙은 아무런 해악이 없게 된다. 7촌 이내로 가까워지게 되면 반드시 재앙이 있다.

대개 달이 오성을 가려 먹게 되면[食=蝕] 그 나라〔○ 이기(李奇)가 말했다. "그 나라란 그 분야에 있는 나라를 가리킨다."〕는 모두 망한다. 세성은 기근으로, 형혹은 난(亂)으로, 전성은 살육[殺]으로, 태백은 강국과의 전쟁으로, 진성은 여난(女亂)으로 그렇게 된다. 달이 대각성(大角星)[28]을 먹으면 임금 된 자는 그것을 미워한다.[29]

대개 오성이 모이는 자리에 해당하는 나라는 천하의 임금이 된다. 세성을 따라 의(義)로써 하고, 형혹을 따라 예(禮)로써 하며, 전성을 따라 위엄[重=威]으로써 하고, 태백을 따라 군사[兵]로써 하며, 진성을 따라 법(法)으로써 한다. 법으로써[以法] 한다는 것은 법으로써 천하를 차지하게 된다는 것이다. 만일 그중 세 별이 합치게 되면 이를 경립절행(驚立絕行)이라 하는데, 그 아래에 있는 나라는 안팎으로 병란과 상사(喪事)가 있고, 백성들이 기근에 시달리며, 왕공(王公)이 바뀌어 세워진다. 그중 네 별이 합치게 되면 이를 대탕(大湯)이라 하는데, 그 아래에 있는 나라는 병란과 상사가 나란히 일어나고, 군자는 근심하며, 소인은 뿔뿔이 흩어진다. 다섯 별이

---

28 좌우 섭제(攝提) 사이에 있는 별의 이름이다.

29 달이 대각을 먹으면 천자가 죽게 되는 기한이 13년 이내가 되기 때문이다.

합치게 되면 이를 이행(易行)이라 하는데, 다움이 있고, 경사로운 일을 받아 임금다운 임금을 바꿔서 세우고, 사방을 함께 소유하며, 자손은 번창하고, 다움이 없는 자는 벌을 받아 그 나라를 떠나가고, 그 종묘는 없어지며, 백성들은 뿔뿔이 떠나가 사방에 뒤덮이게 된다. 다섯 별이 모두 커지면 그 일도 역시 커지고 모두 작아지면 그 일도 역시 작아진다.

무릇 오성의 빛깔은 모두 둥근 모양인데, 흰색은 상(喪)이나 가뭄이고, 빨간색은 가운데의 불안정한 부분이 병(兵)이며, 파란색은 근심이나 홍수이고, 검은색은 질병이나 다수의 죽음이며, 노란색은 길하다. 모두 빛줄기를 갖고 있는데, 붉을 때는 우리 성을 범하는 것이고, 노랄 때는 땅을 둘러싼 다툼이 있는 것이며, 흴 때는 곡을 해 우는 소리가 있는 것이고, 파랄 때는 병란의 우환이 있는 것이며, 검을 때는 홍수가 난다. 오성의 빛깔이 모두 같게 되면 천하는 무기를 내려놓고, 백성들은 평안해 노래하고 춤추게 되고, 재해나 역병이 보이지 않으며 오곡은 잘 자란다.

대체로 오성의 경우 세성은 완만하면 그 운행이 느리고, 급하면 그 운행이 도(度)를 지나치게 되며, 역행할 때에는 점을 친다. 형혹은 완만하면 나오지 않고, 급하면 들어가지 않으며, 도리를 어길 때는 점을 친다. 전성은 완만하면 세워지지 않고, 급하면 사(舍)를 지나쳐가며, 역행할 때에는 점을 친다. 태백은 완만하면 나오지 않고, 급하면 들어가지 않으며, 역행할 때에는 점을 친다. 진성은 완만하면 나오지 않고, 급하면 들어가지 않으며, 때에 맞지 않으면 점을 친다. 오성이 운행을 잃지 않으면 그 해에 곡식은 풍년이 든다.

무릇 수성(宿星-별자리에 있는 별)으로 그에 해당하는 나라의 변이들 수가 있습니다. 예전에 감천을 오를 때 선봉은 길을 잃었고 달에 예를 행하는 저녁 때에는 앞에서 인도하던 수레가 또 길을 잃었습니다. 후토를 제사하고 돌아올 때 황하에 이르러 막 건너려고 하는데 질풍이 불어 파도를 일으키는 바람에 배가 나아갈 수가 없었습니다. 또 옹에서는 큰 비가 내려 평양궁(平陽宮)의 담장이 무너졌습니다. 마침내 3월 갑자일에는 천둥과 번개가 내리쳐 임광궁(林光宮)〔○ 맹강(孟康)이 말했다. "감천궁의 또 다른 이름이 임광이다." 사고(師古)가 말했다. "임광은 진나라 이궁(離宮)의 이름이다. 한나라 때 또 그 주변에 감천궁을 세웠으니 같은 궁의 이름이 아니다."〕의 문에 화재가 났습니다. 상서로움은 아직 나타나지 않는데 허물을 탓하는 하늘의 꾸짖음이 거듭 찾아왔습니다[臻=至]. 세 군(郡)에서 올린 보고대로 그 일들을 살펴보면 어디서나 변고가 있었습니다. (하늘로부터) 아무런 응답도 없고 제사를 흠향하지도 않는 것이 어찌 이다지도 심할 수 있겠습니까! 『시경(詩經)』에 이르기를 '옛 전범[舊章]을 그대로 따르도다〔○ 사고(師古)가 말했다. "「대아(大雅)」 '가락(假樂)'편에 나오는 구절이다."〕'라고 했으니, 옛 전범이란 선왕의 법도이며, 문왕은 이를 갖고서 제사를 통해 신과 서로 통했고, 자손은 천억에 이르게 된 것입니다. 마땅히 지난번에 공경이 내놓은 의견대로 다시 장안의 남교와 북교를 원래대로 복원하셔야 합니다."

여러 해가 지나고 성제가 붕(崩)하자 황태후는 유사에 조(詔)하여 말했다.

"황제께서 자리에 나아오시어 늘 천심에 고분고분하려 생각하고 경전의 뜻[經義]을 따르며 교제사의 예법을 정하시니 천하가 기뻐했다. 다만 황손이 없음을 두려워하시어 다시 감천에 태치를, 분음에 후토의 사당을 두자 거의 복을 얻을 수 있게 됐다. 황제께서는 그 일을 원래대로 하는 것이 어려워 늘 한스러워하셨는데 결국 그 복록을 누리시지 못했다. 이에 장안의 남교와 북교에 예전대로 제사를 복원해 황제의 뜻을 이어받도록 하라."

애제(哀帝)가 즉위했는데 병이 있어 널리 방술에 능한 술사들을 불러 경사의 여러 현들에서는 모두 제사를 모시는 사자(使者)들이 있었고, 전시대에 흥했던 여러 신들을 모시는 사관(祠官)을 복원시켜 모두 700여 곳에서 1년에 3만 7,000번의 제사를 지냈다고 한다.

이듬해 다시 태황태후로 하여금 유사에 조(詔)를 내리게 해 말했다.

"황제께서는 효심이 깊고 공순해 빼어난 공업을 받들어 이어 조금도 나태함이 없었건만 오래도록 병을 앓아 조금의 차도도 없으시다. 아침 일찍부터 밤늦도록 오직 생각하시는 것은 조상의 뒤를 잇는 임금[繼體之君]은 (아무것도) 거의 고쳐 짓지 않는 것이다. 이에 다시 감천의 태치와 분음의 후토의 사당을 예전대로 복원시키도록 하라."

상도 몸소 그곳에 행차할 수 없었기 때문에 유사를 보내 일을 거행하고 예로서 제사를 지내게 했다. 그로부터 3년 후에 애제는 붕(崩)했다.

평제(平帝) 원시(元始) 5년에 대사마 왕망(王莽)이 말씀을 올렸다.

"임금다운 임금은 하늘을 아버지 모시듯 섬기기 때문에 그래서 그 작위를 천자(天子)라고 부르는 것입니다. 공자가 말하기를 '사람의 행할 바 중에 효도보다 큰 것은 없고, 효도 중에 아버지를 존경하는 것[嚴=尊]보다 큰 것은 없고, 아버지를 존경하는 것 중에 하늘과 함께 제사를 지내는 것

音)·육무(六舞)로 크게 음악을 합친다'라고 말해 천신에게 제사를 지내고 [祀], 지기에게 제사를 지내고[祭], 사망(四望)에게 제사를 지내고[祀], 산천에 제사를 지내고[祭], 선비(先妣)와 선조(先祖)를 제향합니다[享]〔○ 사고(師古)가 말했다. "이는 주례(周禮) 춘관(春官) 대사악(大司樂)의 직임이다. 육률은 양의 소리를 합친 것이고 육종은 육률로써 소리를 균형 잡은 것이다. 오성은 궁·상, 각, 치, 우다. 팔음은 쇠, 돌, 실, 대나무, 박, 흙, 가죽, 나무로 만든 악기다. 육무는 운문(雲門), 함지(咸池), 대소(大韶), 대하(大夏), 대호(大濩), 대무(大武)다. 선비란 (후직의 어머니) 강원(姜嫄)이고 선조는 선왕과 선공들이다."〕. 모두 육악(六樂)이 있고 육가(六歌)를 연주해 천지신기의 신물들이 모두 이르게 합니다〔○ 사고(師古)가 말했다. "일변해 조류와 산택의 기(祇)가 이르게 하고, 이변해 털이 짧은 동물들과 산림의 기가 이르게 하고, 삼변해 어류와 구릉의 기가 이르게 하고, 사변해 털이 긴 동물들과 물가 저지대의 기가 이르게 하고, 오변해 거북이와 같은 딱딱한 껍데기를 가진 동물들과 땅의 기가 이르게 하고, 육변해 하늘에 있는 신령스러운 상(象)들과 천신이 이르게 한다."〕. 사망(四望)이란 대개 (천자가 망제를 지내는) 해와 달과 별과 바다입니다. 삼광(三光-해, 달, 별)은 높아서 가까이 다가갈 수 없고 바다는 넓고 커서 그 때문에 음악이 서로 합쳐지는 것입니다. 하늘에 제사를 지내면 천문(天文)이 따르게 되고 땅에 제사를 지내면 지리(地理)를 따르게 됩니다. 삼광은 천문이고 산천은 지리입니다. 하늘과 땅을 합쳐서 제사를 지내는 것은 선조를 하늘에 배향하는 것이고 선비를 땅에 배향하는 것이니 그 마땅함은 둘 다 똑같다고 하겠습니다. 하늘과 땅은 정기[精]를 합치고 부부는 하나를 반반씩 나눠 합칩니다. 남교에서 하늘에 제사를 지내게 되면 이는 땅으로 짝을 이루게 하는 것이니 일체가 되는 마땅한 도리입니다. 하늘과 땅의 제단의 위치는 모두 남쪽을 향하고 자리를 같이합니다. 땅은 동쪽에 있고 뇌(牢)를 바쳐 먹입니다. 고제와 고후를 단 위에서 배향하고 서쪽을 향하게 하며 후는 북쪽에 있는데 역시 자리를 같이해 뇌(牢)를 바칩니다. 희생은 누에고치와 밤만 한 뿔이 난 어린 송아지[繭栗]와 현주(玄酒-검은 빛이 나는 술)를 쓰고
전율
그릇은 옹기와 박을 사용합니다. 『예기(禮記)』에는 천자가 천무(千畝)를 적전(籍田)해 하늘과 땅을 섬기라고 했는데, 이로 말미암아 말씀드리자면 공물(供物)은 마땅히 메기장과 찰기장[黍稷]이어야 합니다. 하늘과 땅에 희
서직
생 한 가지를 쓰고, 번료(燔燎)와 예매(瘞薶)에 희생 한 가지를 쓰며, 고제와 고후의 제사에 희생 한 가지를 씁니다. 하늘에는 희생을 왼쪽에 쓰고, 또 메기장과 찰기장을 써서 남교에서 번료를 지내며, 땅에는 희생을 오른쪽에 쓰고, 또 메기장과 찰기장을 써서 북교에서 예매를 지냅니다. 그날 아침 동쪽으로 아침 해를 향해 두 번 절하고, 그날 저녁 서쪽으로 저녁 달을 향해 두 번 절합니다. 그런 연후라야 효도과 공순함의 도리가 갖춰지고, 신기는 기쁘게 흠향하며, 만복이 내려와 모일 것입니다[降輯=降集]. 이
강집 강집
것이 바로 하늘과 땅을 합쳐서 제사를 지내 조비(祖妣)로서 배사하는 것입니다.

그 별악(別樂)에 이르기를 '동지에는 지상의 환구(圜丘)에서 음악을 연주해 여섯 번 변화가 있게 되면 천신이 모두 내려오고, 하지에는 택중(澤中)의 방구(方丘)에서 음악을 연주해 여덟 번 변화가 있게 되면 지기가 모두 내려온다'라고 했습니다. 하늘과 땅은 일정한 위치가 있어 평소 서로 합

만일 곡식이 많고 재물이 남아돈다면 무엇을 한들 이루지 못하겠습니까? 공격하면 빼앗을 수 있고, 막아내면 굳게 지킬 수 있고, 싸우면 이길 것입니다. 적을 품어주려 하고 먼 지방 사람들을 귀순하도록 하면 불러서 오지 않을 사람이 누가 있겠습니까? 이제 백성들로 하여금 농업으로 돌아가게 해 모두 본업에 힘써 천하가 각자 자신들의 힘으로 먹고살 수 있게 하시고, 말업으로 떠돌아다니며 먹고사는 백성들을 되돌려 남쪽의 논밭으로 찾아가게 한다면, 비축물자는 충분해지고 사람들은 다 자신이 있는 곳에서 즐거이 살아갈 것입니다. 천하를 부유하고 평안하게 만들어야 하는데 당장 이처럼 위태위태하니[廩廩=危] 남몰래 폐하를 위해 안타깝게 여깁니다."

이에 상은 가의의 말에 감동해 처음으로 적전(籍田)을 열고서 몸소 논밭갈이를 함으로써[躬耕] 백성들을 권면했다. 조조(鼂錯)가 다시 상에게 유세해 다음과 같이 말했다.

"빼어난 임금이 위에 계셔서 백성들이 얼어 죽지 않고 굶어 죽지 않는 것은, 밭을 갈아 그것을 먹고 옷감을 짜서 그것을 입기 때문이 아니라, 그 자재(資財-재산)를 개발하는 길을 열어주기 때문입니다. 그래서 요(堯)임금과 우왕(禹王) 때 9년간의 홍수가 있었고 탕왕(湯王) 때 7년간의 가뭄이 있었지만, 나라에 버려진 자나 파리하게 병든 자가 없었던 것은 쌓아놓은 것이 많아 준비 태세를 미리 갖출 수 있었기 때문입니다. (그런데) 지금은 온 나라가 하나가 돼 토지와 백성의 수는 탕왕과 우왕 시대에 못지않고[不避=不讓], 그에 더해 천재(天災)도 없고, 여러 해 동안 홍수나 가뭄이 없는데도 쌓아놓은 것이 옛날에 미치지 못하는 것은 어째서이겠습니까?

땅에는 이점이 남아 있고, 백성들에게는 여력이 있으며, 곡식을 생산하는 땅은 아직 다 개간하지 않고, 산과 못의 이점은 아직 다 쓰지 않았기 때문이며, 또한 유리걸식하는 백성들이 아직 다 농사일로 돌아오지 않고 있기 때문입니다. 백성들이 가난하면 간사함이 생겨납니다. 가난은 부족함에서 생겨나고, 부족함은 농사를 짓지 않는 데서 생겨나며, 농사를 짓지 않으면 땅에 토착할 수 없고, 땅에 토착하지 못하면 고향을 떠나 집을 가벼이 여기게 돼 백성들은 새나 들짐승과 같아지니, (이리되서야) 아무리 높은 성과 깊은 못, 엄한 법률과 무거운 형벌이 있다고 한들 오히려 이를 막을 수는 없을 것입니다.

무릇 추위를 막으려면 의복이 가볍고 따스한지를 따져서는 안 되고, 굶주림을 이겨내려면 음식물이 달고 맛있는지[甘旨]를 가려서는 안 됩니다. (사람이란) 굶주림과 추위가 몸에 닥치면 염치를 돌아보지 않게 됩니다. 사람의 실상[人情]이란 하루에 두 차례 먹지 못하면 배고프고 1년에 한 번은 옷을 지어 입지 않으면 추위에 떨게 됩니다. 무릇 배가 고픈데도 먹지 못하고 피부가 시린데도 옷을 입지 못하면, 제아무리 인자한 어머니라도 그 자식을 보호할 수가 없는데 임금이 어찌 능히 그 백성을 보호할 수 있겠습니까? 밝은 임금[明主]은 그러한 이치를 알고 있기 때문에 백성들로 하여금 농업과 누에치기[農桑]에 힘쓰도록 해, 부세(賦稅)를 엷게 해주고 쌓아두는 바를 넓힘으로써 식량 창고를 꽉 채워 홍수와 가뭄에 대비합니다. 그래서 백성들을 소유해 가질 수 있는 것입니다.

백성들을 위에서부터 길러주는 까닭은 그들이 이익을 좇는 것은 마치 물이 아래로 떨어지는 것과 같고 어느 방향으로 튈지 알 수가 없기 때문전성(塡星)〔○ 진작(晉灼)이 말했다. "28년 만에 천체를 한 바퀴 돈다."〕은 중앙계하토(中央季夏土)[27]라고 하는데 (사람으로 보자면 오상(五常)의) 신(信)에 해당하고 오사(五事)의 생각하는 마음[思心]에 해당한다. 인의예지는 신(信)을 주인으로 삼고 모언시청(貌言視聽)은 마음을 정도[正]로 삼는다. 그래서 사성이 모두 도(度)를 잃게 되면 전성은 이에 움직이게 된다. 전성이 머물러 있는 곳의 나라는 길하다. 아직 머물러 있어서는 안 되는데 머물러 있거나 만약에 이미 가버렸다가 다시 돌아와 머물 때 그에 해당하는 나라는 땅을 얻게 되고 그렇지 않더라도[不乃] 여자를 얻게 된다. 마땅히 머물러야 하는데 머물지 않거나, 이미 머물러 있다가 다시 동서쪽으로 가버리면, 그에 해당하는 나라는 땅을 잃게 되고, 그렇지 않더라도 여자를 잃거나 땅을 갖고 있지 않을 경우에는 여자를 잃는 우환이 있다. 전성이 머물러 있는 것이 오래되면 그에 해당하는 나라는 복록이 두텁고 옮겨가면 복록이 얇다. 마땅히 머물러야 하는데 머물지 않는 것을 실전(失塡)이라 하는데 그 아래에 있는 나라는 정벌할 수 있다. 전성을 얻는 나라는 정벌해서는 안 된다. 그것이 넘치게 되면 왕은 안녕하지 못하고 움츠러들면 군대가 귀환하지 못한다. 일설에는 이미 머물러 있다가 다시 동서쪽으로 가버리면 그에 해당하는 나라는 흉하고 일을 들어 군대를 쓸 수가 없다. 차수를 잃어 일사(一舍) 내지 삼사(三舍)로 올라가게 되면 왕명이 제대로 수행되지 못하고 그렇지 않더라도 큰 홍수가 난다. 차수를 잃어 이사(二舍)로 내려가게 되면, 후(后)에게 근심이 있거나 그 해에 음양이 조화를

---

27 중앙에 있으며, 늦여름을 주관하고 흙의 정기를 갖고 있다는 말이다.

잃게 되고[不復=不和], 그렇지 않더라도 하늘에 균열이 생기거나 지진이 일어난다.

 이상의 모든 오성(五星)의 경우에 세성이 전성과 합쳐지면 내란이 일어나고, 진성과 합쳐지면 계책이 바뀌어 일이 변화되고, 형혹과 합쳐지면 기근이나 가뭄이 들고, 태백과 합쳐지면 대상(大喪)[白衣之會]이나 홍수가 난다. 태백성 남쪽에 있고 세성이 북쪽에 있을 것을 이름해 빈모(牝牡-암컷과 수컷)〔○ 진작(晉灼)이 말했다. "세성은 양이고 태백은 음이기 때문에 빈모라고 하는 것이다."〕라고 하는데 그 해에는 곡식이 크게 잘 익는다. 태백이 북쪽에 있고 세성이 남쪽에 있으면 그 해에는 (곡식의 수확이) 있기도 하고 없기도 하다. 형혹과 태백이 합쳐지면 상(喪)이 있게 되고 일을 들어 군사를 쓸 수가 없다. 형혹이 전성과 합쳐지면 우환이 있거나 불길한 일이 있게 되고 진성과 합쳐지면 군사적 패배가 있거나 군대를 써서 일을 일으키면 대패한다. 전성과 진성이 합쳐지면 장차 군대가 뒤집혀 장수를 꺾게 되고 전성과 태백이 합쳐지면 질병이 생기거나 내전이 있게 된다. 진성이 태백과 합쳐지면 계책을 바꾸는 일이 생기거나 병사로 인한 우환이 생겨난다. 대체로 세성·형혹·전성·태백의 네 별과 진성이 가까워지면 이는 모두 전쟁이 되거나 군대가 밖에 있지 않으니 모두 내란이 된다. 일설에는 화성이 수성과 합쳐지는 것을 쉬(淬-담금질)〔○ 진작(晉灼)이 말했다. "불이 물에 들어가는 것이니 쉬(淬)라고 하는 것이다."〕라 하고, 금성과 합쳐지는 것을 삭(鑠-녹이다)이라 하는데, 일을 들어 병사를 써서는 안 된다. 토성이 금성과 합쳐지면 나라는 땅을 잃게 되고, 목성과 합쳐지면 나라는 기근을 겪게 되며, 수성과 합쳐지는 것을 옹저(雍沮)라고 하는데, 이을 친다[占].³⁴ 오(吳)와 초(楚)나라의 강토는 형혹을 살펴 조성(鳥星)과 형성(衡星)으로 점을 친다. 연(燕)과 제(齊)나라는 진성을 살펴 허성(虛星)과 위성(危星)으로 점을 친다. 송(宋)과 정(鄭)나라의 강토는 세성을 살펴 방성(房星)과 심성(心星)으로 점을 친다. 진(晉)나라의 강토는 또한 진성을 살펴 삼성(參星)과 벌성(罰星)으로 점을 친다. 진(秦)나라가 삼진(三晉-한(韓)·위(魏)·조(趙))과 연(燕)나라 및 대(代)나라를 집어삼키게 되자 황하와 화산(華山)의 남쪽이 중국이 됐고 중국은 사해(四海) 안에서 동남쪽에 있게 돼 양(陽)의 자리에 있게 됐다. 양은 태양이고 세성·형혹·전성도 양이므로 천가성(天街星)의 남쪽에서 점을 치게 되고 필성(畢星)이 그것을 주관한다. 중국의 서북쪽에는 호(胡)·맥(貉)·월씨(月氏) 등의 가죽옷을 입고 활을 찬 여러 오랑캐 백성들이 있어 음(陰)의 자리에 있게 됐다. 음은 달이고 태백과 진성도 음이므로, 천가성의 북쪽에서 점을 치게 되고, 묘성(昴星)이 그것을 주관한다. 그래서 중국의 산과 강은 동북쪽으로 흘러가는데, 그렇기 때문에 머리는 농(隴)과 촉(蜀)에 있고, 꼬리는 발해와 갈석(碣石)에서 사라지는 것이다. 이 때문에 진(秦)과 진(晉)나라는 병사를 쓰는 것[用兵]을 좋아하고 또한 태백으로 점을 친다. 이는 태백이 중국을 주관하기 때문이다. 호와 맥은 자주 침략하는데 오직 진성으로만 점을 친다. 진성은 들고 나는 것이 조급할 정도로 빠르고 항상 오랑캐[夷狄]를 주관하는데 이는 (불변의) 큰 원칙[大經]이다.

무릇 오성이 일찍 나오는 것을 영(贏)이라 하는데 영(贏)은 손님이다. 늦

---

34 후(候)나 점(占)이나 모두 사실상 점을 친다는 말이다.

게 나오는 것을 축(縮)이라 하는데 축(縮)은 주인이다. 오성이 넘치거나 움츠러들면 반드시 하늘은 응함이 있고 표(杓)에 나타난다.

태세(太歲-세성의 별칭)가 인(寅)의 방위에 있는 것을 섭제격(攝提格)이라 한다. 세성은 정월 새벽에 동쪽에 나오는데 석씨(石氏)는 이를 감덕(監德)이라 했고 두수(斗宿)와 견우의 사이에 있다. 순차를 잃으면 그 응답은 표(杓)에 나타나는데, 그것이 이르면 홍수가 되고 느리면 가뭄이 된다. 감씨(甘氏)는 건성(建星)과 무녀(婺女)에 있다고 했다. 태초력(太初曆)에서는 영실과 동벽의 사이에 있다고 했다.

태세가 묘(卯)에 있는 것을 단알(單閼-혹은 선알)이라고 한다. 2월에 나오는데 석씨는 이를 강입(降入)이라고 이름 붙였고, 무녀와 허수(虛宿)와 위수(危宿)의 사이에 있다고 했다. 감씨는 허수(虛宿)와 위수(危宿) 사이에 있다고 했다. 순차를 잃으면 표(杓)에 나타나는데 수재가 있게 된다. 태초력에서는 규수(奎宿)와 누수(婁宿)의 사이에 있다고 했다.

태세가 진성에 있는 것을 집서(執徐)라고 한다. 3월에 나오는데 석씨는 이를 청장(靑章)이라 이름 붙였고, 영실(營室)과 동벽(東壁) 사이에 있다고 했다. 순차를 잃으면 표(杓)에 나타나는데, 빠르면 가뭄이 있고 늦으면 홍수가 있다. 감씨도 이 점에서는 똑같았고 태초력에서는 위수(胃宿)와 묘수(昴宿)의 사이에 있다고 했다.

태세가 사성(巳星)에 있는 것을 대황락(大荒落)이라고 한다. 4월에 나오는데 석씨는 이를 노종(路踵)이라 이름 붙였고, 규수(奎宿)와 누수(婁宿)의 사이에 있다고 했다. 감씨도 이 점에서는 똑같았고 태초력에서는 삼수(參宿)와 벌수(罰宿)에 있다고 했다.

태세가 오성(午星)에 있는 것을 돈장(敦牂)³⁵이라고 한다. 5월에 나오는데 석씨는 이를 계명(啓明)이라 이름 붙였고, 위수(胃宿)와 묘수(昴宿)와 필수(畢宿)의 사이에 있다고 했다. 감씨도 이 점에서는 똑같았고 태초력에서는 동정(東井)과 여귀(輿鬼) 사이에 있다고 했다.

태세가 미성(未星)에 있는 것을 협흡(協洽)³⁶이라고 한다. 6월에 나오는데 석씨는 이를 장렬(長烈)이라 이름 붙였고, 자휴수(觜觿宿)와 삼수(參宿) 사이에 있다고 했다. 감씨는 삼수와 벌수(罰宿) 사이에 있다고 했고, 태초력에서는 주수(注宿)·장수(張宿)·칠성(七星) 사이에 있다고 했다.

태세가 신성(申星)에 있는 것을 군탄(涒灘)³⁷이라고 한다. 7월에 나오는데 석씨는 이를 천진(天晉)이라 이름 붙였고, 동정과 여귀 사이에 있다고 했다. 감씨는 호성(弧星)에 있다고 했고 태초력에서는 익수(翼宿)와 진수(軫宿) 사이에 있다고 했다.

태세가 유성(酉星)에 있는 것을 작액(作諤)³⁸이라고 한다.『이아(爾雅)』에서는 작악(作噩)이라고 했다. 8월에 나오는데 석씨는 이를 장임(長壬)이라 이름 붙였고, 유수(柳宿)·칠성·장수(張宿) 사이에 있다고 했다. 순차를 잃으면 표(杓)에 나타나 여자의 상사와 백성의 역병이 있게 된다. 감씨는 주수(注宿)와 장수(張宿) 사이에 있다고 했다. 순차를 잃으면 표(杓)에 나타나

---

35 번성한다는 뜻이다.

36 화합한다는 뜻이다.

37 군(涒)은 대(大)고 탄(灘)은 수(修)다. 만물이 자신의 정기를 닦는다는 말이다.

38 영락(零落)을 뜻한다. 만물이 쇠락한다는 말이다.

화재가 있게 된다. 태초력에서는 각수(角宿)와 항수(亢宿) 사이에 있다고 했다.

태세가 술성(戌星)에 있는 것을 엄무(掩茂)³⁹라고 한다. 9월에 나오는데 석씨는 이를 천수(天睢)라고 이름 붙였고, 익수(翼宿)와 진수(軫宿) 사이에 있다고 했다. 순차를 잃으면 표(杓)에 나타나 홍수가 있게 된다. 감씨는 칠성과 익수(翼宿) 사이에 있다고 했고 태초력에서는 저수(氐宿)와 방수(房宿)와 심수(心宿) 사이에 있다고 했다.

태세가 해성(亥星)에 있는 것을 대연헌(大淵獻)⁴⁰이라고 한다. 10월에 나오는데 석씨는 이를 천황(天皇)이라고 이름 붙였고, 각수(角宿)와 항수(亢宿) 사이에 있다고 했다. 감씨는 진수(軫宿)와 각수(角宿)와 항수(亢宿) 사이에 있다고 했고 태초력에서는 미수(尾宿)와 기수(箕宿) 사이에 있다고 했다.

태세가 자성(子星)에 있는 것을 곤돈(困敦)⁴¹이라고 한다. 11월에 나오는데 석씨는 이를 천종(天宗)이라고 이름 붙였고, 저수(氐宿)와 방수(房宿) 사이에 있다고 했다. 감씨도 이 점에서는 똑같았고 태초력에서는 건성(建星)과 견우(牽牛) 사이에 있다고 했다.

---

39 엄(掩)은 폐(蔽)이고, 무(茂)는 창(昌)이다. 만물이 가려진 채 안으로 번성하고 있다는 말이다.

40 연(淵)은 장(藏)이고, 헌(獻)은 영(迎)이다. 만물은 해(亥)에서 끝이 나고, 깊이 간직하게 되기 때문에 그것을 통해 양을 맞이한다는 뜻을 갖는다.

41 혼돈이라는 뜻이다.

태세가 축성(丑星)에 있는 것을 적분약(赤奮若)[42]이라고 한다. 12월에 나오는데 석씨는 이를 천호(天昊)라고 이름 붙였고 미수(尾宿)와 기수(箕宿) 사이에 있다고 했다. 감씨는 심수(心宿)와 미수(尾宿) 사이에 있다고 했다. 태초력에서는 무녀(婺女)와 허수(虛宿)와 위수(危宿) 사이에 있다고 했다.

감씨와 태초력이 서로 똑같지 않은 이유는 별이 넘치거나 움츠러드는 것[贏縮]이 먼저 일어나고 각각은 뒤에 본 것을 기록하기 때문이다. 그 나머지 네 별들도 대략 이와 같다.

고력(古歷)에서는 오성에 역행하지 않는다고 추량했지만 감씨와 석씨의 경(經)에 이르러서는 형혹과 태백에 역행이 있었다. 무릇 역(歷)이란 일월성신의 바른 운행을 재는 것이다. 옛사람들의 말 중에 "천하가 태평하게 되면 오성은 도(度)에 순행하게 돼 역행하는 일이 없다. 해는 초하루에 먹히지 않고 달은 보름에 먹히지 않는다"라는 것이 있다. 하씨(夏氏)의 『일월전(日月傳)』[43]에 이르기를 "일식과 월식이 다하면 주인의 지위가 되고 다하지 못하면 신하의 지위가 된다"라고 했다. 또 『성전(星傳)』에 이르기를 "해는 덕(德)이고 달은 형(刑)이니, 그 때문에 일식이 있으면 덕을 닦고 월식이 있으면 형을 닦는다"라고 했다. 그렇지만 역(歷)에서 월식을 추산하는 것은 두 별의 역행과 아무런 차이가 없다. 형혹은 내란을 주관하고, 태백은 병사를 주관하고, 달은 형벌을 주관한다. 주나라 왕실이 쇠퇴한 이래 난신

---

42 적(赤)은 양(陽)이고, 분(奮)은 기(起)이며, 약(若)은 순(順)이다. 만물이 떨쳐 일어나는데 그 본성에 맞다는 뜻이다. 적분약은 천신(天神)이다.

43 하씨(夏氏)에게는 『일운도(日暈圖)』가 있었다.

(亂臣)·적자(賊子)·사려(師旅)가 여러 차례 일어났고, 형벌은 그 적중함을 잃어 비록 난신·적자·사려의 이변이 없었다 해도 내신(內臣)은 오히려 다스려지지 않았고, 사방의 오랑캐는 오히려 복종하지 않았으며, 병혁(兵革-전란)은 오히려 그치지 않고, 형벌은 오히려 제대로 조치를 못했기에 두 별과 달은 그로 인해 도수(度數)를 잃어 세 가지 이변이 늘상 보였던 것이고, 마침내 난신적자가 시체를 숨겨둔 채 유혈의 병란이 있게 되자 드디어 대변고가 이르게 된 것이다. 감씨와 석씨는 그것을 늘상 그러한 것이라고 보고서 그것을 진단했기에 모두 바른 운행이 아니었다. 『시경(詩經)』에 이르기를 "저 달이 먹히는 것은 늘 그러한 것인데 이 해가 먹히는 것은 어찌하여 좋지 못한가"[44]라고 했고, 『시전(詩傳)』에 이르기를 "월식은 늘 그러한 것이 아니지만 일식과 비교한다면 오히려 늘 그러한 것이니 일식은 좋지 못하도다"[45]라고 했으니, 이를 작은 변이[小變]라고 하면 괜찮겠지만 그것을 바른 운행[正行]이라고 하면 그것은 잘못된 것이다. 그래서 형혹은 반드시 16사(舍)를 운행하고 태양으로부터 멀리 벗어나 그 운행을 마음대로 방자하게 하는 것이다. 태백은 서쪽으로 나와 그 진행은 태양의 앞에 있다가 기운이 성대해지면 마침내 역행한다. 달이 반드시 보름에 먹히게 되면 또한 주벌(誅罰)이 성대해지게 된다.

국황성(國皇星)〔○ 맹강(孟康)이 말했다. "세성의 정기가 흩어진 별을 말한다."〕은 크고 붉으며 모양은 남극성과 비슷하다. 그것이 나오게 되면 그

---

44 「소아(小雅)」 '십월지교(十月之交)' 편에 나오는 구절이다.

45 『제시전(齊詩傳)』에 나오는 구절이다.

아래에 있는 나라에서는 병란이 일어난다. 그 병이 강하기 때문에 그와 충돌하게 되면 이롭지 못하다.

소명성(昭明星)〔○ 맹강(孟康)이 말했다. "모양은 세 발의 책상과 같은데 책상 위에는 9개의 혜성이 위로 향한다. 형혹의 정기가 흩어진 별이다."〕은 크고 희며, 빛줄기[角=光芒]가 없고, 홀연히 위로 가다가 홀연히 아래로 간다. 그것이 나오는 곳에 있는 나라에서는 병란이 일어나고 변고가 많다.

오잔성(五殘星)〔○ 맹강(孟康)이 말했다. "별의 표면에는 운(暈-별무리)처럼 청색 기운이 있고, 잔털 같은 것이 있으며, 전성의 정기가 흩어진 별이다."〕은 정동(正東)으로 나오는 동방의 별이다. 그 모양은 진성과 비슷하며 지상에서 6장(丈) 정도에 있으며 크고 노랗다.

육적성(六賊星)〔○ 맹강(孟康)이 말했다. "모양은 혜성과 같으며 빛줄기가 9개이고 태백의 정기가 흩어진 별이다."〕은 정남(正南)으로 나오는 남방의 별이다. 지상에서 6장(丈) 정도에 있으며 크고 붉다. 자주 움직이고 빛이 있다.

사궤성(司詭星)〔○ 맹강(孟康)이 말했다. "별이 크고 꼬리가 있으며 두 개의 빛줄기가 있고 형혹의 정기가 흩어진 별이다."〕은 정서(正西)로 나오는 서방의 별이다. 지상에서 6장(丈) 정도에 있으며 크고 희다. 태백과 비슷하다.

함한성(咸漢星)〔○ 맹강(孟康)이 말했다. "일명 옥한성(獄漢星)으로 속은 파랗고 겉은 붉다. 전성의 정기가 흩어진 별이다."〕은 정북(正北)으로 나오는 북방의 별이다. 지상에서 6장(丈) 정도에 있으며 크고 붉다. 자주 움직이고 잘 살펴 보면 가운데가 파랗다.

이상 4개의 별이 나오는 곳이 그 방향과 합치되지 않을 경우에 그 아래에 있는 나라에는 병란이 있게 되고 그와 충돌할 경우에 이롭지 않다.

사전성(四塡星)은 사방 귀퉁이에서 나오며 지상에서 4장(丈) 정도에 있다. 지유성(地維星)과 장광성(臧光星)도 역시 사방 귀퉁이에서 나오며 지상에서 2장(丈) 정도에 있는데 마치 달이 막 나오려고 시작할 때와 같다. 보이는 곳의 아래에 있는 나라에서는 난을 일으키는 자는 망하고 다툼이 있는 자는 번창한다.

촉성(燭星)〔○ 맹강(孟康)이 말했다. "이것도 전성의 정기가 흩어진 별이다."〕은 모양이 태백과 비슷하며 그것이 나왔는데도 진행하지 않고 보이자마자 사라진다. 촛불처럼 빛날 경우에 그 아래에 있는 나라에서는 성읍에 난이 일어난다.

별 같기도 하고 별이 아닌 것 같기도 하고, 구름 같기도 하고 구름이 아닌 것 같기도 한 것이 있는데, 이를 귀사(歸邪)〔○ 맹강(孟康)이 말했다. "별에는 2개의 붉은 혜성이 위를 향하고 있는데 위에는 덮개 모양의 기운이 있고 아래에는 이어진 별들이 있다."〕라고 부른다. 귀사가 나오면 반드시 그 나라에 귀순하는 자들이 있다.

별이란 쇠가 흩어진 기운이며 그 뿌리는 사람이다〔○ 맹강(孟康)이 말했다. "별은 석(石)인데 금(金)과 석(石)은 상생 관계이기 때문에 사람과 별의 기운은 서로 상응하는 것이다."〕. 별이 많으면 길하고 적으면 흉하다. 한(漢-은하수)이라는 것도 쇠가 흩어진 기운이며 그 뿌리는 물이다. 별이 많으면 수재가 잦고 별이 적으면 가뭄이 드는 것이 그 큰 원칙이다.

천고성(天鼓星)은 천둥소리 같기도 하고 아닌 것 같기도 한데 그 소리는 땅에 있다가 천상에서 지상으로 내려온다. 그 소리가 떨어지는 곳에 있는 나라에서는 병란이 일어난다.

천구성(天狗星)은 모양이 큰 유성과 같고 소리가 있는데 그 별이 천상에서 땅으로 내려올 때 모습이 개를 닮았다. 그것이 떨어질 경우에 그것을 바라보면 마치 중천에 불꽃이 피어나는 것과 같다. 그 아래의 나라에는 여러 경(頃)의 둥근 밭과 같은 것이 있는데, 그 위가 뾰족해지면 황색이 되고, 그런 나라에서는 천리 밖에서 군대를 깨뜨리고 장군을 죽인다.

격택성(格澤星)이란 것은 화염의 모양을 하고 있고, 황백색이며, 평지에서 일어나 올라가며, 아래는 크고 위는 뾰족하다. 그것이 보일 때면 씨앗을 뿌리지 않아도 수확을 하게 된다. 토목공사를 하지 않아도 반드시 큰 손님이 온다.

치우성(蚩尤星)의 꼬리[旗]는 혜성을 닮았고, 뒤는 휘어져 깃발의 형상을 하고 있다. 그것이 보이게 되면 임금다운 임금이 사방을 정벌한다.

순시성(旬始星)은 북두의 주변에서 나오는데 모양은 웅계(雄鷄-수탉)를 닮았다. 그 꼬리[怒=帑]는 청흑색이며 엎드린 자라 모양을 하고 있다.

왕시성(枉矢星-굽은 화살)은 모양이 큰 유성을 닮았고, 뱀처럼 운행하며, 검푸른 색인데, 그것을 바라보면 마치 털과 눈이 있는 것처럼 보인다.

장경성(長庚星)은 넓어서 1필의 베를 하늘에 펼쳐놓은 듯이 보인다. 이 별이 보이면 병란이 일어난다.

별이 떨어져 땅에 이르면 돌이 된다.

하늘이 맑고 밝을 때 경성(景星)이 보인다. 경성은 다움의 별[德星]⁴⁶이고, 모양에는 일정함이 없으며, 항상 도리가 있는 나라에 나타난다.

해에는 중도(中道)가 있고 달에는 구행(九行)이 있다.

중도란 황도(黃道)로 일설에는 광도(光道)라고도 한다.⁴⁷ 광도의 북은 동정수(東井宿)에 이르면 북극성과 가까워지고, 광도의 남은 견우수(牽牛宿)에 이르면 북극성에서 멀어지고, 광도의 동은 각수(角宿)에 이르고, 광도의 서는 누수(婁宿)에 이르면 북극성으로부터의 거리는 중간이 된다. 하지에 동정수에 이르면 북이 극에 가까워지고, 그래서 그림자[晷]는 짧다. 8척의 표(表)⁴⁸를 세웠을 때 해의 그림자의 길이는 1척 5촌 8분이다. 동지에 견우수에 이르면 극에서 멀어지고, 그래서 그림자는 길다. 8척의 표를 세웠을 때 해의 그림자의 길이는 1장 3척 1촌 4분이다. 춘분과 추분의 날에는 누수(婁宿)와 각수(角宿)에 이르러 극으로부터의 거리가 중간이고, 그래서 그림자의 길이도 중간 정도다. 8척의 표를 세웠을 때 해의 그림자의 길이는 7척 3촌 6분이다. 이러한 해의, 극으로부터의 원근 차이가 해의 그림자의 장단(長短)의 제도다. 극으로부터의 원근을 알기가 어려운 이유는, 요컨대 해의 그림자 때문이다. 해의 그림자란 해의 남북을 알게 해주는 이치다. 해는 양(陽)이다. 양이 주도권을 쥐게 되면[用事] 해는 나아가 북으로 가서 낮이 진행되면 길어지고, 양이 승리를 거두기 때문에 따듯해지고 더

---

46 임금 된 자가 다움을 갖고 있으면 그에 응답하는 별이다. 서성(瑞星)이라고도 한다.

47 태양이 천체를 한 바퀴 돌 때 그리게 되는 큰 원이다.

48 해의 경도(經度)를 재기 위해 세운 기둥이다.

워진다. 음(陰)이 주도권을 쥐게 되면 해가 물러나 남쪽으로 가서 낮이 물러나면 짧아지고, 음이 승리를 거두기 때문에 서늘해지고 추워진다. 따라서 해가 나아가면 더워지고 물러나면 추워진다. 만약에 해가 남북으로 나아가고 물러나는 것이 절도를 잃게 돼, 해의 그림자가 지나치게 나아가 길어지면 항상 춥고, 물러나 짧아지면 항상 덥게 된다. 이것이 춥고 더움의 표출이고 그래서 한서(寒暑)가 있게 된다고 말하는 것이다. 일설에는 해의 그림자의 긴 것을 요(潦-장마)라고 하고, 짧은 것을 한(旱-가뭄)이라고 하며, 그림자가 매우 큰 것을 부(扶-꼼짝하지 않는 것)라고 한다. 부(扶)〔○ 진작(晉灼)이 말했다. "부(扶)란 아부하는 것[附]이다."〕란 간사한 신하가 나아가 바른 신하를 물리쳐 군자는 부족하고 간신들이 많다는 뜻이다.

달에는 구행(九行)이 있다고 한 것은 흑도(黑道)가 둘이어서 황도의 북쪽으로 나오고, 적도(赤道)가 둘이어서 황도의 남쪽으로 나오며, 백도(白道)가 둘이어서 황도의 서쪽으로 나오고, 청도(靑道)가 둘이어서 황도의 동쪽으로 나오는 것이다. 입춘과 춘분에는 달이 동쪽으로 운행해 청도를 따르고 입추와 추분에는 서쪽으로 운행해 백도를 따른다. 입동과 동지에는 북쪽으로 운행해 흑도를 따르고 입하와 하지에는 남쪽으로 운행해 적도를 따른다. 그러나 이런 길들을 쓰게 되는 것은 모두 방수(房宿)의 중도에 결정된다. 청도와 적도는 양도(陽道)에서 나오고 백도와 흑도는 음도(陰道)에서 나온다. 만약에 달이 절도를 잃어 제 마음대로 운행해 양도로 나가게 되면 한발과 풍해가 있고 음도로 나가게 되면 음우(陰雨-궂은비)가 내린다.

무릇 임금의 행동이 급하면 해의 운행은 빠르고 임금의 행동이 완만하면 해의 운행은 느리다. 해의 운행은 그것을 가리켜 알 수 있는 것이 아니기 때문에 하지와 동지, 춘분과 추분[二至二分]의 별로써 살펴보게 된다. 해가 동쪽으로 가면 별은 서쪽으로 돈다. 동지의 일몰에는 규수(奎宿)의 8도(度) 중에, 하지에는 저수(氐宿)의 13도 중에, 춘분에는 유수(柳宿)의 1도 중에, 추분에는 견우수(牽牛宿)의 3도 7분(分) 중에 있는 것이 바로 해의 바른 운행이다. 해의 운행이 빠르게 되면 별이 서쪽으로 도는 것도 급해지며 일의 형세[事勢]도 그렇게 된다. 그래서 중정(中正)을 넘어서게 되면[過] 빨라지고 임금의 행동이 급하다는 느낌이 들게 되는 것이고, 중정에 못 미치면[不及] 느려지고 임금의 행동이 완만하다는 모습을 떠올리게 되는 것이다.

달의 운행에 이르러서는 그믐[晦]과 초하루[朔]를 갖고서 결정을 한다. 해는 겨울이면 남쪽으로 가고 여름이면 북쪽으로 간다. 겨울에는 견우수에 이르고 여름에는 동정수에 이른다. 해가 가는 길을 중도라고 하고 달과 오성은 모두 그것을 따라가는 것이다.

기성(箕星)은 바람이 되니 동북의 별이다. 동북은 땅의 일이며 하늘의 지위다〔○ 맹강(孟康)이 말했다. "동북은 양(陽)으로 해와 달과 오성이 견우에서 일어나기 때문에 하늘의 지위라고 한다. 곤(坤)은 서남으로 양에 매여 있으며 지통(地統)이 되기 때문에 땅의 일이라고 한다."〕. 그래서 『주역(周易)』에서 이르기를 "동북에서 벗[朋]을 잃는다"[49]라고 했다. 또 손(巽)

---

[49] 곤(坤)괘(䷁)에 대한 풀이의 일부다. 바로 앞에는 "서남에서 벗을 얻고"라는 문장이 있다. 서남은 음의 방위이고, 동북은 양의 방위다. 음은 반드시 양을 따른다.

괘(☴)는 동남에 있어 바람이 되니, 바람은 양중(陽中)의 음(陰)이요, 대신(大臣)의 상(象)이며, 그 별은 진성(軫星)이다. 달이 중도를 떠나 옮겨가서 동북쪽으로 기성에 들어가서, 만약에 동남쪽에서 진수(軫宿)에 들어가면 바람이 많다. 서쪽은 비가 되니 비는 소음(少陰)의 자리다. 달이 중도를 잃어 옮겨가서 서쪽으로 필수(畢宿)에 들어가면 비가 많다. 그래서 『시경(詩經)』에 이르기를 "달이 필성(畢星)에 걸려 있으니 비가 주룩주룩 내리는구나"[50]라고 해서 비가 많음을 말한 것이다. 『성전(星傳)』에는 "달이 필성에 들어오면 장상(將相) 중에 집안일로 죄를 범하게 되는 자가 있도다"라고 했으니 음이 성하다는 것을 말하고 있다. 『서경(書經)』에 이르기를 "(서민은 곧 별이니) 별은 바람을 좋아하는 것이 있고 비를 좋아하는 것이 있다. (해와 달의 운행에는 겨울이 있고 여름이 있으니) 달이 별을 따르는 것을 보고서 비와 바람을 알 수 있다"[51]라고 했으니 이는 달이 중도를 잃으면 동쪽이나 서쪽으로 간다는 말이다. 그래서 『성전(星傳)』에 이르기를 "달이 남쪽으로 가서 견우와 남수(南戍)[52]에 들어가면 백성들 사이에 전염병이 퍼지고 달이 북쪽으로 가서 태미로 들어갔다가 나와서 북쪽에 자리 잡아 만일 별자리를 범하게 되면 아랫사람이 윗사람을 도모한다"라고 했다.

일설에는 달을 풍우(風雨)라 하고 해를 한온(寒溫)이라 한다. 동지에 해는 남쪽 극에 이르러 해의 그림자가 길고, 남쪽으로 극에 이르지 못할 경

---

50 「소아(小雅)」 '점점지석(漸漸之石)' 편에 나오는 구절이다.

51 「주서(周書)」 '홍범(洪範)' 편에 나오는 말이다.

52 원문은 남계(南戒)로 돼 있는데 오기다. 남수란 남하성(南河星)의 수문(戍門)이다.

우 따스함은 해가 된다. 하지에 해는 북쪽 극에 이르러 해의 그림자가 짧고, 북쪽으로 극에 이르지 못할 경우 추위는 해가 된다. 그래서 『서경(書經)』에 이르기를 "해와 달이 운행함으로써 겨울이 있고 여름이 있다"[53]라고 한 것이다. 정치는 천하에서 변하고[變] 해와 달은 천상에서 운행한다[運]. 달이 방수(防宿)의 북쪽으로 나가면 비가 되고, 음(陰)이 되며, 난(亂)이 되고, 병(兵)이 된다. 방수의 남쪽으로 나가면 가뭄이 되고, 요상(夭喪-요절)이 되며, 홍수나 가뭄이 이르게 되는 것을 충격을 통해 응답하는 것이니, 오성에 이변이 있게 되면 반드시 그에 따른 효과도 있게 된다.

양쪽 군대가 서로 맞붙어 해무리[暈]가 힘의 균형을 이루고 있다가 어느 쪽이 두텁고 길고 커지면 그쪽에 있는 군대가 승리를 거두고, 엷고 짧고 작아지면 그쪽에 있는 군대가 패하게 된다. 해무리가 겹쳐져서 해를 둘러쌀 때에는 둘러싸인 쪽의 군대가 대패한다. 둘러싸는 것은 화목한 것이고, 등을 돌리는 것은 불화이며, 분리돼 서로 떨어지는 것이다. 곧다는 것은 자립하는 것이니 병을 세워 적군을 깨뜨리고, 예를 들면 적장을 죽이는 것이다. 해무리가 해를 둘러싸고 해의 위에 서는 것은 그쪽 방향에 좋은 일이 있는 것이다. 해무리의 가운데가 빛나면 가운데가 승리를 거두고 해무리의 바깥이 빛나면 바깥이 승리를 거둔다. 청색이 밖에 있고 적색이 안에 있을 때는 화목하게 가는 것이고, 적색이 밖에 있고 청색이 안에 있을 때는 증오하며 가는 것이다. 해무리 기운[氣暈]이 먼저 와서 뒤에 갈 때는 군대를 머물게 해 승리하는 것이고, 먼저 와서 먼저 갈 때는 앞이 유리

---

53 「주서(周書)」 '홍범(洪範)' 편에 나오는 말이다.

하고 뒤에는 병통이 있다. 또 뒤에 와서 뒤에 가면 앞이 병통이 있고 뒤에는 유리하며, 뒤에 와서 먼저 갈 때는 앞뒤 모두 병통이 있어 군대를 머물게 해도 승리하지 못한다. 이미 해무리 기운을 보고서 가면 그후에 병통이 생겨나 승리하더라도 효과가 없다. 해무리를 반일 이상 보게 되면 효과는 크다. 하늘에 흰 무지개[白虹]가 짧게 굽어져 있고 위아래가 뾰족할 때는 그 아래에 있는 나라에는 큰 유혈 사태가 있다. 해무리가 승리를 제약하는 것은 짧게는 30일, 길게는 60일이다.

　일식이 일어날 때 먹히는 쪽은 불리하다. 해가 빛을 회복할 때 회복되는 쪽은 유리하다. 그렇지 않으면 다 먹히는 것이 주인의 자리가 된다.[54] 그리고 일식에 해당하는 날의 수치[直]와 해의 궤도에 해당하는 일시를 갖고서 그 아래에 있는 나라의 이름을 쓴다.

　무릇 구름의 기운[雲氣]을 볼 때에는 머리 위로 그냥 우러러보게 되면 300~400리이고, 평평하게 뽕나무나 느릅나무 위에서 보게 되면 1,000여 리 내지 2,000리이며, 높은 곳에 올라가서 보게 되면 아래쪽으로 3,000리이다. 구름의 기운이 군대의 위에 있을 때에는 그 아래에 있는 군이 승리를 거둔다.

　화산(華山)으로부터 남쪽 지방은 구름의 기운이 아래쪽은 검고 위쪽은 붉다. 숭산(嵩山)과 삼하(三河)의 교외에서는 구름의 기운이 아주 붉다. 상

54　일단 이 세 문장은 원문에 따라 직역을 했지만 별도의 원주도 없어 정확히 무슨 뜻인지를 알기가 어렵다. 참고로 일본어판의 경우에는 "개기일식일 때에는 군주에게 허물이 돌아가고, 부분일식일 때는 신하에게 허물이 돌아간다"고 해놓았는데, 이 또한 뜻이 분명치 못하다.

산(常山)으로부터 북쪽 지방은 구름의 기운이 아래쪽은 검고 위쪽은 푸르다. 발해·갈석·동해 태산 일대에서는 구름의 기운이 위아래 모두 검다. 회수와 강수 일대에서는 구름의 기운이 위아래 모두 희다.

나라에 노역이 있으면 기운이 희다. 토목공사가 있으면 기운이 누렇다. 전차가 이동하게 되면 기운이 높았다가 낮았다가 하며 때때로 모이기도 한다. 기마가 이동하게 되면 기운이 낮아지면서 한쪽으로 퍼진다. 병졸이 이동하게 되면 기운이 둥글게 뭉친다[摶]. 앞쪽이 낮고 뒤쪽이 높으면 빠르고, 앞이 사각에 뒤가 높으면 뾰족하며, 뒤가 뾰족하고 앞이 낮으면 멈추고, 그 기운이 평탄하면 그 속도도 느리다. 앞이 높고 뒤가 낮은 것은 그치지 않고 돌아가는 것이다. 기운이 서로 만날 때는 낮은 것이 높은 것을 이기고 뾰족한 것이 사각을 이긴다. 기운이 낮은 곳에서 와서 궤도를 따를 때는 사나흘이 안 돼 궤도를 벗어나고 벗어난 것은 5, 6리까지도 볼 수 있다. 기운이 높은 곳 7, 8척에서 올 때는 대엿새가 안 돼 궤도를 벗어나고 벗어난 것은 10여 리에서 20여 리까지도 볼 수 있다. 기운이 높이 1장이나 2장에서 올 때는 30~40일이 안 돼 벗어나고 벗어난 것은 50~60리를 볼 수 있다.

하늘의 구름이 티없이 맑은 흰색[精白]일 때, 그 아래의 장군은 사나운데[悍] 그 병사들은 비겁하다[怯]. 그 기운의 뿌리가 크고 앞쪽이 까마득히 멀 때는 전쟁이 난다. 그 기운이 티없이 맑고 희며 그 앞의 까끄라기[芒]가 낮으면 전쟁에서 승리를 거두는 반면, 그 앞이 붉고 높으면 전쟁에서 이기지 못한다. 진운(陳雲)⁵⁵이란 담장을 세워놓은 것과 같다. 저운(杼雲)은 베틀의 북을 닮았다. 유운(柚雲)은 베틀에 쓰이는 바디[柚]처럼 둥그런 모양을 하고 있는데 양끝은 뾰족하다. 표운(杓雲)은 새끼줄 모양을 하고 있는데 하늘의 반을 차지한다. 예운(蜺雲)은 전투 때의 깃발과 비슷하다. 구운(鉤雲)은 갈고리 모양으로 휘어졌다. 이런 여러 구름들이 보이면 오색으로 점을 친다. 또 그것이 얼마나 윤택한지 혹은 밀집해 있는지 등을 살펴 그것이 사람을 어떻게 움직이게 하는지를 보아서 마침내 점을 친다. 예를 들어 반드시 병란이 일어나는 점괘가 나오면 그 아래에 있는 나라에서는 전쟁이 있게 된다.

왕삭(王朔)⁵⁶의 관측은 태양 주변의 기운을 보고서 길흉을 점쳤다. 태양 주변의 구름의 기운을 임금의 형상이라고 보고서 그 나머지도 모두 그 형상에 비춰 점을 쳤다.

그래서 북쪽 오랑캐의 기운은 여러 가축이나 궁려(穹閭)⁵⁷를 닮았고 남쪽 오랑캐의 기운은 배나 나부끼는 깃발을 닮았다. 큰 홍수가 있는 곳, 패전한 장소, 망국의 유적지에는 땅 속에 금은보화가 매장돼 있기 때문에 그 위에는 모두 구름의 기운이 있어 잘 살피지 않을 수 없는 것이다. 바닷가의 큰 조개의 기운[蜃氣]은 누대를 닮았고 넓은 광야의 기운은 궁궐의 느낌을 갖는다. 이처럼 구름의 기운은 각각 그 아래의 산천이나 인민의 집

---

55 진운(陣雲)으로 진을 친 형상(形狀)과 같이 보이는 구름을 말한다.

56 고대에 천문으로 점을 잘 친 사람이다.

57 북방 유목민족의 천막을 가리킨다.

적물이기 때문에 인간의 생식(生息)이나 손모(損耗)를 살펴보려는 자는 국읍에 들어가 경내의 논밭의 경계가 잘 정돈돼 있는지, 성곽이나 가옥이나 문호가 윤택한지를 보고서, 그다음에 거복(車服)이나 축산은 얼마나 손질되고 있는지를 살핀 다음에, 그것이 정말로 충실하면 실하고, 누락되거나 내팽개쳐져 있으면 흉하다.

연기 같기도 하고 아닌 것도 같고, 구름 같기도 하고 아닌 것도 같아, 성대하고 어지러이 일어나면서 빙빙 돌기도 하고, 굽어진 모양을 한 것을 경운(慶雲)이라 한다. 경운이 보이면 좋은 기운[喜氣]이다. 안개 같기도 하고 아닌 것 같으면서, 의관을 갖췄는데도 젖지 않을 때 이런 기운이 보이면 그 성 아래에서는 갑옷을 입고 달린다.[58]

저 번개와 천둥, 놀과 무지개, 벼락[辟歷=霹靂]과 야명(夜明)은 양의 기운이 움직인 것이다. 봄과 여름에는 나타나고 가을과 겨울에는 숨기 때문에 점을 기록하는 자는 그것을 살피지[司=伺] 않을 수가 없다.

하늘이 열려 만물이 보이게 되고 땅이 움직여 갈라지고 끊어진다. 산이 무너져 움직이고, 하천이 막히고, 계곡이 붕괴돼 복류(伏流)한다. 물은 움직이고, 땅은 연장되며, 못은 바닥을 드러낸다. 성곽과 마을의 문들은 백성들의 낮과 밤을 윤택하게도 해주고 메마르게도 해주며, 궁묘(宮廟)와 각종 건물들은 백성들이 잠자는 곳이다. 습속과 거복(車服)에서 백성들이 먹고 마시는 것을 관찰한다. 오곡과 초목에서 백성들이 풍족한지를 관찰한다. 창부(倉府)와 마구간 등에서 사방으로 뚫린 도로를 관찰한다. 육축(六畜)

---

58 병란이 일어난다는 뜻이다.

과 금수는 그것이 어떻게 길러지고 있는지에서 그 사정을 살필 수 있고 물고기와 자라, 새와 쥐 등은 그것이 거처하는 곳을 관찰한다. 귀신의 곡소리는 울음소리와 같아 다른 사람들과 만나면 놀라게 된다. 이렇게 되면 유언비어가 정말인 듯이 들리게 된다.

무릇 한 해가 좋은지 나쁜지를 점치려면 조심해서 한 해의 처음을 잘 살펴야 한다. 한 해의 시작이 혹 동짓날일 경우에는 만물을 낳아주는 기운이 비로소 싹튼다. 납일(臘日)[59]의 다음 날 사람들은 대부분 한 해를 마치고서 모두 모여 함께 먹고 마시며 양의 기운을 발산하기 때문에 이를 일러 초세(初歲)라고 한다. 정월 초하루는 임금 된 자의 한 해의 첫머리[歲首]이고 입춘은 사계절의 시작이다. 네 가지 시작[四始][60]은 점을 치는 때다.

한(漢)나라의 위선(魏鮮)[○ 맹강(孟康)이 말했다. "위선은 인명인데 점치는 사람이다."]은 납일의 다음 날과 정월 초하루에 팔풍(八風)을 점쳤다. 바람이 남쪽에서 오면 크게 가물고[大旱], 서남쪽에서 오면 작게 가물며[小旱], 서쪽에서 오면 병란이 있고, 서북쪽에서 오면 호두(胡豆)가 결실을 맺으며, 작은 비가 내리고, 병사들을 모으게 된다. 바람이 북쪽에서 오면 농사가 평년작[中歲]이고, 동북쪽에서 오면 크게 풍년이 들며[上歲=大穰], 동쪽에서 오면 큰 홍수가 나고, 동남쪽에서 오면 백성들 사이에 전염병이 돌고 흉년이 든다. 그래서 팔풍은 각각 그에 맞서는 바람과 비교

---

59 동짓날 이후 세 번째 술(戌)일이다.

60 한 해의 시작, 사계절의 시작, 한 달의 시작, 하루의 시작을 가리킨다.

해 많은 쪽이 이기게 된다. 많은 쪽이 적은 쪽을 이기고, 긴 쪽이 짧은 쪽을 이기며, 빠른 쪽이 느린 쪽을 이긴다. 초하루 새벽부터 식시(食時)[61]까지는 보리의 풍흉을 점치고 식시에서 일질(日跌)[62]까지는 기장[稷]을, 일질에서 포(晡)[63]까지는 기장[黎]을, 포에서 하포(下晡)[64]까지는 콩[叔]을, 하포에서 일몰까지는 마(麻)의 풍흉을 점친다. 하루 종일 구름이 있고, 바람이 있고, 해가 있게 되면[65] 그 해는 오곡이 풍성한 결실을 맺는다. 구름이 없고, 바람이 있고, 해가 있게 되면 그 해는 결실이 적다. 구름이 있고, 바람이 있고, 해가 없게 되면 그 해에도 결실이 적다. 해가 있는데도 구름이 없고, 바람이 없으면 그 해의 농사는 망친다. 만일 바람도 구름도 없는데, 밥 먹는 때가 되면 작은 흉년이 되고, 오두미를 다 익힐 때까지 계속 그렇다면 큰 흉년이 된다. 그러나 바람이 다시 불고 구름이 있으면 그 농사는 되살아난다. 각각의 시각에 따라 구름의 색을 점쳐 그에 마땅한 오곡을 골라 심는다. 눈이 내리거나 추울 때는 작황이 좋지 않다.

  이날 날씨가 좋으면 도읍 백성들의 소리를 듣는다. 그 소리가 궁조(宮調)면 곡식이 잘되고 길하며, 상조(商調)면 병란이 있고, 치조(徵調)면 가뭄이 들고, 우조(羽調)면 홍수가 나고, 각조(角調)면 흉년이 든다.

---

61 진(辰)의 때로 오전 7~9시경이다.

62 해가 넘어갈 무렵으로 오후 3~5시경이다.

63 신(申)의 때로 오후 3~5시경이다.

64 오후 5시경이다.

65 일조량이 많다는 뜻이다.

혹은 정월 초하루 아침부터 날마다 비가 내리는 횟수를 갖고서 점을 친다. 대략 하루에 1승(升-되)을 먹고 7승을 먹을 때까지 계속하다가 정월 7일을 지나면 점을 치지 않는다. 1월부터 12월까지 매달 수를 더해 12일이 될 때까지[66] 날과 달을 맞춰 홍수와 가뭄을 점친다. 이는 그 권역이 1,000리 이내를 위한 점이고 만일 천하를 위해 점을 친다면 결국은 정월 30일을 표준으로 한다. 이 30일 동안 달이 지나가게 되는 열수(列宿)를 갖고서 각 나라의 분야를 알게 되고 일조와 바람과 구름으로 그 나라의 점을 친다. 그러나 반드시 태세(太歲)가 어디에 있는지를 살펴야 한다. 태세가 금(金)에 있으면 풍년이 들고, 수(水)에 있으면 흉년이 들며, 목(木)에 있으면 기근이 들고, 화(火)에 있으면 가뭄이 든다. 이는 큰 원칙이다.

정월 상갑(上甲-초하루)에 바람이 동쪽에서 불어오면 누에에 좋고, 서쪽에서 불어와 아침에 황색 구름이 끼면 작황이 좋지 않다.

동짓날의 단축이 극에 이를 때까지[67] 흙과 숯을 저울대 양쪽 끝에 걸어[68] 숯이 움직이면 그때 사슴은 뿔이 벗겨지고, 난의 뿌리는 나오며, 샘물은 솟구친다. 대략 동지가 이르게 된다는 것을 알게 되면 결국 해시계의 그림자의 길이를 보아 결정을 할 수 있게 된다.

무릇 천운(天運)이란 30년을 소변(小變)으로 하고, 100년을 중변(中變)

---

66 2월에는 2일, 5월에는 5일, 12월에는 12일을 가리킨다.

67 동지 사흘 전이다.

68 먼저 균형을 찾게 했다가, 동지가 돼 양기가 이르게 되면 숯이 무거워지고, 하지가 돼 음기가 이르게 되면 흙이 무거워진다.

으로 하며, 500년을 대변(大變)으로 하고, 3대변(大變)을 1기(紀)로 하며, 3기(紀)를 갖고서 크게 대비하는데 이것이 대수(大數)[69]다. 『춘추(春秋)』 242년 동안 일식이 36번 있었고, 혜성은 세 차례 나타났으며, 밤에 항성(恒星)은 보이지 않았고, 밤에 별이 비처럼 떨어진 것은 각각 한 차례였다. 이런 때를 맞아 화란(禍亂)은 즉각 그에 응했고, 주나라 왕실은 쇠미해졌고, 위아래가 서로 원망했으며, 임금을 죽인 것이 36회, 나라가 망한 것이 52회, 그리고 제후가 나라를 버리고 달아나 자신의 사직을 보전할 수 없었던 경우는 이루 다 헤아릴 수 없다. 이때 이후로 수가 많은 쪽은 적은 쪽을 사납게 대했고 큰 쪽은 작은 쪽을 집어삼켰다. 진(秦)·초(楚)·오(吳)·월(粵)은 오랑캐이면서 강한 패자[彊伯]였다. 전씨(田氏)는 제(齊)나라를 찬탈했고, (한(韓)·위(魏)·조(趙)) 삼가(三家)는 진(晉)나라를 나눠 경쟁하듯 전국(戰國)이 됐고, 공격해 빼앗기를 다퉜으며, 병란이 잇달아 일어났고, 성읍들은 여러 차례 도륙당했으며, 그로 인해 기근과 전염병에 시달리느라 백성들과 임금 모두 우환에 빠져 있었다. 이런 때가 되자 기도하고, 음사(淫祀)를 올리고, 별의 기운을 점치는 일은 무엇보다 시급했다. 근세는 12제후와 7국이 서로 왕이 돼 합종연횡을 유세하는 자들이 줄을 이었고, 천문을 점치는 자들은 시무책을 낸다며 각종 서적에 나와 있는 재이의 학설을 논했다. 그래서 그 점의 효험은 난잡스럽고 시시콜콜해 이루 다 기록할 수가 없을 정도다.

 주나라가 마침내 진나라에 의해 멸망했다. 시황제 때 15년 사이에 혜정

---

69 큰 경향이라는 뜻이다.

이 네 번 보였고, 그중에 오래간 것은 80일이나 됐는데, 길이도 하늘 끝까지 이어질 정도였다. 뒤에 진나라는 군사력을 동원해 안으로는 6국을 병탄하고 밖으로는 사방의 오랑캐[四夷]를 물리치느라, 죽은 자가 마치 난마(亂麻)와도 같았다. 또 형혹이 심수(心宿)를 지켰고 천시성(天市星)의 빛줄기의 색은 닭피처럼 붉어졌다. 시황이 이미 세상을 떠나자 그 적자와 서자가 서로 죽이고 2세가 즉위하니, 골육을 잔혹하게 죽이고 장상을 살육했기 때문에 태백이 다시 하늘을 지나갔고, 그로 인해 장초(張楚) 등이 나란히 일어나 병사가 연이어 서로를 밟아대다가 진나라는 마침내 멸망했다.

항우(項羽)가 거록(鉅鹿)을 구원할 때 굽은 화살이 서쪽으로 흘러갔는데, 굽은 화살이 가서 닿은 곳은 천하가 정벌하려고 활을 쏘아대는 곳이니, 멸망의 상(象)이다. 모든 사물들 중에 화살보다 곧은 것은 없는데, 지금 뱀처럼 진행해 곧지 못하고 굽었다는 것은, 화살을 쥔 자 또한 바르지 못하다는 것이니, 이는 항우가 집정해 어지러움을 빚어내는 상이다. 우(羽)는 마침내 합종해 진나라 사람들을 파묻고 함양을 도륙했다. 무릇 굽은 화살이 흘러간다는 것은 어지러움으로 어지러움을 정벌하는 것[以亂伐亂]이다.

한(漢)나라 원년 10월 오성(五星)이 동정(東井)에 모였으니 이를 역(曆)으로 추산해보면 (나머지 네 별이) 세성(歲星-목성)을 따르는 것이다. 이는 고황제께서 천명을 받는다는 길조[符]다. 그래서 지나가던 객이 장이(張耳)에게 말하기를 "동정은 진나라 땅인데 한왕이 진나라에 들어오고 오성이 세성을 중심으로 모였으니 마땅히 의로움으로써 천하를 차지하게 될 것이다"라고 했던 것이다. 진나라 왕자 영(嬰)이 지도(軹道)에서 항복하고 한왕은 속리(屬吏)를 자임하고서 보배나 기물이나 부녀자에게 일절 손대지 않고 궁을 닫고 문을 봉쇄해 군대를 돌려 패상(覇上)에 주둔하면서 제후들을 기다렸다. 진나라 백성들에게는 법삼장(法三章)을 약속하니 마음을 돌리지 않는 자가 없었고 능히 의로움을 행했으니 이는 이른바 하늘이 내려주신 것이다. 그로부터 5년이 지나 드디어 천하를 평정하고서 제위(帝位)에 나아갔다. 이는 곧 세성이 의로움을 높이는 바[崇義]를 밝힌 것이고 동정이 진나라 분야임을 명확히 한 효험이다.

　3년 가을에 태백이 서쪽으로 나가니 빛이 기중(幾中)에 있으면서 북쪽으로 갔다가 남쪽으로 갔다가 하더니 일정 기간이 지나자 마침내 들어갔다. 진성(辰星-수성)이 사맹(四孟)에 나왔다〔○ 위소(韋昭)가 말했다. "원래는 마땅히 사중(四仲)에 나와야 하는데 사맹에 나왔다는 것은 주군을 바꾸는 상(象)이다."〕. 이때 항우는 초왕이 됐고 한(漢)은 이미 삼진(三秦)을 평정해 서로 형양(滎陽)에서 싸우고 있었다. 그때 태백이 서쪽으로 나왔는데 빛이 기중(幾中)에 있었으니 이는 진나라 땅에서 싸우면 장차 승리할 것이고 한(漢)이 장차 흥성한다는 뜻이었다. 진성이 사맹에 나왔으니 주군을 바꾸는 표상이었다. 2년 후에 한은 초를 멸망시켰다.

　7년에 달의 무리[月暈]가 삼수(參宿)와 필수(畢宿)를 일곱 겹으로 에워쌌다. 점괘가 나오기를 "필(畢)과 묘(昴) 사이가 천가(天街)이고, 그 북쪽이 호(胡)이며, 그 남쪽이 중국(中國)이다. 묘수는 흉노이고, 삼수는 조(趙)나라이며, 필수는 변경의 군사다"라고 했다. 이 해에 고황제께서는 군대를 이끌고 흉노를 쳐 평성(平城)에 이르러 묵돌(冒頓) 선우에게 포위됐다가 7일 만에야 풀려났다.

12년 봄에 형혹이 심수를 지켰다(○ 이기(李奇)가 말했다. "심수는 천왕이다."].

4월에 천자가 안가(晏駕)했다.⁷⁰

효혜(孝惠) 2년에 하늘이 동북쪽에 열렸는데, 넓이는 10여 장(丈)이었고, 길이는 20여 장이었다. 이때 땅이 흔들린 것은 음기가 남아 있었기 때문이고, 하늘이 갈라진 것은 양기가 모자랐기 때문이니, 둘 다 아랫사람이 강성해 장차 윗사람을 해치려는 데서 생겨난 변고이다. 그후에 여씨(呂氏)들의 난이 있었다.

효문(孝文) 후 2년 정월 임인일에 천참성(天欃星)(○ 맹강(孟康)이 말했다. "세성(歲星)의 정기를 받은 별이다."]이 저녁때 서남쪽에서 나왔다. 점괘가 나오기를 "병란이나 상사(喪事)나 내란이 있을 것"이라고 했다. 그 6년 11월에 흉노가 상군(上郡)과 운중(雲中)에 침입했고 한나라는 3군을 일으켜 경사를 호위했다. 그 4월 을사일에 수성·목성·화성이 동정에 모였다. 점괘가 나오기를 "안팎으로 병란과 상사가 있고 왕공을 고쳐 세우게 된다. 동정은 진나라다"라고 했다. 8월에 천구(天狗)가 양(梁)의 들판에 내려왔고 같은 해에 모반을 일으킨 주은(周殷)을 장안의 저잣거리에서 주살했다. 그 7월에 문제가 붕(崩)했다. 그 11월 무술일에 토성과 수성이 위수(危宿)에 모였다. 점괘가 나오기를 "옹저(雍沮-막히다)이니 그 아래에 있는 나라는 거사해 용병할 수 없어 반드시 재앙을 당하게 된다"라고 했다. 일설에는 "장군이 군대를 뒤엎는다고 했다. 위수는 제(齊)나라다"라고 했다. 그

---

70 붕어(崩御)했다는 말이다.

7월에 화성이 동쪽으로 가서 필수의 남쪽을 지나 필수의 동북쪽을 돌아서 나와 서쪽으로 가다가 역행해 묘수(昴宿)에 이르렀고 곧 남쪽으로 가다가 동쪽으로 갔다. 점괘가 나오기를 "상사(喪死)가 있고 외적의 침입이 있다. 필수와 묘수는 조(趙)나라다"라고 했다.

효경(孝景) 원년 정월 계유일에 금성과 수성이 무녀(婺女)에 모였다. 점괘가 나오기를 "변란의 모의가 있고 병란의 우환이 있다. 무녀는 월(粵)나라이고 또 제(齊)나라이기도 하다"라고 했다. 그 7월 을축일에 금성과 목성과 수성이 장수(張宿)에 모였다. 점괘가 나오기를 "안팎으로 병란과 상사가 있고 왕공을 고쳐 세우게 된다. 장은 주(周)의 땅으로 지금의 하남(河南)이며 또 초(楚)나라이기도 하다"라고 했다. 그 2년 7월 병자일에 화성과 수성이 새벽에 동쪽에서 나와 두수(斗宿)를 지켰다. 점괘가 나오기를 "그 나라에서는 제사가 끊어진다"라고 했다. 그 12월에 이르러 수성과 화성이 두수에 모였다. 점괘가 나오기를 "쉬(淬-담금질)이니 거사해 용병할 수 없고 반드시 재앙을 당하게 된다"라고 했다. 일설에는 "패군[北軍-군대의 패배]이니 용병해 거사를 하면 대패한다. 두수는 오(吳)나라이고 또 월(粵)나라이기도 하다"라고 했다. 이 해에 혜성이 서남쪽에 나타났다. 그 3월에 여섯 황자를 세워 회양(淮陽)·여남(汝南)·하간(河間)·임강(臨江)·장사(長沙)·광천(廣川)의 왕으로 삼았다. 그 3년에 오(吳)·초(楚)·교서(膠西)·교동(膠東)·치천(淄川)·제남(齊南)·조(趙)의 7국이 반란을 일으켰다. 오(吳) 초(楚)의 군대가 먼저 출동해 양(梁)나라를 공격했고, 교서(膠西)·교동(膠東)·치천(淄川) 3국은 제(齊)나라를 공격해 에워쌌다. 한나라는 대장군 주아부(周亞夫) 등을 보내 하남에서 대기하며 오(吳)·초(楚)의 군대가 지치기를 기다렸다가 마침내 패배시켰다. 오왕은 월나라로 달아났고, 월나라는 그를 공격해 죽였다. 평양후(平陽侯)[71]는 3국의 군대를 제(齊)나라에서 패배시켰고, 모두 그 죄에 엎드렸으며, 제왕(齊王)은 자살했다. 한나라 군대가 수공(水攻)으로 조(趙)나라 성을 치니 성은 무너졌고 왕은 자살했다. 6월에 황자 두 명과 초(楚) 원왕(元王)의 아들 한 명을 교서 중산(中山) 초(楚)의 왕으로 삼았다. 제북왕(濟北王)을 옮겨 치천왕으로 삼고, 회양왕을 옮겨 노왕(魯王)으로, 여남왕을 옮겨 강도왕(江都王)으로 삼았다. 7월에 군대를 해산했다. 천구(天狗)가 내려왔는데 점괘가 나오기를 "군대를 깨뜨리고 장수를 죽인다. 개[拘]는 또 방어하고 지키는 것이니 천구가 내려왔다는 것은 지키고 방어하라는 경계다"라고 했다. 오(吳)·초(楚)가 양(梁)을 쳤지만 양은 굳게 성을 지켰고 마침내 시체의 피가 성 아래로까지 흘러내렸다.

3년에 전성(塡星)이 누수(婁宿)에 있어 거의 들어왔다가 다시 나와 규수(奎宿)에 머물렀다. 규수는 노(魯)나라다. 점괘가 나오기를 "그에 해당하는 나라가 땅을 얻게 되는 것은 전성을 얻었기 때문이다"라고 했다. 이 해에 노는 나라[國]가 됐다.

4년 7월 계미일에 화성이 동정에 들어가 황도(黃道)의 북쪽을 지나갔고 또 9월 기미일에는 여귀수(輿鬼宿)에 들어갔다가 무인일에 나왔다. 점괘가 나오기를 "주벌(誅罰)이며 또한 화재다"라고 했다. 2년 후에 율씨(栗氏)의 사건이 있었고 그후에 미앙궁 동궐에 화재가 일어났다.

---

71 조양(曹襄)을 가리킨다.

중(中) 원년[72]에 전성(塡星)은 마땅히 자휴수(觜觿宿)와 삼수(參宿)에 있어야 했기 때문에 떠나서 동정에 머물렀다. 점괘가 나오기를 "땅을 잃게 되고 얼마 안 가서 여자로 인한 우환이 있다"라고 했다. 그 2년[73] 정월 정해일에 금성과 목성이 자휴수에 모였고 흰옷의 모임[74]이 있었다. 3월 정유일에 혜성이 밤에 서북쪽에 나타났는데, 색은 흰색이었고, 길이는 1장이었으며, 자휴수에 있었으나 물러가면서 점점 작아지다가 15일에 보이지 않게 됐다. 점괘가 나오기를 "반드시 나라를 깨뜨리는 난군(亂君)이 있을 것이니 그 죄에 엎드려 죽을 것이고 자휴수는 양(梁)나라다"라고 했다. 그 5월 갑오일에 금성과 목성이 함께 동정에 있었다. 월(戉)에 금성이 떠나고 목성이 머물렀으며 그것을 지킨 것이 20일이었다. 점괘가 나오기를 "해침은 월(戉-도끼)에서 이루어진다. 목성은 제후이고 주벌은 장차 제후들에게 행해진다"라고 했다. 그 6월 임술일에 봉성(蓬星)이 서남쪽에 보이더니 방수(房宿)의 남쪽에 있다가 방수를 떠나 2장(丈) 정도 됐고, 크기는 두 말들이 용기와 같았고, 색은 흰색이었다. 계해일에는 심수(心宿)의 동북쪽에 있었는데 길이는 1장이었고, 갑자일에는 미수(尾宿)의 북쪽에 있었는데 길이는 6장이었고, 정묘일에는 기수(箕宿)의 북쪽에 있었는데 천한(天漢)에 가까워지다가 점점 작아졌고, 또 떠나려 할 때는 크기가 복숭아만 했다. 임신

---

72 다음 단락에 중 3년이 나오는 것으로 볼 때 원문에 중원삼년(中元三年)으로 돼 있는 것은 중원년(中元年)의 착오로 보인다.

73 원문에는 3년으로 돼 있다.

74 상사(喪事)를 가리킨다.

일에 떠났으니 모두 10일이었다. 점괘가 나오기를 "봉성이 나오면 반드시 난신(亂臣)이 있다. 방수와 심수 사이에 천자의 궁이 있다"라고 했다. 이때 양왕(梁王)이 한나라 왕실의 후사(後嗣)가 되고 싶어 해 사람을 시켜 한의 간신(諫臣) 원앙(袁盎, ?~기원전 148년)[75]을 죽였다. 한은 그의 죄를 조사해 양나라 대신을 주살하려고 부월을 썼다. 양왕은 두려워해 포거(布車)로 함곡관에 들어와 부월을 메고서 죄를 빈 연후에야 사면을 받았다.

중 3년 11월 경오일 저녁에 금성과 화성이 허수(虛宿)에 모였고 서로의 거리가 1촌이었다. 점괘가 나오기를 "삭(鑠-녹이다)이니 상(喪)이다. 허수는 제(齊)나라다"라고 했다.

4년 4월 병신일에 금성과 목성이 동정에 모였다. 점괘가 나오기를 "흰옷의 모임이다. 동정은 진나라다"라고 했다. 그 5년 4월 을사일에 수성과 화성이 삼수(參宿)에 모였다. 점괘가 나오기를 "나라가 불길하다. 삼수는 양(梁)나라다"라고 했다. 그 6년 4월에 양 효왕이 죽었다. 5월에 성양(城陽) 왕(王)과 제음(濟陰) 왕(王)이 죽었다. 6월에 성양공주(成陽公主)가 죽었다. 그 전후 석 달 동안 천자는 네 차례 상복을 입었고 왕들의 저택에 친히

---

75 원래 직간(直諫)을 잘해 이름이 조정에 알려졌다. 제상(齊相)과 오상(吳相)을 역임했다. 오왕이 특히 그를 후대했다. 평소 조조(鼂錯)와 사이가 좋지 않았다. 경제(景帝)가 즉위하자 조조가 어사대부(御史大夫)가 됐는데, 관리를 시켜 그가 오왕의 뇌물을 받아먹었다고 엮어 넣도록 해 서인(庶人)이 됐다. 조조의 삭번(削藩) 정책으로 오(吳)와 초(楚)가 반란을 일으키자 황제에게 조조를 죽여 오나라에 사과하라는 건의를 했다. 오·초가 격파된 뒤 초상(楚相)으로 있다가 등용되지 못하자 병을 핑계로 사직했다. 나중에 양효왕(梁孝王)을 황제의 후사로 결정하는 일을 중지하라고 간언을 올렸다가 안릉(安陵)의 곽문(郭門) 밖에서 양효왕이 보낸 자객의 손에 죽임을 당했다.

나아갔다.

후(後) 원년 5월 임오일에 화성과 금성이 여귀수(輿鬼宿)의 동북쪽에서 만나 유수(柳宿)에 이르지 못했는데 여귀수의 북쪽으로 나와 거리가 5촌이었다. 점괘가 나오기를 "삭(鑠-녹이다)이니 상(喪)이다. 여귀수는 진(秦)나라다"라고 했다. 병술일에 땅이 크게 움직여 방울소리가 크게 들렸고, 백성들은 전염병으로 많이 죽어 관값이 폭등했는데, 가을이 돼서야 그쳤다.

효무(孝武) 건원(建元) 3년 3월에 주수(注宿)와 장수(張宿)에 혜성이 나타났고 태미성을 거쳐 자궁(紫宮)을 범해 천한에 이르렀다. 『춘추좌씨전(春秋左氏傳)』에 이르기를 "혜성이 북두에 있으니 제(齊)·노(魯)·진(晉)의 임금은 모두 난으로 죽게 된다"[76]라고 했다. 지금 혜성이 다섯 개의 별자리를 지나고 그후에 제동(濟東)·교서(膠西)·강도(江都)의 세 왕이 모두 법에 걸려 땅을 빼앗기고 자살했으며 회양(淮陽)·형산(衡山)의 두 왕은 반란을 모의하다가 주살됐다.

3년 4월에 천기성(天紀星)에 혜성이 있어 직녀성(織女星)에 이르렀다. 점괘가 나오기를 "직녀성에 이르게 되면 여성의 변고가 있고 천기성에 이르게 되면 지진이 있다"라고 했다. 4년 10월에 이르러 지진이 있었고 그후에 진(陳)황후가 폐위됐다.

6년에 형혹이 여귀를 지켰다. 점괘가 나오기를 "화변(火變)이 있고 상사가 있다"라고 했다. 이 해에 고원(高園)에 화재가 있었고 두(竇)태후가 붕했다.

---

76 '문공(文公) 14년'에 나오는 말이다.

원광(元光) 원년 6월에 객성(客星)이 방수(房宿)에 나타났다. 점괘가 나오기를 "병란이 일어난다"라고 했다. 그 2년 11월에 선우가 10만 기병을 이끌고 무주(武州)에 침입해 한나라는 병사 30여만을 보내 대치했다.

원광 연간 중에 하늘의 별들이 모두 동요했기 때문에 상이 별점을 치는 자들에게 물으니 그들은 "별들이 동요하는 것은 백성들이 수고롭기 때문입니다"라고 말했다. 그후에 사방의 오랑캐들을 정벌하니 백성들은 병란으로 인해 피곤했다.

원정(元鼎) 5년에 태백이 천원성(天苑星)에 들어갔다. 점괘가 나오기를 "장차 말 때문에 병란이 일어날 것이다"라고 했다. 일설에는 "말들이 장차 군대로 인해 다 죽어 없어질 것이다"라고 했다. 그후에 천마(天馬)로 인해 대완국(大宛國)을 주벌해 말들이 대부분 군대에서 죽었다.

원정 연간 중에 형혹이 남두성(南斗星)을 지켰다. 점괘가 나오기를 "형혹이 지키고 있을 때 그에 해당하는 나라는 난전(亂賊)으로 인해 병사들을 잃게 된다. 그것을 지키는 것이 오래 되면 그 나라는 제사가 끊어진다. 남두는 월나라의 분야이다"라고 했다. 그후에 월나라의 재상 여가(呂嘉)가 자신의 왕과 태후를 죽이니 한나라 군대가 그를 주살하고서 그 나라를 멸망시켰다.

원봉(元封) 연간에 하수성(河戍星)에 혜성이 있었다. 점괘가 나오기를 "남수(南戍)는 월문(越門)이고 북수(北戍)는 호문(胡門)이다"라고 했다. 그후에 한나라 군대가 조선을 쳐서 뽑아버리고 낙랑(樂浪)과 현토(玄菟)에 군을 두었다. 조선은 바다에 있었고 월(越)의 형상이었다. 북쪽에 있어 호(胡)의 영역이다.

태초(太初) 연간에 초요성(招搖星)에 혜성이 있었다. 『성전(星傳)』에 이르기를 "객성이 초요를 지키면 오랑캐들에게는 어지러움이 있고 백성들이 임금을 죽인다"라고 했다. 그후에 한나라 군대가 대완을 쳐서 왕의 목을 베었다. 초요는 먼 오랑캐의 분야다.

효소(孝昭) 시원(始元) 연간에 한나라 환관 양성회(梁成恢)와 연왕(燕王)의 별 점치는 사람 오막여(吳莫如)는 봉성이 서쪽의 천시성(天市星) 동문으로 나와서 하고성(河鼓星)을 지나 영실수(營室宿) 속으로 들어가는 것을 보았다. 회(恢)가 말했다.

"봉성은 60일간 나와 있었고 3년 동안 나오지 않았는데 이럴 때 그 아래 나라에서는 난신이 있어 시장에서 형륙을 당하게 된다."

뒤에 태백이 서쪽에 나와 아래로 일사(一舍)를 진행하고 다시 위로 이사(二舍)를 진행한 다음 아래로 사라진다. 태백은 군사를 주관하고 위로 갔다가 아래로 갔다가 했으니 장차 형륙을 당하는 자들이 있게 되는 것이다. 뒤에 태백이 동쪽에 나와 함지(咸池)로 들어가서 동쪽으로 내려가 동정에 들어갔다. 이는 신하가 불충하고 위를 도모하려는 자가 있다는 것이다. 뒤에 태백이 태미원(太微垣)의 서번(西藩) 제1성(星)으로 들어갔다가 북행해 동번 제1성으로 나왔고, 북동쪽으로 내려와 사라졌다. 태미란 하늘의 궁정이니 태백이 그 안을 지나가게 되면 궁문은 마땅히 닫아야 하고, 대장은 갑옷으로 무장을 하며, 간사한 신하는 복주(伏誅)된다. 형혹이 누수(婁宿)에 있다가 역행해 규수(奎宿)에 이르면 이는 일반적으로 "마땅히 병란이 있게 된다"라는 뜻이다. 뒤에 태백이 묘수(昴宿)에 들어가니 막여(莫如)가 말했다.

"봉성이 서쪽으로 나왔으니 마땅히 대신들 중에 도륙당하는 자가 있다는 것이다. 태백성이 동정에 들어가고 태미의 궁정에 들어갔다가 동문으로 나왔다는 것은 한나라에서 장수가 죽게 된다."

뒤에 형혹이 동쪽으로 나와 태백을 지켰다. 병란이 마땅히 일어나고 주인이 승리하지 못한다. 뒤에 유성이 연(燕)나라 만재궁(萬載宮)의 용마루[極=棟]에 떨어졌고 동쪽으로 사라졌다. 이는 일반적으로 "나라는 이를 두려워해 주벌을 하게 된다"라는 뜻이다. 그후에 좌장군 걸(桀), 표기장군 안(安)과 장공주(長公主), 연나라 날왕(剌王)이 난을 모의했다가 모두 복주됐다. (한나라) 군대는 오환(烏桓)[77]을 주멸했다.

원봉(元鳳) 4년 9월에 객성이 자궁(紫宮) 내 북두칠성의 제5성[樞]과 북극성 사이에 있었다. 점괘가 나오기를 "병란이 있다"라고 했다. 그 5년 6월에 삼보(三輔)의 군국(郡國)의 소년들을 징발해 북군에 보냈다. 5년 4월에 촉성(燭星)이 규수(奎宿)와 누수(婁宿) 사이에 보였다. 점괘가 나오기를 "토목공사가 있게 되고 오랑캐가 죽으며 변경의 성들이 평화롭다"라고 했다. 요동과 현토에 성을 쌓았다. 2월에 도요(度遼)장군 범명우(范明友)가 오환족을 치고 돌아왔다.

원평(元平) 원년 정월 경자일에 해가 나올 때에 검은 구름이 있었고, 그 모습은 마치 폭풍이 불어 머리를 풀어헤친 듯했다. 서북으로 돌아나가서 동남쪽으로 가다가 다시 돌아 서행을 했고 점점 사라졌다. 점괘가 나오기를 "구름이 마치 수없이 불어대는 바람과 같았으니 이는 풍사(風師)라 이

---

77 동호족(東胡族) 가운데 내몽골 동쪽에 있던 부족이다.

르고, 일반적으로 대병(大兵)이 있게 된다는 말이다"라고 했다. 그후에 오손(烏孫)에서 병란이 있었고 다섯 장군이 흉노를 정벌했다.

2월 갑신일 새벽에 달처럼 큰 별이 있었고 무리를 지은 별들이 그것을 따라 서쪽으로 진행했다. 을유일에 요상한 구름이 개 모양을 했는데, 붉은 색이었고, 긴 꼬리가 3개였으며, 은하우[漢=天漢]를 끼고서 서쪽으로 진행했다. 달처럼 큰 별은 대신의 형상이고 무리를 지은 별들이 그것을 따라갔다는 것은 일반 백성들이 모두 그를 따른다는 뜻이다. 천문(天文)에서는 동행(東行)은 순행(順行)이고, 서행(西行)은 역행(逆行)이니, 그것은 대신이 권력을 행사해 사직을 안정시킨다는 뜻이다. 점괘가 나오기를 "태백의 정기가 흩어져 천구성(天狗星)이 됐고, 이는 졸기성(卒起星)이다. 졸기성이 보이며 재앙이 시도 때도 없이 나타나고 신하가 권력의 칼자루[權柄]를 부린다. 요상한 구름은 난군(亂君)이다"라고 했다. 그 4월이 되자 창읍왕(昌邑王) 하(賀)가 음란한 짓을 일삼았고, 왕으로 세워진 지 27일 만에 대장군 곽광(霍光)이 황태후에게 사뢰어[白=建白] 하를 폐위시켰다.

3월 병술일에 유성이 익수(翼宿)와 진수(軫宿)의 동북쪽에 나타나 태미를 범하고 자궁으로 들어갔다. 처음에 나올 때는 작았는데, 그후 들어갈 때는 커졌고, 빛도 생겨났다. 들어와서는 점점 소리가 우레와 같았는데 세 번 울리고서는 그쳤다. 점괘가 나오기를 "유성이 자궁에 들어가면 천하에 크게 흉한 일이 있다"라고 했다. 그 4월 계미일에 천자가 붕했다.

효선(孝宣) 본시(本始) 원년 4월 임술일 갑야(甲夜-오후 7~9시 사이)에 진성(辰星)과 삼성(參星)이 함께 서쪽에 나타났다. 그 2년 7월 신해일 저녁에 진성과 익성(翼星)이 함께 나왔는데 모두 보통 때보다 일렀다[蚤=早].

점괘가 나오기를 "대신이 주살당한다"라고 했다. 그후에 형혹이 방수(房宿)의 구령(鉤鈐)을 지켰다. 구령이란 천자의 말을 끄는 사람이다. 점괘가 나오기를 "태복(太僕)이 제대로 하지 못하면 봉거(奉車)[78]가 제대로 물리치지를 못해 곧바로 죽음에 이르게 된다. 방수와 심수는 천자의 궁전이다. 방(房)은 장상(將相)이고 심(心)은 자식들이다. 그 땅은 송(宋)나라로 지금의 초(楚)의 팽성(彭城)이다"라고 했다.

4년 7월 갑진일에 진성이 익수(翼宿)에 있고 달이 그것을 범했다. 점괘가 나오기를 "병란이 일어나고 상경(上卿)이 죽는다. 장상(將相)이다"라고 했다. 이날 형혹이 여귀와 천질(天質)에 들어갔다. 점괘가 나오기를 "대신 중에 주살되는 자가 있고, 명분은 하늘의 적(賊)이 대인의 곁에 있기 때문이다"라고 했다.

지절(地節) 원년 정월 무오일 을야(乙夜-오후 10시경)에 달이 형혹을 먹었고, 형혹은 각수(角宿)와 항수(亢宿)에 있었다. 점괘가 나오기를 "근심은 궁중에 있고, 외적이 아니라 내부의 도둑이다. 내란이 있게 되고 참소하는 신하가 임금의 곁에 있다"라고 했다. 그 신유일에 형혹이 저수(氐宿)의 가운데로 들어갔다. 저(氐)는 천자의 궁전이니 형혹이 그 안에 들어갔다는 것은 적신(賊臣)이 있다는 말이다. 그 6월 무술일 갑야에 객성이 또 좌우의 각성 사이에 있다가 동남쪽을 가리켰고, 길이는 2척 정도였으며, 흰색을 보였다. 점괘가 나오기를 "간사한 자가 궁정 사이에 있다"라고 했다. 그 병인일에 또 객성이 관색성(貫索星)의 동북쪽에 있다 남행해 7월 계유

---

78 삼도위(三都尉)의 하나로, 천자의 어가(御駕)를 담당한다.

일 밤에 천시성(天市星)에 들어갔고, 빛줄기의 화염이 동남쪽을 가리켰으며, 그 색은 흰색이었다. 점괘가 나오기를 "경(卿)을 도륙한다"라고 했다. 일설에는 "왕을 죽이게 되는데 그 기한은 1년 이내 혹은 멀어도 2년 이내이다"라고 했다. 이때 초왕(楚王) 연수(延壽)가 반란을 모의했다가 자살했다. 4년에 고(故) 대장군 곽광의 부인 현(顯), 장군 곽우(霍禹), 범명우, 봉거(奉車) 곽산(霍山) 및 여러 형제들, 빈객, 인척 등이 시중, 제조(諸曹),[79] 구경(九卿), 군수(郡守) 등으로 있으면서 모두 반란을 모의했다가 모두 복주됐다.

황룡(黃龍) 원년 3월에 객성이 왕량성(王梁星)의 동북 9척 지점에 머물렀는데 길이는 1장여쯤 됐고, 서쪽을 가리켰으며, 각도성(閣道星)의 사이로 나와 자궁에 이르렀다. 그 12월에 천자가 붕했다.

원제(元帝) 초원(初元) 원년 4월에 객성이 오이처럼 컸고, 색은 청백색인데, 남두(南斗)의 제2성의 동서 4척 지점에 있었다. 점괘가 나오기를 "홍수와 기근이 있다"라고 했다. 그 5월에 발해에 물이 크게 넘쳤다. 6월에 관동에 대기근이 와 백성들이 많이 굶어죽었고, 낭야군(琅邪郡)에서는 사람들이 서로 잡아먹었다.

2년 5월에 객성이 묘수(昴宿)의 갈림길에 보이고, 권설성(卷舌星) 동쪽 5척 지점에 머물러 있었는데, 청백색이고 불꽃의 길이는 3촌이었다. 점괘가 나오기를 "천하에 망언을 하는 자가 있다"라고 했다. 그 12월에 거록군의 도위 사군(謝君)의 아들이 자신이 신인(神人)이라고 속였기에 사형을 선고하고 아버지는 관직을 빼앗았다.

---

79 각종 장관을 가리킨다.

5년 4월에 혜성이 서북쪽에 나타났고, 적황색이었으며, 길이는 8척 정도였는데, 여러 날 뒤에 1장여가 더 길어졌고, 동북을 가리켰으며, 삼성(參星)의 갈림길에 있었다. 그로부터 2년여가 지나 서강(西羌)이 반란을 일으켰다.

효성(孝成) 건시(建始) 원년 9월 무자일에 유성이 문창성(文昌星)에서 나왔는데 흰색이었고, 빛은 땅을 비추었으며, 길이는 4장이었고, 크기는 직경 1척의 원형이었으며, 움직이는 모양이 용이나 뱀을 닮았다. 시간이 지나 길이는 5, 6장이 됐고, 크기도 4배 정도 됐는데, 구불구불하면서 자궁(紫宮)의 서쪽을 관통했고, 두수(斗宿)의 서북, 자해(子亥-서북) 사이에 있었다. 뒤쪽은 휘어져 고리와 같았고 북쪽은 합쳐지지 않아 머무는 것이 이각(二刻)이었다. 점괘가 나오기를 "문창은 상장(上將)이나 귀상(貴相)이다"라고 했다. 이때 제의 외삼촌 왕봉(王鳳)이 대장군이 됐고, 그후에는 선제의 외삼촌의 아들 왕상(王商)이 승상이 됐는데, 둘 다 귀하게 돼 정사를 떠맡았다. 봉은 상을 시기해 참소를 해서 그를 내쫓았다. 상이 자살하자 그의 친척들도 모두 쫓겨났다.

4년 7월에 형혹이 세성을 넘어가서[隃] 그 동북 반촌쯤 되는 곳에 연리(連李)의 가지처럼 머물러 있었다. 이때 세성은 관성(關星)의 서쪽 4척쯤 되는 곳에 있었고, 형혹이 처음으로 필수(畢宿)의 입구에 있는 대성(大星)의 동쪽에서 동북쪽으로 가서 며칠이 되자, 올 때는 빠르게 왔는데 갈 때는 느리게 갔다. 점괘가 나오기를 "형혹이 세성과 싸우게 되면 병든 임금과 흉년이 함께 있게 된다"라고 했다. 하평(河平) 원년 3월에 이르러 가뭄이 들어 보리가 큰 피해를 입어 백성들은 느릅나무 껍질을 먹어야 했다. 2

년 12월 임신일에 태황태후는 (형혹과 접촉하게 되는) 때를 피해 곤명(昆明)의 동관(東觀)에 머물렀다. 11월 을묘일에 달이 전성(塡星)을 먹어 별이 보이지 않았는데 이때 여귀수의 서북 8, 9척쯤 되는 곳에 있었다. 점괘가 나오기를 "달이 전성을 먹으면 유민이 1,000리에 걸쳐 있게 된다"라고 했다. 하평 원년 3월에 유민이 함곡관에 몰려들어왔다.

하평 2년 10월 하순에 전성이 동정과 헌원성(軒轅星)의 남쪽 끝에 있어 1척 여의 대성(大星)이 되고, 세성은 그 서북 1척쯤 되는 곳에 있으며, 형혹은 그 서북 2척쯤 되는 곳에 있으니, 모두 서쪽으로부터 왔다. 전성은 여귀를 관통해 먼저 세성이 머물고 있는 곳[次]에 이르렀고 형혹 또한 여귀를 관통했다. 11월 상순에 형혹은 서쪽으로 전성을 떠나가니 모두 서북쪽으로 역행했다. 점괘가 나오기를 "세 별이 합치게 되면 이는 자리를 놀라게 했다[驚位]라고 하는데 안팎에서 병란과 상사가 있게 되고 왕공을 바꿔 세우게 된다"라고 했다. 그 11월 정사일에 야랑(夜郎) 왕흠(王歆)이 대역무도를 범해 장가군(牂柯郡) 태수 립(立)이 흠을 붙잡아 죽였다. 3년 9월 갑술일에 동군(東郡)의 장평(莊平)의 남자 후모벽(侯母辟)의 5형제가 당을 만들어, 도둑질을 하면서 지방 관서를 공격해 불 지르고, 현의 장리(長吏)를 붙잡아 인끈을 훔쳐 스스로 장군이라고 칭했다. 3월 신묘일에 좌장군 천추(千秋)가 졸했고, 우장군 사단(史丹)이 좌장군이 됐다. 4년 4월 무신일에 양왕(梁王) 하(賀)가 훙(薨)했다.

양삭(陽朔) 원년 7월 임자일에 담이 심성(心星)을 범했다. 점괘가 나오기를 "그에 해당하는 나라는 우환이 있고 대상(大喪)이 있을 수도 있다. 방(房)과 심(心)은 송나라인데 지금의 초나라 땅이다"라고 했다. 11월 심미일에 초왕(楚王) 우(友)가 훙했다.

4년 윤달 경오일에 크기가 부(缶-질장구)만 한 비성(飛星)이 서남쪽에서 나와 두수(斗宿)의 아래로 들어갔다. 점괘가 나오기를 "한나라가 흉노에 사신을 보낸다"라고 했다. 이듬해 홍가(鴻嘉) 원년 정월에 흉노의 선우 조도막고(雕陶莫皐)[80]가 죽었다. 5월 갑오일에 중랑장 양흥(楊興)을 사신으로 보내 조문했다.

영시(永始) 2년 2월 계미일 밤에 동쪽에 붉은색이 있었고, 그 크기는 3, 4둘레에 길이는 2, 3장이었는데, 나뭇가지처럼 흔들렸고, 남쪽에는 그 크기가 4, 5둘레였는데, 아래로 10여 장쯤 내려가 모두 땅에 닿지 않았는데도 소멸했다. 점괘가 나오기를 "동쪽에 손님의 변기(變氣)가 있어 그 모양이 나무와 같으면 이것을 통해 사방에 움직이려고 하는 자가 있다는 것을 알 수 있다"라고 했다. 이듬해 12월 기묘일에 위씨(尉氏) 남자 번병(樊並) 등이 반란을 모의했고, 적들은 진류(陳留)태수 엄보(嚴普)와 이민(吏民)들을 죽이고 죄수들을 풀어주었으며, 무기고의 병기들을 모아 영(令)과 승(丞)을 겁박해 노략질하고 스스로를 장군이라 칭했는데 모두 주살됐다. 경자일에 산양군(山陽郡)의 철관(鐵官)으로 있다가 도망쳤던 소령(蘇令) 등이 이민을 죽이거나 다치게 하고서 죄수들을 풀어주고, 무기고의 병기들을 모아 수백 명을 모아서 대적(大賊)을 이루었는데, 해를 넘겨 군국 40여 곳을 휩쓸었다. 어느 날 하루 두 가지 기운이 동시에 일어나 나란히 보였으니 병(並)과 령(令)이 같은 달에 함께 일어났던 것이다.

---

80 호한야선우의 맏아들이다.

원연(元延) 원년 4월 정유일 해가 질 무렵[餔時]에 하늘이 맑아지더니 천둥소리가 크게 울렸고, 유성이 있었는데 그 머리의 크기가 질장구만 했고, 길이는 10여 장이었으며, 희미한 적백색을 띠었고, 해의 아래쪽을 따라 동남쪽으로 사라졌다. 사면이 혹은 사발 정도의 크기이거나 달걀 정도의 크기였는데, 비가 내리는 것처럼 밝다가 날이 저물자 그쳤다. 군국에서는 모두 별이 떨어졌다고 보고를 했다. 『춘추(春秋)』에서는 별이 비 오듯이 떨어지면 임금 된 자가 세력을 잃고 제후가 일어나 패자(霸者)가 되는 이변이 있게 된다고 했다. 그후에 왕망(王莽)이 마침내 나라의 칼자루[國柄]를 제 마음대로 했다. 왕씨가 흥하게 된 것은 성제 때에 싹텄으며, 이 때문에 별이 떨어지는 변고가 있었던 것이다. 후에 망(莽)은 드디어 나라를 찬탈했다[簒國].

수화(綏和) 원년 정월 신미일에 유성이 동남쪽에서 북두(北斗)로 들어왔는데, 길이는 수십 장이고, 이각(二刻)에서 머물렀다. 점괘가 나오기를 "대신 중에 감옥에 들어가는 자가 있다"라고 했다. 그 해 11월 경자일에 정릉후(定陵侯) 순우장(淳于長)이 그릇된 도리[左道]를 행한 죄에 연루돼 옥에 내려져 죽었다.

2년 봄에 형혹이 심수(心宿)를 지켰다. 2월 을축일에 승상 적방진(翟方進)이 재이를 막으려 하다가 자살했다. 3월 병술일에 천자가 붕어했다.

애제(哀帝) 건평(建平) 원년 정월 정미일 해가 나오려고 할 때 하늘에 흰 기운이 두드러지게 있었는데, 그 폭은 1필의 베와 같았고, 길이는 10여 장이었으며, 서남쪽으로 갔고, 우레처럼 시끄러웠으며, 서남쪽으로 일각쯤 가다가 멈췄는데, 이름을 천구(天狗)라고 했다. 전하는 말에 이르기를 "말하는 것을 따르지 않으면 견화(犬禍)와 시요(詩妖)[81]가 있다"라고 했다. 그 4년 정월 2월 3월에 이르자 백성들은 서로 놀라게 하면서 유언비어가 마구 퍼져갔는데, 천자의 조서(詔書)라고 하면서 서왕모(西王母)에게 제사를 지내야 한다고 했고, 또 "목인(目人)이 곧 당도할 것이다"라고도 했다. 12월에 흰 기운이 서남쪽에서 생겨나 땅에서부터 하늘에 이르렀고, 삼수(參宿) 아래에서 나와 천측성(天厠星)을 관통했는데, 그 폭은 1필의 베와 같았고, 길이는 10여 장이었으며, 10여 일 후에 사라졌다. 점괘가 나오기를 "천자에게 음병(陰病-음기로 인해 생겨나는 병)이 있다"라고 했다. 그 3년 11월 임자일에 태황태후가 조(詔)하여 말했다.

"황제는 너그럽고 어질며 효성스럽고 고분고분해[寬仁孝順] 빼어난 대업을 받들어 이어 조금도 게을리함이 없었건만 오랜 병이 있고 낫지 않고 있다. 새벽부터 밤늦도록 생각해보건대 거의 법통을 계승한 임금을 마땅히 고쳐 세워서는 안 되는 것이다. 『춘추(春秋)』는 복고(復古)를 크다고 했으니 이에 다시 감천의 태치와 분음의 후토를 예전대로 복원하도록 하라."

2년 2월에 혜성이 견우수(牽牛宿)에서 나와 70여 일 동안 있었다. 전(傳)[82]에 이르기를 "혜(慧)란 낡은 것을 없애고 새로운 것을 펴는 것[除舊布新]이라고 했다. 견우는 해와 달과 오성이 따라서 일어나는 바로 역수(曆數)의 으뜸이며 삼정(三正-하·은·주 3대의 역법)의 시작이다. 혜(慧)로서 나타나는 것을 고치고 바꾸는 형상이다. 그것이 오랫동안 나와 있다는

---

81 설화(舌禍)나 구설(口舌)을 가리킨다.

82 『춘추좌씨전(春秋左氏傳)』을 가리킨다.

것은 그 일이 중대하다는 뜻이다"라고 했다. 그 6월 갑자일에 하하량(夏賀良) 등이 말씀을 올려 연호를 고치고, 제호(帝號)[83]를 바꾸며, 누각(漏刻)의 도수를 늘려야 한다고 했다. 조서를 내려 건평 2년을 태초(太初) 원년으로 바꿨고, 제호도 진성유태평황제(陳聖劉太平皇帝)라고 했으며, 누각은 120을 도(度)로 삼았다. 8월 정사일에 모두 원래대로 되돌렸고, 하량과 그 당여들은 모두 복주하거나 유배를 보냈다. 그후에 마침내 왕망이 나라를 빼앗는 화(禍)가 있게 된다.

원수(元壽) 원년 11월에 세성이 태미에 들어왔고 우집법성(右執法星)으로 역행했다. 점괘가 나오기를 "대신에게 근심이 있고 법을 집행하는 자는 주살되거나 혹은 죄가 있게 된다"라고 했다. 2년 10월 무인일에 고안후(高安侯) 동현(董賢)이 대사마의 지위에서 쫓겨나 자기 집으로 돌아가 자살했다.

---

83 생전에 부르던 존호(尊號)를 말한다.

KI신서 9066

완역 한서 ❸ 지志 1

1판 1쇄 인쇄 2020년 4월 3일
1판 1쇄 발행 2020년 4월 17일

지은이 반고
옮긴이 이한우
펴낸이 김영곤
펴낸곳 (주)북이십일 21세기북스

출판사업본부장 정지은 **서가명강팀장** 장보라
서가명강팀 강지은 안형욱
서가명강사업팀 엄재욱 이정인 나은경 이다솔
교정 및 진행 양은하 **디자인 표지** 김승일 **본문** 김정자
영업본부이사 안형태 **영업본부장** 한충희 **출판영업팀** 김수현 오서영 최명열
마케팅팀 배상현 김윤희 이현진
제작팀 이영민 권경민

출판등록 2000년 5월 6일 제406-2003-061호
주소 (10881) 경기도 파주시 회동길 201(문발동)
대표전화 031-955-2100 **팩스** 031-955-2151 **이메일** book21@book21.co.kr

(주)북이십일 경계를 허무는 콘텐츠 리더
21세기북스 채널에서 도서 정보와 다양한 영상자료, 이벤트를 만나세요!
페이스북 facebook.com/jiinpill21 **포스트** post.naver.com/21c_editors
인스타그램 instagram.com/jiinpill21 **홈페이지** www.book21.com
유튜브 youtube.com/book21pub
서울대 가지 않아도 들을 수 있는 명강의! 〈서가명강〉
유튜브, 네이버 오디오클립, 팟빵, 팟캐스트, AI 스피커에서 '서가명강'을 검색해보세요!

ⓒ 이한우, 2020

ISBN 978-89-509-8748-0 04900
978-89-509-8756-5 (세트)

- 책값은 뒤표지에 있습니다.
- 이 책 내용의 일부 또는 전부를 재사용하려면 반드시 (주)북이십일의 동의를 얻어야 합니다.
- 잘못 만들어진 책은 구입하신 서점에서 교환해드립니다.